创意营销战略

数字新媒体时代的广告和营销策划指南

Creative Marketing Strategy
A Guide for Advertising & Marketing Planning in Digital New Media Age

赵新华　著

·郑州·

图书在版编目（CIP）数据

创意营销战略：数字新媒体时代的广告和营销策划指南 / 赵新华著. -- 郑州：河南大学出版社, 2025.

1. -- ISBN 978-7-5649-6088-9

Ⅰ. F713.81-62

中国国家版本馆CIP数据核字第2025FH0030号

创意营销战略：数字新媒体时代的广告和营销策划指南
CHUANGYI YINGXIAO ZHANLUE:
SHUZI XINMEITI SHIDAI DE GUANGGAO HE YINGXIAO CEHUA ZHINAN

责任编辑　　巩永波
责任校对　　韩　璐
装帧设计　　郭　灿

出版发行	河南大学出版社
	地址：郑州市郑东新区商务外环中华大厦2401号
	邮编：450046
	电话：0371-86059701（营销部）
排　版	河南大学出版社设计排版中心
印　刷	河北虎彩印刷有限公司
版　次	2025年1月第1版
印　次	2025年1月第1次印刷
开　本	787 mm×1092 mm　1/16
印　张	24.25
字　数	410千字
定　价	78.00元

（本书如有印装质量问题，请与河南大学出版社营销部联系调换。）

自 序

2011 和 2012 连续两年，我有幸作为青年教师参加由国家留学基金委和日本电通公司在苏州独墅湖畔联合举办的"电通·中国广告教育高端论坛"，论坛的主要议程是由电通公司的资深专家介绍日本广告界最新的创意动向，其中不乏产品创意和内容创意结合的范例，让我眼界大开；论坛的另一项重要议程是互动研讨，记得 2012 年探讨的一个议题是"数字化新媒体是否会重构广告传播的理论和模式"，不仅引发了我对广告学科未来发展的深度思考，更点燃了我心中关于"创意营销"思考的火苗。

在随后的教学实践中，我始终在探索如何在传统的大众传播广告课程中引入新媒体营销的案例和观念，又如何让二者有一个自然而然的融合状态。2014 年，我申请开设了一门叫"创意营销传播"的新课，课程的主要形式是对一些时下热门的新媒体营销案例进行分析和讨论，并得出一些"形而上"的结论。当然，在课程初创阶段，"热门案例分析"式的教学方式，再加上当时系统性的新媒体营销理论和模式尚未出现，注定了这门课在一开始的内在逻辑体系是完全没有章法可言的。但这并未阻挡这门课的受欢迎程度，此后该课程分别成为本校一些学院的学科基础课、创新创业课程和选修课程（在此特别感谢当年具有远见卓识的各院系领导以及给我以充分理解和支持的同学们）。随着教学轮次的增加和教学研究的深入，课程体系逐步走向成熟。通过对大量教学案例的系统梳理，我构建起以"产品创意""内容创意""互动创意"和"渠道创意"为支柱的四大模块，这不仅使课程内容更加条理化，更为"创意营销"理论体系的构建奠定了坚实基础。这一理论框架的形成，标志着课程从最初的案例堆砌走向了系统化、理论化的新阶段。

但我深知，理论的探索和创新不是目的，把理论应用于社会实践之中发挥作用并创造价值才是目的，于是把创意营销的理论应用于营销战略或商业策划之中的"创意营销战略"理念就诞生了。这一理念的形成恰逢其时。2016 年由中共中央、国务院印发的《国家创新驱动发展战略纲要》（以下简称《纲要》）为我的理论探索提供了强有力的政策支撑和思想指引。《纲要》不仅延续了党的十八大提出的"实施创新驱动发展战略"的核心要义，更创造性地指出："创新驱动就是创新成为引领发展的第一动力，科技创新与制度创新、管理创新、商业模式创新、业态创新和文化创新相结合……"这一重要论述让我深刻认识到，创新作为推动社会进步的核心动力，其内涵已远远超出传统意义上的科技创新范畴，而是涵盖了制度、管理、商业模式等社会文化层面的全方位创新。更重要的是，科技创新与社会文化创新的有机融合——正如营销实践中产品创新与内容创新的协同发展——正在成为新时代创新发展的显著特征。这一认识的确立，不仅深化了我对"创意营销战略"的理论思考，更为本书的框架构建提供了清晰的理论指引。基于对《纲要》精神的深入解读，结合多年教学研究和实践经验，我逐步形成了本书的核心观点：在创新驱动发展的时代背景下，创意已不再仅仅是营销传播的战术点缀，更应当上升为企业战略层面的核心要素，通过系统化的创新，实现科技创新与文化创新的深度融合，最终推动企业的可持续发展。

本书构建了一个完整的创意营销理论体系，由基础概念、战略规划、战术方法和执行评估四个有机部分组成，共十二章内容。第一部分（第一章至第三章）着重构建创意营销的理论基础。第一章系统梳理了从传统大众传播广告到现代创意营销的演进脉络及其内涵的变化；第二章从信息技术、消费文化和创意经济三个维度，全面分析了创意营销的背景及其对广告和营销业的深远影响，同时指出了行业面临的危机；第三章则对创意营销的核心概念进行了精准界定，并深入探讨了其本质特征与运行原理。第二部分（第四章至第六章）聚焦创意营销的战略层面。第四章从战略的概念出发，并创新性地提出了创意营销战略的核心原理；第五章详细解读了现代营销环境的特征，强调了数据驱动在营销决策中的重要性；第六章则深入探讨了创意营销战略的具体内容与实施路径。第三部分（第七章至第十章）详细阐述了创意营销的战术体系，分别从产品创意、内容创意、活动创意和渠道创意四个维度，系统介绍了相应的策略方法与执行要点。第四部分（第十一章至第十二章）关注战略执行。第十一章重点介绍了战略执行中的整合方法以及战略评估的概念和方法；第十二章则提供了创意营销策划方案的框架、内容和写作技巧，为实践应用提供了具体指导。

本书写作过程中力求行文深入浅出，并对相关知识点进行了严谨细致的考证与梳理，兼具学术性与实用性，既适合作为高等院校广告学、市场营销学及新媒体运营等专业的核心教材，也可作为广告与营销从业者的专业入门指南；同时，本书所构建的理论体系和提供的实践方法，对企业管理者、新媒体内容创作者及运营人员具有重要的参考价值和实践指导意义。

本书的酝酿和写作周期算是比较长了，但由于人届中年难免"蝇营狗苟"，难以全心尽意投入写作，再加上作者的理论和实践水平有限，书中难免存在纰漏和不足之处，恳请各界专家、学者和广大读者不吝赐教，以待日后修订完善。

作　者

2023 年 8 月于豫章

目 录

第一部分 创意营销概论

第一章 绪论：从广告到创意营销 · 003
第一节 广告业的核心价值 · 003
第二节 广告创意的历史 · 009
第三节 创意和营销创意 · 016

第二章 创意营销的背景 · 025
第一节 技术背景：信息社会 · 025
第二节 文化背景：消费文化 · 042
第三节 经济背景：创意经济 · 060
第四节 行业背景：广告业危机 · 067

第三章 理解创意营销 · 079
第一节 创意营销的概念 · 079
第二节 创意营销的本质 · 088
第三节 创意营销的原理 · 092

第二部分 创意营销战略

第四章 创意营销战略 · 111
第一节 战略的概念 · 111
第二节 营销战略及其相关理论 · 123
第三节 创意营销战略 · 132

第五章 战略基础：营销环境与数据 · 142
第一节 了解营销环境 · 142
第二节 营销洞察及其方法 · 150
第三节 营销数据与数据运营 · 161

第六章　制定创意营销战略 ……… 173
- 第一节　战略目标：增长 ……… 173
- 第二节　战略核心：创意 ……… 177
- 第三节　战略架构：战术 ……… 190
- 第四节　战略支持：资源 ……… 199

第三部分　创意营销战术

第七章　产品创意 ……… 205
- 第一节　数字时代的产品再认识 ……… 205
- 第二节　产品的创意策略 ……… 212
- 第三节　产品创意执行 ……… 222

第八章　营销内容创意 ……… 233
- 第一节　内容和营销内容 ……… 233
- 第二节　内容创意策略 ……… 240
- 第三节　内容创意执行 ……… 249

第九章　营销活动创意 ……… 264
- 第一节　对营销活动的认知 ……… 264
- 第二节　营销活动的策略 ……… 276
- 第三节　活动创意执行 ……… 285

第十章　营销渠道创意 ……… 295
- 第一节　对营销渠道的认知 ……… 295
- 第二节　渠道创意策略 ……… 307
- 第三节　渠道创意执行 ……… 315

第四部分　创意营销执行

第十一章　战略执行、整合与评估 ……… 329
- 第一节　战略执行 ……… 329
- 第二节　战略整合 ……… 337
- 第三节　战略评估 ……… 344

第十二章　创意营销策划方案撰写 ……… 351
- 第一节　认识策划方案 ……… 351
- 第二节　创意营销策划方案的内容写作 ……… 358
- 第三节　营销策划方案的写作技巧 ……… 370

参考书目 ……… 375

术语界定 ……… 379

第一部分
创意营销概论

第一章 绪论:从广告到创意营销

第二章 创意营销的背景

第三章 理解创意营销

第一章
绪论：从广告到创意营销

导 读

1. 创意是广告业的核心价值，也是广告业一直孜孜以求的"圣杯"。
2. 广告业的发展历史就是创意不断上位的历史，当前创意在营销领域的地位从战术层级上升到了战略层级。
3. 数字经济时代，创意是企业的核心竞争力和核心价值，也是广告和营销业的永恒追求；行业属性从"传播"到"营销"的变革是为了适应数字时代"短平快"的要求，广告和营销业应该拥抱创意营销。

第一节　广告业的核心价值

近年来学界关于"广告是什么"及"如何定义广告"的讨论异常热烈，这种讨论透露出一种焦虑，即对诞生和流行于大众传播媒介时代的广告业在数字化大潮下该何去何从的隐忧。诚然，信息技术、社交媒体和数字经济确实改变了社会传播的整体形态，广告也从原来的"广而告之"变成了精准"投喂"，"广告"一词（至少字面上）已经难以准确表达这个行业的内涵。

那么，当广告已不再是"广而告之"，那它会是什么？或许挣脱各种人为定义所构筑的藩篱，从广告业的底层逻辑、核心产品和行业属性等角度来思考，可以找到答案。

一、传统广告业底层逻辑

广告的"广"字，就代表"广大、大众"的意思，"告"则是"告诉"的意思，合起来就是"广泛告诉"的意思，表明了其大众传播的属性。对广告业而言，促使其诞生和变革的因素有两个，一是成熟的商品经济，二是传媒技术，前者提供土壤，后者提供不同的种子，现代广告业正是伴随着资本主义的扩张和大众传播媒介的兴起而诞生的；而大众传播媒介的兴起，是大众传播技术推动的结果，大众传播技术主要以印刷术和无线电技术为代表。

在西方，一般认为是约翰内斯·古腾堡（Johannes Gutenberg）发明的金属活字印刷术催生了书籍和报刊。当报纸和杂志成为大众传播媒介之后，广告业就依托报社或杂志社应运而生了。广告业早期的业态被称作"版面掮客"——一些人帮助报社或杂志社贩卖广告版面，收取一定比例的佣金；还有一些人从事"版面批发"，即从报社或杂志社低价买进版面然后以稍高一些的价格卖给广告主来赚取差价；后来一些人干脆专门从事"版面代理"，并收取广告主媒介版面费用的25%作为佣金。这种业态传统一直被延续下来，直到本世纪，以"4A"公司[1]为代表的主流广告公司的基本经营运作模式，即广告代理制度，就是向广告主收取媒介费用的15%，来作为广告公司的代理佣金。

大众传播广告的底层逻辑就是"一呼天下应"，这包含两方面的意义：一是高效，通过在大众传播媒介上发布信息，在很短的时间内到达大量受众；二是省力，创作出来的广告作品可以在很长的一段时间内重复使用，而且鼓励重复刊播来增强公众对广告的记忆。

以互联网为代表的信息化社会的来临宣告大众传播作为广告业底层运作逻辑的终结，首先是"大众"被"分众"乃至"个性化"所取代，其次是"一次性创作"被"运营"所取代，"投放"被"投喂"所取代，做广告再也不能像以前那样高效和省力了，再也难以"一呼天下应"了。

二、传统广告业务的核心

尽管在诞生之初的广告业和"创意"一词没有太多关系，但在后来长期的发展过程中，"创意"和广告业却形成了极其紧密的关系。在我国，"创意"一词更是随着广告业的发展而风行一时。

如果再进一步剖析广告业务的核心，就会发现广告业的业务核心或者广告业得以存在的价值就是"创意"。

---

[1] 4A或AAAA，是American Association of Advertising Agencies（美国广告代理商协会）的缩写，美国广告代理商协会是美国国内的广告同业组织，也是国际上最高标准的广告同业协会组织，加入该组织的广告传播公司被称作4A公司。——作者注

首先，传统广告业为客户提供的核心产品有两种，分别是广告作品和广告策略，而这两者都需要有创意。

在广告业上升和鼎盛时期（二战以后到20世纪五六十年代），广告公司主要以提供广告作品为主，因此这个时期的大部分广告理论，都是关于创意的理论。如克劳德·霍普金斯（Claude Hopkins）的"先声夺人"理论，罗瑟·瑞夫斯（Rosser Reeves）提出的USP（Unique Selling Proposition）理论，李奥·贝纳（Leo Burnett）的"与生俱来的戏剧性"（Inherent Drama）理论，威廉姆·伯恩巴克（William Bernbach）的ROI（Relevance, Originality, Impact）理论。这从一个侧面反映出，广告作品的创意才是人们最关注的部分。

20世纪70年代以后，为客户提供广告策略成为很多广告公司的核心业务，代表的理论有通用电气（General Electric，简称GE）公司的"聚焦"（Focus）理论、艾·里斯（Al Ries）和杰克·特劳特（Jack Trout）的"定位"（Positioning）理论、"企业识别战略"（CIS）理论和唐·舒尔茨（Don E. Schultz）的"整合营销传播"理论。而策略的实质也是创意，进一步说，策略是关于如何在商业竞争中赢得胜利的创意，或者可以表述为"创造性解决问题的艺术"。

其次，从20世纪50年代开始创办的各种广告奖项对广告作品的评价几乎也都是以创意的优劣为标准，如戛纳广告奖（始于1954年）、纽约广告奖（始于1957年）、克里奥广告奖（始于1959年）、One Show广告奖（始于1974年）和伦敦国际广告奖（始于1985年）等；只有艾菲奖（始于1968年）和莫比奖（始于1971年）同时注重创意和销售效果。

此外，创意能力也是衡量一家广告公司是否优秀的重要指标。世界上知名度最高的广告公司几乎都是以创意著称的，如李奥·贝纳、奥美（Ogilvy & Mather）、葛瑞（Grey）、天联广告公司（BBDO）和萨奇兄弟（Saatchi & Saatchi）等。

这一切都在表明——"创意"是传统广告公司业务的核心，是广告业存在的价值。

三、广告行业属性的变迁

1. "广告"一词内涵的变化

在中文语境中，"广告"一词至少包含两个层面的意义，一是作为一种媒介内容的广告（advertisement），也就是出现在各种媒体上的各种形态的广告；二是"做广告"或"广告运作"（advertising），延伸出来的意义是广告业（以广告运作为业）或广告学（研究广告运作）。

严格来说，如果从一种"他观"的角度来看，今天被人们称作"广告"的东西，它的内涵或意义已经发生了很大变化，其中变化较大的有两次，一是从"广告"到"泛广告"，二是从"泛广告"到"营销内容"。

（1）从"广告"到"泛广告"

从20世纪90年代开始，广告业实际上进入了整合营销传播的时代，广告公司所从事的业务范围，已经从原来单纯的做"广告"变成了做"泛广告"。所谓"泛广告"，就是广告公司或营销传播公司从事"广告运作"的业务范围从单纯的做广告扩大到包括品牌咨询、视觉设计、促销活动、公共关系活动、会展以及直播营销、情感营销、事件营销等在内的一切营销传播活动（从普通人的角度来看，接触这些活动都会产生"哦，这是在做广告"的认知）。在这样的情形下，对广告业更准确的表达词语应该是营销传播业。也正是基于这样的认知，一些广告公司开始更名为"传播公司"或"整合营销传播机构"。

（2）从"泛广告"到"营销内容"和"互动营销"

进入21世纪以来，随着移动网络和社交媒体的普及，产品评测、品牌植入、原生内容、品牌微电影、"小红书"日记、vlog（视频网络日记）、直播带货等新形式的营销内容也被人们称为广告。"营销内容"（marketing content）和"互动营销"（interactive marketing）逐渐取代传统的广告或泛广告，成为影响消费者心智或行为的主要形式。"营销内容"的形式包括各种文字信息、图片、音频、视频、直播、应用及其他一切含有品牌推广或促销信息的内容形式；"互动营销"是指采用社群或一对一的方式建立或维持与消费者的互动关系，其范围包括大部分旨在影响人们行为方式的"泛广告"形式。广告业主要的业务是提供内容或互动的创意，其内涵也相应地演变成为"内容营销行业"或"创意营销行业"。

同时，除广告公司外，以互联网公司、MCN[1]机构、文化传播公司、创意热店、新内容公司为代表的新兴营销势力也逐渐兴起，新的行业生态已经形成。

2.我国广告行业属性的变迁

我国40多年的广告业发展史，可以看作西方100多年广告业发展历史的缩影。

20世纪七八十年代是我国广告业野蛮生长的时期，我国广告业首先是从提供"金点子"式的创意或策划起步的。那个时期，广告业被划归智力行业，即靠个人或团队的智慧创造获得客户的认同，从而实现价值创造。很明显，这种模式缺乏科学的传播理论和规范的广告运作流程指导。

进入20世纪90年代以后，一方面是外资广告公司逐渐进入中国市场，另一方面是很多高等院校开始设置广告学专业，一些受过专业教育的广告人才也逐步进入行业，广告业

---

[1] MCN，全称Multi-Channel Network，即多频道网络，是一种专门为内容创作者提供全方位服务的新型商业模式。MCN机构通过整合资本、内容创作、运营策略和商业变现等途径，将不同类型的内容创作者联合起来，以平台化的运作模式进行孵化和管理。这种网络形态不仅帮助内容创作者提高影响力和商业价值，还为广告主提供了更精准和高效的营销渠道。

开始迎来规范化、专业化的时代。20世纪90年代后期,随着"整合营销传播"理论的影响力日增,人们开始意识到广告业应该属于传播行业。

进入21世纪以来,在创意经济观念的影响下,特别是英国政府把广告和营销纳入了创意产业,其后很多国家开始效仿,大力发展文化和创意产业,人们对广告业的行业属性认知也逐渐从传播行业转为创意产业(见表1-1)。相对来说,创意产业的范畴更大,包含广告和营销、影视、计算机和软件、工艺品、建筑、出版、视觉艺术、表演和文化旅游等行业。

表1-1 我国广告业的属性变迁

时间	行业名称	行业属性	提供的服务
20世纪70年代至80年代	广告业(advertising)	智力行业	广告代理:策划和创意
20世纪90年代至21世纪10年代	营销传播业(marketing communications)	传播行业	泛广告:品牌咨询、促销、公关、视觉设计等
21世纪10年代	广告和营销业(advertising & marketing)	创意产业	营销创意:产品、内容、活动和渠道创意

3. 广告代理商角色的转变

(1)业务范畴的转变

媒介代理→广告代理→整合营销传播代理→创意代理

大众传播诞生之初,营销传播代理商的角色就是进行媒介代理,创意、策划等业务是在媒介代理的基础上产生的。广告代理是媒介代理发展到一定阶段的产物,广告代理15%的收费制度也是按照媒介代理费用来计算的。随着各种营销传播活动的专业化程度日益提高,各种营销传播手段"各说各话"的弊端也日益凸显,这时候,整合营销传播成为营销传播代理商的主要努力方向。而在当前,各种媒介、多种传播流程并存的情况下,以"创意"为核心内容的创意营销才是营销(传播)机构的业务主轴。

(2)创意服务的转变

战术创意→策略创意→战略创意

传统的广告公司提供的创意服务主要是广告策略和广告创意,从创意的范畴来说,二者都属于内容创意的范畴。后来,随着广告在营销传播组合中的地位下降,促销和公关开始占绝对比重,通过同一个创意概念把广告、促销和公关等各种不同的策略性传播工具进行创意整合成为基本的作业模式。2000年前后随着数字化新媒介出现,厂商对新媒体营销传播产生了需求,如何把各种传播渠道和传播活动进行创意整合成为营销传播的新挑战,媒介技术创新也成为新的业务增长点。而在当下,创意应该是整合传播内容、传播渠道和传播工具的战略考量，营销传播进入全方位创意的时代。营销传播机构的使命由原来的内容创意服务转变为全方位的战略创意服务。

（3）业务单位的转变

职能部门→业务群组→创意热店

以广告公司为例，传统的广告公司内部一般按照职能来划分部门，如财务部、行政部、客户部、企划部、创意部、设计部、媒介部等。在广告代理制条件下，公司的作业单位逐渐由部门转变为业务小组，一个小组由若干名不同的职能方向（如客户、文案、设计、市调等）的专业人员构成，共同负责一个或若干个业务项目。后来，在整合营销传播观念的影响下，广告公司通过业务拓展、合并、并购，强化了公司的集团化、规模化和整合化。公司内部作业单位也由原来的职能部门或业务小组转变为事业群，一个群包含客户(策略)、创意（美工和文案）、媒介、公关、促销及互动营销等专业人才。近年来，在社交媒体"短平快"观念的影响下，创意热店逐渐兴起。创意热店的特征是小而精，"小"指公司规模比较小，通常只有四五个人；"精"指精锐，每个人都是某领域的专家，组合在一起能创造出更大的价值。

总之，信息化条件下，由于信息本身和信息渠道的复杂性，再加上营销对信息的精准和实时反应有更高的要求，营销活动的各个方面、各个环节对创意的要求也越来越高。然而，很多营销机构及其代理商难以适应这种要求，他们在社交媒介上套用传统大众传播的思路，只重视内容的创意，追求信息的高曝光度，而忽视了信息渠道和传播工具的创意，以及内容、活动、渠道与产品的创意整合。

四、创意为王：广告业的存在价值

在传媒界，已经形成内容为王取代渠道为王的局面，人们更关心内容的质量，而不太关心精彩内容来自哪个平台或哪个渠道。其实不论是内容为王还是渠道为王，在新媒体背景下，其实质都是创意为王，因为创意才是更稀缺的资源。

在广告和营销界，不论营销环境、营销观念、营销主客体乃至营销理论和营销模式如何变化，只有一样东西没变，那就是营销人或广告人对创意的追求。不论是传统的广告公司，还是以创意热店、MCN 机构和新内容机构为代表的营销新势力，创意都是不可或缺的制胜因素。

2017 年，被称作"广告界黄埔军校"的广告业巨头奥美广告公司启动了"一个奥美"（One Ogilvy）的战略转型计划，开始淡化广告、公关、互动等不同专业的分野，强调以"创意"作为企业存在的价值。之后，奥美果然不负众望，成功转型成为一家创意代理公司。

这从一个侧面说明，创意对于广告和营销业来说，才是最重要的本质属性（详见第三章第二节"创意营销的本质"）。

第二节 广告创意的历史

关于广告业的产生和发展，学界有不同的划分方法，比如从媒介形态的变化，可以把广告业分为口头广告期、实物广告期、大众传播广告期、互联网和新媒体广告期等阶段；根据广告业的产生和发展情况来划分，可以把广告业分为朴素期、萌芽期、鼎盛期和转型期等几个阶段；根据广告理论的发展，又可以把广告业的发展分为产品期、品牌期和整合营销传播期等几个阶段。

从创意的角度来看，从行业的创立、发展、鼎盛到如今的转型，广告业经历了无创意期、创意尝试期、创意战术期、创意策略期创意战略期和全面创意期等阶段，因此可以说广告业的历史就是创意不断上位的历史。

一、无创意期：广告业的产生和媒介代理

无创意期是指19世纪中叶至20世纪早期广告业的创立时期，这个时期的广告业主要以贩卖版面为主，几乎不提供创意服务。

广告作为一个行业创立，最早可追溯到19世纪中叶，普遍共识是1841年美国人伏尔尼·帕尔默(Volney B. Palmer)在费城开设了世界上第一家广告公司。此后直至20世纪早期，广告业的主要业务是贩卖、批发或代理媒体版面，赚取中间差价或佣金，广告公司是作为媒体机构和广告主之间的业务中介而存在的——媒体经营者无暇经营广告版面，广告主需要以稍低的价格购买媒介版面，这是其存在的价值；其价值实现方式为"低价买进，高价卖出"或收取高额代理佣金（早期佣金高达版面费用的25%）。

虽然在这一时期出现过许多的知名文案撰稿人，如被"伟大的费城商人"约翰·沃纳梅克(John Wanamaker)雇佣的"史上第一位广告文案撰稿人"约翰·鲍尔斯(John E.Powers)，但这个时期的广告公司绝大多数不提供文案或创意服务。

二、创意尝试期：广告业的发展

创意尝试期是指20世纪三四十年代广告业的发展时期，当时，一些广告人开始进行

创意的理论探索。

进入20世纪以后，一些广告公司经营者发现，帮客户撰写广告能更好地销售版面，于是除了贩卖版面之外，广告公司也开始贩卖文案和创意，以洛德托马斯公司（Lord & Thomas）为代表，阿尔伯特·拉斯克（Albert Lasker）认为广告业不应该仅仅只贩卖空间，而应该"创造和出售这个空间里的内容"[1]。1923年，扬罗必凯广告公司（Young & Rubicam）创立，被视为现代广告业的开端。这个时期，现代广告业的商业模式基本成型，为广告主提供能够让消费者看到的广告及吸引他们的广告创意成为广告公司存在的价值；其价值实现方式为"版面贩卖+创意生产"。

这个时期，一些人明显地意识到为客户提供创意内容可以获得更多的收益。拉斯克就曾经因为一句广告语"您听到了！当您戴上威尔逊普通'耳鼓'时"（"You Hear! When you use Wilson's Common Sense Ear Drum"）成功多赚了8000美元（客户将广告预算从全年的10000美元增加到18000美元）。更值得一提的是，1905年另一位广告人约翰·肯尼迪（John E. Kennedy）[2]在拜访拉斯克时提出了"广告是印刷的推销术"（Advertising is Salesmanship-in-print）的论断；同时期的另一位广告大师克劳德·霍普金斯（Claude Hopkins）也提出了"先声夺人"（抢先申明同类产品的某个特点）的创意方法，而且还尝试性地进行了强销、试销、兑换券、发样品和广告文案研究等营销创新活动，这一切都在表明，"创意"作为一种新生力量开始登上广告业的历史舞台。

三、创意战术期：大众传播广告

创意战术期是指20世纪50年代至80年代广告业的鼎盛时期，这个时期广告公司的主要业务是创作广告，并通过大众传播媒介进行发布。

20世纪五六十年代，广播、电视作为广告媒体日益普及；杰罗姆·麦卡锡（Jerome McCarthy）的《基础营销学》（Basic Marketing）的出版，宣告大众营销的成熟。广告作为首要的营销传播工具在营销组合中发挥着关键的作用，广告业日趋专业化，大师辈出。知名的广告大师有罗瑟·瑞夫斯、大卫·奥格威（David Ogilvy）、李奥·贝纳和威廉姆·伯恩巴克等，他们的传奇人生和他们的理论影响了一代又一代广告人。特别是奥格威，他的"品牌形象"（Brand Image）理论成为后来很长一段时间内广告公司的普遍价值导向——为广告主打造品牌。

到了20世纪60年代末70年代初，艾·里斯和杰克·特劳特提出了"定位"理论，"消

---

[1] 布鲁斯·本丁格尔：《广告文案训练手册》，谢千帆译，中国传媒大学出版社，2008，第22页。

[2] 约翰·肯尼迪（John E. Kennedy），美国早期著名的文案撰稿人，在进入广告业前为加拿大骑警，与拉斯克合编了一本用于广告人培训的《广告测试手册》（The Book of Advertising Tests）。注意与美国前总统约翰·肯尼迪（John F. Kennedy）区别。——作者注

费者"开始作为一个被关注的对象正式成为广告商业逻辑的要素之一。

20世纪80年代,由于大众媒体及媒介广告数量的激增,广告效果难以显现;同时促销、公关等营销传播手段也日益受到重视,广告在营销传播组合中的地位开始下降。大众营销传播的逻辑是用较低的相对成本(如千人成本,非绝对成本),通过在大众传媒上投放广告来到达大量受众,靠粗放型高投入的方式来实现高知名度或建立品牌形象;创意则体现于在杂乱的传播环境中使信息更有效地传达。

这段时期的广告理论大部分关注的是广告创意的问题,如罗瑟·瑞夫斯的"独特卖点"(USP)理论、李奥·贝纳的"与生俱来的戏剧性"理论、威廉姆·伯恩巴克的"ROI"理论,都是从广告作品创意的角度提出来的,可以看作创意在广告战术层面的应用。稍晚一些的理论,大卫·奥格威的"品牌形象"理论和里斯的"定位"理论已经具备了策略思考的属性,但创意还是一个战术层面的词语。

四、创意策略期:整合营销传播

创意策略期是指20世纪90年代至21世纪初的传播整合期,这个时期的广告业主要提供各种整合营销传播服务。

进入20世纪90年代,媒介细分化更加严重,广告对于媒介使用者来说更多的是一种干扰;在营销界,广告在营销传播组合中的比重越来越低,以美国市场为例,1992年,广告费在营销传播费用中的比重,已经从20世纪70年代以前的超过70%下降到不到27%,而同时期花费在促销上的费用却从不到30%增长到70%[1]。

1993年舒尔茨等创作的《整合营销传播》一书的出版标志着整合营销传播时代的来临。在整合营销传播观念的指导下,广告不再被看作最重要的营销传播手段,而是与公关、促销、产品包装、口碑、人员销售等其他营销传播手段同等重要。广告公司纷纷更名为"传播公司"或"整合营销传播机构",广告业正式转型为"营销传播业"。

同时,营销传播业之间的兼并也如火如荼地开展着,在2000年前后终于形成了达邦(WPP)、宏盟(Omnicom)和埃培智(IPG)等几大传播集团统治全球的局面。这些传播集团凭借强大的资本和资源影响力,在旗下整合了创意、媒介策划、公关、直销、互动营销、数字化营销等业务在内的各种机构。整合营销传播的商业逻辑是提供一站式的全方位营销传播服务。

这个时期的创意已经不仅仅局限于广告了,舒尔茨在《整合营销传播》一书中直接指出,营销创意(selling idea)不仅可以跳出图文的桎梏,"可以源于一件激动人心的事件,

---

[1] 帕伦特:《广告战略:营销传播策划指南》,王俭译,中信出版社,2004,第267页。

进而将其整合到所有媒体活动中"[1]。这进一步说明，创意还应该成为营销传播策略层面思考的问题，亦即创意是一切营销传播活动的核心，这一点，在《广告文案训练手册》一书中有更好的诠释（见图1-1）。

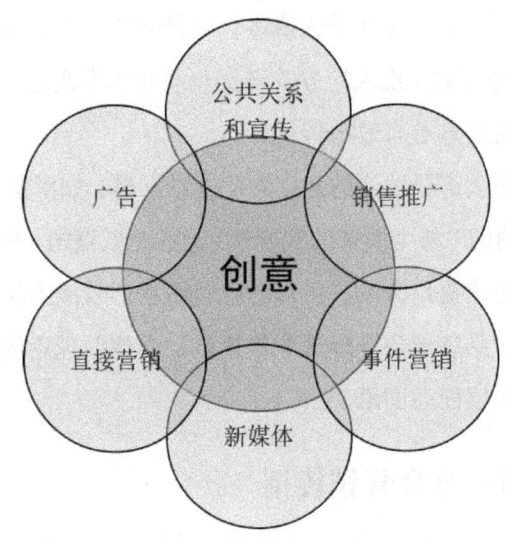

（资料来源：布鲁斯·本丁格尔《广告文案训练手册》，2008年由中国传媒大学出版社出版）

图1-1　营销传播矩阵

新中国广告业起步较晚，历经了20世纪70年代末到80年代初的野蛮生长，于20世纪80年代中期在实践中终于探索出一条"以创意为中心，以策划为主导，为客户提供全面服务"的经营思路，这也是这个时期广告业的基本商业逻辑；进入20世纪90年代，随着外资广告公司特别是4A（美国广告代理商协会）公司不断通过合资方式进入并主导我国的广告市场，我国广告业开始与国际广告业接轨，并日趋专业化。

20世纪的主要广告理论见表1-2。

表1-2　20世纪的主要广告理论

时间	理论名称	提出者	理论内容
1905年	"纸上的推销术"（Salesmanship-in-print）	约翰·肯尼迪	在拜会拉斯克时提出"广告是印在纸上的推销术"。
20世纪10年代	"先声夺人"（Pre-emptively）	克劳德·霍普金斯	找出本类产品的一个特点，率先在自己的产品广告中提出。
20世纪50年代	"独特卖点"（Unique Selling Proposition, USP）	罗瑟·瑞夫斯	卖点应强调利益性、独特性和实效性，且应注重广告语的韵律和节奏，并不厌其烦地重复传播。

---

[1] 舒尔茨等：《整合营销沟通》，孙斌艺、张丽君译，上海人民出版社，2006，第97页。

续表

时间	理论名称	提出者	理论内容
20世纪60年代	"品牌形象"（Brand Image）	大卫·奥格威	每一则广告都应该看作对品牌的长期投资。
	"与生俱来的戏剧性"（Inherent Drama）	李奥·贝纳	广告应挖掘产品中与生俱来的戏剧性，产品才是广告里的"英雄"。
	"ROI"（Relevance, Originality, Impact, 相关、原创、震撼）	威廉姆·伯恩巴克	广告创意应注重相关性、原创性和视觉震撼力。
20世纪70年代	"定位"（Positioning）	艾·里斯 杰克·特劳特	营销传播要在潜在顾客的心智上下功夫，在其头脑中占据有利位置。
1993年	"整合营销传播"（Integrated Marketing Communications, IMC）	唐·舒尔茨 斯坦利·田纳本 罗伯特·劳特伯恩	利用数据库区分顾客，分众传播，并把各种传播工具整合起来，形成合力，传达统一的信息和形象，影响消费者行为。

五、创意战略期：创意营销

进入21世纪以后，首先是以互联网和手机为载体的各种数字化新媒体诞生，随后，报纸、杂志、电视、户外、电影和书籍等传统媒介也进行了数字化变革。由于数字化和新兴的传播方式不断涌现，人们接触信息的手段越来越多元化，人们每天接触的信息也开始纷繁复杂，大众传媒那种上传下达的传播方式威力不再。近年来，随着互联网应用的日渐社群化、位置化和移动化（SoLoMo），新媒体作为营销（传播）工具迅速发展起来。社群化解构了大众传播媒介的中心地位，大众传播媒介的权威性不再受到重视，而是处于社群重要节点的关键意见领袖（Key Opinion Leader, 简称KOL）或关键意见消费者（Key Opinion Consumer, 简称KOC）成为影响消费行为的重要推手；移动化和地理位置化的结果是营销"场景化"，场景是传播和消费行为的"时空聚合"，基于地理位置的场景营销有更高的效率。同时，随着大数据和人工智能（Artificial Intelligence, 简称AI）的普遍应用，新媒体平台化（用户聚集、数据沉淀、场景化、智能化）和内容的零碎化（自媒体为主），宣告广告代理制度的"创意＋大制作＋大媒体"时代已经结束，广告和营销行业迎来了"战略＋产品＋内容＋渠道＋互动"全面创意的崭新时代。

随着创意产业在全球的兴起，广告和营销被纳入创意产业的范畴，创意在营销战略和战术中的核心地位日渐凸显，把广告业或营销传播业称为"创意营销业"更恰当。

战略层面创意的地位得到日益强化。往往在产品问世之前，就需要构思好战略性的营销创意，包括产品概念（产品战略）、产品的传播概念（内容战略）、产品如何销售（渠道战略）、如何激励消费者购买（互动战略），以及如何维系用户关系（可持续战略）等内容。需要注意的是，这些战略思考都需要基于一个"核心创意"或"元创意"，并在其后的战略执行过程中保证这些战略组成部分的整合性。

战术层面的创意也受到前所未见的重视。产品方面，不再局限于"性价比"，更重视个人、产品和文化的创意整合。基于消费者价值思考的"爆款产品",才能获得市场关注;基于产品和文化结合,品牌才能产生"文化溢价",基于文化价值的IP才能保证产品和内容的可持续输出。内容方面,不再局限于传统的广告样式,内容植入、原生广告、互动游戏等形式以其隐蔽的功利性和娱乐性颇受人们喜爱;营销工具层面,社群和各种数字技术的互动方式带来全新体验,如众筹、亲友助力、社区团购、位置(签到)、摇一摇、扫二维码、虚拟体验等;渠道方面,不再局限于传统的线上、线下渠道,高效信息化的物流网络和电子支付加上新媒体的"内容+社交+电商"闭环,构筑起了全新的消费场景,如微商(社群销售)、社区电商、直播电商和网红带货等。

值得注意的是,2010年以后,随着我国加入世界贸易组织(WTO)后"过渡期"的结束,外资广告公司可以以独资形式服务中国市场,我国广告业竞争加剧。但我国广告业还是取得了长足的发展,一方面是因为在激烈的竞争中,一些本土广告公司伴随着我国企业和品牌实力的壮大也逐渐增强了自身实力;另一方面是得益于我国基础设施建设日趋完善,高速公路、高铁等交通设施的大力发展加快了物流的效率,电子商务、移动支付、短视频、直播等互联网应用的发展也处于国际领先地位,使得我国企业在创意营销领域的实践和理论都处于国际前沿。

六、"无创意,不营销":创意的自我突破

1. 创意在广告和营销中的地位越来越重要

纵观广告业的整个历史,可以发现,创意在广告业中经历了从无到有、从战术到战略、从单纯的广告作品创意到营销活动创意再到全方位营销创意,其地位正在变得越来越重要(见表1-3)。

表1-3 创意在广告业不同发展阶段的地位

时间	发展阶段	媒介技术环境	主要业务	创意的地位
19世纪40年代至20世纪早期	广告业创立期	印刷媒介	媒介代理	几乎无创意服务
20世纪20年代至40年代	广告业发展期	印刷媒介	广告代理	创意探索
20世纪50年代至80年代	广告业成熟期	印刷、电子媒介	大众传播广告	创意战术
20世纪90年代至21世纪初	广告业扩容期	数字化网络媒介	整合营销传播	创意策略
21世纪10年代至今	广告业转型期	信息化新媒介	创意营销	创意战略

2."创意"概念的自我突破

在创意的地位越来越重要的同时,"创意"一词也在不断地自我突破,其内涵和外延也在不断地扩大。在广告业早期的"产品时代","创意"的内涵主要指的是"广告作品的创意",其形式包括印刷(报纸、杂志和户外)广告和电子(广播和电视)广告的创意;在以"品牌形象"和品牌"定位"为代表的"品牌时代",其内涵上升为"广告策略的创意",其外延包含诉求点的创新、表现形式(语言、视觉和影像)的创新及广告作品的创新;到了整合营销传播时代,"创意"的内涵突破了广告的束缚,指向"营销传播策略的创意",创意是包含广告、促销、公关和直销等一切营销传播创新的内核,其外在形式也从文字、视觉、影像拓展到营销活动(如促销活动、公关活动和事件营销);在当前新媒体营销背景下,"创意"的内涵跳出了"传播"的框架,直接指向"营销战略的创意",其范畴也突破了广告或营销传播,包含产品、内容、渠道、互动及凌驾于它们之上的营销战略的创意(见图1-2)。

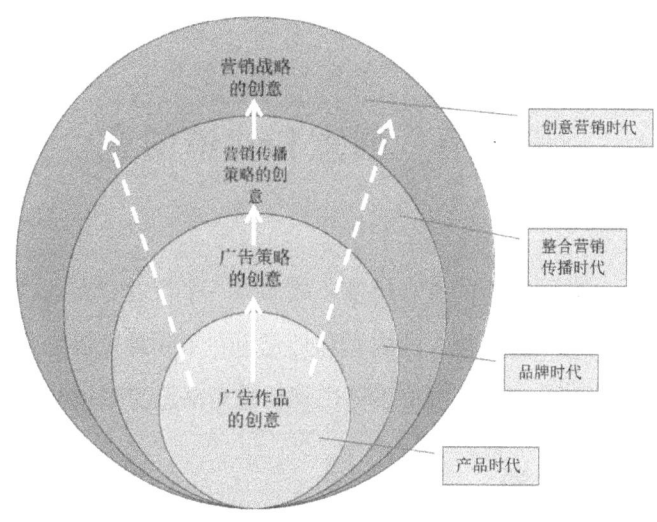

图 1-2 "创意"概念的不断突破过程

3.新时代的创意要求

创意的内涵和外延的变化需要广告人在既有创意技能的基础上增加对新时代创意的理解。

广告人既有的创意技能包括两个方面:一方面是创意策略能力,包含对营销趋势的了然、对消费者的共情及对产品之于消费者意义的深察;另一方面是创意执行能力,即对建构品牌技能的熟谙及对话语和视觉表达的驾驭力。而新时代向"创意人"提出了更高的要求。

(1)更宏大的创意战略观

创意作为一个战略驱动因素,不只体现在传播层面,还应体现在产品、技术、社群、文化等方面。

（2）更敏感、更客观的数据感知

对消费者不能仅仅是定性层面的共情，还要建立在对数据更敏感、更客观的感知能力基础之上。

（3）持续创作、输出和优化内容的能力

创意不再是一次性作业，不再"一呼天下应"，不再"一蹴而就"，而需要持续地投入智慧，投入创作热情和精力，需要更高的内容产量，同时还要根据数据反馈不断优化创意内容的呈现。

（4）"带风向""带节奏"的能力

创意不只是为了传播信息或影响心智，更重要的是带动人们的情绪，激发人们的行为反馈。

第三节　创意和营销创意

鉴于创意是广告和营销行业的核心价值（或作为一个行业存在的价值），并且在长期的历史发展过程中"创意"这一概念的内涵和外延也在不断地发展变化，因此接下来的重点将从普遍意义的"创意"出发，以提供更广阔的视角来思考营销的创意。

一、"创意"的内涵

1.三个词性

对于中文语境来说，现代意义的"创意"是作为外来词语率先在广告业中使用的，之后逐渐拓展到其他行业和社会生活的各个方面[1]。然而，相对于英文来说，中文的"创意"一词拥有更丰富的内涵。在广告学相关文献中，常被翻译作"创意"的英文单词至少有3组，分别是：

（1）形容词：creative；

（2）名词：creativity，idea（concept），innovation，originality；

---

[1] 据考证，我国古代典籍中最早出现"创意"一词，是在东汉王充的《论衡·超奇》中，"孔子得《史记》以作《春秋》，及其立义创意，褒贬赏诛，不复因《史记》者，眇思自出于胸中也"。其含义"创立新意"，与我们今天所讲的"创意"有一定差异。——作者注

（3）动词：create 和 produce。

形容词 creative 是出现频率最高的"创意"，它的意思是"创造性的、有创造力的"，如 creative strategy（创意策略）和 creative director（创意总监）。

名词 creativity 中文意义为"创造力"，常用于表示一则广告作品有"创意"或一个广告人具备的"创意能力"。

名词 idea 本义是"思想、主意、念头、打算"等，通常表示创意人员创造活动的成果，即广告作品的创意。如詹姆士·韦伯·扬（James Webb Young）的经典著作《如何产生创意》原书名为 *A Technique for Producing Ideas*[1]。在广告业界，常常和 big 组成"Big idea"，表示"具有延展性的创意"，或者翻译作"创意概念"。与之意义相近的词还有"concept"，如"creative concept"也表示"创意概念"。

名词 innovation 强调的是"创新"，也就是创造活动产生的新思想和新方法，与 creative concept 意义接近；originality 也是名词形式，原意是"独创性、创造性、匠心、独到之处、新颖"等，常用来表示广告创意作品的"原创性"。

作为动词形式的"创意"的英文单词主要是 create 和 produce，但是汉语有更为精确的表达——"创造"或"生产"。

2."创意"的定义

不同词性的"创意"也可以从其存在形态（静态）和动作形态（动态）两个方面来理解。静态的"创意"是指创造活动的结果，是创造性的意念、巧妙的构思，如 idea、concept 和 innovation 指向的就是这个意义；有时也表示广告创意人员或广告作品的"创造性"或"创作力"，如 creativity 和 originality 就包含这个意义。动态的"创意"是指创造活动及其过程，是思维活动从无到有的这一过程，英文单词 create 和 produce 就表示这个概念。由于动作形态的"创意"在中文语境里面一般可以用"创作""创造"或"创设"来传达，因此通常人们所说的"创意"主要是指静态的"创意"。

为确保表述的精准性，后文将把动作形态的"创意"表述为"创造"或"创作"，把作品和产品的"创意"表述为"创造性"，把创作人员的"创意"表述为"创造力"或"创作力"，而"创意"一词专指创作人员通过创造活动产生的结果。由此可以把"创意"一词的定义表述为：

创意是指创作人员在具备相关的智慧、知识和技能的基础上，掌握一定的创新方法，通过创造活动产生的具有某种创新价值的新思想、新观念或新形式，通常包含于新理论、新作品或新产品之中。

---

[1] 该书也被翻译作《创意的生成》，2014 年 3 月由中国人民大学出版社出版。——作者注

3.对"创意"的理解

(1) 创作人员是创意(创造活动)的主体

首先,创造活动的主体是人(包括个人和群体),创意是为人类发展和进步服务的,最终用于改善人类的生活条件或丰富人类的文化生活,创意是人类的一种自我实现。其次,创造活动具有个性特征,个人的创造性、创意能力、创意风格取决于个人的知识结构、智力水平、动机状态、投入程度、创意能力、创意方法和行事风格等,在产生积极作用的同时也可能带有个人的局限性,这会为后续的创造活动提供努力的空间。最后,群体也是创造活动的主体,如高校的科研创新团队及公司的研发部门、创意团队等,群体通过群策群力的方式进行创造活动。群体创意作业可以避免个人创意的局限,但也存在效率低下的可能,如采用头脑风暴法进行创意,短期内可以产生大量新的、类似创意的东西,但这些东西未必真正能解决问题。

(2) 创意是知识创新的产物

创意是精神活动的产物,是创作人员运用知识和智慧创造的结果。一方面,创意必须建立在知识和经验的基础上,不学无术或缺乏实践的人不可能富有创造性;同理,专业的创意人员必须拥有高于一般水平的智力。也就是说,创意人员除了需要具备一定的文化知识水平,还需要有运用这些知识的智慧和能力,这是产生创意的必要条件。另一方面,还需要正确的方法、积极的动机和高度的专注等条件的加入,才能产生好的创意。

(3) 创意是创造活动的产物

创造活动包含一个明确的过程。尽管经常听到创作人员说在创意产生之时有类似"灵机一动""灵光一闪"或"眼前一亮"的说法,但创作往往是一个苦闷的过程,是一个包含许多日夜殚精竭虑、苦思冥想的过程;也是一个发现、推理、想象、验证和自我实现的过程。前人已有诸如"三阶段论""四阶段论""五阶段论"等关于创意过程的论述,大部分论述都证明创意会经历早期"开门见山"的惊喜、中期"山重水复"的苦闷及后期"柳暗花明"的喜悦等种种体验。

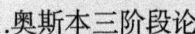

创意的各种"阶段论"

1. 奥斯本三阶段论

   寻找事实 → 寻找构思 → 寻找答案

2. 沃勒四阶段论

   准备 → 酝酿 → 豁朗 → 验证

3. 詹姆士五阶段论

   收集信息 → 咀嚼和消化信息 → 无意识创作 → 顿悟 → 验证和发展

（4）创意是价值

创意产生的过程也是创造价值的过程，创意过程创造出来的价值，包含认知价值、实用价值和审美价值。认知价值指创意会带给人们认识世界、认识社会和认识自身的价值，通常包含在新理论或新发现当中；实用价值是指创意能够解决某个或某些问题，常常包含在新产品中；审美价值是指创意会带给人们精神上的审美感受，通常包含于文学、艺术作品或文化产品中。值得注意的是，在某一创造活动过程中一定会产生这三种价值的某一种、某两种，或者三种都同时产生；而且在一定条件下，这三种价值会发生相互转化。在创意经济条件下，由创意价值转化为经济价值的机制（创意变现机制）得到了前所未有的强化，转化的过程也正在简化，转化周期也正在逐渐缩短。

（5）创意存在于特定的载体中

一方面，作为一种精神活动产物的创意不是孤立存在的，往往存在于一定的载体当中，创意的载体包含适当的文本或物质形式，如理论著作、文学作品、艺术作品、文化产品、实物产品等。另一方面，创意的价值需要经由"执行"这个过程才能得以显现，执行就是通过一种实际的、具体的方式把创意的新思想、新观念或新形式表达出来、呈现出来，使抽象的概念具体和丰满起来，使隐藏的价值显现出来。因此，创意执行是创意的外在表现，创意执行的过程也是创意价值的实现过程。

二、创意的本质特性

1.精神产物的抽象性

创意是抽象的，必须通过具体的载体或执行才能得以呈现；对创意的解读也需要通过具体介质或载体才能达成。此外，对创意的解读会因读者的个性特征、生活阅历及知识状态的不同而不同。

2.对既有事物的颠覆性

创意的创新性是对既有的、常规的、守旧的或传统的观念、理论、制度、技术、作品或产品的否定、改造、扬弃和颠覆。牛顿说过，"如果说我比别人看得更远些，那是因为我站在巨人的肩膀上"。新与旧是一种对立统一的关系，创新建立在旧事物的基础上，因此创意对旧事物的否定、颠覆并不是否认旧事物的历史地位和价值，而是对旧事物进行继承性改造。

3.启迪智慧的开创性

创意是创作人员智慧和知识的结晶，是创作者用心血和汗水浇灌的花朵，是深度思考的产物。特定的创意所包含的价值对其相关领域具有开创性，对于相关人员具有启发性，能够促进行业的发展进步，或开创认识或工作的新局面。

4.解决问题的实用性

这是创意的工具价值。创意的工具价值在于解决人们认识世界或改造世界过程中的某个或某些问题，这种价值既包含精神文明层面创新的实用性，也包括物质层面创新的实用性。

5.与众不同的独特性

"原创"二字正好体现了创意与众不同的独特性，"原"字本意是"本来的""最初的"，说明创意是区别于既有事物的；"创"读作 chuàng 的时候[1]本意是"始造"，说明创意必须是"首创"的。具备原创特性的创意必须是前所未见的或与众不同的新生事物。

三、创意的结构

1.创意的二元论

在大多数情况下，"创意"一词更多强调的是精神层面的创新，即创新的思想、观念或想法。但从实用的角度看，抽象的创意往往存在于某种具体的载体或者某种解决实际问题的形态当中，因此，一个完整的创意应该包含抽象的创意概念和具象的创意执行两个部分。

创意概念（creative concept）是创意的内核，是创新的精神内涵。从信息的角度看，创意概念是创造性的信息；从问题解决的角度看，创意概念是创造性解决问题的思路。

创意执行（creative execution）是创意概念的"符号化"或"物化"的部分，即通过具体的文本符号或物质材料呈现出来的部分，因此创意执行又可以分为创意表现和创意制作两个层面。

2.创意概念和创意执行的关系

由创意概念和创意执行构成的创意是密不可分的有机体。任何创意概念不可能凭空产生，都是建立在一定的信息、符号或事物的基础之上的，也就是说，创意概念产生的过程包含着对创意执行的思考过程；最终从这种"形而上"思考中抽象出来的创意概念，也要转化成为实际可以应用的创意执行，才能让其价值显现出来。

从思维的角度看，二者是抽象和具象的关系。创意概念是创意看不见、摸不着的，只能通过意会领悟的精神层面的部分；创意执行则是可以看见、听见，甚至可以触摸到的"物质"的部分。创意概念是创作人员头脑里面产生的抽象的观念，而创意执行则是把这种抽象的观念变成具体的文本或具体的事物。

---

[1]"创"另读作 chuāng，形声字，表示因刃所伤，如创伤。——作者注

从认识的角度看，二者是内涵和形式的关系。创意概念是创意执行的内涵和核心，是相对"永恒"的部分；创意执行则是创意概念的外在表达方式或表现形式，可以演变出千姿百态的文本、作品或产品。

从实践的角度看，二者是基础和保障的关系。创意概念是创意执行的基础，所有的创意执行都应该基于创意概念来设计或制作；创意执行是创意概念得以被准确认知、识别和理解的保障，是创意价值实现的保障。

四、创意的范畴

从人类文明的角度看，人类活动中产生的一切创造性成果都包含着新思想和新观念，因此人类所有创造性活动中的创新思想或创新观念都可以称为创意，进一步说，一切创意都不外乎物质文明创意和精神文明创意的范畴。

1.广义的创意：文化创意

从文化的定义来看，文化是指人类在社会发展过程中所创造的物质文明和精神文明的总和，因此广义的创意即文化的创意。

宏观来说，文化的创意主要包含物质文化的创意、精神文化的创意和制度文化的创意三个方面，而这三个方面往往不是孤立存在的，常常在一个成果中既包含精神层面的创意，也包含物质层面的创意。这一点在文艺作品和文化产品中尤为突出，比如一部电影，既有电影编剧、导演、演员的精神层面的创意，也有服装、道具、特技、特效、摄制、播放技术等物质层面的创意，还可能包括电影营销中商业模式、观赏方式等制度层面的创意。以下就几种常见的文化创意作简要说明。

（1）观念和理论的创意

观念主要包含世界观、人生观和价值观三个方面[1]。常见的世界观创意有两种。一种是真实世界的世界观创新，是指人类社会发展过程中，那些揭示世界真相的具有真理普遍性的观念，如400多年前在人们还普遍认为地球是宇宙中心的时候，哥白尼提出的"日心说"就是一种伟大的世界观创意。这类世界观创意往往与理论有关，如爱因斯坦的"相对论"、莱布尼茨和牛顿的"微积分"及弗洛伊德的"人格结构理论"，对于人类认识世界、认识社会、认识自身都起着非常重要的作用。另一种是虚构世界的世界观创新，是指文艺作品中作者创造的一种只存在于作品中的"世界观"，如小说《霍比特人》（*The Hobbit*）和《指环王》（*The Lord of the Rings*）中的"中土世界"，电影《机器人总动员》（*WALL·E*）中的末日世界、《阿凡达》（*Avatar*）中的外星世界、《黑客帝国》（*The*

---

[1] 也有人认为世界观包括自然观、社会观、人生观、价值观和历史观五个方面。——作者注

Matrix)中的虚拟世界等都属于世界观的创意,这些充满创造性的"世界"成为作品引人注目的重要因素。

(2) 制度的创意

制度既包括政治、经济、法律、宗教、道德等宏观方面,也包括公司经营管理模式、人际关系、行为习惯、风俗禁忌等微观方面。我国人民代表大会制度和中国共产党领导的多党合作和政治协商制度的政治制度,以公有制为主体、多种所有制经济共同发展的基本经济制度,都是前所未见的制度创意;"一带一路""共享经济""互联网+"等概念也是制度创意的产物;在微观层面,移风易俗、管理创新等也都属于制度的创意范畴。

(3) 科学技术的创意

科学技术通常被看作一种物质文明,这是因为人们习惯于把科学和技术联系在一起简称为科技,但"科技"(science & technology)其实是由"科学"和"技术"两个词组成的词组,其中"科学"重视解决理论问题,"技术"则强调解决实践问题。科技创新首先也是科学理论层面的创新,因此科技创新是物质层面的创新,也是精神层面的创新。但不论是精神还是物质,科技创新也需要创意,或者说科技创新成品中包含着创意。那些具有划时代意义的伟大发现和发明,都包含着伟大的创意。

(4) 文艺作品和文化产品的创意

文艺包含文学和艺术,文艺作品是人类精神文明的重要组成部分,也是最为外显的部分。当文化作为一种产业出现之后,文艺作品和知识产权可以当作商品来交易,文艺作品和文化产品界线日趋模糊。不论是文艺作品还是文化产品(为方便表示,统称为"作品"),本身都是创造活动的结果,都包含创意在其中。作品的创意通常可分为内容的创意和形式的创意两种,内容的创意也称"概念的创意",是指作品中传达信息层面的创意,包括作品的题材、立意、情节、人物(角色)形象、世界观等方面的创意;形式的创意也称"执行的创意",指作品的存在方式的创意,包括体裁、叙事方式、表现手法、作品载体、生产技术和生产工艺等方面的创意。内容和形式是辩证统一的关系,内容的创意和形式的创意也符合这个规律。

当然,文化的范畴是广泛的,创意还存在于文化的诸多方面,限于篇幅,就不一一探讨了。

2.狭义的创意:营销创意

现在人们常说的创意更多是指能够带来实际收益的创新,因此狭义的创意一般指营销创意或商业活动创意,主要包括营销战略创意、商业模式创意、产品创意和营销传播创意等几个方面。

（1）营销战略创意

营销战略创意指营销观念、营销要素和营销过程等方面的创意。营销观念是营销活动的指导思想，很多成功的学者都提出了具有划时代意义的营销观念创意，如杰罗姆·麦卡锡在1960年提出著名的"4P's"理论，就是伟大的营销观念创意；通用电气公司提出的"聚焦"和罗伯特·劳特伯恩（Robert F. Lauterborn）提出的"4C's"理论都属于营销观念的创意。也是从麦卡锡开始，各种"P"的理论（如"7P's""10P's"）层出不穷，这些理论都试图从营销要素上颠覆"4P's"理论，在一定的意义上，这些理论都属于营销要素的创意。此外，由于营销的过程主要包括营销价值的创造、传播、输送和维护等几个阶段，一些新型的营销往往通过在营销过程上下功夫来创造新的营销观念，如众筹营销就是先设计并传播产品概念，然后通过对消费者的筹款来获得生产资金，再把这些筹集到的资金用来给工厂下单生产，最后才是产品的交付，这种营销模式相对于传统的营销模式来说是一种颠覆。

（2）商业模式创意

商业模式（business model）是指企业如何创造价值的基本逻辑，即企业在一定的价值链或价值网络中如何向客户提供产品和服务并获取利润，通俗地说，就是企业如何赚钱的逻辑。商业模式包括客户价值主张、盈利公式、关键资源和关键流程四个要素[1]，商业模式的创意主要是在这四个要素及其整体关系方面的创新。

（3）产品创意

产品创意是指新产品中所包含的创新要素，主要包括产品概念的创意和产品技术的创意两个方面。产品概念的创意是指产品的类别、形态、定位、目标消费者、定价等方面的创新组合；产品技术的创意则是指产品在设计、材料、生产工艺、包装等方面的创新。产品的创意是产品价值的决定因素之一，产品价值是由无形的产品概念和有形的产品形态共同决定的。

（4）营销传播创意

在大众传播时代，通常的广告创意理论基本上都只重视广告内容的创意，忽视形式方面的创意，对信息传播工具（手段）和传播途径的创意涉猎更少。在数字化和信息化条件下，营销传播内容的外延扩大了，不只是广告内容（硬广告或大众传播广告），还包括其他一些内容，如官方网站内容、微电影、软文、漫画、植入信息、电商平台信息等。营销工具和营销渠道的创意开始受到重视，营销传播创意应从传播内容、传播工具和传播渠道（路径）三个方面来重新审视。

---

[1] Mark Johnson, "Reinvent Your Business Model: How to Seize the White Space for Transformative Growth," *Harvard Business Review*, no.12 (2008).

同时，由于创意范畴的扩大，营销更加重视战略层面的创意整合，因此，营销创意应该从战略开始，把产品创意、内容创意、传播工具创意和营销渠道创意整合起来，形成"创意营销"新模式。

> **思　考**
>
> 1. 从一位普通网民的角度思考，你会把网络上看到的哪些内容或活动当成广告？
>
> 2. 麦克卢汉在《机器新娘》一书中说："广告商总是竭力进入并控制公众的无意识头脑，目的不是理解或表现这些头脑，而是为了利用公众的头脑以榨取利润。"[1]如何理解这句话？

---

[1] 马歇尔·麦克卢汉：《机器新娘：工业人的民俗》，何道宽译，中国人民大学出版社，2004，第185页。

第二章
创意营销的背景

> **导 读**
>
> 1. 对当前广告和营销行业影响最直接的因素是信息技术,信息技术改变了人们的社会生活,数字经济方兴未艾;信息技术也改变了信息传播的方式,新媒体成为主流的营销传播阵地。
> 2. 从文化的角度看,广告是消费文化的产物,是意识形态操控;"产品+文化"是当前营销的主要手段和趋势。
> 3. 在创意经济条件下,创意是社会价值和社会财富的增长来源,不论是国家、机构或个人,创新能力都是其核心竞争力。
> 4. 在信息化背景下,广告业原有的商业模式受到挑战,还有来自互联网巨头、MCN 公司等营销新势力的竞争压力,创意营销才是适应行业变革的新业态。

第一节 技术背景:信息社会

一、信息技术和信息化

1.信息技术

所谓"信息化时代"或"数字化时代"是相对模拟信号时代而言的。

在模拟信号时代,文字、声音、图像、影像等各自都有不同的符号种类、文本系统和相应的媒介种类，如文字符号一般通过手写或印刷成传单、手册或书籍等，声音符号采用磁信号录制成唱片或磁带，影像符号则通过胶片或磁带来记录。

后来随着计算机和网络的出现，这一切都开始有了变化。计算机代替人脑进行部分信息处理，各种符号都被处理成计算机可以识别和处理的数字信号，文字变成了字符码，文章、书籍、照片、电影全都变成了数字的形式——数据。网络主要用于计算机之间的通信，使数据传输不再受介质容量和距离的限制。因此，早期信息技术（Information Technology，简称IT）主要就是指计算机技术和网络技术。后来随着信息化的发展，以计算机和网络为基础的各个方面（包括数据或信息的输入、处理、显示、传输、服务和应用等）的技术也得到大力发展，这些技术都被统称为信息技术（如图2-1所示）。

图 2-1　信息技术图谱

2.信息化

"信息化"并不是一个新词语，早在20世纪六七十年代就产生了。据考证，"信息化"的概念是由日本京都大学教授梅棹忠夫(Tadao Umesao)奠定的，其1963年在朝日广播（Hoso Asahi）发布的《论信息产业》（"Information Industry Theory：Dawn of the Coming Era of the Ectodermal Industry"）一文中首次提出了"信息工业"的概念[1]；之后到1967年，日本科学技术和经济研究团队正式提出了"信息化"这个概念，而后被译成英文"informationalization"传播到西方社会。梅棹忠夫认为"信息化"是通讯现代化、计算机化和行为合理化的总称。

对"信息化"概念的普及有重要推动作用的另一位学者是美国的趋势预测专家阿尔文·托夫勒（Alvin Toffler）。在他的重要著作《第三次浪潮》[2]中，托夫勒认为随着农业时代和工业时代的衰落，人类社会正在向信息时代过渡并跨进第三次浪潮文明。第三次浪潮就是信息革命，大约从20世纪50年代中期开始，其代表性象征为计算机，主要以信

---

[1] 陶佩琮：《日本信息化、信息社会的发展水平和展望》，《科学学研究》1987年第3期，第8页。
[2] 阿尔文·托夫勒：《第三次浪潮》，朱志焱、潘琪、张焱译，新华出版社，1996。

息技术为主体，重点是创造和开发知识；其社会形态是由工业社会发展到信息社会。信息社会与农业社会、工业社会最大的区别，就是不再以体能和机械能为主，而是以智能为主。因此，当下"信息化"的概念，更多地指"信息技术化"，是由计算机与互联网等生产工具的革命所引起的工业经济转向信息经济的一种社会经济过程。在我国，"信息化"的定义是：充分利用信息技术，开发利用信息资源，促进信息交流和知识共享，提高经济增长质量，推动经济社会发展转型的历史进程[1]。这一定义也是从"信息技术化"的层面来界定和阐述的。

真正让世人见识到信息化威力的事件是两次海湾战争，美军先以"外科手术式"的精确打击破坏了伊拉克的雷达、通信、广播、电视等信息设施，以极小的伤亡代价给伊拉克军队和萨达姆政权造成了重创。信息化战争催生了全球信息化的热潮，信息技术在工农业、第三产业乃至社会生活领域都得到极大的应用和发展。工商业是最擅长学习的，第二次世界大战的全面战争，催生了20世纪五六十年代的大众营销；同样，信息化战争也催生了营销的信息化变革。

从社会的角度看，在全面信息化背景下，营销作为一种社会活动，不可避免地要卷入、参与到信息化的大潮中。同样，从企业管理的角度看，企业在各个层面的信息化也是企业自身提高效率、增进效益和提升自身竞争力的必由之路。早期，企业资源计划（ERP）、供应链管理（SCM）和客户关系管理（CRM）被认为是企业信息化的"三驾马车"，随着数据的积累和技术的迭代，大数据、云计算、区块链和人工智能等技术也对营销产生了深远的影响。

3.数字化和信息化

美国学者保罗·莱文森（Paul Levinson）认为广义的"信息化"是指信息成为一种资源并在社会上普及的过程，并认为人类从进入有文字的社会开始就进入信息化社会了，"字母表"和拼音文字是"第一种数字媒介"[2]，所以应该用"数字化"来描述我们所处的这个时代的信息变革，因为"数字化"一词产生的时间晚于"信息化"，是新时代的"信息化"，代表着信息化的新兴力量。

但如果把信息化理解作"信息技术化"，从信息技术发展的角度来看，信息化又包含着数字化的过程，因为基础的信息技术包括信息处理和信息传输两个大的方面，也就是数字化和网络化（如图2-2所示）。

---

[1] 引自中共中央办公厅、国务院办公厅2006年3月19日印发的《2006—2020年国家信息化发展战略》。
[2] 莱文森：《软利器：信息革命的自然历史与未来》，何道宽译，复旦大学出版社，2011，第9页。

图 2-2　技术层面的信息化内容

4. 信息化的内容

一般认为，宏观（社会经济）层面的信息化包括信息技术的产业化、传统产业的信息化、基础设施的信息化及生活方式的信息化等方面；微观（信息技术）层面的信息化则主要包括基础信息技术（含数字化、网络化）和应用信息技术两方面。下面主要从微观层面对信息化进行阐释。

（1）数字化

数字化可以大致分为数码化、数据化和智能化三个阶段，未来可能还会出现其他的进化方向。

数码化（digitalization）：信息由模拟信号时代的文字、声音、图像、影像等各自不同的符号种类、文本系统和相应的媒介种类转化成便于计算机处理的数字信号、数字文本和数字化媒体的过程。

数据化（data making）：计算机和服务器存储的信息逐渐演变成为可以为人们所利用的数据。云计算（cloud computing）是指数据的存储逐渐从分散的各个计算机整合到互联网巨头的服务器上，采用一种集约的方式，所有的计算都在云端（服务器）完成，电脑、手机和其他计算终端只负责数据的终端处理和显示；由于存储在服务器上的数据越来越庞大，大数据（big data）的概念就出现了。

智能化（intelligent）：智能系统自行对数据进行分析和学习，便于把复杂的决策简单化。智能化又可以分为机器智能和人工智能。机器智能（machine intelligence, 简称 MI）是通过程序的设定，把所有可能涉及的情况进行设想，并设置针对性的应对方式，让计算机做出准确判断和行动；而人工智能则是让计算机学习人类处理信息的方式，不断优化和进化以提升信息处理的效率。

（2）网络化

狭义的网络化是指计算机之间通过网络传输经过压缩、加密等手段处理过的数字信号以实现分享和协作的过程；广义的网络化则是指通过不断迭代的网络技术，把计算机、服务器、智能设备或其他网络设备连接起来的过程。主要的网络形式有局域网、互联网、物联网和卫星通信网络等。随着第5代（5G）移动通信技术的普及，网络化会朝着一个更加即时（延迟少）、更加广泛（万物互联）的方向去演进。

局域网（Local Area Network, 简称 LAN）是指在较小的范围内连接多台计算机及设备的计算机网络，常见于家庭、公司或其他机构内部。现在互联网的前身就是美国军方内部的局域网——阿帕网。

互联网（internet）指全球范围内大多数的网络和网络之间组成的庞大网络，我国港台地区也把它称作"网际网路"。早期互联网主要是由个人计算机（personal computer, PC）组成的，目前由于手机、平板电脑、智能家电、智能汽车和可穿戴智能设备在人们日常生活中的普及，应用较为普遍的是无线互联网（wireless internet）或移动互联网（mobile internet）。

表 2-1　PC 互联网和移动互联网的异同

	PC 互联网	移动互联网
用户门槛	门槛较低	门槛很低
用户识别	ip 地址，Mac 地址，匿名	手机号码关联，实名制
浏览方式	网站、浏览器	微网站（minisite）/ 应用（App）
用户登录	账号 / 密码	账号 / 密码 / 生物特征
上网设备	固定	移动
限制	网线 /Wi-Fi，受束缚	无限制，随时随地
输入设备	键盘、鼠标	传感器，屏幕点划
用户数据	浏览记录	行为数据

物联网（Internet of Things, 简称 IoT）指人、物品（如手机、家电或汽车等）、服务器等通过网络连接，构建直观、实时的消费场景。未来的物联网将实现人与人、人与物、物与物之间的"万物互联"，具体表现为人联、家联（手机和智能家电）、车船互联、物物互联等。

卫星通信网络（satellite communication network）：由通信卫星和地面基站组成的通信网络，主要用于军事通信、广播电视转播、电话和位置导航领域。特斯拉（Tesla）汽车和 SpaceX 公司的创办人埃隆·马斯克（Elon Musk）已经开始实施其星链（Starlink）计划，希望通过在天空中部署 42000 颗通信卫星以实现全球通信，以无死角的互联网接入来消除信息鸿沟。

(3) 应用信息技术

网页、搜索引擎、即时通信、消息订阅、电子商务、社交网络、定位服务、手机应用、"元宇宙"、生成式预训练模型及未来可能出现的各种应用信息技术，都是基础信息化发展到一定阶段的产物。

二、信息化社会

进入21世纪以来，随着社会信息化程度的加深，信息技术在日常生活中的影响力越来越显著，人类社会进入了信息化社会。信息化社会也可被称为"信息社会"，其最显著的特征就是信息技术深刻渗透到社会生活的方方面面，社会的政治、经济、文化、生活等方面都发生了深刻的变革。

1.宏观社会层面

（1）政治方面

首先，值得肯定的是，信息技术使得社会整体的信息透明度得以提升。社交媒体使得每个人都有发声的权利，这种"信息平权"使得人们可以更大限度地参与到社会公共事务中来，公众舆论在政策制定和社会监督方面发挥着重要的作用。其次，"西式民主"的虚伪性和弊端显露无遗：一方面，和其他媒体一样，西方社会的社交媒体是受资本掌控的，一些与所谓"普世价值"不相符的言论及其账号主体常常被限流乃至被封禁，被人们调侃为"推特治国典范"的美国总统唐纳德·特朗普（Donald Trump）的推特（Twitter）[1]账号就曾被封禁；另一方面，西方政客可以利用信息监视对社会进行监控，从而实现自己的政治目的。2020年，一部名为《监视资本主义：智能陷阱》（The Social Dilemma）的纪录片，通过对一些互联网科技公司从业者的访谈，向人们展现了社交媒体背后的"资本监视机制"是如何操控个体的心理和行为并最终影响所谓"民主政治"的；而更巧的是在同年的美国总统选举过程中，不论是约瑟夫·拜登（Joseph Robinette Biden Jr.）阵营还是特朗普阵营都曾指责、控诉对方操控选举。最后，资本主义国家利用信息霸权试图进行新的"信息殖民"，对信息技术发展相对落后的国家或地区实施信息技术控制、信息资源渗透和信息产品倾销，从而达到干涉和操控别国内政和经济的目的，近年美国对我国发起的"芯片断供"便是典型的例子。

（2）经济方面

信息和知识成为重要的生产力要素，被看作和物质、能量同等重要的生产力资源。其一，由于信息技术在各行各业的普遍运用，企业运转变得更加高效，特别是在大数据和智

---

[1] 推特网（Twitter）2022年4月被埃隆·马斯克收购后，于2023年7月更名为"X"。——作者注

能化的支持下，社会资源得到更合理的配置，社会总体的成本得到更合理的控制。其二，由于各行业对信息技术的依赖性提高，信息技术产业和互联网行业成为支柱性产业，其产值在国民经济中占据绝对优势。最后，由于信息技术产业和互联网行业成为新兴经济的代表，很多信息技术企业和互联网企业的创始人或负责人都成为新时代的商业"偶像"，受到人们的崇敬和追捧；信息技术和互联网行业从业人员的薪酬普遍较高，就业人数在就业人口中的比重逐年提高，带动了相关专业的教育培训规模不断扩大。

（3）文化方面

首先，尊重知识和知识创新成为重要的社会观念，知识产权保护成为全世界普遍的"游戏规则"，IP（知识产权，全称为 Intellectual Property）文化创意和文化创意产业成为新的经济增长点。其次，互联网和社交媒体促成全球各种文化之间的交流和融合，显著的例子是在智能手机时代，emoji 表情图标成为全球通用的"语言"，另外曾被称作"Chinglish"的很多词语陆续被收入一些重要的英语词典，如"long time no see""add oil""lose face""hongbao"等都被牛津词典收录。最后，社交媒体和视觉日志（vlog）也在提升民族传统文化自信方面发挥着非常重要的作用，如"抖音"（含国际版"Tiktok"）对中国传统文化的重拾和推动，在"讲好中国故事"中发挥着重要作用。

此外，信息技术的发展对基础科学研究、应用技术研究、社会治理及国防军事等宏观社会方面也有深刻的影响，限于篇幅，不再一一阐述。

2.微观社会层面

在社会生活领域，首先，即时通信软件和社交媒体的普遍应用，简化了人们沟通的流程，改变了人们日常生活的沟通方式，进而丰富了人们沟通的渠道和形式，为人们生活的个性化提供了更为广阔的空间。其次，信息技术改变了人们学习、工作和生活的方式，很多工作变得更加轻松，人们可以随时随地在手机上学习各种知识，可以通过网络完成协作任务，可以坐在家里通过手机轻松地完成理财、购物下单和水电费的缴存，也可以坐在办公室里通过手机察看家里智能电器的运转情况，可以通过语音完成对智能设备的操控，甚至可以通过网络实时视频接受远程问诊和远程手术，等等。最后，大数据和人工智能的应用，使得人们的生活场景变得更加智能，阅读新闻的时候，应用会精准地给人们推送他们感兴趣的新闻内容；看电视的时候，电视机会精准地显示人们感兴趣的节目内容；浏览商品的时候，网站会根据人们的喜好给他们推送想要的商品；等等。

3.社会节奏层面

信息化给人们的生活带来更多便利的同时，也使社会运转日益高效，从而改变了整个社会的运作节奏。

社会生活层面，以前"跑断腿"才能办好的一些事，现在坐在家里或办公室就可以完成；以前需要花费大量人力的事情，现在通过智能设备和云计算系统可以在短时间内完成；计算机、流水线、大型机械、大数据、大语言模型的广泛使用，使得以前需要很长时间完成的事情，现在都可以在很短的时间之内完成，或者说人们完成事情的效率越来越高，周期越来越短，整个社会的节奏显著加快。

在商业层面，由于网络通信加强了竞争信息的透明化，企业竞争压力加大，产品更新速度加快，对职业经理的评价指标被量化(如KPI,关键绩效指标)，评价的周期也大为缩短。"快"成为很多企业主要的竞争优势，快销也成为一个行业。能够对消费者的需求做出快速反应的企业才能满足消费者的期望和需求。

总之，信息化社会带来的影响大多是积极的，但人们的生活并没有因为信息化而变得轻松，职业竞争压力、隐私泄露、信息污染、信息安全、信息鸿沟与信息"茧房"、社会隔离与冷漠、就业危机等新的社会问题还是会给人们带来困扰。

三、信息化新媒体

在社会整体的全面信息化之下，传媒行业也发生了翻天覆地的变化，首先是传播技术的全面信息化。作为"人的延伸"，媒介在信息技术（特别是近年来的移动化、智能化和虚拟化等技术）的迭代之下，新媒介（强调介质属性）形态层出不穷，为人们一层一层地打开通往外部未知世界的大门；同时，新媒体（强调具体载体）的普遍社交化，构筑了一个个虚拟的"赛博空间"——随时随地、触手可及并充满魅力的另一个生活空间。

是因传媒技术不断迭代，故而"新媒体"是一个随技术而变的动态概念，在21世纪初期新媒体主要指相对于"旧媒介"（传统的报纸、杂志、广播和电视四大媒介种类）而言的媒介种类及其载体，如互联网、手机及数字报纸、电子杂志等数字化媒体；稍晚一些的手机互联网、博客网站、维基百科、社交网（如人人网）、即时通信软件和搜索引擎等也被称为新媒体；而当下的新媒体更多地指基于信息技术的创新和应用而出现的各种媒体，为表述准确，以下称之为"信息化新媒体"。

1.信息化新媒体三要素：服务、平台和应用

随着信息技术往大数据、智能化及移动互联网、物联网等方向进化，如今新媒体更多是指基于信息技术产生的各种服务及其平台、应用的结合体。

服务：基于信息技术"软件即服务"（Software as a Sevice，简称SaaS）的观念，服务是信息化新媒体的存在根本，几乎所有的信息化新媒体都是基于某个核心的服务而存在的，即对某些群体存在某种价值。如微信的核心是即时信息服务，小红书的核心服务是"种

草"导购服务，支付宝的核心服务是电子金融服务。当服务不能满足人们的需求时，其生存便会成为问题，如已经慢慢淡出人们视野的校内通、人人网等。

平台：随着服务的进一步深入和用户数据的沉淀，"平台即服务"（Platform as a Sevice，简称PaaS）观念的兴起，新媒体逐渐开始平台化，即基于用户数据，开发更多的应用，满足人们不同使用场景需求；提供更加丰富的服务，满足人们更多的需求；完善自身商业模式，获取更多商业利益。以淘宝为例，最初只是一个购物网站，后来慢慢地发展出天猫、手机淘宝（手淘）、一淘、闲鱼、淘特、点淘等应用。这些应用也并非只有单一功能，而是整合了图文、视频、直播、广告、社交、游戏等不同功能，这些功能一方面能满足用户的不同需求，也从一定程度上活跃了用户群体，为增加平台收入提供了更为有利的环境。

应用：通常指面向用户的程序端口，也就是最终面对使用者的程序入口，包括网页、应用软件、小程序和小插件，适用于包括手机、电脑、智能电视、汽车多媒体屏等在内的各种智能终端设备。用户包括组织机构用户（商家）和个人用户，因此一般来说，应用会提供商家和个人用户两种入口。

2.信息化新媒体三功能：内容、社交和信息服务

提供内容是信息化新媒体作为"媒体"的最本质功能，信息化新媒体既承载了特定对象所需要的信息，也具备了传统大众传播媒介的信息、教育、娱乐、监测、协调和沟通等功能。不同的是，信息化新媒体能够实现读者和内容创作者之间及读者和读者之间的直接互动；此外，建构自媒体平台，让用户自己生产内容也是信息化新媒体的重要特征。信息化新媒体所提供的内容，从形态上可以分为图文类内容、视频类内容和互动类内容等，其中以游戏和直播为代表的互动类内容最具备信息化特征。

信息应用的多样性和信息网络的高效性，使得人们之间的联系和沟通更加多样化和便捷，从即时通信、网络交友到网上聊天室、网络社区再到网上婚恋、视频通话、直播互动，层出不穷的社交应用使网络社交日益成为人们重要的生活方式。如今几乎所有的新媒体应用都具备社交功能，成员之间的相互关注、分享、点赞、评论和打赏等社交行为已经成为大部分新媒体应用的基本功能设置，同时大部分新媒体平台也会通过一些机制激励用户之间的社交行为。

对信息化新媒体而言，依托信息技术提供及时的、个性化的、便捷的及透明的服务是其显著的特征之一。信息化服务的范畴较为广泛，主要包括电子商务、数字金融、数字政务、本地化服务、大数据服务等，通俗地说就是提供网上购物、社区团购、网上订票、外卖点餐、网上缴费、投资理财、网上办事、出行预约、公交查询、航班信息等服务。其中电子商务是最为重要的服务，因为它能提供直接的经济变现，能够给平台带来直接的经济收益，这与传统媒体主要靠广告经营来实现经济收益有明显的不同。

内容、社交和电子商务三者日益成为信息化新媒体标配，它们之间是一种稳定的三角组合关系——通过内容吸引用户，通过社交提高用户黏性，通过电子商务实现经济收益。

3. 信息化新媒体的特征

（1）服务层面的特征：个性化、智能化和场景化

信息化新媒体具有个性化特征。由于几乎所有的新媒体平台或应用都是基于某个核心服务产生的，而这个服务又是针对某些特定用户的，进一步说，服务是建立在一定用户（群体）基础上的。信息化技术手段使得新媒体平台可以累积每一个用户的相关资料数据，通过这些资料数据去识别和了解每一位用户，以便提供更精细、更人性化的服务，这种针对不同用户特征提供不同服务的方式就是个性化服务。当前，诸多新媒体平台在信息或内容提供方式层面采用的"订阅"和"推荐"相结合的方式，就是个性化服务的体现。

信息化新媒体具有智能化特征。随着信息技术的深入，特别是人工智能技术的发展和广泛应用，新媒体平台对用户的服务也日渐智能化，如在用户数据的收集和整理方面，平台会根据用户的"行为"对数据进行自动更新、自动分析、自动预测，并根据预测结果实时提供给用户相关的提醒或推荐，使服务更加地精细化和人性化。智能化一方面给人们的生活带来更多便利，另一方面也能显著提升服务用户的效率，降低服务成本（特别是人力成本）。

信息化新媒体具有场景化特征。由于服务的精细化，新媒体平台提供的服务会越来越被细分为不同的场景，即根据人们使用服务的不同时空背景来提供差异化的服务。如支付宝的使用场景可以被细分为线上交易支付、线下支付、理财、政务服务、保险、娱乐、订票、公益等若干个不同的场景。新媒体应用端的场景化清晰界定了核心服务和其他各种增值服务的范畴，为用户提供了更为多元的接触路径和更为丰富的体验，同时也让获取更多的用户数据和更多的利润成为可能。

（2）用户层面的特征：社群化和圈层化

信息化新媒体具有社群化特征。信息化新媒体的社交属性决定了其用户之间可以通过各种互动形成某种方式的关联，如关注与被关注、评论与被评论等，以及由此衍生出的"路人""点赞之交""粉丝""铁粉"等不同程度的相互关系。以一些知名账号（"大V"）或事物（如某本书、某部电影或某个游戏）为中心会形成数量众多的特定"粉丝"群体，同时，多数新媒体平台的群组功能也鼓励打造包括粉丝群组在内的各种社群，以完善平台的社交生态，促进成员用户的活跃度。这种以某个人物或事物为核心形成的社群就是所谓的"圈子"，如知名自媒体"罗辑思维"就建立了会员群，而且还通过收费（"铁杆会员"1200

元,普通会员 200 元)来稳定圈子群体,并给会员提供相应的增值服务,同时也给"罗辑思维"自媒体带来了一定的收入。

信息化新媒体具有圈层化特征。社交网络的"圈子"是现实社会的文化和社会关系(阶层、团体或家庭等)在网络上的投射,所以往往具备圈层化(或"亚文化")的特征,即圈子内的成员之间一般都会有大致相同的信息内容偏好、审美旨趣、话语习惯或行事习惯,这是构成一个圈子内在身份认同感的重要因素,也是一个圈子区别于其他圈子的外在特征。因此一些信息或内容的传播往往会囿于圈层之内,圈子与圈子之间也会出现"鸡犬之声相闻,老死不相往来"的情况,如玩网络游戏"王者荣耀"的圈子与跳广场舞的圈子。当然圈子并非孤立存在的,圈子与圈子之间会因为某些人或事物出现某种程度的关联,如前面说到的"王者荣耀"圈子和跳广场舞圈子可能可以通过亲情关系联系到一起,这也为一些信息内容的"破圈而出"奠定了"物理"基础。

(3)信息层面的特征:海量性和即时性

信息化新媒体具有海量性特征。互联网诞生以来,以其海量的用户接入和迅捷的传输速度在短期内产生了空前的信息数据量,人们惊呼"信息爆炸"——人类近 30 年来所生产的信息量已经超过了过去数千年信息量的总和。

随着新媒体平台的不断产生和新媒体"生态系统"的不断完善,对信息的生产(由人们创造的)量、捕获(通过各种传感器获取的)量、需求量和消费量也越来越大。新闻、娱乐、教育、广告和社交等各方面的信息像滚雪球一样越来越多,数据量越来越大。据国际数据公司 2018 年发布的报告《数据时代 2025》显示,全世界在 2018 年创建、捕获、复制和消耗的数据总量为 33 泽字节,预计 2025 年将达到 175 泽字节。另据国外数据研究公司 Raconteur 报告,全球每天大约产生 5 亿条推文、2940 亿封电子邮件、400 万 GB 的 Facebook(脸书)数据、650 亿条 WhatsApp 消息和 72 万个小时的 YouTube 新视频(如图 2-3 所示)。在国内,仅微信一家的数据量就很惊人,腾讯公司微信部门的负责人张小龙表示,每天有 10.9 亿用户打开微信,3.3 亿用户进行了视频通话;有 7.8 亿用户进入朋友圈,1.2 亿用户发表朋友圈,其中照片 6.7 亿张,短视频 1 亿条;有 3.6 亿用户读公众号文章,4 亿用户使用小程序。[1]另据国家网信办在 2022 年 4 月发布的《数字中国发展报告(2022年)》指出,2022 年我国数据产量达 8.1ZB,同比增长 22.7%,全球占比 10.5%,位居世界第二。

---

[1]胡毓靖:《每天 10.9 亿人打开的微信,在张小龙眼里仍是"小而美"》,观察者网 2021 年 1 月 20 日,https://www.guancha.cn/ChanJing/2021_01_20_578537.shtml,访问日期:2024 年 12 月 28 日。

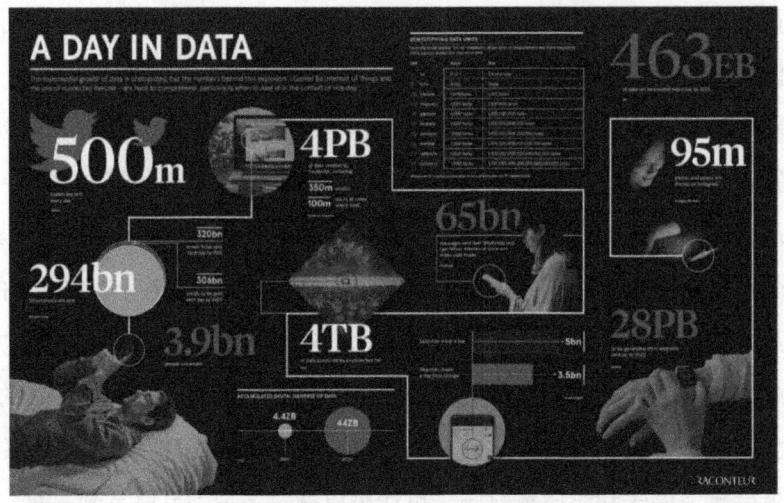

图片来源：Raconteur 公司网站（https://www.raconteur.net/infographics/a-day-in-data）

图 2-3　全球每天产生的数据量

信息化新媒体具有及时性特征。随着宽带互联网光纤到户和 5G 移动互联网的普及，网速越来越快，可实时传输的数据量越来越大，信息的处理速度也越来越及时，高清视频、虚拟现实场景乃至会场全景都可以实现实时共享，传统的文字、图片信息更不在话下。这种实时性极大地提升了现场感，使在线沟通与线下沟通的差异日益缩小，也提升了人们使用新技术进行沟通的意愿。

（4）文本层面的特征：超文本和富媒体能承载更丰富的信息

由于信息化新媒体平台的终端呈现方式多为触控或遥控显示屏（手机、电脑、车载显示屏、大屏电视等），其所能承载的内容形式已经超越了传统图文、影像的范畴。一则内容可以包含文字、图片、音视频超链接及各种互动元素，如 emoji 表情在聊天和文字表达中可以传达更多的非语词信息；一张图片除了影像之外，可以带有文字和链接及属性信息；Gif 格式图片和 iPhone 的实况图则具短时的动态影像功能；一条视频可以包含音视频、作品说明、简介、字幕、观众的评论（含弹幕）、推介商品链接以及屏幕互动按钮和评论、点赞、转发按钮等元素；基于 HTML 5（Hyper Text Markup Language 5 的缩写）技术标准制作的网页可以承载更多的媒体信息。

（5）传播层面的特征：碎片化、互动性、偶发性（触发性）、共享性和繁殖性

信息化新媒体具有碎片化特征。信息化新媒体具有"信息平权"的特征，这决定了任何一个应用都有可能成为信息传递的渠道。而渠道的多样性和用户的普遍性也使得"人人可以发声"的新媒体内容变得更加碎片化——信息来源多，且大多是只言片语，按照信息热度或相关性的推荐机制又使得信息内容呈现缺乏线性或整合性。再加上各种信息或内容

的质量良莠不齐、真假难辨——信息控制成为难题。

信息化新媒体具有互动性特征。新媒体的社交和超文本属性，使得人与人连接的"符号互动"成为可能，也让新媒体具备较为明显的互动特征。这种互动表现为两个方面，首先是人与内容（文本）之间的互动，也就是人们在阅读媒介文本时对文本本身产生的理解、思考、评论、点赞等；其次，人与符号互动的本质是人与人之间通过符号表达的互动，在这一点上，评论最能体现，评论往往不只是对作品的回应，也是对作者或其他评论者做出的回应，也就是说，评论体现的是人与人之间的互动关系。

信息化新媒体具有偶发性或触发性特征。由于信息和用户的海量性，信息不可能像传统大众传播媒介那样，在固定的场所和固定时间去分发，绝大多数用户与某个"博主"或某则信息之间的接触都是偶发的或触发的，也就是说可能是在"刷"信息的过程中偶然接触到，或者平台根据用户的标签或特征"推送"给用户的（由用户本身的特征触发）。当然如果对信息发布者或创作者（含博主、UP 主等社交账号主体）感兴趣则可以通过"订阅"或"关注"获取持续的信息推送，一些新媒体平台上的自媒体作者也会采用传统媒体的方式定时更新或推送信息。

信息化新媒体具有共享性和繁殖性特征。由于信息化新媒体具备快速复制、分享和转发的机制，一些信息或内容首先是在圈层里共享的，然后可能迅速通过"同温层"的复制、转发实现扩张，这是信息化新媒体与传统媒体在传播机制上的显著差别。同时，为了吸引用户参与和驻留，大部分新媒体平台都构建了一个日渐完善的"创作—发布—互动—变现"的生态系统，并通过相应的激励机制鼓励更多的用户加入创作者的队伍，并且给予优质的信息内容及其创作者更多的流量倾斜，以引导内容往优质方向进化。在这样的情况下，一些优质内容往往成为其他内容创作的"风向"，当某个内容受欢迎（即"火了"）之后，其内容元素或风格往往会被众多的创作者模仿，出现大批同类"致敬""跟风"的"再创作内容"，也就是说，部分优质的内容"繁殖"了一些同类内容。除了狂欢式的跟风创作之外，新媒体平台的繁殖性还体现为 IP 的裂变性，即知名的内容 IP 或创作者可以裂变出更多的内容或创作者，特别是在短视频平台，一个知名度很广的"梗"能源源不断地输出很多内容，一个成名的创作者或角色也可以通过"家人""师徒""朋友""对手"等关系裂变出更多个性鲜明的创作者或角色 IP。

四、数字经济

1.数字经济概念的来源

数字经济是随着社会信息化的发展而产生的一种新的经济形态，其概念最早可追溯到

20世纪90年代。1995年唐·泰普斯科特（Don Tapscott）出版了名为《数字经济：网络智能时代的希望与危险》的著作，详细论述了互联网对经济社会的影响；泰普斯科特被认为是最早提出数字经济概念的人，被中国媒体称为"数字经济之父"。在此前后，随着尼古拉斯·尼葛洛庞帝（Nicholas Negroponte）的《数字化生存》、曼纽尔·卡斯特（Manuel Castells）的《信息时代三部曲：经济、社会与文化》[1]等著作问世，数字经济的理念迅速流行开来。[2]

2.数字经济的本质和定义

（1）本质

我国早期把"数字经济"称为"信息经济"，其本质在于社会的全面信息化对人民日常生活和经济发展的影响。

（2）定义

根据2021年我国国家统计局颁布的《数字经济及其核心产业统计分类》（以下简称《分类》），数字经济是指以数据资源作为关键生产要素、以现代信息网络作为重要载体、以信息通信技术的有效使用作为效率提升和经济结构优化的重要推动力的一系列经济活动。

> **关于智能手机**
>
> 我们日常生活中一刻也离不开的智能手机其实可以看作一个"个人数字处理智能终端设备"，摄像头、触摸屏及位置、距离、运动等各种传感器的普遍运用极大地提高了信息采集和录入的效率；移动网络、无线传真、蓝牙和近场通信则便于把这些数据进行设备之间、人际或与云端的相互传输；各种应用则是连接平台、上传或获取各种数据的入口。

从《分类》中的定义可以看出，数字经济的三个要素分别是数字资源、信息网络和信息通信技术，其主要目的是通过信息技术的有效应用以提升和优化经济发展的效率。

3.数字经济的范畴

（1）两化：数字产业化和产业数字化

《分类》将数字经济产业范围确定为5个大类：数字产品制造业、数字产品服务业、数字技术应用业、数字要素驱动业、数字化效率提升业。其中前4个大类即数字产业化部分，主要包括计算机通信和其他电子设备制造业、电信广播电视和卫星传输服务、互联网和相关服务、软件和信息技术服务业等，是数字经济发展的基础；第5大类为产业数字化部分，指应用数字技术和数据资源为传统产业带来的产出增加和效率提升，是数字技术与

---

[1] 曼纽尔·卡斯特的《信息时代三部曲：经济、社会与文化》包含《网络社会的崛起》《认同的力量》和《千年终结》三卷。——作者注

[2] 闫德利：《数字经济的由来》，《中国信息化》2017年第11期。

实体经济的融合。

（2）四化：数字产业化、产业数字化、数字化治理和数据价值化

在中国信息通信研究院发布的《中国数字经济发展白皮书》（以下简称《白皮书》）中，在2017年提出"两化"的基础上加入了"第三化：数字化治理"（2019年提出）和"第四化：数据价值化"（2020年提出）。[1]

《白皮书》对"四化"的内涵分别作出了阐述。认为数字产业化即信息通信产业，是数字经济发展的先导产业，为数字经济发展提供技术、产品、服务和解决方案等，包括电子信息制造业、电信业、软件和信息技术服务业、互联网行业等，包括但不限于5G、集成电路、软件、人工智能、大数据、云计算、区块链等技术、产品及服务。产业数字化是数字经济发展的主阵地，为数字经济发展提供广阔空间。产业数字化是指传统产业应用数字技术所带来的生产数量和效率提升，其新增产出构成数字经济的重要组成部分，包括但不限于工业互联网、两化融合、智能制造、车联网、平台经济等融合型新产业、新模式、新业态。数字化治理是运用数字技术，建立健全行政管理的制度体系，创新服务监管方式，实现行政决策、行政执行、行政组织、行政监督等体制更加优化的新型政府治理模式，包括治理模式创新，利用数字技术完善治理体系，提升综合治理能力等。数据价值化则是把数据作为关键的生产要素和驱动因素，提升其他生产要素的价值，包括但不限于数据采集、数据标准、数据确权、数据标注、数据定价、数据交易、数据流转、数据保护等。[2]

《白皮书》还指出了"四化"之间的关系：数字产业化和产业数字化重塑生产力，是数字经济发展的核心；数字化治理引领生产关系深刻变革，是数字经济发展的保障；数据价值化重构生产要素体系，是数字经济发展的基础。[3]

4.数字经济的特征

数字经济的特征，即"数字＋经济"所带来的变化，主要表现为数码化—同质化、数据化—平台化、云端化—虚拟化、网络化—共享化、智能化—高效化、创新化—价值化等几个方面。

数码化—同质化：数码化的实质是各种信息文本的同质化，包括文字、图形、图像、声音、影像、位置信息、运动状态等在内的一切信息文本都变成了以"0"和"1"为基础的二进制符码；信息的录入、采集、计算、存储、传输、显示和各种终端应用，过程中涉及的各种处理设备都被称作"数字装备"。

---

[1] 中国信息通信研究院：《中国数字经济发展白皮书（2020年）》，2020年7月，第1页。
[2] 同上，第6-7页。
[3] 同上，第2-3页。

数据化—平台化：数码化所采集的各种信息经过处理和存储后便形成数据。随着数字设备和数字装备数量的激增，需要处理的数据会越来越多。伴随着网络传输效率的提升，为了便于各种数据的统一处理，把各种数据上传到云端进行统一的存储和处理逐渐成为近些年来主要的技术跃进方向，大数据、云计算、分布式存储、区块链等信息技术名词就代表了这种方向，拥有大量数据的主体（政府、组织和企业）逐渐成为一个个基于数据实施运营的平台。这些数据往往包含用户的身份、行为、社交和交易等方面的数据，对政府、组织和企业来说，可以用以支持社会治理、投资、融资、市场预测、生产和销售管理等活动，具有极大的经济价值，因此数据成为数字经济的关键性生产要素。

云端化—虚拟化：由于平台化使得数据基本上都存在"云端"（服务器端），融资、授信、管理、生产、营销、消费等各种经济活动都打破了传统的地域藩篱，实现全国乃至全球的整合；同时数字政务、数字支付、数字传播等数字服务打通了线上与线下的界限，线上交易、线下消费成为常态。未来，随着虚拟现实技术的进一步发展，会有更多的服务通过虚拟仿真的形式给人们提供更加细腻、丰富的服务体验。

网络化—共享化：作为数字经济的载体，网络所带来的改变是基础性的，从早期的互联网到而今的移动互联网、物联网和 5G 技术的运用，网络的不断进化一方面使得各种信息传递的方式变得多元，传递效率大幅提升，另一方面也促进了人们生活方式的变革，改变了社会关系各元素的联结方式。如在信息网络的支持下，"共享经济"曾经作为重要的经济创新方式影响着人们生活的方方面面，如网络有共享 Wi-Fi，饮食有点评推荐（大众点评）、美团外卖等，出行有共享交通工具（滴滴、摩拜等）和共享酒店（Airbnb），金融和购物有众筹（众筹网），劳作有众包平台（AAwork），等等。

智能化—高效化：近年来，在人工智能技术的大力发展下，人工智能在数据分析和处理、语音识别与合成、视觉识别与处理、信息内容分发与传递等方面广泛运用，再加上网络不断提速，带宽越来越大，信息的实时处理也已经成为常态，使得各领域的数据处理能力和数字服务能力大幅提升。政务服务和企业服务效率的提升，一方面简化了信息处理的程序和环节，使人们享受的服务更加便捷，另一方面也节省了包括人力劳动和社会动员等在内的社会成本。

创新化—价值化：众所周知，机械化把人们从繁重的体力劳动中解救出来，而数字化则使人们的信息处理工作变得更加简单，所以人的劳动价值逐渐从体力向脑力、智力的方向转变，而在脑力或智力劳动中，人的创新能力受到前所未有的关注。创新能力是在创造力的基础上产生新思想或新产品的能力，也就是说，衡量一个人价值的重要因素是他的创新能力，而衡量创新能力的因素则是其创新带来的价值（通常用经济价值衡量）。新思想即精神层面的创新产物,也就是创意;而新产品则是物质层面的创新产物,即创新产品。在数字经济背景下,创意或创新产品的价值实现(变现)更加直接,如创意内容可以在不同的新媒体平台实现经济收益,而新产品则可以通过"新营销"或"新零售"实现更多、更快的经济收益。

5.数字经济对营销的影响

数字经济对营销行业的影响是深远的,主要有如下几个方面。

(1)数据成为营销决策的主要依据

数字经济条件下,营销的各种决策离不开数据。数字化社会也为企业提供了各种来源的大量数据,可以帮助企业了解客户的需求和行为,从而更好地制订营销策略。另外,数据分析工具和数据分析技术可以帮助企业更准确地了解客户,提高营销效果。

(2)社交媒体成为营销的主战场

当前大部分的新媒体平台都具备社交功能或进行了社交化的尝试,因为社交功能可以带来更多、更稳定的用户。社交媒体和社交化的媒体平台(如电商渠道的社交化)也逐渐成为企业营销的重要渠道,社交内容带货、直播电商都是社交媒体营销的产物。通过社交渠道,企业可以通过内容和活动与客户展开互动,提高品牌知名度和忠诚度。同时,企业还可以借助新媒体的社交功能获取客户的反馈和需求,及时调整营销策略。

(3)营销更加个性化

互联网的出现,宣布人类社会进入"我时代",每个人都是独一无二的个体,这个特征在社交化、移动化和本地化的数字经济时代更为突出。数字经济的兴起使得企业可以一种更深入的方式了解每一位顾客的需求和喜好,从而提供更加个性化的产品和服务。同时,通过数据分析和人工智能手段,企业可以实现更加精准的个性化营销,提高客户满意度和忠诚度。

(4)营销进入移动时代

移动互联网的普及使得消费者可以随时随地接收到营销信息,企业可以通过移动应用、5G智慧场景营销等方式与客户互动,提高互动或交易的频次,从而进一步提升品牌忠诚度和产品销量。

总之,数字经济的发展为营销行业带来了全新的机遇和挑战,企业需要不断地创新以适应社会、经济的变化,使自身在激烈的市场竞争中立于不败之地。

第二节　文化背景：消费文化

我们现在所处的时代，对人们的日常生活和营销行业影响最大的文化因素就是消费文化，而"品牌"则是最具有消费文化特征的。人们在购买东西的时候，总是把品牌当作一个重要的参考因素，"三无产品"几乎没人敢买，一些人则把某个（些）品牌作为标榜个人社会身份和社会地位的外在因素。同样，品牌也成为很多企业的营销利器和不断追求的目标。

那什么是消费文化呢？要认识消费文化，得先从消费社会说起，因为作为上层建筑的消费文化是消费社会的产物。

一、消费社会和消费文化

所谓"消费社会"是与生产社会相对应的。在物资相对匮乏的年代，人类劳动的主要目的是创造社会财富，所以劳动生产成为推动经济发展的最重要因素——这是生产社会的逻辑。随着人类进入资本主义社会，社会劳动生产力得以显著提高，人类的物质生活条件变得越来越丰富，当物品的供应能力逐渐超过人们的消费能力之后，生产过剩就出现了，如何消费过剩的商品成为令资本家们头痛的问题。在资本的操控下，人类社会日益变成一个以消费引导为趋向的社会。

1.消费社会的起源

一般认为，消费社会滥觞于1913年的福特公司及以此衍生出的"福特主义"和"后福特主义"[1]。

福特主义（Fordism）的"福特"指的是福特汽车的创始人亨利·福特（Henry Ford）。1913年，福特汽车公司开发出世界上第一条生产流水线用于汽车生产，此举大幅度降低了汽车的生产成本，使汽车从原来的富人奢侈品变成了普通大众也可消费的产品。另外，由于劳动生产力的提升，"每天工作8小时，挣5美元"（福特公司口号），工人有了一定的闲暇时间和消费能力，劳工阶层也变成消费阶层，这样生产和消费之间的矛盾危机得到一定程度的缓解。从此，以福特汽车为代表的资本主义生产扩张开始了。知名的

---

[1] 罗钢、王中忱主编《消费文化读本》，中国社会科学出版社，2003，"前言　探索消费的斯芬克斯之谜"第3页。

意大利马克思主义活动家安东尼奥·葛兰西（Antonio Gramsci）使用"福特主义"一词来描述这种诞生于美国的新的资本主义工业和生活模式。在福特主义的影响下，为了刺激消费和开发新的市场，企业组织通过广告及其他媒介宣传，把大众培养成消费者，就成为资本主义社会必要和自然的事情了。

由于福特主义强调规模化生产以降低生产成本，而大规模的生产体系又需要长期的、规模庞大的固定资本投资，所以福特主义所代表的经济形态又被称为"规模经济"。福特主义虽然在短期内化解了资本主义生产和消费的危机，但在长期的社会发展过程中，其弊端也逐渐显现：一是大规模的生产难以适应迅速变化的市场需求；二是高产出、低成本的同质化产品，逐渐与多样化、饱和化的市场需求发生矛盾；三是线性的生产方式缺乏横向的协调机制，从而催生了"虚假的产品生产过剩"的现象，戴维·哈维在《后现代的状况：对文化变迁之缘起的探究》中把这种现象称为"僵化"。

"后福特主义"（post-Fordism）又被称作"灵活积累"或"机会经济"，强调以小批量、快速生产满足不同需求，以调节福特主义带来的"僵化"。与福特主义相比，后福特主义具有如下显著特征：其一，从生产标准化产品转向生产针对"目标消费群体"的小规模、小批量产品，灵活满足市场需求；其二，用信息技术连接生产和销售，缩短生产和销售周期，加速资本流通，以适应现代社会迅速变化的时尚和趣味；其三，不再把工人看作"劳动力"，而更重视工人在劳动中的个性和创造性，劳动时间更加灵活。

福特主义和后福特主义是资本主义后期的典型社会特征。特别是在后福特主义的影响下，企业通过采用新技术和新的组织形式，加快了生产、交换和消费的步伐，使整个社会从"以生产为中心的社会"转变为"以消费为中心的社会"。在大众日常消费领域，随着物质生活水平的提高，非物质形态的商品（如生活方式和生活风格）在消费者中占据了越来越重要的地位，一些学者认为社会分野不应当再以阶级来划分，而应该以生活方式和风格来划分，这从某些角度来说是对阶级社会的一种掩蔽。消费逐渐从商品消费转变为服务消费，经济重心从制造业向服务业（教育、健康、信息服务、娱乐、休闲服务等）转移，物质商品中也渗入越来越多的非物质因素（如商品美学），符号体系和视觉形象的生产对于控制和操纵消费趣味、时尚发挥了重要影响。广告和传媒不再是普遍意义上的信息传递，而是通过建立与商品有关或无关的形象来操纵人们的欲望和趣味；形象自身也成为商品，人们消费的已不是商品，而是符号。[1]

2.鲍德里亚与消费社会

"消费社会"这一概念是由法国社会学家、思想家让·鲍德里亚（Jean

---

[1]罗钢、王中忱主编《消费文化读本》，"前言 探索消费的斯芬克斯之谜"第8页。

Baudrillard, 1929—2007）在其著作《消费社会》（1970）中提出的，并通过其《物体系》《符号政治经济学批判》和《消费社会》等一系列著作用"符号政治经济学"的观念向世人展示了一个独特的社会认知体系，并对"消费社会"进行了深刻的分析和批判。

鲍德里亚在马克思"使用价值"和"交换价值"概念的基础上，提出了"符号价值"的概念，认为在资本主义社会的操控和掩蔽下，人的基本需求其实也是被系统性地抽象化和文化化了。进一步说，在消费社会背景下，满足基本生存条件的物品都已商品化和符号化，不再是"真实需求"，实际上也不存在所谓的真实需求。人们在购买商品的时候，不再是简单地追求使用价值（产品本身包含的劳动价值）或交换价值（物品的稀缺程度带来的价值），而是追求"符号价值"（品牌价值）。

此后，不同研究者又分别把消费社会称作"跨国资本主义""后工业社会""景观社会""媒体社会""后现代社会"等，这些说法已经从某些层面反映出消费社会的文化特征。

3.消费文化

作为一种建立在资本主义生产关系之上的"上层建筑"，消费文化是消费社会的必然产物。英国伦敦大学社会学教授迈克·费瑟斯通（Mike Featherstone）在其著作《消费文化与后现代主义》中强调：

> 使用"消费文化"这个词是为了强调，商品世界及其结构化原则对理解当代社会来说具有核心地位。这里有双层的涵义：首先，就经济的文化维度而言，符号化过程与物质产品的使用，体现的不仅是实用价值，而且还扮演着"沟通者"的角色；其次，在文化产品的经济方面，文化产品与商品的供给、需求、资本积累、竞争及垄断等市场原则一起，运作于生活方式领域之中。[1]

此外费瑟斯通还从消费的生产、消费方式和消费的体验三个视角对资本主义消费文化作了归纳和概括：

> 第一种视角认为，消费文化以资本主义商品生产的扩张为前提预设。资本主义商品生产的扩张，引起了消费商品、为购买及消费而设的场所等物质文化的大量积累。其结果便是当代西方社会中闲暇及消费活动的显著增长。对此，尽管有些人振臂欢呼，认为它带来了更大程度的平等与个人自由，但是另有一些人却认为，它导致了意识形态的操纵能力的增长，把人们从一系列可选择的"良好"的社会关系中"引诱"了出来。第二种视角是一种更为严格的社会学观点。我们知道，通货膨胀条件下的零和博弈，是人们通过对社会差距的表现和维持来实现自己对商品的满足、并取得某种社会地位的。与此相关，消费文化中人们对商品的满足程度，同样取决于他们获取商品的社会性结构途径。其中的核心便是，人们为了

---

[1] 迈克·费瑟斯通：《消费文化与后现代主义》，刘精明译，译林出版社，2000，第123页。

建立社会联系或社会区别，会以不同方式去消费商品。第三种视角关心的是消费时的情感快乐及梦想与欲望等问题。在消费文化影像中，以及在独特的、直接产生广泛的身体刺激与审美快感的消费场所中，情感快乐与梦想、欲望都是大受欢迎的。[1]

需要指出的是，按照马克思对资本主义社会的批判，早期资本主义使得人们的劳动变成一种商品，劳动被"异化"了——人们劳动不是为了自身生活所需，而是出卖劳动这种"商品"以换取生活所需物资。晚期资本主义的消费文化则使得人们的需求也发生了"异化"——资本家通过广告、营销及各种技术和策略不断制造需要，而最终这些被创造出来的需要成为抽象的对金钱、财富和符号的需要。马克思对资本主义批判的另一个重要概念是"商品拜物教"（commodity fetishism），马克思认为商品的神秘性在于它把人们劳动的社会性质反映为劳动产品物的性质，从而使人与人之间的关系被物与物之间的关系所歪曲，使得社会关系被物化了。利用商品的交换价值去掩蔽社会关系，从而阻碍人们认识资本主义剥削本质。同时，商品拜物教其实也是另一种形式的"异化"，它使由人劳动创造出来的价值（包括交换价值、社会价值和文化价值）以一种"自然化"的方式呈现出来，从而使消费文化具有一定的欺骗性和迷惑性。

二、消费文化的特征

由于消费社会被称作后工业社会、晚期资本主义社会或后现代社会，因此消费文化也被人们用更为广泛的"后现代主义文化"或"大众文化"所涵盖，这是资产阶级对抗封建时代的革命性、颠覆性的文化象征。同时，这种建立在商品和符号操纵基础上的文化，其阶级属性也决定了其具有一定的虚伪性和局限性。

1.商业化：记号、符号商品

消费社会的底层的文化逻辑是文化与商品的结合，从而使文化具有强烈的商业化属性。产品使用记号标明了其文化属性。"记号与商品的水乳交融"[2]，使劳动产品成为符号商品（品牌），一方面掩蔽了产品的劳动价值和使用价值，而以"交换价值"的方式呈现，这样一来，商家可以获取更多的产品溢价；另一方面用品牌符号来区别社会关系，形成社会距离，引导人们消费更高层次的商品，从而使商家获得更多的余利。商业化对现代社会的影响不仅停留在经济层面，对文化的影响也是非常深刻的，"价值"成为衡量一切的至高准则，"文化价值"一词足以说明衡量文化的指标已经由"意义"（精神层面的概念）变成了"价值"（经济层面的概念）；同时，商业规则中的"等价交换"观念也成为人们

---

[1] 迈克·费瑟斯通：《消费文化与后现代主义》，第18-19页。
[2] 同上，第94页。

社会交往中的重要原则。

2.超现实：影像仿真世界

在消费社会中，视觉符号的重要性超过口头语言，因为视觉形象能够带来直观的欲望。各种媒体信息、广告、橱窗、购物中心、商品博览会、节日庆典和城市建筑景观等要素构成当今消费社会丰富的影像世界，生活在这样一个充满视觉诱惑的社会，受各种传播影像的过度冲击，人们的日常生活发生了深刻变化。有西方学者认为，过度的消费影像会导致"实在与影像之间界限的消弭"，人们难以区分影像世界和真实世界，从而把影像构成的仿真世界或"超现实"世界当成真实世界；同时，"迷幻式的投入"和过度的传播会导致人们"感觉的超负荷"和"情感控制的张力"。[1]

3.大众性：日常生活美学和大众时尚

为了更好地销售产品，商家通常把艺术的原则用于日常消费商品的设计和包装，这就是所谓的"商品美学"。商品的美化给人们带来了更美好的日常生活体验，符合人们对美好生活的向往，同时也给商品带来更多的附加价值。在这样的背景下，一些艺术家开始尝试艺术的大众化，认为艺术可以出现在人们日常生活的方方面面；而一些时尚"潮人"也主张把日常生活的各个方面变成艺术，不断探索生活的新品位和新感觉，引领时尚，从而拉开与一般大众的社会距离。由于人们总是渴望自己的社会阶层和社会生活是"向上"的，因此"潮人"们对生活艺术化的追求，也从正向上促进了社会大众的审美意识和审美旨趣的提升。

有批评家认为，这导致了"艺术与日常生活之间界限的消解、高雅文化与大众通俗文化之间明确分野的消失、总体性的风格混杂及戏谑式的符码混合"[2]。因此，消费文化也常常和通俗文化、流行文化、大众文化或时尚文化纠缠在一起，难分彼此。

4.颠覆性：拼凑、狂欢和享乐主义

消费文化或后现代文化相较于其前代的社会文化而言，具有一定的颠覆性和反抗性，主要表现在三个方面。一是拼凑的文化风格，这是对古典主义或现代主义中"经典"的反抗，以拼贴或杂糅的形式向传统的经典文化作品发出戏谑式的嘲讽，或把它们进行颠覆式解构。二是狂欢的文化仪式，这是对传统秩序（等级、仪式、中心主义、完美等）的反抗，代之以平等、自由、无中心、怪诞、不完美等资产阶级宣称的观念。三是强调享乐主义，文化与商品的结合并不是为了文化发展，而是为了实现文化操纵。因此所有的文化作品不追求思想深度，浅尝辄止，追求娱乐享受和感官刺激。

---

[1] 费瑟斯通：《消费文化与后现代主义》，第94页。
[2] 同上。

这种文化的颠覆性对我国也产生了较为深远的影响，一方面是一些对文化经典进行解构的文化产品大量涌现，有的甚至本身也成为一代人追捧的经典，如电影《大话西游》；另一方面，"狂欢"文化也开始侵入人们生活的日常，众所周知，"双11""6·18"本不是任何节日或纪念日，但在商家的操纵下已经日益变成重要的消费狂欢节日；此外，当代各种文化创意也鼓励用"组合拼贴"的方式把不同的物品、不同的功能、不同的风格混合在一起，拼凑、混搭和跨界蔚然成风。总之，这种建立在商品消费之上的文化是一种"无深度文化"，缺乏对社会深层次的反思，也缺少能够彻底改良社会关系的文化创新。

三、信息时代的消费文化

信息社会的到来进一步加深了消费文化对社会的影响，一方面是数字的虚拟性和符号消费的虚荣性具有一定的特征契合，另一方面是网络时代的快节奏与消费社会的一次性消费存在一致性，这样，信息社会和消费文化就开始裹挟在一起，相互纠缠，难分彼此，相互促进（沉沦），成为我们这个时代的重要特征。

1.数字化消费、数字服务和数字压迫

（1）数字交易、数字服务和数字治理

随着电子商务和电子支付的普及，数字交易和数字服务成为人们日常生活的一部分，也成为社会交换中的主流。

数字交易的范畴远远不止电子商务，除电子商务外，我们日常生活中的大部分网络行为都带有交易的特征，比较功利一些的如签到、集金币、集赞换物品等；非功利的或功利性较为隐弱的如关注、点赞、评论等（其潜在目的都是引起对方的注意或对等行为）。绝大部分的这些交易都实现了数字化（被各种应用平台记录），可查询，可回溯。

作为数字交易的延伸，数字服务也已深入人们的日常生活中，首先就是生活服务领域（外卖、出行、理财、家政、社区团购）的数字化，这些服务也被纳入交易的范畴；其次是数字政务服务，也被称为"数字治理"，它使社会管理高效化、透明化。

（2）监视资本主义和数字奴役

首先是形成了所谓的"信息鸿沟"和"数字茧房"。社会的极度分工使得"通才"减少，大部分人对自己的专业领域以外的东西都知之甚少；大数据分析又使得各种信息服务平台或智慧营销系统只会向人们推送他们熟悉的、感兴趣的信息；在人们不熟悉的领域，容易被"带风向"，容易被"洗脑"，最后成为任人宰割的"韭菜"，缴"智商税"。

其次是资本主义进入"监视时代"。一方面，各种数字化新媒体平台激励人们通过数字劳作创造数字资产（如每天打卡做任务生成"金币"），借此以形成新的剥削和压迫。

另一方面，大数据和区块链技术的普遍使用，在算法的操控下（如大数据"杀熟"），每个人都日渐成为被数据化、被结构化的个体和被精确计算的"利润"来源。毕竟个人的精力和"算力"（计算能力）有限，难以对抗系统化和智能化的数字操控，于是，数字奴役和数字剥削成为新的社会压迫。

2.媒介文化的改变

（1）去中心化和圈层化

如果说消费文化或后现代文化的出现就是文化去中心化的开始，那么电子媒介（电影、广播、电视）和以互联网为基础的信息化媒介则一步步加深了这种状况。特别是互联网时代，每台计算终端设备（电脑、手机或其他智能设备）都是信息网络上的一个节点，使用设备的每个人都是基于这个节点的中心，同时所谓"应用"都是搭建了一个需求平台，本身并不具备中心化特征。从宏观的角度讲，每个人都是中心，自然也就失去了中心。

由此产生的问题就是媒介信息的极度膨胀和媒介内容的碎片化。据报道，在2021中国移动全球合作伙伴大会上，华为公司董事长梁华表示，当今时代，全球70亿人每人每天产生高达1.5GB数据。这些庞大而又零碎的信息，初看起来似乎没什么用，在数据挖掘机构看来却像是一个个富矿，因为能从中洞悉影响、操控人们的重要信息。

另外，新媒体的社交属性使得人们的数字化生活呈现出"圈层化"的特点，简单说就是人们基于某些社会关系、兴趣或活动聚集在一起，基于社会关系的如微信亲友群、工作群、业主群，基于兴趣的如豆瓣的兴趣小组或百度贴吧某个游戏频道（如"王者荣耀吧"），基于活动的如一些与学习有关的平台或社群。这些圈层是环环相连的，一个人或某几个人可能同时隶属于某几个圈层（严格说，"隶属于"这个词也不准确，因为圈层大部分都是非正式的组织）。因此，"破圈"（打破圈层的）传播成为大部分文化传播的难题。

（2）信息汪洋

进入互联网时代之后，各种感官刺激更加丰富，更加身临其境。一方面是各种社交平台和自媒体平台鼓励人们创造内容，于是各种鸡毛蒜皮、幽默恶搞、才艺表演、内心感悟、心灵鸡汤和真假知识充斥网络，每天产生大量的内容和数据。另一方面，各种新旧传媒机构、职业的内容生产机构甚至个人自媒体都在尽力争取人们的注意力，各种专业性的内容也不断地被生产出来，产品介绍、新闻资讯、影视剧作、科学普及、产品评测、书评、影评等，各种内容让人目不暇接。人们在浩如烟海的信息汪洋中对信息的接收日益变得被动和自私，为了更好地吸引人们关注，文化内容成为充满感官欲望刺激和无规则游戏的庸俗文化。

(3) 内容形态多样化

信息化使得媒介呈现的方式多样化，文字、图片（照片、图标、图表、屏幕截图、动图、信息图）、视频（动画、微电影、影视剧及短视频、中长视频、长视频）、音频、互动游戏等各种形态异彩纷呈，而且可以融合到一起，由此产生了各种各样的应用。对一个个体（用户）来说，同样的需求可选择的应用平台较多，比如，要发布或观看短视频，可以选择抖音、快手、小红书甚至淘宝，这导致用户对某一平台的专注程度容易丧失，用户黏度难以保证。另一方面，从博客到微博，从视频到短视频，越来越快的传播节奏也使得人们对某一内容的专注度难以持续，甚至以正常速度看影视剧作都成一种奢求，"倍速追剧"和"影视解说"成为人们欣赏影视节目、内容的重要方式。

(4) 新旧媒介仪式的更替

仪式本身也是文化传播和传承的重要手段。古人读书前需要"沐浴焚香""正襟危坐"是仪式，同样，每天早上上班路上买一份报纸，晚上在固定的时间坐在沙发上观看电视节目，也是仪式。而在当下，不论是刷微博、看视频还是玩游戏，随时打开手机或电脑就可以获得最新的信息或匹配到游戏伙伴，传统的媒介仪式感逐渐丧失。这是由于信息化新媒体的信息传播或获取具有即时性特征，人们对信息和内容的发布和获取变成随时随地、触手可及的事情，人们在不同的场合、不同的"身体—心理"状态下，都可以发布或获取最新的状态或信息。传统的媒介接触仪式逐渐消失，其直接结果是媒介接触变得更加随意，对内容的发布、讨论或分享大多是在缺乏深刻思考的情况下就发生的，与之相关的责任意识更加淡漠。

新的媒介形式则可能产生新的媒介仪式，如评论礼仪（如抢沙发）、弹幕礼仪、直播仪式（如"上榜"）、游戏中的互动仪式，等等，这些不同圈子中的仪式往往也会成为圈子身份认同的一部分。

(5) 庸俗化和娱乐化

消费社会同时也是商业社会，这个属性决定了社会价值观中充斥金钱至上、虚荣、浅薄和过度娱乐的成分，难免使文化具有庸俗化和娱乐化的趋势。媒介文化庸俗化和娱乐化，主要表现为大部分文化作品或媒介内容都只是为迎合人们的某些趣味和满足人们即时的精神愉悦，缺乏深度的社会反思，呈现出反权威、反经典、无中心、不深刻的特征。在我国，"戏说"的电视剧和"审丑"的电视节目曾风靡一时，书法界"丑书"曾大行其道，网络上也曾目之所及满屏皆是"穿越文""爽文"和"污言秽语"。

尼尔·波兹曼（Neil Postman）认为电子媒介会使人们沉醉于媒介的娱乐之中，最终失去对社会的反思，他在《娱乐至死》一书中引用阿尔多斯·赫胥黎（Aldous Huxley）的担心——"我们将毁于我们热爱的东西"[1]，似乎正在变成现实。

（6）网络文化和网络用语

互联网构建的"生活"空间被称作"赛博空间"，这个空间也构建了属于自己的文化，包括网络社区、网络用语、网络礼仪及网络艺术等。作为网络文化中的显要部分，网络用语更加与人们的生活息息相关，人们需要通过它来表达自己的思想和情绪，获得别人的理解和认同。

网络用语属于亚文化的范畴，促使其产生的动因主要有三：其一是便于电脑或手机键盘输入而采用数字谐音、缩略语和首字母缩写；其二是为应对系统敏感词屏蔽而采用谐音或变音演绎；其三是对某个圈层熟悉的事物采用形象性、调侃性或缩略性用语，创造一种疏离感，这就使得某些网络用语具有隐语的属性。而划分圈层的主要依据有两种，一种是"层"，即人们的出生年代或接触互联网的时期；另一种是"圈"，即人们对互联网应用的不同兴趣（如社交、弹幕视频或游戏）。因而网络用语的圈层属性也相应地有两个属性，一是具有不同的时代或年代烙印，表 2-2 中列举了一些不同年代的网络用语；二是具有明显的"圈子"属性，表 2-3 列举了一些不同圈子的网络用语。

表 2-2　不同年代的网络用语

人群代际	使用时期	造词法	网络用语
"70 后"和"80 后"	1990—2010 年	数字谐音	886（拜拜喽），9494（就是就是），520/521（我爱你），7456（气死我了）
		港台腔	酱紫（这样子），美眉（泛指女孩儿），偶（我），无厘头（没来由），搞定（搞掂，完事）
		谐音	神马（什么），大虾（大侠，网络老手），稀饭（喜欢）
		比喻	菜鸟（低能新手），绿茶（表面清纯，但颇有心机的人）
		象形	囧（窘迫），ORZ（膜拜）
		缩略语	喜大普奔（喜闻乐见、大快人心、普天同庆、奔走相告），细思恐极（仔细思量感觉恐怖至极），人艰不拆（人生已经如此艰难，有些事情就不要拆穿了），累觉不爱（很累，感觉自己不会再爱了）
"90 后"	2000 年前后	火星文（使用非常用同音字替代）	肯卟肯苡卟嫈恅涐囍欢伱の埘堠諎濄涐（可不可以不要在我喜欢你的时候错过我）
		借用日语	宅（居家，无社交或仅通过网络社交），酱（表示亲密的称呼后缀）

---

[1] 尼尔·波兹曼：《娱乐至死》，章艳译，广西师范大学出版社，2004，"前言"第 2 页。

续表

人群代际	使用时期	造词法	网络用语
"00后"	2010年以后	拼音缩写	yyds（永远的神），cdx（处对象），nsdd（你说得对），xswl（笑死我了）
		新造	雪糕刺客（与平价雪糕摆放在一起的高价雪糕），立flag（立旗，社交媒体上发誓），躺平（不愿付出努力），内卷（内耗式竞争），凡尔赛（花式自夸），精神小伙（精力充沛或精神有问题的年轻人）
		缩略语	平替（平价替代品），社恐（社交恐惧症），普信（普通但自信），破防（心理防线被突破了），爷青回（爷的青春又回来了），扩列（扩充好友列表）
		谐音	夺笋（多损），石锤（实锤），泰裤辣（太酷啦）
		口音模仿	蓝瘦香菇（难受想哭），雨女无瓜（与你无关），耗子尾汁（好自为之），栓Q（thank you），尊嘟假嘟（真的假的）

表 2-3　不同圈子的网络用语

圈子	网络用语
即时通信	隐身（登录上线但不显示），886（拜拜喽，再见）
论坛或社区	斑竹（版主，论坛管理者），卤煮（楼主，话题建立者），沙发（首个回复），歪楼（发与话题无关的言论），爬楼（逐帖浏览话题）
社交或社群	偷菜（收取别人虚拟种的蔬果），踩（访问别人主页），拉黑（把对方拉入黑名单）；房子（豆瓣网的兴趣小组），买房（申请进组），ggz（公共组），开组（不用申请的开放型小组）
笑话或糗事	天王盖地虎，小鸡炖蘑菇（糗事百科网友之间的联络暗号），割（背景材料和叙事材料之间的分割线），匿了（怕遇见熟人而匿名发帖）
游戏	打野（在野区打怪来增加经验、能力等），输出（游戏中进攻时释放技能、火力等），人头（游戏中的猎杀人数），奶（辅助队友疗伤），老六（靠隐蔽自身赢到最后的游戏者）
饭圈	爱豆（idol，偶像），本命（符合自己审美的偶像），脂粉（职业粉丝），控评（操控评论），彩虹屁（花式恭维）
二次元弹幕	UP主（上传视频的博主），空降（视频跳转），空耳（对外语配音产生的幻听式误解），纳尼（日语"什么"音译），鬼畜（按节奏重复剪辑视频），高能（精彩片段），666（溜溜溜，指在某方面娴熟），23333（模仿笑声，3可以无限重复）
视频解说	注意看（开头用语），小帅（帅气的男主角），大壮（孔武有力的角色），小美（柔美的女性角色），佛波勒（FBI警员）
直播	公屏（公开显示的文字交流区），扣×××（输入某个连续的数字表明某种态度或行为），刷礼物（给主播送礼物），榜×（在观众中活跃度排名，排第一则称"榜一"，以此类推），连线PK（直播连线进行人气比拼），浮力（福利）

需要注意的是，网络用语是人们在网络上交流的日常语言，也是融入某个圈子的"通关密语"。作为营销者或内容创意者，需要熟悉它们，要以消费者喜闻乐见、易于理解的方式与消费者产生沟通和互动。另外，网络用语也常常被称作网络流行语，正如其他流行时尚一样，网络用语往往只是一阵风潮，随着时间的推移，它们中的一些会慢慢淡出人们的视野，而新的流行语也会随着热点话题和热点应用不断地推陈出新。

（7）对信息的信赖感下降

信息化背景下，各种信息和知识的获取更加容易，人们通过搜索引擎就可以实现对大多数信息或知识的了解。从内容创作的角度出发，一些创作者（博主、自媒体作者）出于某些目的（如博取关注），采用捏造、移花接木等手段制造一些假新闻、假消息或假知识，虚假信息的泛滥，使得网络信息的整体可信度降低。此外，新媒体的社交属性决定了信息的传递方式是从人到人，很多信息在经过多次转发之后，可能已经变得面目全非，且来源难以考证。相对来说，自媒体账号中的职业传播机构或职业传播者一般是可信赖的信息来源，但有时候，由于工作疏忽或引证不当，也会造成虚假、谬误信息的传播。总的来说，社交媒体传播背景下，人们对信息的信赖感是比较低的。

（8）社交媒体影响力巨大

随着社会节奏的加快，高速公路、高铁和航空等更加高效的交通行业蓬勃发展，正在改变着人们的生活方式，也带来了社会结构的变化。当距离不再是生活空间的限制，传统的家庭结构和邻里关系就发生了改变：人们为了更好地生活，愿意到离家乡稍远一些的地方工作和生活，人口流动频繁；城市家庭空巢化，农村留守化，子女不再（或难以）和父母辈生活在一起。再加上城镇化进程的加快，我国传统的聚族而居的生活方式被破坏和颠覆了。

在这样的情况下，社交媒体成为联结社会和获取信息的重要途径（而非血缘或信仰）。敏锐的商家也开始注意到，在大众传播媒介衰落之后，社交媒体成为更加高效地聚集、影响人们的渠道，因此几乎所有新媒体平台都具有社交属性或致力于具备社交属性，以期把人们聚集在一起，从而产生更大、更直接的影响力，更大程度地实现其作为媒介的价值。

在西方的政治领域，社交媒体逐渐成为各种政治力量角力的主战场，甚至可以影响选举，美国总统特朗普就是通过脸书（Facebook）和推特（Twitter）赢得选举及发布各种和政策相关的言论，被人们戏称为"推特治国"；2020年选举失利后，特朗普还利用社交媒体煽动其支持者攻击美国国会大厦，最终导致社交账号被封。

在商业领域，社交媒体可以影响商品的销售。一些企业利用社交媒体对人们施加影响，改变人们对品牌和产品的态度，甚至操控人们的购买行为。

（9）虚拟现实或将成为新的交互方式

网络购物在带来极大便利的同时，其售前商品或服务体验虚拟性的弱点也日渐显露。尽管很多商家通过丰富的文字、图片或视频来最大程度地还原产品的真实面貌，各电商平台也鼓励消费者通过真实评论来描述他们对产品的感受和体验，但宣传中的"过度美化"和产品实际体验的差距还是难以完全弥合的，也往往成为人们对商品或服务"吐槽"的重点。

这种情况不止出现在电商领域，在社交领域也是一样，"见光死"往往是网恋的最后归宿。

2021年被称作"元宇宙元年"，许多大公司都在这一年开始积极布局"元宇宙"，Facebook的母公司甚至直接更名为Meta（元宇宙的英文为Metaverse），以强调自身对"元宇宙"概念的认同。说到底，元宇宙还是虚拟的世界，只不过更加强调与现实世界的联结。随着技术的进步和进一步普及，VR眼镜、AR眼镜可能会成为新的触媒介质。

虚拟现实是为了带来更好的虚拟体验，但这种"被虚拟的现实"即便再仿真，也不是真实的，还是需要用线下的现实性实际体验来弥补。正如《数字化生存》一书的作者尼葛洛庞帝所言，如果我们要颁发本世纪"最佳矛盾奖"，那么"虚拟现实"一词可以稳登榜首。

3.购物习惯的改变

（1）网络风潮

网络带来文化的多元和流行趋势的快节奏，一方面，购物追求由经久耐用变为快速换代、"一次性"消费；另一方面，抖音、小红书等新媒体成为流行趋势新的传播和销售渠道，兴趣营销、内容营销成为主流的消费引导方式。

人们购物习惯的变化，使得传统的杂志邮购、电话购物和电视购物逐渐退出市场，电视广告也日渐式微，大众传播广告的效力作用大大下降。电子商务和网络购物兴起，网络口碑、兴趣购物、导购平台、社群的影响力大于广告。

在消费动因方面，一方面是存在网络炫富现象，奢侈品消费、品牌消费备受欢迎；另一方面，以拼多多和淘特为代表的性价比购物和直播电商（薅羊毛式购物）也取得较大的成功。这表明头部市场和长尾市场两极分化的局面共存。

（2）浅尝辄止和购物决策"低智商"化

第一，消费社会的商品文化使人们丧失对商品价值及其社会关系的思考；第二，社会的极度分工又使得人们普遍缺乏自身专业以外的知识，包括各种产品知识；第三，信息多元使人们变得多疑，缺乏安全感；第四，各厂商的商品之间的区别不是太大。这些因素导致人们在购物的时候为了减少决策风险，更多体现出一种"浅尝辄止"和"低智商"的趋势。

"低智商化"不是指个人的智商退化，而是指"社会集体"的整体智商退化，日本著名管理学者大前研一在《低智商社会》一书中作如下描述：

> 比如说，电视节目里一说到"纳豆对减肥有帮助"，他们就会不假思索地立刻去买。第二天日本超市的纳豆竟然被抢购一空。继"纳豆事件"之后又发生了香蕉的抢购潮。
>
> 还有，自从中国的冷冻饺子被检测出有农药后，所有人都没有进行仔细的检验和辨别，但超市和饭桌上再也看不到中国生产的食品了。

这种现象基本上是媒体，特别是电视进行恶意炒作造成的，媒体误导了民众。但是从根本上来说，是由于人们对事情缺乏主见造成的。[1]

从这段话中可以看出，消费者群体普遍缺乏产品知识，甚至是"常识"，也缺乏安全感，缺乏主见，购物决策"跟风"严重，"风向"和"口碑"对产品销售的影响非常大。究其原因，是当前社会各种信息过多，超出人们的信息处理能力，人们为提高信息处理的效率，对信息进行简化或照搬别人的观点。这种现象并非日本社会独有，我国也未能幸免，透过"抢盐事件"和流行于微信群的各种缺乏常识的网络谣言便可见一斑。同时，通过社交媒体和电子商务平台"刷好评""带风向""带节奏"可以有效影响厂商自身或竞争对手的产品销售。因此，厂商或者营销传播代理商提供的信息要想进入消费者的认知领域，需要对目标消费群体的认知状态和网络风向有充足的了解。

（3）消费行为趋于个性化和多元化

一方面由于互联网的普及开启了"我"时代，人们更加注重自我价值的标榜和实现。另一方面，随着社会商品的日益丰富，人们的产品消费不再满足于单一的产品功能和设计，而是希望产品能够满足自己的一些个性化需求。比如，由于人们普遍不喜欢与别人"撞衫"，服装业再也难以出现20世纪八九十年代那样某种服装款式大流行的情景。消费动机也日渐多元化，除满足基本的需求之外，人们还对产品的材质、外观、风格等提出了更高要求，如一部手机或一台汽车，除了基本通信或代步功能之外，还要满足彰显身份地位与个性风格等动机。在消费行为和消费动机多元、个性的情况下，"按需提供信息"需要付出更多的营销努力。

（4）消费潮流多变，购物习惯逐渐移动化

由于计算机加快了信息的处理速度，网络大大增强了信息传输的效率，人们获取知识更加便捷。同样，由于计算机辅助设计的普及，产品的更新换代频率也前所未有地高，产品的快速迭代加上消费动机的多元直接导致消费潮流的多变。全球化也是重要的因素，由于互联网促进了全球各种不同文化之间的交流，某一文化中的优秀因素会成为全球潮流，如21世纪初的"波西米亚"风格和近年的"韩流""国潮"等。此外，由于城乡差异、区域亚文化差异和区域发展不平衡，生活在不同地区的人们对商品的需求不同，这也是造成消费潮流多变的因素。

为了适应这种快速迭代的变化，人们的购物习惯也发生了变化，购物追求由原来的经久耐用变为新颖时尚；购物方式从原来效率较低的逛街、逛商场变成效率更高的逛购物网站；即便是网购工具，也由不可移动的电脑逐渐演变为可以随时随地购物的手机。

---

[1] 大前研一：《低智商社会》，千太阳译，中信出版社，2010，"前言"第12页。

四、消费文化对广告和营销的影响

1.消费的重要性超过生产，营销业和广告业被催生

诞生于20世纪五六十年代的大众营销可以看作消费社会的产物，是资本主义社会为了协调生产和消费之间矛盾的产物。福特主义的"规模效应"使得企业生产规模扩大、产能过剩，生产出大量商品。日常消费品的丰裕使得人们在基本的生活需求被满足之后对商品有了更高的需求，而规模化生产的产品难以真正满足这种需要，营销人员的作用就是通过各种努力去刺激消费，协助厂商销售那些过剩的、积压的产品或非渴求品。值得注意的是，由于当时大众传播媒介的高效性，大众传播广告不可避免地成为最重要的营销工具，也成为消费社会的代表性因素；琳琅满目的商品、霓虹灯、橱窗、各种商业广告，构成了现代消费社会文化的重要特征。到了20世纪70年代，营销人员发现营销需要"聚焦"于消费者，生产消费者想要的产品，这与"后福特主义"的思路是一致的。

由于消费对经济的拉动作用，消费逐渐成为社会生活和社会生产的主导动力和目标，而营销是消费的起始和开端，因为产品只有被卖出去才能被消费，因此，营销能力成为衡量企业和营销者实力的重要指标。这直接产生的结果是商业奇才成为这个时代的英雄，成功的企业家成为人们追捧的对象，如洛克菲勒、松下幸之助、盖茨、任正非和马斯克等。

2."一次性"消费成为常态，产品迭代频率加快

为了刺激用户更多消费，产品不再以经久耐用为设计方向，而是被设计成为"一次性用品"。正如鲍德里亚所言：

> 我们生活在物的时代：我是说，我们根据它们的节奏和不断替代的现实而生活着。在以往的所有文明中，能够在一代一代人之后存在下来的是物，是经久不衰的工具或建筑物，而今天，看到物的产生、完善与消亡的却是我们自己。[1]

另外，从社会文化的角度来看，一次性消费观念导致的直接结果就是流行趋势多变，很多产品买回家还没用多久可能就过时了。如衣服还没穿几次就过时了，手机两三年就开始卡顿或电池性能衰减无法使用，只好抛弃。这带来的另一个恶果是抛弃和浪费严重，从另一个角度看，也使得废旧资源回收和再利用成为朝阳产业。

从营销的角度来解读，就是产品迭代的加快，对产品的研发和生产周期提出了更高的要求，一方面是只有那些充分了解和洞察消费者的充满创意、设计优良、价格合适的"爆款"才有机会成为人们关注的焦点；另一方面是"研发—生产—上市"的周期变短，有好创意的产品如果错过了最佳的市场时机也会失败。商业竞争逐渐演变成为"快鱼吃慢鱼"的状况，竞争更加激烈。一个典型的例子就是服装业，以"快时尚"著称的四大品牌优衣

---

[1] 鲍德里亚：《消费社会》，刘成富、全志钢译，南京大学出版社，2000，第2页。

库（UNIQLO）、H&M、ZARA 和 GAP 打败了众多的流行服饰品牌。

3.符号价值追求和符号消费

在资本主义社会系统性的操弄和驯化的总体氛围影响下，人们对商品的消费逐渐脱离了自身的实际需要，逐渐从传统的物质消费进化到文化象征符号的消费，出现了标签式消费、炫耀性消费、攀比性消费乃至奢侈消费等多种典型的符号消费方式。人们的消费行为也日益受到符号操控的影响，文化符号成为吸引和区分消费者的标签，人们因产品所蕴含的物质价值与文化内涵共同作用所产生的独特感受而深深着迷，这种感受推动品牌符号成为新的社会图腾。

需要指出的是，追求符号价值而非使用价值，本身是一种虚荣的体现，品牌标识（logo）代表财富等级，成为人们身份的象征，社会关系被异化。

但从营销角度看，符号背后代表的是某个水平的产品质量或品质承诺，代表着某种生活方式或社会地位，代表着某种稀缺性的价值或某种文化象征，这种商品的文化化本质上使生产或价值创造具备了文化的意义。不论是符号消费还是奢侈消费，都说明人们对产品的实际质量和品牌声誉都有较高的要求，营销更加重视产品的包装和品牌形象的构建，品牌也成为营销长期追求的结果。

值得注意的是，"无印良品""外贸服饰""剪标服饰"和"拼多多"等现象的出现看起来是反符号消费的，但实质也是消费主义的产物，低价只是吸引手段，目的还是要打造渠道品牌，以渠道品牌取代产品品牌，建立新的消费信任。

4.一切皆可消费，一切均可营销

商品文化化的另一面是文化的商品化，展览、演出、电影、音乐、网剧、小说、课程等文化产出物本身也成为商品，都需要通过"付费交易"才能享受其完整服务。由此，营销变成一个更加广泛的概念，除了实体产品和文化产品外，概念、观点或观念（如政治的或团体的）、服务、信息（数据）、人物、产地、国家或地区、渠道乃至人的身体、心理、欲望都是广义的商品，都可以成为营销对象，成为营销追求的品牌资产。此外，意识形态领域的政治宣传、舆论引导、舆论战、国家或地区形象，商业领域的品牌打造、商业形象（IP）推广，社交领域的个人账号推广、内容传播等，都属于广义的营销。

消费社会条件下，丰裕的商品覆盖了人们生活的方方面面，让人眼花缭乱，商品甚至可以根据需求来特别定制，加上各种传媒提供的海量资讯，让人目不暇接，共同营造出一种纸醉金迷的消费文化。在商品和文化的媾和之下，人们的一切需求和消费行为都是资本操控和驯化的结果，广告和各种传媒为人们指明了生活的方向：告诉人们碰到什么样的生活问题可以用什么产品解决；告诉人们怎样穿搭才符合流行时尚；告诉人们什么是成功人士,什么是高品质生活……人们不用再劳心费神地思考也无暇思考要如何改进生活,而是享受各种物质带来的便利和体验,醉心于各种文化娱乐消费,逐渐丧失了对社会生活状况的反思和对消费主义的反抗,文化批评者对此忧心忡忡。

而在"顾客就是上帝"观念的指导下,营销的竞争越来越像是"讨好"消费者的竞赛,产品围绕人们的生活来设计,更加人性化,更加舒适和省力,价格越来越亲民,还附带各种售后保证,购买途径和购买方式越来越趋向方便,促销活动各种"让利"和"赠送",营销和社会文化活动、公益活动相结合,一切都让你感觉消费还可以"使世界变得更好",信用卡、"花呗"、"白条"和各种信贷金融工具可以让人们先享受,后还款,这样,人们就一步步陷入资本的"甜蜜陷阱"之中,成为被操控和驯化的对象,成为资本和消费主义的"俘虏"。

5.人际关系异化,"福利"成为营销激励工具

在人类社会早期,维系人们之间关系的主要纽带是血缘、地缘或宗教信仰,进入资本主义社会之后,人际关系发生了根本性的变化。马克思在早期就指出,在资本主义社会中,人与人关系的异化来源于劳动的异化,人们不再为满足自身需求而生产,而是把劳动当作商品去出售,得到的工资报酬再去换取自身需求之物,这时候,劳动就被异化了。同时,随着"商品拜物"现象的出现,财富等级及其外在象征成为社会区分的标志,商品的品牌(文化符号)也成为社会区分的外在标识,穿什么品牌的衣服,拥有什么牌子的车辆,住什么样的社区,皆能表明人的阶层属性。作为劳动异化的产物,人与人之间的关系也被异化了。

进入现代消费社会以后,这种被异化的人际关系更像是一种利益交换(或契约)关系,创造或维系人际关系得靠利益或"福利",人际关系中最基本的"注意"(即社交媒体的"关注")都需要通过利益来维系。同样,只有成为粉丝或会员才能享受被关注主体提供的某些利益(如低价商品、红包等);而维系或进一步深化这种关系则需要不断发放"福利"来实现,甚至网站或应用维持用户忠诚度或黏度也得靠发放"福利"。随着利益交换的不断进行,关系的卷入程度得以提升,但一旦"福利"变少或消失,互动关系就会减少甚至断裂。营销者和消费者的关系,本质上是利益关系,于是,大部分社会活动,不管是工农业生产还是文化活动,都带有"逐利"的目的,营销行为也无处不在。

6.信息化背景下,营销需要全方位创意

信息化环境下,厂商之间的竞争更加透明,消费者在购物的时候有了更多的选择,传统的品牌溢价模式难以持续,竞争逐渐趋于"平价化",许多高价产品都会在上市不久之后迎来"平替"(平价替代品)。这对产品创意设计提出了更高的要求。

购物追求由经久耐用变为快速换代,这对产品创新研发提出了更高的要求。只有"爆

款"产品或"爆款"的营销活动和内容才能抓住人们的注意力，这是新媒体营销的起点。注意力（流量）转化为销量也是一个难题，这对营销活动和营销内容的创意提出了更高的要求。同时，为了降低成本，生产优势逐渐集中到一些生产能力比较强的企业手中，代工模式流行，符合消费者心目中价格锚点的产品才能有更好的销量。

由于社会分工的细致化，人们对商品的相关知识普遍缺乏，容易被所谓"专家"或"行家"带风向，购物决策跟风（评价好的产品卖得更好）；同时，由于工业化、规模化的生产，人们对产品普遍缺乏安全感，谈"食品添加剂""勾兑""预制"而色变，这使得营销的主要努力变为建立人们对产品的信任，以及对信息渠道、信息发布者的信任，故而受信任的平台、博主乃至用户（消费者）都成为营销需要争取的阵地。这对营销渠道的创意提出更高的要求。

五、对消费文化的反思

1.消费对我国经济的促进作用

消费在我国经济高速发展过程中的贡献功不可没。首先，消费极大地促进了经济的发展。随着改革开放的不断深入和人们的可支配收入的不断增加，人们在满足衣食住行等物质方面的消费之外，读书、旅游和休闲娱乐等文化方面的消费能力和消费意愿也在不断提升。在消费的拉动作用下，不论是农业、工业、文创业还是其他第三产业，不论是个体、团体还是企业机构都会选择更加积极的经营策略——加大在生产和研发上的投入，开发更好的产品，提供更加便捷和更优质的服务——来满足人们不断增加的消费需求。由此，消费规模的扩大和消费质量的升级间接创造了更多的就业机会和更多的企业利润，消费、投资和供给三者实现了良性循环，中国经济充满了生机和活力，成为全球经济增长的重要"引擎"。其次，正是由于企业选择更加积极的经营策略，不断提升自身实力来满足人们不断增长的物质和文化需求，才使我国企业的资金实力、研发能力和营销能力不断提升；正是由于我国人民强劲的消费能力，使得国际上许多知名品牌都把我国作为首要的市场。在激烈的市场竞争中，我国企业不断学习和吸收西方的先进技术，在竞争中迅速成长，有些行业甚至掌握了国际领先的技术。在"全球500强"企业名单中，我国企业的比重也越来越大（2023年接近1/3），一些有实力的企业开始走出国门，参与到全球竞争中，这从一个侧面说明，我国企业崛起了。而企业的崛起，才是国家"硬实力"不断增长的关键。最后，随着我国改革开放的深入，人们的收入水平和生活水平逐步提高，总体上人们对产品有了更高的要求。人们对产品的要求已经从"有"变成"精"——需要更加个性化和人性化的产品设计，需要更牢固、更耐用、更环保的材质，需要更简单易用的使用感受，需要更加有保障的销售服务，需要产品的名称、外观与情感、与文化有更多的融合。有了这些，即便价格高一些也能接受。这就是人们常说的"消费升级"。同时，从商家的角度看，设计出更高级的产品，也就意味着能带来更丰厚的附加价值。

2.消费文化对我国的影响

在资本主义（尤其是跨国公司）的全球扩张和互联网全球化进程的推动下，西方资本主义的消费文化也有向全球扩展的趋势。作为全球的制造业大国和贸易大国，我国也未能幸免，消费文化给我国人民带来了巨大的冲击和影响。加入世界贸易组织（WTO）以来尤甚。一方面，外国资本和企业进入我国，把西方成熟消费社会的消费文化和消费观念输入我国，带来了"顾客是上帝"、广告宣传、品牌管理等成熟的营销观念和营销技术，也带来了信用消费、超前消费、享乐主义等消费观念；另一方面，改革开放使我国人民的生活水平有了较大程度的提升，人们对消费也有了较高的追求，我国消费者完成了从理性消费到感性消费的升级。

3.对消费文化的反思

需要注意的是，消费社会和消费文化存在某些与我国社会主义核心价值观及中华传统美德不相符的观念，如人际关系物欲化，追求奢侈消费、符号消费和过度消费等与中华民族传统美德中的"俭""义""诚"等观念相背离。这需要我们在日常消费行为中加以注意，并适当抵制。

另外，消费文化和信息化的结合使得人们普遍被物化、被数据化、被工具化，这也是需要引起警觉的。特别是在大数据背景下，每个个体都日渐沦为数据库中的一组组数据，成为被操控的对象。在社交网络上，各种"意见领袖"和"网红"带风向带节奏，人们逐渐沦为别人流量数据的组成部分，或者成为代表某种意见的舆论数据，更有甚者，在"黑客"或"暗网"的操纵下，成为被"挖矿"工具挖掘的"矿藏"。

再者，消费文化中的享乐主义成分也容易使一些年轻人醉心于各种娱乐内容和娱乐活动，乃至丧失斗志，变成"躺平"的群体。这不利于社会风气整体面貌的和谐和进步，也不利于我国经济和文化的建设。

诚然，消费文化和中国传统文化也并非完全的对立关系，二者结合也能产生良好的文化效果，如近年流行于音乐、影视、流行服饰和产品包装领域的"国潮风"，就是中国传统文化和消费文化结合的产物，对于推广民族文化和建立民族文化自信有很好的帮助。

第三节 经济背景：创意经济

一、创意经济的兴起

1.文化工业

创意经济源于德国法兰克福学派[1]对"文化工业"（cultural industry）的批判，法兰克福学派的代表人物马克斯·霍克海默（Max Horkheimer）和西奥多·阿道尔诺（Theodor Adorno）在《启蒙辩证法：哲学断片》一书中提出了"文化工业"的概念，这个词后来也被翻译为"文化产业"。《启蒙辩证法：哲学断片》第二章的标题是"文化工业：作为大众欺骗的启蒙"，在这里"文化工业"其实是作为一个批判对象而出现的，他们认为"文化工业抛弃了艺术原来那种粗鲁而又天真的特征，把艺术提升为一种商品类型……它从外部祛除了真理，同时又在内部用谎言把真理重建起来"[2]。按照统一的模式批量化地生产文化商品实际上是垄断资本主义通过对文化的垄断实现对大众意识形态的操纵。

"文化工业"一词虽然无情地揭露了资本主义社会中资产阶级通过"文化+商品"实施文化操纵的真相，但却在后来成为资本主义国家的救命稻草。

2.创意产业

作为工业革命的肇始国，也是最早实现工业化的国家——曾经的"日不落帝国"和老牌资本主义国家英国，在20世纪90年代面临经济发展迟滞的窘境，缺乏与新兴经济体竞争的应对措施。时任英国首相托尼·布莱尔（Tony Blair）听从了约翰·霍金斯（John Hawkins）的建议，遂提出发展创意产业（creative industry）的思路。布莱尔亲自担任工作组主席，专门成立了一个分管创意产业的政府部门DCMS[3]，将发展创意产业提升为国家战略，并在1998年出台了《英国创意产业路径文件》，其中把"创意产业"明确定义为：源自个人创意、技巧及才华，通过知识产权的开发和运用，具有创造财富和就业潜

---

[1]西方马克思主义学派之一，源自1923年在德国法兰克福大学创建的"社会研究中心"，是由社会科学学者、哲学家和文化批评家所组成的学术群体。希特勒执政后一度迁往瑞士日内瓦和法国巴黎，第二次世界大战爆发后迁往美国纽约，战后，一部分学者返回德国，另一部分学者则继续留在美国。——作者注

[2]马克斯·霍克海默、西奥多·阿道尔诺：《启蒙辩证法：哲学断片》，渠敬东、曹卫东译，上海人民出版社，2006，第121-122页。

[3]DCMS：英国文化、媒体和体育部（the UK Government Department for Culture, Media and Sport），2017年更名为数字、文化、媒体和体育部（Digital, Culture, Media and Sport）——作者注

力的行业。随着创意产业的发展，英国创意产业的产值逐渐可以比肩金融业的产值，成功实现了经济增长方式的转型。英国也一跃成为全球三大广告产业中心之一、全球最繁忙的电影制作中心之一和国际设计之都。

在创意产业上取得的成就使英国迅速成为全球关注的焦点。在亚洲，韩国政府也通过大力发展文化创意产业，通过电影、电视剧和综艺节目带动本国的明星、旅游观光和美食形成风靡全球的"韩流"。

2011年，我国新闻出版业"十二五"时期发展规划中确立文化产业为国民经济支柱性产业，此后，文化创意产业在我国蓬勃发展，成为新的经济增长因素。

3.创意经济

当一个国家的创意产业由产业层上升为国家战略层，这就意味着这个产业成为国家的支柱产业，而由此衍生出来的经济形态也被称为"创意经济"。

二、创意经济的概念

1.创意经济的定义

"创意经济"是由霍金斯等人在20世纪90年代首创的概念，霍金斯于2001年出版了《创意经济》（the Creative Economy）一书，依照"个体—社会—经济"的逻辑，探讨了创意和经济的关系，即个体创意对经济的贡献，知识产权对个体创意的保护，以及形成创意产业的新经济模式。霍金斯认为，"知识产权是新世纪的货币，版权局是21世纪的央行"[1]，创意经济将成为21世纪的主导经济形式。

霍金斯在自己的著作中把创意经济界定为"创意产品的生产、交换和使用体系"[2]。另外，大部分创意性的产出都符合带有知识财产权利的知识产权的标准，也就是说，创意产品受知识产权保护，这是创意经济的"游戏规则"，而知识产权包括版权、专利、商标和设计四大类，这四大类组成了创意产业和创意经济。

简言之，创意经济是以创意产业为核心的经济形态，其主要任务为创意的开发和内容的生产，其次是知识产权的保护和创意的管理，最后是创意的变现。创意经济的创意变现模式如图2-4所示。

---

[1] 2009年10月25日，霍金斯在北京参加第二届中国国际版权博览会，接受《每日经济新闻》采访时强调。——作者注

[2] 约翰·霍金斯：《新创意经济》，王瑞军、王立群译，北京理工大学出版社，2018，第12页。

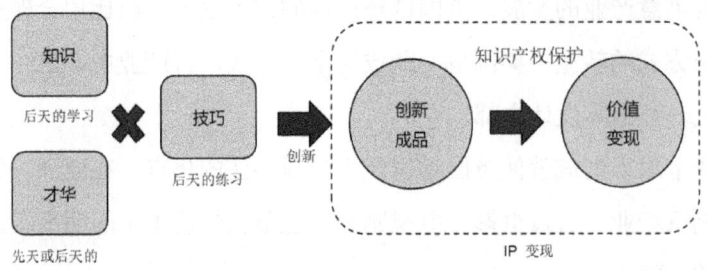

图 2-4 创意经济的创意变现模式

2.对创意经济的理解

创意经济是工业社会发展到一定阶段的产物,当产品物质层面的创新难以满足市场竞争的需要时,就需要通过文化层面的创新来赢得市场。因此,可以从如下几个方面来理解创意经济。

(1)以创意驱动为核心

工业化社会,体力劳动被大部分机器设备所替代。进入信息社会以来,人类的部分脑力劳动也为计算机所取代,然而人类的创新是无法取代的,因为相对于计算机或人工智能而言,人的创造力是无限制和无止境的,因而创造力成为最重要的竞争力。"视想法为资产",人力资源特别是智力资源成为最宝贵的社会资产。当前整个人类社会都形成了鼓励个人和机构进行创新的机制,各个国家都在大力加强对创新和研发的投入。

(2)以内容产业为中心

文化产品是精神性、文化性、娱乐性、心理性的消费产品,而非物质消耗性产品。也就是说,文化创意是以各种媒介内容为载体的,文化创意必须转变为内容才具有生命力,才具有产生价值的基础。因此创意经济以内容生产为起始,以内容产业为中心,通过内容产业向其他产业延伸和辐射。

(3)以创意增值为机制

创意经济条件下,需要个人的才能、智慧和知识等产生创意的必要条件,以及创作者的意愿、动机和热情这些充分条件,才能保证有源源不断的创意产生。因此,需形成一种把创意"变现"的机制来激发创作者的创作意愿、创作动机和创作热情。当前,以内容平台社交化、多渠道网络、广告引擎(给内容匹配广告)和直播带货等形式为代表的内容变现机制已经相对成熟。

(4)以知识产权保护为规则

对知识产权或内容版权的保护,就是对创意的保护,这是创意经济的基本游戏规则。

当前世界各国都在大力强化对专利、知识产权和版权的保护，公众也逐渐形成了抵制盗版、购买和使用正版及内容付费的消费意识，这为创意经济构筑了规范化的生态环境。

（5）以文化"软实力"为竞争手段

不论是在宏观的国际竞争领域还是微观的商业竞争层面，创意经济改变了竞争的方式和面貌，把经济竞争的范畴从以往的以资本和工业技术为主的物质层面扩大到了文化软实力的层面。当然，这并不是说物质技术层面的竞争不重要了，而是强调"软硬兼施"才是更有韧性的竞争力。

（6）以经济增长为目的

创意经济不仅仅鼓励文化的创新，还带动了技术、商品、商业模式和经济增长方式的创新，目的是以社会层面的整体创新带动经济的全面增长。

3.创意经济的范畴

（1）创意产业、内容产业或文化产业

创意产业是源自个人创意、技巧及才华，通过知识产权的开发和运用，具有创造财富和就业潜力的行业，广告、建筑、艺术、工艺、设计、电影、音乐、出版、游戏、广播等行业都是创意产业。英国政府在2001年发布的《创意产业发展报告》中，明确广告、建筑、艺术和文物交易、工艺品、设计、时装设计、电影等13个行业为创意产业，此外，旅游、酒店、博物馆和艺术馆、文化遗产及体育，也被认为与创意产业有密切的经济联系，之后又多次调整创意产业的类别，表2-4是2015年英国政府文化、媒体和体育部（DCMS）对创意产业的分类。

表2-4 2015年DCMS定义的9个创意产业类别

序号	English	中文
1	Advertising and marketing	广告和营销
2	Architecture	建筑
3	Crafts	工艺品
4	Design: product, graphic and fashion design	设计业：产品、平面和服装设计
5	Film,TV,video,radio and photography	影视、视频、广播和摄影
6	IT,software and computer services	信息技术、软件和计算机服务
7	Publishing	出版

续表

序号	English	中文
8	Museums,galleries and libraries	博物馆、画廊、图书馆
9	Music,performing and visual arts	音乐、表演和视觉艺术

由于文化和产业布局的不同，创意产业在不同的国家和地区也有不同的称谓，如文化产业（我国）、内容产业（日本、韩国）、版权产业（北美）等，此外，一些国家或地区也把传媒产业、休闲产业、娱乐产业等纳入创意经济的范畴，这就涉及创意经济产业链的问题了。

（2）创意经济的产业链

霍金斯认为创意产业的核心是内容，其次是传媒和广告，然后是衍生产品，"内容＋渠道＋衍生品"三大块构成完整的产业链（如表2-5所示）。

表2-5 创意经济的产业链

产业层面	内容产业→传媒和广告→衍生品		
创意层面	创意	影响力	变现
内容层面	内容生产	内容传输	内容制造
价值层面	价值生成	价值输出	价值变现

创意产业的产业链决定了创意经济包含更多的行业范畴，依照我国的产业分类习惯，可以把"内容＋渠道＋衍生品"对应的行业表述为文化创意行业、文化传播行业和文化制造行业。

文化创意行业：从事内容生产的行业，如新闻、出版、软件开发、游戏开发、影视制作、明星演艺、音乐、艺术创作、体育运动及教育培训等行业。

文化传播行业：让创意内容产生影响力的行业，如大众媒体、新媒体、网络和信息服务、演艺经纪、会展行业、营销传播（包括营销、广告、设计、咨询、公关等）等行业。

文化制造行业：相对来说偏向实体的行业，如计算机、工艺美术品生产、乐器制造、数字娱乐设备生产、图书或艺术品印刷、文具制造、玩具制造、主题乐园和文化休闲等行业。

（3）创意经济与实体经济

创意经济对实体经济有重要的促进作用，一方面是因为创意经济对创新的强调和重视，从一定的程度上对实体经济有促进作用和借鉴意义，另一方面是因为人们在产品功能等基本的物质条件满足之后，更倾向于消费具有情绪、情感价值或符号价值等文化附加价值的产品,这无疑对实体经济的生产企业提出了更高要求,从而促进实体经济向具有更高文化附加价值的创意经济转型。

创意经济的范畴如图 2-5 所示。

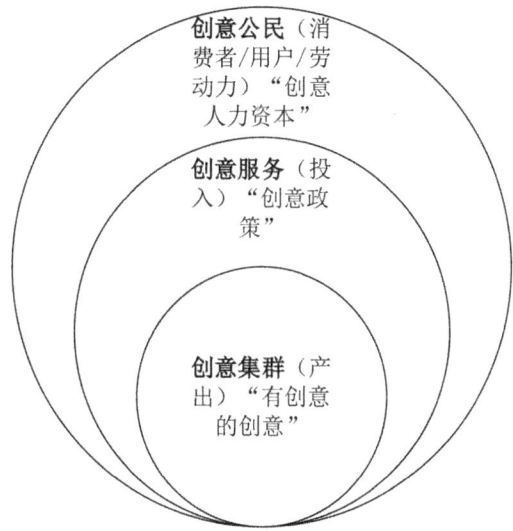

(资料来源:约翰·哈特利《创意产业读本》,2007 年由清华大学出版社出版)

图 2-5 创意经济的范畴

三、创意经济的逻辑

1.释放人的创造力

创造力是人类特有的能力,工业社会把人类从繁杂、机械的体力劳动中解放出来,人类可以把更多的精力投入脑力劳动中来。在创意经济条件下,人的创造力成为最重要的生产资源,创意经济的一切规则都是为了最大化地释放人的创造力。只有人的聪明才智被充分激发和正向利用,才能进一步解放生产力和改善社会关系,创造更加和谐、友好的人类生存环境。

2.竞争从实体走向文化

创意经济可以理解为工业社会和消费社会发展到一定阶段的产物。在消费社会早期,资本和生产规模是赢得企业竞争的主要因素,主要表现为产品层面的竞争。在大众传播媒介时代,产品同质化使得物流和品牌成为竞争的决定因素。在"后现代社会",消费文化的发展使得商业竞争从产品物质层面进化到产品的文化层面,创意经济则进一步强化了这种趋势,使得商业竞争的范畴逐步从产品实体(硬实力)层面扩大到文化(软实力)层面。

3.不依赖传统的固定投资或规模效应

不同于消费社会早期的规模效应,创意经济的驱动力是人的创造力,通过创意的变现机制和知识产权保护的规则来保障创意所带来的利益或价值。在这种机制和规则的运作之下，没有背景、缺乏资金的个体也可以通过个人拥有的才能、智慧和知识获得成功。

4.以创意产业带动其他行业的增长

创意经济以创意产业为核心，但又不仅仅停留在创意产业层面。一方面，通过市场机制（价值变现和创意增值）促使创新观念往更广泛的行业或领域扩散；另一方面，通过产业链的延伸，让创意经济的游戏规则向实体经济渗透，最终实现全社会、全行业的创新热潮。

四、新经济

新经济是指在技术层面和制度层面都与过往的经济模式不同的经济形态（如表2-6所示）。数字经济、知识经济和创意经济等新的经济形态都被统称为新经济，可以把它们看作不同视角的新经济。数字经济是从社会的底层技术变革对经济形态的影响来理解的。创意经济和知识经济的概念较为相似，都是强调在信息技术条件下，个人的知识或能力对经济发展的作用，但创意经济更加强调个人才能、智慧和知识为基础的创新活动对经济增长的驱动作用。

表2-6 新经济和旧经济的对比

经济问题	旧经济	新经济
泛经济		
市场	稳定	活力四射
竞争规模	国内	全球范围
组织形式	等级制、科层制	网络化
结构	加工业核心	服务/信息核心
价值源	原材料、物质资本	人力和社会资本
商业		
生产组织	大批量生产	灵活性生产
主要推动增长因素	资本/劳动力	创新/知识
主要技术推动因素	机械化	数字化
竞争优势来源	扩大规模降低成本	创新、质量和适应性
研究/创新的重要性	中低	高
与其他公司厂家的关系	各自为战	合作、开源
消费者/工人		
趣味	稳定	变化快
技能	与具体工作相关的技能	广泛的技能与适应能力
教育需求	一次性手艺培训或学位培训	学习一生
工作场所关系	敌对、对手关系	合作关系
雇佣本质	稳定性	日益以合同为基础/以项目为基础
政府		
企业与政府关系	实施规制	鼓励寻求新的发展机会
规制	指令性和控制性	以市场为基础、灵活机动
政府服务	福利国家	能动型国家

（资料来源：约翰·哈特利《创意产业读本》，2007年由清华大学出版社出版）

五、创意经济对营销的影响

1.广告和营销行业被正式纳入创意产业的范畴

创意经济兴起之后,全球范围内,大部分国家和地区都把广告和营销业纳入创意产业的范畴。创意产业的基本运作规律决定了创意是广告和营销活动的核心价值因素,通过创意的生产和产业链的延伸,实现创意的价值变现。

2.内容创作和运营成为营销活动的主要业务

由于创意是创意产业的核心价值因素,而内容产业又是创意产业的核心。因此,广告和营销的主要工作是进行内容创作和内容运营,亦即内容生产和内容的输出、维护和变现。在社交媒体条件下,内容运营通过原生社交内容的产出和分享,实现与平台用户的价值分享和共创,这也是当前营销的重要任务。

3.营销竞争的范畴从实体走向文化

创意经济条件下,文化工业一方面通过工业生产把艺术品催生为商品,另一方面通过"商品美学"的运用使文化审美走进人们的日常生活。"文化+商品"的运作模式注定了商业的竞争不止是资本、技术和管理的竞争,更是文化软实力的竞争。

4.产品和文化的结合更加紧密

通过品牌运作和符号操纵,产品和文化结合得更加紧密。人们在购买产品的时候,花钱购买的不仅仅是产品的物质价值,更是附加在产品物质之上的精神文化价值。

第四节 行业背景:广告业危机

一、营销环境的变化

近年来,新技术带来了营销传播环境和营销观念的全新变化,广告和营销业也正在发生着深刻的变化和转型。在"百年未有之大变局"的情势下,在新的经济形态和新的技术条件的双重作用下,我们需要用全新的视角和观念来审视这个略显传统而又充满朝气的行业。

1.营销渠道的变化

随着社会的全面信息化,各种新媒体逐渐取代传统大众传播媒介成为人们的新型媒介消费。年轻人可以不看报纸或电视新闻，但一定会通过"刷微博"或是"刷今日头条"来获得最新的资讯，从而保持对外部世界的了解和认识。他们与亲朋好友联系不一定依靠打电话，但一定会使用微信进行情感的沟通与互动。他们会通过"小红书""B 站（bilibili）"或"抖音"来学习烹饪、化妆或舞蹈，并受这些平台上的美食博主、美妆博主或"云端教练"的影响而购买、使用某个产品。他们不一定要逛街，但一定会通过"淘宝""京东""拼多多"或"美团"来购物或享受美食。他们出行不一定会打出租车，但一定使用"滴滴""高德"等平台来享受网约车的便捷服务……也就是说，年轻人的认知、情感和行为的直接影响来源不再是传统的大众传播媒介，而是各种各样的新媒体。同时，新媒体的"内容＋社交＋电商"的高效闭环运营，可以实现吸引力、影响力和行动力的高效转换，其效率远远高于传统的"大众传播媒介＋销售渠道"。

2.营销的主体和客体也在发生深刻的变革

社会似乎进入一个"全社会营销"或"全民营销"的环境中，营销的参与者越来越多。除了一般的工商企业之外，营销的主体可以是国家、政党、机构（如大众传播媒介组织、新媒体机构、新内容公司、MCN 机构等）、团体乃至个人（如名人、"团长"和自媒体经营者）。营销的客体也从一般的品牌和产品延伸到观念、个人和服务，与这些客体相对应的品牌和产品经营、舆论引导和舆论操控、个人形象和自媒体经营都属于营销的范畴。

在这样的背景下，需要清醒地认识到，在西方社会，观念也是需要营销的，因此国家、政党、政治人物及非政府组织等也是利用各种媒介渠道，通过创意的输出对舆论施加影响，以形成对自己有利的舆论"风向"。比如美国就不断地通过高科技产品、互联网应用和好莱坞大片等向全世界宣传自己所谓的"普世价值"，美国总统特朗普也是通过"Make America Great Again（让美国再次伟大）"的口号，以及对社交媒体的有效操控，赢得了 2016 年总统大选。

3.营销观念受技术的影响非常大

信息技术日新月异，推动营销观念不断变革，从数据库营销到大数据营销，从一对一营销到个性化呈现，各种营销新名词让人目不暇接。营销最显著的变化主要反映在如下几个方面。

（1）在营销依据层面，"数据"逐步取代"调研报告"成为营销战略制订的依据（调研结果也是数据的一部分），且大部分营销数据都来自不同的新媒介渠道。

（2）在沟通对象层面，不再以消费者整体而是以具有某些明确数据标签的消费者个体作为营销对象。同时，"社群"取代"大众"成为营销的主要对象，与"松散"的大众相比，社群具有一定的组织、界限、共同目的和特定的沟通话语和沟通机制。

（3）在营销机制层面，"操控"取代了"影响"，营销活动不再一味追求信息的曝光度，而是基于消费者行为模式对其施加行为引导。

（4）在营销手段层面，"互动"取代了"传播"，营销传播不再是单纯的对话或信息交流，而是要实现行为互动和价值共享。

（5）在营销途径层面，"场景"取代"媒介"和"渠道"成为新的时空共聚点，内容输出、情感共鸣和价值转化都在场景内达成。

（6）在营销效果层面，"行为"取代"态度"成为营销活动的直接导向，从圈粉、种草、促活、转化到裂变，营销活动的目的是激发消费者的行为参与，而不仅仅是改变其态度。

（7）在增长模式层面，"裂变"取代"扩大"成为营销业务增长的新追求，众筹、拼购、团购及分享助力成为常用的裂变方式。

4.广告公司不再是企业难以割舍的营销"外脑"

一方面，在信息化和社交媒体条件下，厂商可以自主完成大部分的传统广告业务，不再需要依赖广告公司。如企业自主建立营销数据库，不再需要广告公司提供调查研究或消费者洞察；企业自主孵化自媒体账号，不再需要广告公司进行媒介代理；企业自己进行新媒体内容运营，不再需要广告公司来完成广告创意。另一方面，创意营销的新势力大有取代广告公司的势头。如传统的大众传播媒介平台通过实施原生营销为品牌方企业提供全新的内容服务；互联网巨头凭借资金和技术优势控制网络的入口和大数据，并垄断网络广告；新媒体机构凭借技术优势不断创造新的沟通场景；MCN 机构则通过内容输出、网红孵化和直播带货拥有了新的话语权。

在这样的情况下，广告公司的传统价值已经逐步被削弱，需要重新定义自身角色，以应对这一系列的挑战。

二、广告业面对的挑战

在信息化的驱动之下，广告公司原有的基于大众营销传播的价值系统会逐渐丧失。如果不及时调整商业逻辑和商业模式，将会面临去角色化、话语权丧失、生存空间被挤压和价值被质疑的困境。

1.数字驱动营销与广告公司去角色化

首先，目前大部分企业（广告主）和销售渠道都已经建立了较为完善的顾客数据库，基于数据库的数据驱动营销已经基本完成布局。企业可以直接根据反馈数据实时掌握消费者的行为，人工智能分析使得他们可以更加迅捷地掌握消费者的潜在动机，广告主变得比广告公司更加贴近和了解自己的顾客。

其次，传统大众传播广告效果在下降，广告代理公司被看作营销成本增加的主要原因之一。在数字化的驱动下，营销传播的效果越来越以外显的"行为"（如浏览、停留、点赞、分享、打赏、评论、参与、预约、购买、互动等）展现，而不再局限于传统的内隐的"态度"（认知、情感和行为动机）。"行为"比"态度"更加直观，在智能手机作为信息终端的条件下也更易于获取，因此，"行为"被看作更高效的效果指标，传统大众传播广告因效果缓慢且间接而不被看好。

再次，在全面营销观念的影响下，销售渠道和传播渠道在逐渐整合。电子商务、社会营销、新零售等使得销售、传播、数据、金融逐渐一体化（如图2-6所示）。在这样的情况下，营销传播与销售已经完美地结合到了一起，精准（针对特定的受众或群体）、高效（高投资回报率）的传播成为刚需，大众传播广告日益被边缘化。

最后，"去agency（去中介代理）"和"in-house（内部孵化）模式"已成大势所趋。原来全球最大的两个广告主——宝洁公司（P&G）和联合利华公司（Unilever）——都开始通过减少广告代理商总数量并在自己的公司内部孵化创意部门或创意公司来大幅削减营销成本。宝洁公司首席品牌官毕瑞哲（Marc Pritchard）在2019年国际消费类电子产品展览会的开幕式上公开表示，属于广告的日子已经屈指可数，我们应该学着适应没有广告的世界。

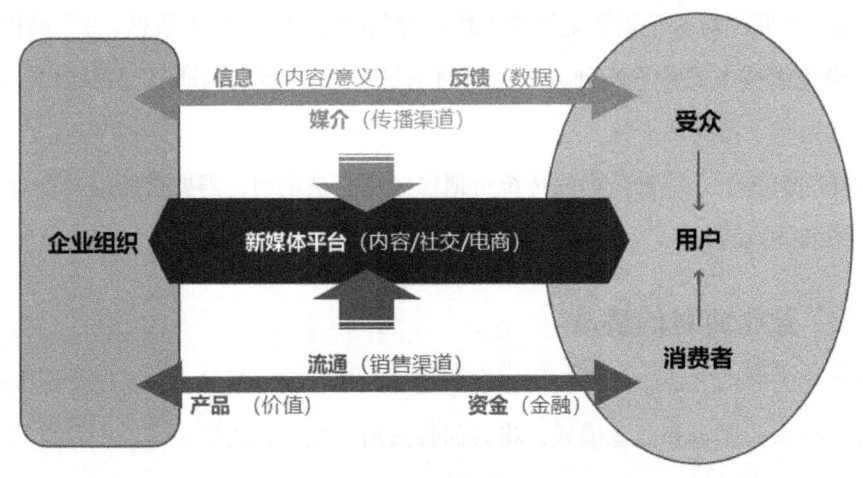

图 2-6 新媒体的渠道融合

2.互联网巨头的技术、数据垄断与广告业话语权的丧失

在信息化过程中，互联网巨头掌握了绝对的信息技术优势，人才、技术、数据和应用入口都居于垄断地位。对广告业而言，网络广告作为业务主要增长力量，其程序化管理（含购买、投放和日常管理）、显示技术乃至消费者大数据都集中到了互联网巨头手中，国际上的脸书、推特和谷歌等及国内的阿里巴巴、百度、腾讯、京东、新浪和字节跳动等都是

网络广告营业额最大的几家公司。在这个领域，在流量、转化率、贡献率等数据指标的指引下，传统的以阅读率、收视（听）率及品牌态度为效果指标的大众广告逐渐被抛弃，传统的广告业务和广告公司也在逐渐丧失话语权。

虽然目前部分国际4A公司在积极布局数字化营销或进行数字化转型，拥有自己的程序化部门或程序化公司，但在技术和数据方面与互联网巨头还是存在一定的依存关系。

3.新兴势力的崛起与广告公司生存空间的流失

渠道商、技术创新公司、MCN机构和新内容公司（如"新世相"）凭借自己的流量和技术优势，在慢慢蚕食传统广告公司的生存空间。电商渠道除了具备销售功能之外，也具备独特的传播功能，也就是说，电商既是销售渠道与平台，也是传播渠道与平台，广告收入也是阿里巴巴、京东等电商企业的主要营收来源之一。在电商成为年轻人首选购物渠道后，广告主在电商渠道投放广告（展示广告、搜索广告、联合促销活动等）的力度也在加大。技术创新公司凭借技术优势和良好的用户体验，也在不断地蚕食传统广告市场。以"互联网+"面目出现的"新零售"，结合移动网络、基于位置的服务、智慧短信、数字媒体、物联网、虚拟现实、增强现实、混合现实和人工智能等技术构建新型消费场景，场景传播和场景消费也在蚕食传统广告市场。在"网红经济"的指引下，MCN机构的出现加快了网络流量变现的能力。叫嚣着"干掉广告业"的MCN机构，其主要模式就是通过多平台打造"网红"，然后让网红"带流"（带动流量）、"带节奏"（带动舆论议程）、"带风向"（带动舆论走向）、"带货"（带动销量）乃至代言（取代传统广告代言人）。虽然"网红"的商业生命周期大都如昙花一现，其热度不具备可持续性，但在营销越来越重视行为结果和营销节奏越来越快的情况下，网红模式似乎颇受欢迎。

4."品牌—效果"二元博弈与广告业的价值困境

必须注意的一个现象是，当我们在讨论当前或未来广告业的发展时，传统的大众传播广告和广告代理制度并未消失，还有存在的空间，因此，业内习惯性地把当前广告分成两类：品牌类广告和效果类广告。这种划分方法不一定合理（严格说，品牌形象也是一种广告效果），但它代表了一种观点，广告业务存在两个世界，即以传统大众传播媒介为阵地的品牌类广告代表的"旧世界"和以互联网为阵地的效果类广告代表的"新世界"。品牌类广告继承大卫·奥格威每一则广告都是对品牌的长期投资的观点，重视长期品牌形象效果。既有的大众传播广告或网络上的硬广告，影响的是包括认知、情感和行为动机在内的态度，追求的是"认知价值"；而效果广告则脱胎于网络广告的数字属性，关注流量、转化率、销售额及投资回报率等直接行为效果，如小游戏、集赞活动、网络互动话题、直播带货等，追求的是"经济价值"。

广告业到底是追求传统大众传播的"认知价值",还是新媒体传播的"经济价值"?表面上看,这两类广告之间是一种互补的关系,既要保证有一定的长远考虑,也要有一定的即时效果,但在具体的执行过程中广告主却往往不是这样思考的。在竞争日益透明、节奏越来越快的经营模式下,跟不上节奏就会被淘汰,因此,企业的经营行为越来越像是短期行为,对职业经理人的评价周期越来越短,业绩压力之下,广告和其他营销传播手段越来越被要求向即时效果靠拢。在这样的情况下,传统的大众传播广告因为效果反馈间接、缺乏直接的销售或行为数据支持而面临价值被质疑乃至被否定的困境。

5.AIGC:人工智能创意会代替人类创作吗

2023年4月12日,国内广告业巨头蓝色光标(BlueFocus)宣布全面拥抱AIGC(Artificial Intelligence Generated Content,人工智能生成)并停用全部文案外包的新闻在业界引起了轩然大波。据悉,该公司华东区总部运营采购部下发邮件称"为了遏制核心能力空心化的势头,也为了给全面拥抱AIGC打下基础,即日起管理层决定无期限全面停止创意设计、方案撰写、文案撰写、短期雇员四类相关外包支出"。此后,这一传闻被证实是真的。

AIGC是指通过语言预训练大模型(Generative Pre-trained Transformer,简称GPT)等人工智能技术生成的创作性内容。与人类创作者相比,它的优点一是高效,能够在很短的时间之内生成内容,而且使用成本相对较低;二是"听话",能够根据发令者的指令来加工、润色内容,使内容更加符合发令者的需要;三是"深思熟虑",相对于普通人来说,人工智能所参考的资料更为全面,能够提供比一般人工思考更完善的方案。

当然其缺点也是非常明显的。首先,它不能提供经过反复研讨的基于人性沟通的战略概念或大创意,一些重要战略决策方面的问题还是得通过人的智慧来解决;其次,限于技术条件,它生产的内容或多或少都会带有一些明显的瑕疵,需要人工介入加以调整或修改。因此AIGC作为一种效率工具确实能够取代一部分"没那么重要"的基础性创作,但至少在短期内无法完全取代人类的创作。

三、创意驱动的时代

1.数据驱动还是创意驱动

在大数据和人工智能成为新的生产力之后,数据成为营销的基础条件,人们开始惊呼"数据驱动的时代来了"。但冷静想一想,数据真的能驱动营销吗?如果没有好的营销创意,数据会自己产生让人们行动的理由吗?答案是否定的。正确的理解应该是,数据或许是营销不可或缺的基础条件,确实能够给营销带来高效率(便捷性和直观性)和新的营销发现,但并非真正的驱动因素。真正的营销驱动因素应该是基于数据产生的产品、内容、活动和渠道的相关创意，它们才是实际促使人们发生各种各样消费行为的关键，在营销创意的驱动下，人们开始关注、理解和购买产品或享受服务。

2. 社交媒体背景下，创意成为内容出圈的关键

与传统大众营销传播的机制不一样，社交媒体传播主要依赖于人与人之间的连接，那什么样的内容会让人们认真阅读并突破"圈层"而争相去传阅呢？当然是有价值的内容。什么是有价值的内容呢？当然就是指有创意的内容。这里说的内容"有创意"，不只是内容本身的创意，还包括分发机制、互动方式和激励方式的创意，也就是渠道创意和活动创意。

3. "内容为王"强调的是内容的文化创意价值

所谓"××为王"的说法，其实是强调某件事才是产生生产力、效率或效益的关键。在大众传播时代，媒介渠道是传播的关键节点，是权力，谁掌握了渠道，谁就掌握了话语权。随着互联网的出现，在"信息平权"观念的指导下，这种权力关系被打破了，每一个人都可以成为传播的关键节点。这种"去中心化"的传播机制，使得传统大众传播媒介的权力被架空了。在媒介渠道的价值逐渐丧失之后，传播活动的真正价值是通过内容本身产生的，而内容的价值来自它与众不同的特质或它能给人们带来的价值，也就是文化创意的价值。因此，与其说是"内容为王"，不如说是"创意为王"。

四、拥抱创意营销

1. 从广告代理到创意代理

（1）转向创意代理

尽管营销技术、营销环境和营销模式的变革正在发生，但并非所有的变革都已完成：并非所有的大众营销传播都已消亡，并非所有的企业都具备数据库建设、维护和数字化营销能力，并非所有的企业都具备内容创作和内容运营能力，并非所有的客户都具备产品创新的能力……同时，新的技术条件和新经济环境为创新和创意的发挥提供了良好的土壤和空间。

因此，转型期的广告公司应该结合自身既有的业务优势，逐步从广告代理模式转换为"创意代理模式"，围绕"创意"不断突破，以增强自身的竞争力，为客户提供全方位的创意服务，实现自身在新时代的价值。

（2）全方位创意

营销领域的创意离不开技术创新、文化创新、文化和技术的融合创新三个层面，营销的"全方位创意"指的就是这三个层面作用下的一切营销活动涉及的创意（如图2-7所示）。技术创意包括物质技术和数字技术的创意。物质技术创意主要是材料和工艺的创新，数字技术创意的范畴则包括数据采集、通信、处理、显示、服务和应用等方面的创新。文化创意是指思想、认识、审美和娱乐等方面的创新，在营销的创新层面主要是战略和内容的创新。把技术和文化的创意结合起来的融合创意则是当前营销创意的主流，如"产品＋文化"的结合就能创造新的营销方式，同样，营销"活动＋文化"组合在一起，就能产生惊人的爆发力。

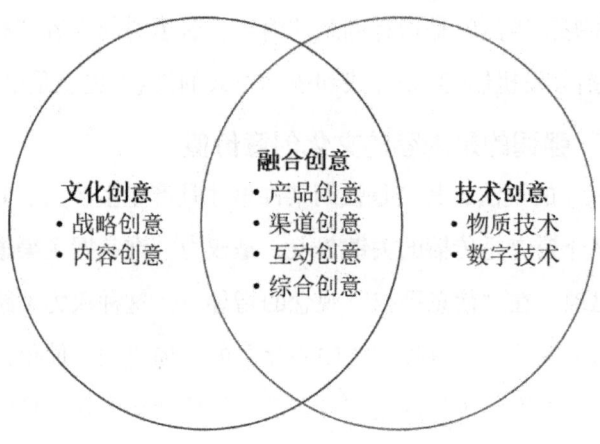

图2-7　全方位营销创意的图景

　　战略创意和广告创意是传统广告的业务范畴。战略创意指创意代理机构为企业提供战略咨询服务，提供战略概念和战略规划的创意，如品牌发展战略规划。战略创意往往是其他营销创意的前提和灵魂，其他的营销创意需要在战略创意的统筹和指导下来进行。在新媒体背景下，战略创意还应该涉及产品、渠道等更广泛的领域。广告创意特指广告作品层面的创意，提供大众传播广告或新媒体广告的创意、设计和制作服务，如电视广告、网络广告、广播广告、户外广告等的创意。在新媒体背景下，广告创意还涉及广告材料和广告技术的创新对广告送达和广告呈现的影响。

　　产品、内容、渠道和互动的创意是新媒体背景下融合了技术创意和文化创意的全方位创意的产物。产品创意是指从消费者的实际需要出发，为企业提供产品概念或实体产品创意服务，为客户打造"爆款"产品，这是创意营销的基础。内容创意则是以文化创新和文化生产为中心，以内容运营为依托，为企业提供新媒体内容的创意、生产和运营，传统的广告创意也属于内容创意的范畴。新媒体"渠道"是信息传播渠道和产品销售渠道整合的产物，渠道创意主要关注数字技术创新，为客户提供新的连接方式，如小程序、App开发及跨媒介的融合传播创意。互动创意则关心企业在营销过程中与消费者互动方式的创意，即如何通过激励措施让消费者参与到营销活动中来。

　　综合创意站在战略的高度，把上面所述的各种创意作为一个有机的整体，在营销概念、营销模式、营销技术、产品、内容、渠道和互动等方面为客户提供一站式的创意服务。

2.传播任务的转变

（1）产品同质化导致传播成为差异

在传统营销的定义中，"产品"总是营销的中心议题，"差异化"才是价值得以体现的必由之路，产品特点、产品优势、产品品质和产品形象等产品差异往往是厂商营销的着力点。随着营销信息化时代的到来，在计算机辅助设计的助推下，各厂商的产品日趋同质化，同时网络通信使得产品价格、销售渠道等方面的竞争更加透明化和同质化。在产品、价格和渠道同质化的情况下，营销传播成为关键的差异化因素。当前，营销传播的差异化也日益受到威胁，典型的例子是大众传播广告有同质化趋势，即大众传媒上的很多广告都很相似，观众看完广告之后，可能记住了广告的情节内容，而不记得是哪个品牌或产品的广告，面对这样的情况，只有全方位的营销传播创意才能形成全方位的差异化。

（2）营销即传播，传播即营销

当"营销传播差异"取代"产品差异"成为营销的着力点之后，营销的价值取决于营销传播的价值，营销传播对营销活动的影响成为最主要的决定性因素。由于营销的消费者导向，包括产品设计、产品定位、营销信息的发布和营销渠道的规划在内的整个营销过程都依赖于与消费者的沟通，于是舒尔茨等在《整合营销传播》中所言的"营销即传播"的局面形成。进一步说，营销全程的价值，主要体现在营销传播的价值之上。在新媒体背景下，所有的信息传播活动（包括社交媒体账号经营和自媒体账号经营）也都可被视作营销行为，都是为营销服务的，即"传播即营销"。

（3）从客观价值、认知价值到行动价值的转变

一般认为，商品的价值是由其所包含的劳动价值所决定的，这是一种相对客观的价值。现代营销观念认为，产品价值取决于其满足消费者需求的能力。消费者的需求包含需要和欲求两个部分，"需要"来自消费者自身的实际生活体验，而"欲求"则基于消费者的社会地位或消费动机等，因此需求具有一定的主观性，如消费者购买手机的决策过程中，选择一部满足基本通信需要的"千元机"或是选择另一部价格更高的iPhone（苹果公司生产的手机），这是一个对价值判断的主观过程，有些人认为手机够用就好，iPhone没有性价比，另一些人则认为，iPhone使用简单、安全，使用寿命更长，而且可能与其社会地位相匹配。这种由客观价值到认知（主观）价值的转变，与里斯和特劳特所谓"市场营销不是产品之争，而是认知之争"[1]的观点也是一致的。

---

[1]里斯、特劳特：《22条商规》，寿雯译，山西人民出版社，2009，第33页。

在新媒体营销背景下，"短平快"的传播模式使得认知价值逐渐被扬弃，营销效果更重视"行为"价值，这是因为外显的"行为"比内隐的"认知"更直观、更可靠、更容易获取，因此数据化运营更重视和依赖用户的行为数据，"行为数据搜集""行为建模""行为模式操控"成为新的营销模式。

3.营销传播模式的转变

（1）从"渠道为王""内容为王"到"创意为王"

"渠道为王"有两重含义，营销的"渠道为王"是强调销售渠道在营销组合中的重要性，传播的"渠道为王"则是指传播渠道（媒介）在传播中的重要性，营销传播中的"渠道为王"是指后者。在大众营销时代，大众传播媒介占据绝对的领导地位，特别是报纸和电视，凭借其传播速度快、范围广的优势，成为众多商家的首选。在"得渠道者得天下"观念的影响下，那些实力雄厚的大企业往往不惜花重金在报纸和电视上投放广告，试图"控制"或"霸占"传播媒介。

以社交媒体为代表的信息化新媒介改变了信息的供给方式，大众传播的威力不再，"微博""朋友圈"和"抖音"成为人们特别是年轻人获取资讯的主要渠道。传统的大众传媒也通过创建新媒体平台实现和互联网媒介的融合，以增强自身的竞争力。而在当前传统大众传播媒介和数字化新媒介共存的情况下，受众有更多的媒介接触选择，"内容"才是能够引发他们关注并积极参与互动的因素。另外，优质的传播内容可以跨越不同媒介之间的藩篱，如优质的电影、电视剧或网剧也会在微博、网络社区、微信朋友圈和抖音等社交平台上引发讨论，而热门的网络内容也会引发电视和报纸的关注和报道。在数据化运营的模式下，"流量"数据成为衡量内容质量优劣的最重要指标，于是有人惊呼这是一个"流量为王"的时代。

需要指出的是，不论是"内容为王"还是"流量为王"，其实质是"创意为王"，创意才是内容的核心，才是精彩内容的保证。

（2）由单向传播、双向传播到多渠道互动传播

早期的广告传播是单向传播，即厂商在大众传媒上自说自话，广告大多为吹嘘自己的产品。整合营销传播理论出现之后，明确指出了整合营销传播的模式是双向传播，即传播过程中重视受众信息的反馈，并在了解受众的所思所想后进一步修正传播策略，以期使传播更加准确有效。在当前复杂的媒介条件下，受众接触到的关于某类或某个产品的信息极为复杂，有来自厂商的广告和内容，有来自意见领袖的推荐和评价，有来自已购买产品的顾客的评价，有来自亲朋好友的使用感受，等等。信息来源的渠道也非常复杂，大众媒体、社交网站、购物平台、电话推销、同事陈述等，再加上各种道听途说，仅仅用"双向传播"

一词已难以说明传播的复杂性，营销传播进入了一个多渠道互动传播的时代。

思 考

1. 日常生活中，人们常见的消费方式有两种，一种是购买有品牌保障的产品，另一种是购买时只看价格不看品牌的"拼多多"式购物。试着从消费文化的角度来解读这两种消费方式的异同。

2. 如果你是一家传统广告公司的负责人，进入新媒体时代，你会采取哪些措施来保证公司业务的可持续发展？

3. 如何从消费文化的角度来理解早期的电视剧形式"肥皂剧"？

第三章
理解创意营销

> **导 读**
>
> 1. 创意营销是新时代广告和营销业的本质，创意营销业是当前广告和营销业的代名词。
> 2. 创意营销的范畴包括传统的广告业和各种营销新势力。创意是创意营销的价值和驱动因素，也是营销活动的价值评判标准。
> 3. 创意营销是以创意战略为核心的营销模式，通过产品创意、内容创意、活动创意和渠道创意的有机融合来实现创意价值的最大化。

第一节 创意营销的概念

一、创意营销的定义

"创意营销"（creative marketing）一词首先是作为一个非正式词语出现在广告和营销行业的网站上或文章中，常常用来表明数字化背景下的广告业务与传统广告业务的区别，此前并没有相关的研究和清晰的定义。为清楚说明和界定，有必要对其进行准确定义。

1. 创意营销的界定

（1）业务性质：不只是"数字化"或"新媒体"

信息化背景下的广告和营销业务虽然有"数字化营销""新媒体营销""社交媒体营销"等概念，但并未准确揭示新时代这个行业的真相，"数字化营销"仅仅是从形态上阐述了信息化的特征，"新媒体营销""社交媒体营销"的概念也存在一定的局限性……从行业所提供的核心价值来看，"创意营销"的概念更能准确表明当前广告和营销业务的真相与实质。

作为新概念，创意营销是广告和营销观念发展到一定阶段的产物，其反映的是营销环境（特别是经济增长模式和传播媒介）的变化，以及在此背景下广告业性质和外延的变革。当广告不再仅仅是"广而告之"，当营销数据采集、消费者洞察、程序化广告管理、内容营销、互动营销、社群营销、新媒体开发和运营等成为广告业新兴业务的增长点，而大众传播媒介广告和整合营销传播业务仍在继续运作，创意营销是对当前这个行业状貌的一个准确概括。

（2）业务重点：是营销，而非营销传播

首先，"创意营销"一词中的"创意"是广告业的历史使命和现实追求的反映。一方面，从历史角度来看，创意是广告和营销行业的核心价值，是广告业从诞生以来，在技术、媒介、市场及消费文化等背景条件变化下唯一不变的追求；另一方面，从现实来看，创意也是创意经济条件下"创新驱动世界"与时代命脉共振的结果。其次，"创意营销"的"营销"反映的是当前广告业的业务重点已从重视传播结果转向重视营销结果，原因有四：其一，从内容来说，广告业的内容生产导向越来越指向"价值"，更加重视内容所产生的经济效益，而不仅仅是态度层面的意义；其二，从渠道来说，近年来营销传播渠道和销售渠道在信息化背景下已形成融合之势，统称"营销渠道"更合适；其三，从效果来说，转化率成为重要的评价指标，广告和其他营销活动的效果越来越指向行为或销售效果，称为"营销活动"更合适；其四，创意代理的兴起，其产生的创意不仅仅适用于广告、促销、公关等营销传播内容或营销活动，也进一步扩展到了战略、产品、渠道等营销的层面。

（3）行业名称：是创意营销业，而不是广告业

由于广告业的内涵和外延都已指向营销，再继续沿用"广告业"一词已难以准确概括其含义。相对来说，英国政府对创意产业的行业划分中的"广告和营销业"（advertising & marketing）的提法，基本上涵盖了传统的广告业（大众传播广告业）和新兴的营销业（营销新势力），但这种提法过于笼统，不能够准确道出行业的性质。相比之下，"创意营销业"更能准确表达这个行业的特性。

2.创意营销的定义

所谓定义,从字面意思理解,"定"即"界定(外延)","义"是"性质、内涵和意义",合起来的意思就是"界定事物的性质和外延并说明其内涵和意义"。从性质来说,"创意营销"是广告和营销的内涵和形式在消费文化、信息化社会和创意经济背景下产生的新变化;故其内涵则是强调创意在营销活动中的核心地位和驱动作用;其范畴应该包含营销活动的方方面面;其意义在于揭示创意(创新)在营销活动中的重要性和价值。

(1)作为一种社会活动的定义

简明定义:创意营销是指在信息化背景下,为实现营销目的,以创意为战略驱动,通过产品、内容、活动和渠道等方面的创新,实现高效沟通和互动的一系列活动。

详细定义:创意营销是指在信息化(数字化)的条件下,为了实现引起注意、数据采集、告知信息、激励互动、塑造形象、达成销售或维系消费者关系等营销目标,而采取的以创意为战略核心和驱动因素,通过在产品、内容、活动和渠道等方面进行创新,实现高效率沟通和互动的各种营销活动的总和。

(2)作为一个行业的定义

作为一个行业的"创意营销"是广告和营销业发展到一定阶段的产物,即创意营销业,是创意产业的一部分。创意营销业是指以文化或技术创意为核心,通过产品、内容、活动、渠道及它们的结合体的融合创新和运营,实现自身、他人或组织机构营销目的的行业。创意营销业既延续了广告业以创意为核心的特点,又指明了营销业对行为结果和客户关系的追求。

广义的创意营销业既包括传统的广告业、咨询业、公关业和营销业,也包括新兴的内容生产行业(如 MCN 行业)、舆论宣传行业(如"智库"行业)和技术创新行业(如新媒体行业和新营销行业)。狭义的创意营销业指广告和营销业。

3.对创意营销定义的理解

(1)信息化背景

信息化是指以数据为基础、以信息技术为手段的媒体传播环境。当前广告和营销业的大部分业务都建立在数据的基础上,如消费者数据库及其应用系统 CRM(客户关系管理)、广告购买及管理系统 PDB(程序化直接购买),数据包括消费者数据、媒体数据、品牌和产品数据、销售渠道数据及竞争对手的数据等,而广告精准推送和显示都属于信息技术手段。

（2）创意营销的主体

一般而言，涉及创意营销的企业组织机构包括营销机构、广告和其他营销传播机构、新媒体机构及 MCN 机构等。不同机构的创意营销业务范畴可能不一样，营销机构的业务范围更全面一些；广告代理、创意代理和其他营销传播机构的业务重点可能在内容创意、激励创意和渠道创意方面；MCN 机构可能更关注内容创意和渠道创意。

（3）营销导向

创意营销的结果直接指向行为，即通过产品或内容引起消费者的关注（如浏览、点赞、收藏等），进一步通过内容、活动、渠道及他们的结合体激励消费者的参与和互动（如注册、分享、玩小游戏、领取优惠券、预约、购买、评论等），最终实现营销目标（如告知信息、塑造或改变形象、达成销售、获得和维系顾客忠诚关系等）。

（4）创意驱动

创意是战略性驱动因素，是引发营销活动效果的关键因素，也是营销传播活动的内在价值，其外延涵盖产品、内容、渠道和活动等方面。把产品纳入创意的思考范畴，是营销导向的结果，也是创意作为一种战略思考的要求。创意相较于广告，内容的范畴更加广泛，包括广告、短视频、微电影、漫画、图片、游戏植入、评测文章、互动话题、直播等一切为营销目的服务的媒介内容。创意营销的"渠道"包括销售渠道、传播渠道及在新媒体背景下整合而成的融合渠道。"活动"是指营销活动，包括促销、公关、话题、事件、饥饿等能激发人们参与营销互动并实现营销目的的行为的集合。

（5）高效率沟通和互动

创意营销注重即时效果和成本效率。即时效果是创意营销有别于传统广告传播的一个重要方面，也是信息技术对传播效果影响的直接结果。在信息技术支持之下，大部分的营销活动都能以实时效果的方式回馈，点赞、评论、参与讨论、分享、注册、转化、购买等都能直接形成反馈数据。

此外，重视投入与产出也是创意营销高效率的特征之一。传统的大众传播广告把广告费用看作一种投入，是不计成本的，这是因为在大众传播时代，广告传播的效果不能被即时侦测和回馈。信息技术的发展使得各种营销活动的结果以数据的方式直接反馈回来，追求投资回报率是对创意营销效果的基本要求。

创意营销与传统营销的对比如表 3-1 所示。

表 3-1　创意营销与传统营销的对比

	传统营销	创意营销
依据	调查研究	数据
中心	以产品为中心；运行	以客户为中心；运营
媒介	传统媒介为主	新媒介平台为主
渠道	线下营销渠道/网络	线上线下融合的营销网络
手段	推；广告、促销、公关等	拉；内容、活动（事件/互动/体验）等
任务	传播/销售产品	流量、关系（互动、交易）等
创意	战术创意：以内容创意为主	战略创意：产品、内容、活动、渠道的创意并重
效率	粗放型	高效互动
效果	态度（认知、情感、动机）；滞后	行为（兴趣、活动、交易）；即时

二、创意营销的范畴

一直以来，虽然广告和营销二者在内涵和意义层面有着清晰的界定，但在业务层面二者却难分彼此，原因有二：一是在大众营销时代，广告曾经是最重要也是最主要的营销手段，广告的主要服务对象和目的都是营销；二是如今作为一种营销手段的"广告（硬广告）"虽然风光不再，但作为一个行业的"广告"已悄然完成从以广告代理为主到以创意营销为主的转型过程。因此，直到当下，在许多非精确场合，广告和营销还是笼统地被认为是同一件事。

从创意营销的角度看，不论是传统的广告业，还是广告业的新兴增长项目、新媒体营销、创意代理，都属于创意营销的范畴（如表 3-2 所示）。

表 3-2　创意营销的业务范畴

创意营销范畴	业务项目	包含业务范畴
大众营销传播	调查研究	数据采集、市场研究、战略咨询等
	广告策略和创意	品牌策略、广告创意、制作执行等
	媒介业务	媒介策划、媒介购买、媒介代理等
	其他职能业务	促销、公关、会展、事件、视觉设计等

续表

创意营销范畴	业务项目	包含业务范畴
数字化营销	数字化营销业务	数字营销代理、数字渠道购买等
	新媒体业务	程序化广告开发、运营、代理等
	社会化营销业务	社交媒体营销方案设计（内容创意、路径规划、互动设计）和执行
	互动营销业务	人际互动、活动互动、网页互动的设计和执行
	移动互联网（无线）业务	移动终端创意方案设计和执行
新营销	MCN/内容运营	专注"网红"孵化和内容创作、运营
	创意代理	各种营销创意解决方案
	品牌运营	专注于品牌产品的设计和产品营销
	渠道运营	渠道品牌和渠道平台运营

1.大众营销传播

一直以来，广告业或营销传播行业都是力图通过个人的智力或创造力帮助客户企业（广告主）提升营销效力的，从这个意义上说，广告业或营销传播行业就是创意营销的早期形式。其主要业务包括如下几个方面。

（1）广告：广告的调研、策划、创作和执行。

（2）视觉设计：企业识别系统、商标设计、平面设计、影视广告和内容制作。

（3）媒体业务：媒体计划、媒体购买与执行。

（4）公共关系和宣传：会展、发布会、说明会、媒体公关、政府公关、俱乐部活动、访谈等。

（5）销售促进：样品派送、优惠券、赞助、抽奖、竞赛、折扣等。

（6）品牌管理：品牌形象、视觉、渠道、消费者、品牌资产管理等。

2.数字化营销传播

在新媒体成为主要的营销传播阵地之后，广告业或营销传播业在业务上出现了一些新增的项目，主要是如下几种。

（1）数字化营销：强调重视数据库、数字媒体和客户关系管理。

（2）互动营销：强调营销传播活动的交互设计和与消费者的互动关系。

（3）内容生产：依托组织内部人员自身的知识体系，专注于新媒介内容的生产，为客户量身打造新型的传播内容。

（4）社会化营销：以人与人之间的联系作为营销渠道，打造社群，以社会化媒体（社交媒体）作为主要的营销途径。

（5）移动互联网营销：使用移动通信网络或无线局域网络连接互联网，以移动设备为计算终端，通过 App、小程序等进行沟通。

需要指出的是，上述这五种业务并非严格的分类，是不同性质的组织机构对新媒体业务的不同解读或应用，并结合自身的能力做出的界定。

3.新营销业务

除大众营销传播和新媒体营销传播之外，一些基于互联网创新的新型的业态也可以看作创意营销行业的组成部分，常见的有如下几类。

（1）MCN/内容运营：在短视频和直播成为风口的移动互联网时代，MCN 公司如雨后春笋般涌现，这些机构主要以孵化"网红""关键意见领袖"、多渠道输出内容并通过广告、品牌信息植入或"带货"（直播或其他内容促销）来变现，实现盈利，成为创意营销的新型业态。

（2）创意代理：这类机构也被称作"创意热店"，主要聚焦新媒体时代"短平快"的营销创新，为客户提供产品、设计、内容等全方位的创意服务，如国际知名的 W+K(Wieden & Kennedy)、百比赫（BBH）等，国内知名的天与空、环时互动、大门互动等。

（3）品牌运营：组织机构本身不生产产品，产品由生产企业代工或直接从原生产厂商处获得，其核心在于凭借自身强大的品牌运营能力创造品牌，并维持与消费者之间的关系。如优衣库品牌的持有者迅销公司自身并不生产产品，全靠代工，企业自身主要集中于营销领域。

（4）渠道品牌运营：一些渠道商凭借自身影响力和规模庞大的用户群体推出自有品牌，如传统线下销售商沃尔玛（Walmart）旗下有惠宜（Great Value）、简适（Simply Basic）等品牌，线上销售商京东旗下则拥有京造、LATIT 等品牌。此外，新的零售商品牌也在不断产生，如名创优品（MINISO）和泡泡玛特（Pop Mart）等。

（5）渠道平台运营：这类业务主要凭借新媒体自身强大的数字化能力，渠道连接商家和用户，打造新的生活场景，如美团凭借自身强大的平台能力让团购和点外卖成为年轻人的生活方式，滴滴则让打车出行变成年轻人的新出行方式。

三、创意营销的意义

从创意营销的角度来定义和理解当下的广告和营销业，其主要意义有如下几个方面。

1. 揭示了创意在营销活动中的价值

尽管在许多情况下，广告代理商为营销活动所付出的资源（包括人力资源、渠道资源等）是他们为该营销活动进行预算和收费的依据，但人力资源或渠道资源本身是营销活动的成本，而非其所产生的价值；同样，企业在营销过程中的各种成本也并非营销活动产生的价值，扣除成本外的新增价值，是通过创意把各种资源进行"巧妙"地组合利用而产生的。作为脑力活动或智力创造的产物，人的创意或创造性才能体现营销活动的价值，"创意营销"一词中的"创意"正好揭示了广告和营销业得以存在和发展的价值。

2. 丰富了"创意"的内涵和外延

广告作品的创意→传播策略的创意→营销战略的创意

一直以来，在广告和营销行业中，作为形容词的"创意"一般指作品或方案中的创造性，作为名词的"创意"则指通过作品反映出的创新概念或创作者的创新能力，其内涵是"广告作品的创意"，其外延主要包括广告活动中的各种创新。在创意营销的视野下，"创意"一词的内涵和外延都有所扩大：其一，"创意"的内涵由原来"广告作品的创意"扩大为营销活动中的一切新思想、新观念，其意义由原来的"战术创意"提高到"战略创意"；其二，创意的外延由原来单纯的广告活动扩大到所有的营销活动，从数据获取、产品概念到内容生产，再到渠道规划和营销激励的执行和应用，都需要创意的支持。

3. 提升了创意在营销战略中的思考层级

战术性活动→策略性活动→战略性活动

在大众传播广告时代，创意指广告作品的创意，做创意或创意思考相对于整个营销战略来说是战术性的活动；整合营销传播时代的创意是指营销传播活动的创意，所有的营销传播活动都需要基于同一个创意，相对于营销战略来说，营销传播活动的创意思考是策略性传播层面的活动；创意营销主张从营销战略源头进行创意思考，创意是整个战略的基础性因素，是营销战略的源头性设计，故称"创意战略"。创意战略是所有营销创意的基础和源头，所有的营销策略、营销活动及其执行都应该围绕同一个创意开展，是产品创意、内容创意、互动创意和渠道创意等营销战术的全局性和指导性思路。创意营销的战略构成如图3-1所示。

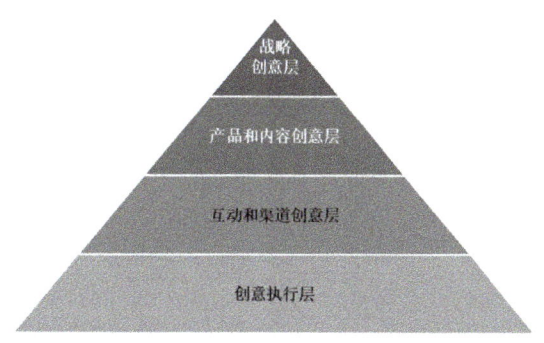

图 3-1　创意营销的战略构成

4.重塑了营销活动的业务框架

以策略性传播为中心→以创意战略为中心

以大众传播为主→产品、内容、渠道、互动并重

在以"4P's"为代表的大众营销的观念中，广告作为最主要的营销推广工具，通常是营销策划中的重点，人员销售、促销、公关等营销工具都是广告的辅助手段。整合营销传播理论出现后，主张把所有的营销传播活动作为一个整体来看待，广告、公关、促销、直销、人员推销、事件营销等所有的传播工具（手段）都应被同等重视，各种传播工具的重要程度取决于其在达成营销传播目标过程中的作用。同时，在"4C's"的观念中，这些传播工具都被统称为"营销传播"，一些企业组织也专门设置了"营销传播"这一职位负责管理相关业务。

在创意营销的观念中，由于战略范畴的改变，营销战略及其执行框架需要被重新定义。首先营销和营销传播不再有认识或业务上的分野，创意成为营销战略的核心，而不仅仅是营销传播战略的核心。由于营销和营销传播的整合，产品创意（原本由广告主负责）和内容创意（原本由广告代理商负责）可以更紧密地结合在一起，如可口可乐的"歌词瓶""昵称瓶"及江小白"语录瓶"便是这种结合的典范。其次是在对各种营销传播工具一视同仁的基础上，进一步把创意的适用范围扩展到整个营销战略，除了营销内容和营销活动，产品和渠道也被纳入创意战略思考和业务框架的范畴，"产品＋内容＋活动＋渠道"的战略整合更加有利于创意价值的整体实现。

创意营销背景下，业务单位的范畴也有所扩大，大众传播广告时代的业务主体广告公司，主要从事媒介代理、策略、创意、设计和制作等具体工作；整合营销传播时代的业务主体统称为营销传播机构，包括广告公司、销售促进公司、公关公司和设计制作公司等；创意营销背景下的业务单位可统称为创意营销机构，包括广告公司、公关公司、创意代理公司、创意热店、企业内部运营部门、新媒体平台、MCN 机构和新内容公司等传统广告业和营销新势力。

广告、整合营销传播与创意营销的业务框架及关系如图 3-2 所示。

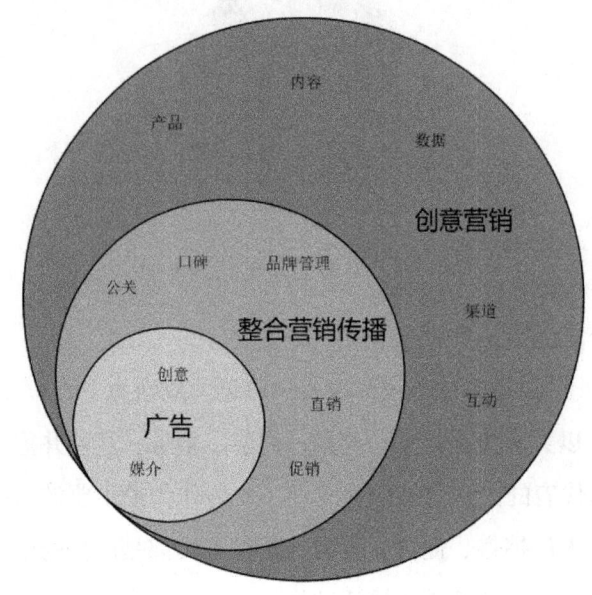

图 3-2　广告、整合营销传播与创意营销的业务框架及关系

第二节　创意营销的本质

作为广告和营销行业在新媒体时代的新名称,创意营销不只是一个词语或概念的改变,与过去的广告业或营销业相比,其实质也发生了相应的变化,以下从行业属性、输出成品和核心要素三个方面来说明。

一、创意营销的行业属性是创意产业

在 20 世纪 80 年代之前,广告业常常被称作"智力行业",因为这是一个靠脑力赢取客户、名声和获得财富的行业,当时也缺乏系统的学科分类支撑。大众传播学兴起之后,人们逐渐意识到,做广告除了需要脑力,还需要市场营销学、传播学、心理学、社会学、艺术学等学科知识的支持,广告业也顺理成章地被划归为大众传播行业(按我国教育部 2012 年《普通高等学校本科专业目录》的学科划分,广告学是一级学科"新闻传播学类"下的二级学科)。2000 年以后,随着创意产业(文化产业)在全球的兴起,越来越多的国家和地区把广告业看作创意产业的重要组成部分,如最早提出创意产业概念的英国政府,其职能部

门 DCMS 于 2015 年定义的 9 个创意产业类别中，广告和营销（advertising & marketing）赫然在列（见表 2-4）。作为创意产业的广告和营销业，必须以个人或集体的创造力为核心的生产力和价值要求。

从创意产业的角度来审视这个行业，就会发现创意是涵盖全链路的基本要求，不论是营销的主体还是营销代理机构、新媒体平台、新媒体用户，都需要有创意。广告主或厂商需要进行营销和产品的创意，需要通过创造性活动来激发和获取消费者数据；各种营销代理机构或执行机构需要专注于内容、活动和渠道的创意；新媒体渠道平台需要通过技术创新来聚焦于信息的处理和呈现，也需要用创意来激励新用户的加入；作为新媒体的用户或产品消费者，不再是单纯的信息接受者，而是营销价值的共谋者和共创者，不论是参与企业价值共创、创作自媒体内容、发表评论还是进行其他数字劳作，都需要有超常的创意才能获得更好的沟通效果（如图 3-3 所示）。由此，我们所处的当下，正如理查德·佛罗里达（Richard Florida）所言，进入了一个创意阶层崛起的全民创意时代。[1]

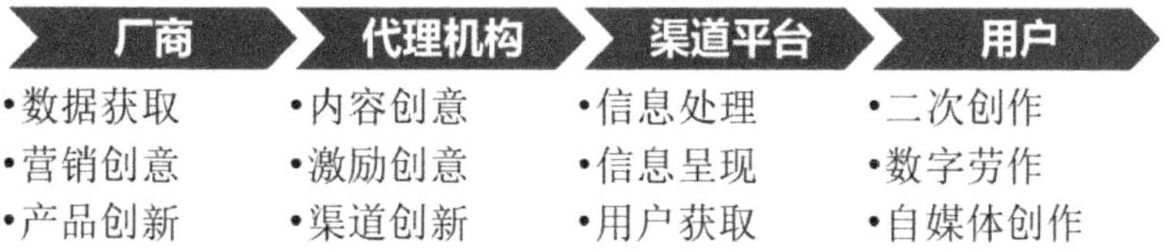

厂商	代理机构	渠道平台	用户
·数据获取	·内容创意	·信息处理	·二次创作
·营销创意	·激励创意	·信息呈现	·数字劳作
·产品创新	·渠道创新	·用户获取	·自媒体创作

注：在营销传播内部孵化模式下，代理机构的职能会逐渐被厂商所取代。

图 3-3　与创意有关的营销各环节

二、创意营销的核心产品是创意

创意产业的特性决定了其产出物的核心是"创意"——充满创意的各种产品，即各种媒体内容及其衍生品。创意营销业的产品更为直接，从早期的出售"点子"到后来的出售"创意"和"策略"，其意义都是直接"出售"由脑力生成的"创意"。

1.传统业务：策略和创作都需要创意

不论是在大众营销时代，还是整合营销传播时代，传统广告公司按业务一般可分为两类：一类提供内容创意服务，即为客户提供策略和创意，如策划咨询类和创意设计类的公司；另一类提供资源服务，即提供基于政府关系或媒介关系的服务，如公关公司和媒介代理公司。前一类公司往往以创作力作为衡量自身能力的重要依据，除了客户实际的广告或营销效果之外，每年举办的各个广告节或创意节都是这类公司大展身手、证明自身实力的舞台；第二类公司中的公关公司同样需要策略层面的创意，但媒介代理公司对创作力的要求则没有那么直接。

---

[1] 佛罗里达：《创意阶层的崛起》，司徒爱勤译，中信出版社，2010。

(1) 策略的本质也是创意

策略,也称"战略"或"谋略",是运用智慧的结果。策略的本质是创意,是高层次的创意,是审时度势、统领全局、权衡利弊、守正出奇的智慧产物。策略的制定者需要有较高的智力水平,我国古代出谋划策的角色"军师""谋士""幕僚""师爷"等,都以超出常人的智慧而著称。在现代商业决策中,对策略模式、策略核心和策略执行的思考都需要付出大量的脑力劳动,都是对策略人员创造力的极大考验。广告和营销的策略包含创意也已经是业界共识。策略模式的创新建立在策略(广告策略或营销策略)制定人员对理论和现实的洞见之上,如奥美曾经的"360°品牌管家"策略模式,就是其对整合营销传播和品牌理论深刻理解和精准洞察的产物。策略的核心也称"诉求点"(广告策略的核心)或"销售概念"(营销策略的核心),往往被概括成一句话,如"怕上火喝王老吉",是策略制定者对品牌核心价值、竞争状况和消费者认知深入思考的结果,是个人知识、经验和智慧的结晶。

(2) 创作人员的本职工作是做创意

作为策略的执行者,广告创意人员(包括文案撰稿人和美术设计人员)的基本工作就是做创意,即通过策略执行把产品的诉求转化成具有原创性、独特性并能吸引人们注意力的内容和活动。

总之,创意是广告业的本质要求,创意在业务运作中也是一种普遍存在。早期广告业提供的主要服务包括广告策略和广告创意,其成功都需要杰出的创造力。

2.新兴业务:创意驱动营销

近年来,随着新媒体营销和新营销等营销新势力的崛起,广告和营销业对创意有了更广泛的需求和更高的要求。

在数字化背景下,厂商或广告公司为了适应信息化时代的要求,也积极进行技术变革或服务变革。这种变革在一定程度上强化了创意的核心地位,创意不再是简单的、战术的、零散的,而是以有机的、战略的、高效的方式来驱动产品、内容、渠道和互动的整合,从而改变了营销的整体进程。

除了广告、内容等营销创意服务之外,技术创意也成为新需求。一些技术创新公司由于掌握了某些广告穿透或显示技术,使得广告能够轻易赢得用户的注意或点击;另一些技术公司则主要通过数字技术实现与用户的连接和聚集来实现用户运营(如社交媒体)。

三、创意是营销的价值和驱动因素

一般认为,创新是驱动人类社会发展的最直接、最主要的因素,创意产业的兴起和繁荣,则进一步强化了这个意义。创新产品，不论是实体产品还是文化产品，人们对它的价值衡量往往取决于其所蕴含的物质创新价值和文化创新意义。面对营销环境的复杂性和竞争性，创新具备直接和具体的意义，对创意营销业来说，创意是解决营销问题的决定性因素。

1. 创意是营销活动的价值体现

从社会劳动的角度看，营销活动的策划、创意和执行等活动的本质是智慧创造，智慧创造的价值在于智力劳动所创造的价值。营销活动创造的成品的价值较为直观，不论是产品概念、品牌形象、传播主题、活动创意，还是内容创意、互动设计、传播路径规划，有一定工作经验的人都能发现其中蕴含的创新价值，但价值的实现则需要通过执行环节方能达成。执行过程本身也需要发挥创造力，如因地制宜问题或突发性问题都需要用智慧加以巧妙解决。在创意执行过程中，有些营销活动成品所蕴含的价值会直接反馈出来，如活动参与人数、内容阅读量和互动量等，另一些则需要一定时间周期才能反映出来，比如内容传播后购买行为的变化，还有一些则需要借助评测技术和活动才能得知，如受众品牌态度的改变。

2. 创意是满足公众行业期望的必然要求

从社会公众的角度看，人们对创意产业的期待是其生产的作品或产品包含好的创意，这样的作品或产品才能满足公众对文化的、审美的期待和消费需求，才能带来良好的口碑，进而才会有更好的市场业绩。公众对营销内容和营销活动的期待也是一样，他们希望看到高质量的营销内容。同样，人们对那些有好创意的营销活动的反响往往也很好，乐于参与其中，形成良好的"传播—营销"效果，如肯德基的"疯狂星期四/V我50"活动，不只收获了口碑，也带来了实际的销量，而对那些平庸甚至跟风抄袭的活动，大多数人都会选择忽视或嗤之以鼻，进而降低对该品牌的好感。

3. 创意是营销活动的重要价值评判标准

从广告主或营销主体的角度来看，营销活动能否取得较好的效果，创意是最重要的因素。但通常人们对创意价值的评判具有较强的主观性，一个产品、一则内容或一个活动的创意，有人认为很好，也有人却认为不好。因此，企业对营销部门或营销传播代理机构的创意价值的评判还需要借助两个相对客观的指标：其一是营销部门或营销传播代理机构对营销活动投入的资源，其二是营销活动的效果，特别是销售的效果。其中，资源（含人力资源）是创意的基础，营销传播的效果和销售效果是创意的结果，以资源为依据是以投入为导向的，以效果为依据是以产出为导向的。

但这里有两个问题需要注意，第一，资源的投入情况只能部分代表营销努力的程度，并不能直接反映出这些投入所带来的效果。第二，销售效果作为评价报酬的标准看似较为科学公允，但并非所有的销售效果都与营销部门或代理商的能力和投入程度成正比，还会受到一些客观因素的影响。比如，一个地产项目销量的上升或下降，可能并不与营销活动的投入和营销主体的能力相关，而是与楼盘地理位置、供求关系、政策、楼房质量及周边配套等其他因素相关。因此，还要结合相对主观的认知和评判来衡量。故而，把创意与资源投入和产出效果相联系来评价营销活动，并据此提供相应的报酬，已成为业界常用标准。

4.创意是营销活动的驱动因素

从战略的角度来看，企业所有的营销活动应该是一个精密的系统。特别是在信息化新媒体时代，数字技术和网络变现机制使得这个系统的结构更加精巧化，而创意则是为这个精巧系统提供动力的核心要素。如果把这个系统比作一辆汽车，那么营销数据就是底盘，所有的营销活动都是建立在数据的基础上的。数据分析是变速箱，为营销提供合理的效率配给。战略就像是卫星导航，指引着营销活动的思路和方向。创意是引擎，是驱动因素，营销的爆发力取决于创意的活力。产品、内容、活动和渠道则是四个车轮，负责让战略和创意落地并朝目标不断前进。

5.创意是营销活动的永恒追求

作为一个服务行业，广告业能提供的服务，正是基于资源和专业技术之上的创意。自现代广告业诞生以来，从大众营销传播到整合营销传播再到创意营销，市场环境在变化，媒介在变化，消费者在变化，消费者需求在变化，产品在变化，营销观念在变化，广告公司或营销传播代理商的角色、组织结构、服务范围、运作方式也在变化，创意的内涵和外延也在变化，只有广告人和营销人对营销活动创意的追求一直没有改变，创意始终是营销活动吸引注意、改变态度、增进体验和激发效果的关键所在和永恒追求。

第三节　创意营销的原理

数字化和新媒体时代各种新营销名词和新营销观念大有"乱花渐欲迷人眼"的趋势，作为一种新观念和新运作模式，要理解创意营销是如何通过创新来进行价值创造的，需要从基本理念、作用机制和运作模式等方面来进行理解。

一、创意营销的理念

在以新媒体为主要阵地的营销过程中，消费者的注意或关注成为重要的营销指标，也是营销效果的起始点，而消费者与品牌方（营销主体）之间的关系特别是忠诚关系，才是营销活动要追求的最重要资产。创意营销的基本观念就是通过产品、内容、活动和渠道的创意获取消费者的关注，并借此建立与消费者的关系，也就是说，创意是获取注意力并最终建立消费关系的有效手段，这也是创意在营销活动中的价值（如图3-4所示）。

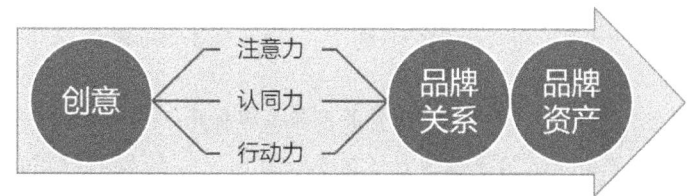

图3-4　从创意到品牌资产的转化过程

1.营销即传播

在信息时代，不论是政治、军事，还是经济领域，信息传播都是决胜手段，而信息优势则是决胜因素。对于营销者来说，营销和传播是不可分割的，营销的过程就是不断进行信息沟通的过程，传播的成功也就意味着营销的成功。

随着数字经济的发展，电商平台、社交平台和内容平台逐渐成为主流的销售渠道。一方面，全面信息化使竞争透明度越来越高，不同厂商之间的产品差异化程度越来越小，营销模式也逐渐趋同；快递、物流业的不断壮大也让厂商之间的渠道差异越来越小，在大众营销时代依靠产品差异和物流优势就能赢得竞争的方法，在信息化条件下成功的可能性会越来越小。营销传播的差异化优势逐渐凸显，深入人心的品牌形象、强大的品牌资产和紧密的消费者关系成为企业营销的主要追逐目标。另一方面，数据化营销使得企业维系与消费者的关系变得更加容易，通过消费者的预留数据、交易数据和日常行为数据，企业可以分析消费者的购买行为模式，以及购买行为背后的消费动机和态度；消费者的信息反馈也更为直接，他们可以通过热线电话、电子邮件、商品评价、在线服务、直播互动等方式直接与厂商进行沟通。在这样的情况下，包括产品概念、产品的设计与生产、产品定价、营销渠道建设、销售和售后服务等在内的营销全程都离不开信息沟通。从这个意义上说，营销传播成为营销的头等大事。

2.品牌即资产

在长期的营销实践中，品牌从原来单纯的识别符号或形象联想逐渐演变为企业的无形资产。如果品牌形象表现为厂商（营销主体）的整体或局部在消费者头脑中的投影的话，那么品牌资产则表现为厂商与消费者之间的关系，这种关系按照紧密程度，可以分为品牌知名、品牌认知、品牌联想和品牌忠诚四个层面（如图3-5所示）。

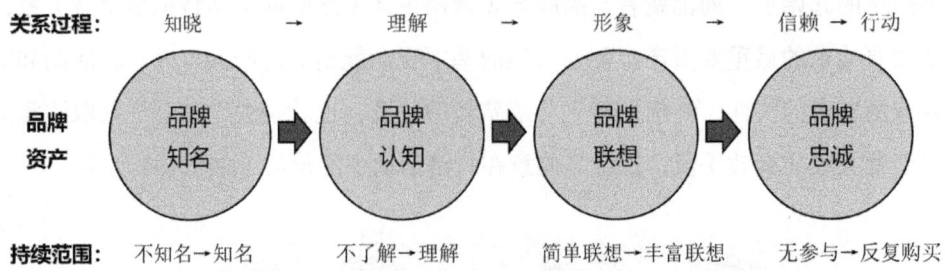

图 3-5 消费关系与品牌资产

人们对一个品牌从不认识到认识、从不熟悉到熟悉，这种状态被称作品牌知名，知名是品牌持有企业与消费者建立和发展关系的起始阶段。如果一个品牌没有知名度，品牌资产则无从谈起。在品牌获得一定的知名度后，人们能够从众多的品牌中识别出该品牌，并了解该品牌的一些信息，如品牌名称的含义、主要的产品、产地、产品质量等，这个过程被称作品牌认知。品牌联想是指人们在对品牌认知和了解的基础之上，能够从品牌名称开始展开诸如品牌名称的谐音、产地，品牌的广告创意、广告语，消费者口碑乃至负面新闻等一系列联想。一般来说，强势品牌的正面联想多于负面联想。品牌忠诚是品牌资产的最高层面，包括消费者对品牌的偏好、承诺和重复购买等"心理—行为"层面的因素。品牌忠诚能够带来品牌的实际收益和价值。传统的营销观念认为，占消费者总数的20%的忠诚消费者给企业贡献了80%的利润（二八定律）。所以，品牌忠诚是品牌资产中最重要的关系，建立和维护消费者忠诚是品牌经营的第一要务。

3.眼球即经济

随着社会节奏的加快，再加上渠道数量和社交账号的激增，信息严重"超载"，公众的注意力容易失焦，人们的眼球（注意力）成为稀缺的资源。"眼球经济"又称为"流量经济"，信息的"流量"成为注意力的指标和代名词，流量涌向哪里，注意力就在哪里。

随着数字经济的日渐成熟，流量变现机制日趋丰富，变现方式也日趋直接，MCN、广告植入、广告匹配、打赏、有偿推广、直播带货等手段层出不穷。对于社交账号来说，流量就代表着名和利，代表着有更多的关注者（"粉丝"），代表着"爆红"，代表着会带来源源不断的收益。因此，如何获取流量成为那些渴望成功的营销者（包括那些想成为"网红"的自媒体从业者）殚精竭虑思考的问题，"流量密码"成为他们孜孜以求的"法宝"。

营销竞争也难免演变成"眼球大战"，能获得更多流量的厂商营销成功的可能性往往也很高。在"营销即传播"的观念下，营销的核心任务是通过沟通与消费者建立关系，而沟通本身也是从获取消费者关注开始的。传统的广告传播"关注"是通过"到达率"和"频率"等指标来衡量的，而新媒体营销的"关注"则是通过"流量"或社交账号的"关注"

来衡量。然而，对于营销来说，流量只是表象，流量背后的用户知晓、理解、互动、交易和关系等才是营销需要关注的重点。

4.创意即价值

创新是人类文明的主要推动因素，创新带来新鲜事物，带来新的观念，带来新的文化和制度，因此，作为创新的思想，创意是人类文明进程中极具价值的成分。每一种伟大的发现、发明或创新的意义都在于其本身的创造性价值。创意经济条件下，大部分国家或地区均以科技和文化的创新作为经济增长的驱动方式，创意往往能够带来丰厚的收益或报酬，所以创意就是"创益"，就是创造价值。作为一种价值创造活动，营销的价值也体现在创意上，营销创意的价值体现在厂商及其代理商创造出来的具有"新奇特"特征的产品、内容和活动，并以此来抓住人们的注意力，获取他们的关注、共鸣和认同，激发他们的行动力，带动他们参与、互动，最终促成交易，实现创意价值到经济价值的转换。

二、创意营销的机制

创意营销的机制就是通过全方位的营销创新获得源源不断的营销活力和爆发力。一是通过创意的战略化（即形成战略概念）使所有的营销活动在创意战略的指引下实现整合，保证品牌信息和品牌形象的清晰一致；二是通过创意的战术化使得战略的创意驱动力渗透进营销的方方面面，促成创意效力的最大化。

1.创意是营销问题的解决方案

创意营销是一种创造性解决问题的方法论，即通过创意来解决营销过程中存在的各种问题，也就是说，营销创意是建立在对营销问题认知的基础之上的。对营销问题的认知是通过营销洞察来达成的。营销洞察是指对企业内外部的营销环境进行充分认识、理解和聚焦，从而找准影响营销的关键问题，并用创造性的想法加以解决，这也是创意营销的战略思想。

营销创意最直接的来源是品牌或产品对于消费者的价值或意义，"价值"强调物质或经济层面的利益，"意义"则强调精神或文化层面的利益。"品牌或产品对于消费者的价值或意义"这句话反映了创意营销战略对营销活动全范围、全过程的思考。

首先是对企业内外部环境的思考，企业的内外部环境通常包含着复杂的因素，任何一个因素的变化都会影响营销的效果。一般情况下，外部大环境中各种因素的影响较为深远而间接，如市场政策变化、社会经济的总体趋势或行业新技术的诞生等。而微观环境或企业内部环境因素则能产生直接的影响，其中最主要的是品牌/产品、消费者和竞争对手三个方面的因素，营销者通过对这三方面关系的权衡来提炼诉求，并形成创意。

其次是对营销过程的思考,营销创意的产生还要考虑到后续的执行问题,要清楚创意在营销活动中可能的执行方式,对消费者或其他社会公众可能形成的影响,以及一切可能带来的最终效果,以保证创意的可行性。

2.创意是营销活动的驱动力

创意营销的核心是创意,创意是促使营销活动发生作用的推动力。创意通过战略化和战术化演进,融入营销活动的各个要素、各个组成部分和各个环节,从而成为营销活动的灵魂和动因。

然而创意并非凭空产生的,是在对营销环境充分洞察的基础上产生的。创意要发生作用,必须对品牌、竞争状况和消费者等因素有足够的理解和洞察,继而开发出对消费者的生活具有某种价值或意义的产品,满足他们的生活所需;能够提出对消费者有意义的诉求,以及能引发他们共鸣的主题句;发展出能够激发他们参与互动的活动,实现企业价值、消费者价值乃至其他相关方的共赢。因此,营销创意应该涵盖战略层面和战术层面(如图3-6所示)。

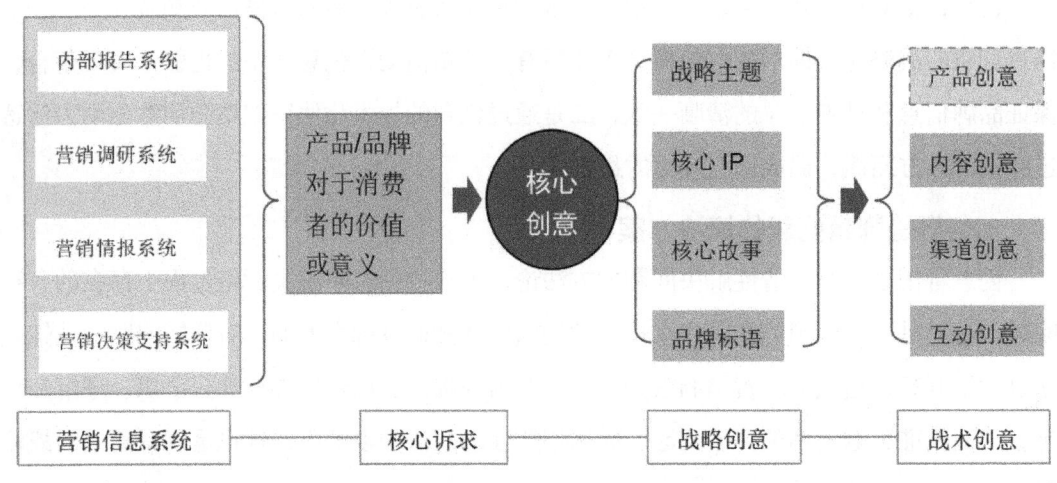

注:不是每次营销战略都包括产品创意,但在制订新产品或新品牌战略时则需要包括。

图3-6 创意驱动的原理

战略层面的创意:指在制订营销战略时形成的创意,也被称作"战略概念""核心创意"或"元创意",常常表现为战略主题、核心IP、核心故事、品牌标语等方面。

战术层面的创意:指在营销战略的指引下,对营销活动进行规划时产生的创意,一般表现为阶段性主题句(或活动主题句)、口号、活动主视觉设计、内容故事、创造性的渠道应用、创造性的互动方式等方面。

3.创意战略化

原发的创意通常只是一个点子或想法,是解决某个问题的创新点,要使这个创新点的能量发挥到最大，必须把原发的创意提升为战略概念，在战略布局下实现所有营销活动的一体化或整合化（如图 3-7 所示）。

图 3-7　创意在营销战略的演进

营销的战略概念包含着创造性解决营销问题的总体思路，是营销活动的总括性的观点和指导思想，是未来较长时间阶段内所有营销活动的灵魂。

战略概念用语言来表达，往往称为主题句，包含品牌或产品核心的定位和诉求。如果是新品牌或新产品，应该提炼出全新的品牌或产品的核心定位、诉求、标语或口号；如果是成熟的品牌，则应该形成当下品牌或产品的新表达。战略概念用视觉形象来表达，则是主视觉、品牌的标识形象和象征物（商业形象、吉祥物或 IP 形象等）。战略概念用故事来表达，则是包括品牌的 IP 角色设定和基本的故事情节。此外，战略概念还应该包含品牌风格、调性，以及与消费者的沟通、互动的方式（就像是一个人的行为方式那样）。

4.创意战术化

战略概念是相对宏观和简单的概念，难以满足多场景、多形态、多渠道的营销活动的需要，所以需要把它转化成较为"接地气"的表达、活动或其他执行方式，以便能够与消费者进行更为紧密的沟通与互动，进而实现营销创意的价值。

在战略概念的指引下，就当前营销的主要任务而言，创意的战术执行主要包括产品、内容、活动和渠道这四个层次的创意贯彻，以保证营销活动的创造性和吸引力。以下分而述之。

（1）产品创意是实现消费价值的基础

产品的消费价值主要来自于产品的使用价值、交换价值和符号价值等几个方面。从经济学的角度看，使用价值是产品自身包含的社会劳动所对应的价值，是厂商为生产产品付出的成本，包括原材料成本、工人的劳动成本、厂房建设成本、机器设备的折旧成本、电力成本、管理成本等。交换价值则取决于产品的稀缺程度和销售产品的成本。一般来说，产品越稀缺，其交换价值越高，但在成熟的市场经济条件下，任何高溢价产品都会吸引竞争者进入市场。也就是说，稀缺产品的高溢价并不能保证其长期的市场优势，所以厂商要维持高的利润，只能通过持续创新来保证产品的竞争优势。产品的销售成本主要包括中间商的利润、销售人员的工资和提成等,这些在进行产品定价的时候也需要进行考量。符号价值更多表现为一种"意义",是凌驾于产品使用价值之上的精神价值,简单说就是产品社会层面的意义,也就是平常所说的"品牌价值"。从营销的角度看,产品的交换价值取决于消费者愿意为购买产品付出的成本,而使用价值和交换价值中的销售成本是相对固定的,产品的稀缺性取决于创新的持续性,厂商想要获取更多利润,只有在符号价值方面下功夫,这也就给了创意更多的发挥空间。

(2)内容创意是吸引消费者注意并引发共鸣的内在驱动力

营销内容从功利性来分有"硬"和"软"两个维度(如图3-8所示),硬的内容主要指各种广告和促销信息,它们的特点是内容指向性比较强,且带有较强的推销意图;软的内容主要指各种植入性信息、公关内容、公益内容和原生内容,它们的共同特点是内容指向性和推销意图都较弱,采取了一种"润物细无声"的方式去影响消费者。但不论软硬,有创意的内容是吸引消费者关注的第一要素。需要注意的是,硬内容并非就一定让人厌烦,如果做得有趣,也会成为人们关注的焦点,甚至成为社会上广为流传的"金句"。如罗永浩的"锤子"手机的主题句"漂亮得不像实力派",以及他在做直播时的口号"交个朋友",都有不错的社会反响。

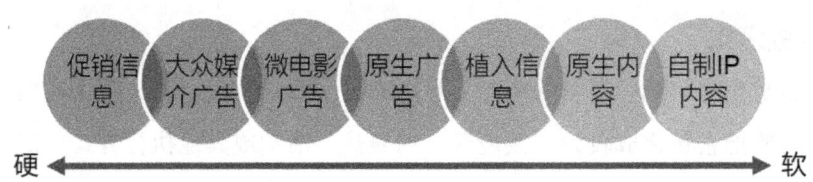

图3-8 营销内容的"软—硬"矩阵

营销内容获得一定的关注和共鸣之后,才能带来消费者的认同和行动,才能让内容创意真正发挥价值。

当前,也有一些营销者把营销内容分为品牌内容和效果内容两类。品牌内容指只是影响消费者对品牌的态度,并不一定会影响消费者的行为。效果内容旨在带来直接的营销效果(或行为数据),根据营销效果(人们对营销内容创意的接受和反应程度)可将其分为引流内容、圈粉内容、种草内容、促活内容和带货内容几种(如图3-9所示)。

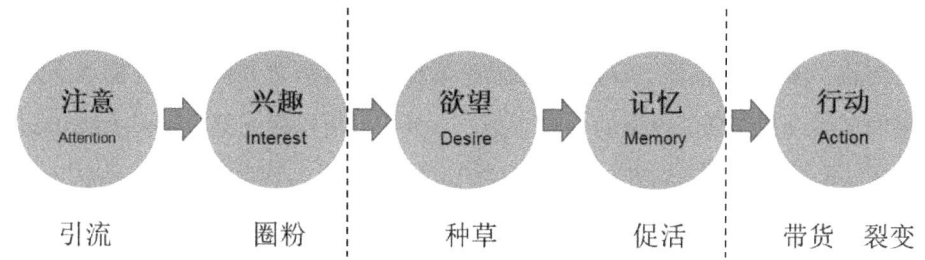

图 3-9　AIDMA[1]法则和营销创意的作用关系

能够引起消费者和潜在消费者注意和兴趣的内容，被称作"引流内容"，即能够带来互联网流量的内容；"圈粉内容"则是能够引发人们对营销主体的社交账号进行关注的内容，一般都是有趣或有益的内容；而能够引发消费者或潜在消费者购买欲望或让他们对品牌或产品产生某种记忆的内容，被称作"种草内容"，即在消费者或潜在消费者内心种下关于品牌或产品的"种子"，终有一天能转化成销售的价值；"促活内容"重点是让已经变成营销主体社交账号"粉丝"的消费者或品牌使用者活跃起来，从而形成行为数据，在社交媒体上，通常用账号等级来激励活跃度；能直接促成消费者或潜在消费者购买行为的内容被称为"带货内容"，即带动产品的销售。

（3）活动创意是激励消费者深入参与和互动的催化剂

当下很多新媒体平台都设置了互动机制，一篇有深度的文章或一个精彩的视频往往能够让读者或观众忍不住"一键三连"（点赞、关注或评论转发），但这种浅层次的互动并不足以直接转化为营销价值。大多数时候，营销内容需要和营销活动结合起来，利用一些"福利"或"诱饵"促使消费者真正地参与到营销活动中来。"福利"即一些代表某种价值或意义的实物、服务或凭证，比如"30张免费机票，先到先得"中的"免费机票"就是一个"福利"；"诱饵"则是设计出来的一个目标，用户或消费者通过"数字劳作"可以获得标的物，如"转发给20位好友，可以免费领取礼物"，这个"礼物"就是一个"诱饵"，又如找亲朋好友帮"砍价"可以享受低价购买货品待遇，这个"低价购买货品"也是一个"诱饵"。"诱饵"或"福利"促使用户帮助品牌或产品在社交媒体上推广产品，或者提升顾客的重复购买率。"福利"和"诱饵"也可采用一些精神激励的方式，如获得尊崇地位、好的名声、知名度等。从这个意义上讲，"福利"和"诱饵"就是能够激发参与营销互动的催化剂。在营销战略制订过程中，善用"福利"和"诱饵"可以起到事半功倍、"点石成金"的作用。

---

[1]AIDMA法则是由美国广告学家刘易斯在1898年提出的，用于描述消费者从看到广告到发生购买行为之间的心理过程。该法则将这一过程分为五个阶段：注意（Attention）、兴趣（Interest）、欲望（Desire）、记忆（Memory）和行动（Action）。

（4）渠道创意是创造更多传播机会并提升营销效率的"倍增器"

不论产品、内容还是活动，最终都要通过某种渠道与消费者接触，才能真正发挥其效力。渠道创意可以看作营销效果的"倍增器"。其一，可以把在某个渠道上成功的作品或活动复制到新的渠道，就能够获得效果翻倍的可能性，如一个短视频在"抖音"上获得广泛的关注度，那么把它分别投放到"快手"、"小红书"、微信"视频号"或其他平台，就能得到数倍于既有关注度的效果。其二，把同系列不同篇章的营销内容和不同阶段、不同环节的营销活动分别部署在不同的新媒体平台，来实现跨平台的融合营销。此举还能把不同平台的"粉丝"或用户整合起来，提升营销的整体效果。其三，通过让某个渠道的用户依托社交关系去"拉新"来产生用户"裂变"，也是促使效果倍增的常用手段。

三、创意营销的模式

1.形态模式：创意驱动的"1-4-4"模型

创意营销的形态模式表现为"1-4-4"模型，该模型依照"战略—战术—执行"的逻辑结构分为三层，"1"指 1 个核心，即战略概念，属于核心层；第一个"4"指战术层的产品创意、内容创意、活动创意和渠道创意 4 个方向；第二个"4"指执行层的产品设计、内容文本、活动规划和渠道规划 4 个方面（如图 3-10 所示）。从思维的角度来看，从上到下是一个思维从抽象到具象、从简单到复杂的过程；从营销策划方案行文的角度来看，由上到下则是一个由简略到详细的过程。

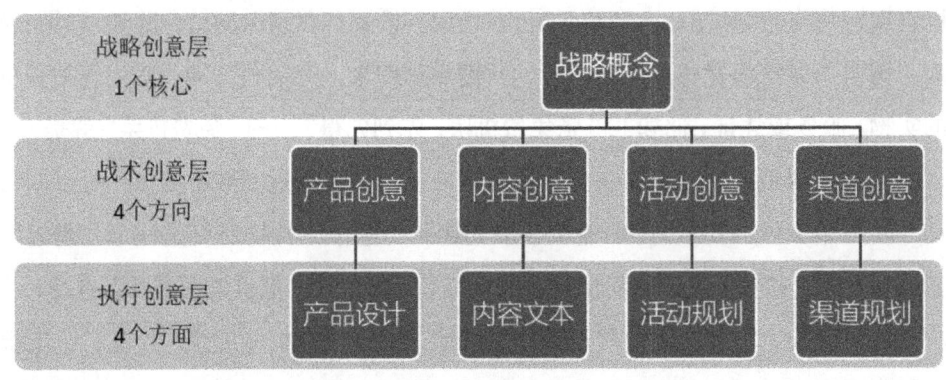

图 3-10　创意营销的"1-4-4"模型

2.过程模式：创新价值链

营销创意最终要完成从创新价值到社会价值（经济价值＋文化价值）的转化，从创意到价值，这个过程需要进行一系列的价值转化（如图 3-11 所示）。

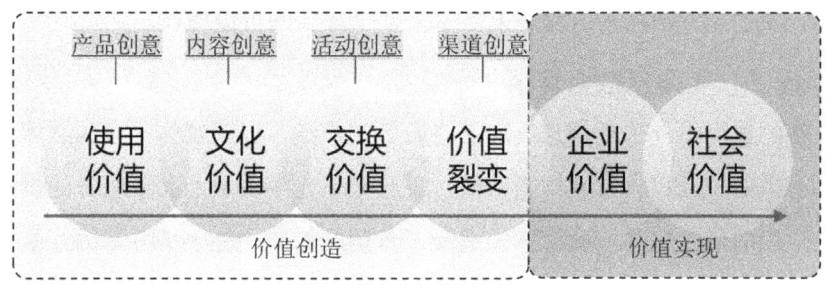

图 3-11　创意营销的价值链模式

产品创意要转化成产品的使用价值，即对特定的消费者来说具有某种用处，使他们愿意购买或消费。这就要求营销者深入洞悉消费者的需求，创造某种能够满足人们需求的产品或服务，打造具有竞争力的市场供给。有创意的"爆款"产品通常能获得市场的积极反应。

在完成产品效用价值的创造之后，还需要让目标消费群体认知这种价值，产品创意与内容创意的整合是实现产品效用价值向文化价值（或符号价值）转化的关键。处于信息汪洋中的营销内容，既要保证对媒体受众（者）有意义，能够引起他们的关注，还要能够传达产品的效用价值，这对创作者提出了非常高的要求。内容创作者要熟悉目标受众或消费者群体的价值观和生活方式，只有创作出既充满故事性又能传达产品信息的内容，才能实现沟通价值。

当然，沟通价值只是让人们对品牌或产品形成了一定的认知或某种文化联结，并不一定能直接转化成经济价值。营销活动创意正是利用各种激励工具来激发人们的行动，让他们直接与产品、品牌内容或销售人员产生互动，从而形成某种形式的"交易"，如通过稀缺资源分享、尊贵身份吸引或购买过程的诱导等手段让人们成为产品或服务的消费者、品牌俱乐部的会员、社交媒体账号的"粉丝"等，以产生交换价值。

但不论是让人们接触或购买产品、阅读内容还是成为"会员""粉丝"，这一切都要依赖营销渠道，包括品牌官方网站、官方线上商城、电商平台官方店铺、线下体验店、官方自媒体账号或品牌销售代表等。也就是说，作为商业价值实现的通道或场景，营销渠道才有可能让交易发生，才是交换价值得以实现的保障。只有把产品、营销内容、营销活动的创意与营销渠道的发现、创新结合起来，才能以整合的方式创造和实现营销价值。多渠道整合则可实现价值裂变。

最后，从宏观的角度看，在经济层面，广告和营销业通过营销创意吸引人们的关注，建立与消费者的联系，促成人们的消费行为。消费行为又能促进经济的发展，这个过程不仅实现了厂商价值的增长，也实现了社会价值的增长。在文化层面，各种产品、营销内容、营销活动其实也是我们社会文化生活的重要组成部分，对于丰富人们的社会文化生活意匪浅。厂商开展创意营销在一定程度上能带来整个社会的价值增长。

3.实现模式：多渠道融合营销

营销战略的执行不外乎是信息、产品或服务的供给，以新媒体平台为载体、以信息化物流网络为支撑的"新零售"或"新营销"看起来不光解决了产品或服务的供给问题，还提供了更为全面的信息服务，看似完美适配了营销的需要，但事情并未因此变得简单。首先，由于新媒体碎片化的特点，在信息沟通层面，不能再追求大众营销传播那种"一呼天下应"（在某个曝光度高的媒体上发布广告信息，几乎所有人都可知晓）和"一劳永逸"（一条广告可以重复播放很长时间）的简单传播方式，而是需要仔细甄别不同的用户，进行个性化、差别化的信息传播，沟通的过程变得更加繁杂。其次，由于新媒体的社交属性，网民呈现"圈层化"的特点，人们在进行购物的时候往往只会选择自己熟悉的渠道，如喜欢在"京东"和"天猫"购物的人往往很难在"拼多多"上购物，"圈层"成为实现营销业绩增长的障碍。因此，如何"破圈"，如何简单、高效进行信息沟通成为新的问题，而多渠道融合营销可能是当前最佳的解决思路。

（1）渠道矩阵：多渠道融合

当前人们习惯把营销渠道分为线上渠道和线下渠道两大类。对于大多数中青年消费者而言，数字化生活是他们生活里不可缺少的部分，线上渠道日新月异的消费形式比线下渠道更具有吸引力。因此，厂商在营销上的发力多以线上新媒体渠道为主，线下渠道为辅。

目前主要的新媒体平台按照其渠道职能一般可以分为社交、内容和生活信息服务三类（如表3-3所示），但又不能简单这样分类，一方面是因为存在一些交叉属性的平台，如社交电商、内容电商和内容社交等；另一方面是一些超级平台已经超越其主要职能，形成多渠道职能融合的平台，如微信、淘宝、支付宝和抖音（如表3-4所示）。这直接导致的结果是消费场景多样化，用户及其注意力被分散，必须通过多渠道融合才能获得可观的营销效果，即在制订营销战术时，应动用一切可产生实际效果的渠道，通过不同职能将它们组合起来，创建跨渠道、跨职能的渠道矩阵，以实现营销职能的整合（详见第十章《营销渠道创意》）。

表3-3　新媒体的渠道职能与营销功能、作用的对应关系

渠道职能	营销功能	在营销中的作用
内容	沟通	信息，形象，互动，圈粉，促活
社交	连接	建立关系，人际传播，人际销售

续表

渠道职能		营销功能	在营销中的作用
生活服务	电商	日常交易	达成销售，维系关系，价值实现
	LBS	场景交易	O2O场景交易，长尾市场
	金融	交易服务	资金流转

表3-4 国内常见的新媒体超级应用平台的职能举例

平台	内容	社交	信息服务	其他
微信	看一看，朋友圈，公众号（订阅号），视频号，小程序	消息，群等	金融理财，生活服务，交通出行，购物消费等	外部接口：小程序，广告服务，数据服务等
淘宝	逛逛（含发现、订阅、推荐和个人主页），淘宝直播，小游戏	淘友圈，消息，小游戏等	购物，天猫，聚划算，淘鲜达，手机充值，阿里拍卖，飞猪，饿了么，淘票票，闲鱼等	金融支付功能除"零钱"外，还发展出专门的应用平台"支付宝"
今日头条	内容聚合信息流，热榜，各频道，小程序	互动（点赞、关注、评论、转发、私信），圈子等	本地信息，商城（与抖音同）等	提供小程序、云盘
微博	内容聚合信息流，热搜，本地频道	互动（点赞、关注、评论、转发）等	企业官方微博，本地服务等	
抖音	短视频，个人主页（故事线），抖音直播	互动（点赞、关注、评论、转发、PK），粉丝群等	本地商家服务，抖音商城，直播带货	

（2）融合营销：内容、数据、活动和渠道的高效融合

在渠道矩阵的基础上就能实现基本的融合营销，内容渠道或场景式信息渠道负责信息的沟通，社交渠道负责高效分发信息以及与消费者关系的建立，电商渠道负责实现产品或服务的交易；当然，超级平台则可以提供闭合的、一站式的融合营销服务。

4.效果模式：高效的运营闭环

利用新媒体自身的特点，让营销形成高效的运营闭环。高效主要体现在两个方面，一是通过信息和用户裂变产生爆发式的流量和用户增长，二是通过系统的不断优化保证营销效果不断趋向增长。

（1）裂变

利用新媒体社交裂变的机制和特点，让营销创意的威力不断放大。主要的裂变机制有如下几种。

推荐机制：推荐机制其实是分发机制，智能化的新媒体应用平台会把高质量的内容或产品（服务）推送给大众、关注者或具有某种相关标签的用户，实现内容和产品的广泛传播。

转发机制：新媒体一般都有转发机制，某一个用户自己喜欢的内容或产品，往往会转发到自己社交账号空间，成为自己发布内容的一部分，这样可以让自己的关注者（粉丝）看到该内容或产品信息，从而实现传播裂变。

分享机制：社交媒体通常允许用户把自己喜欢的内容、产品或活动分享给自己亲友或所属群组，这样就使内容或产品有了裂变的潜力。一些营销活动会通过"拉新激励"的方式实现裂变，对邀请自己的亲友注册某平台的用户予以奖励。

（2）优化

在产品、内容、活动相继在营销渠道投放之后，需要根据渠道的实时反馈效果来不断优化渠道，以及渠道上的产品、内容和活动的创意供给，提升与目标消费者的互动水平。优化过程则可以通过人工和智能两种优化机制来实现。

人工优化机制：人工优化可以对营销的战略和战术根据营销沟通和互动的效果来进行适当调整，即设置专门的人员来对营销的数据进行监测以及对营销互动的效果进行评估，收集相关数据，从中发现问题，并提出优化意见，反馈给策划、创意人员，以期能及时调整、优化相关的战略和战术，保证营销活动效果的最大化。

智能优化机制：智能优化主要用于战术执行，主要的优化对象是营销供给物，即产品、内容和活动，其机制是利用信息化新媒体信息反馈即时、智能化的特点，及时、自动地调整各渠道的营销供给物的供给策略。

在数据（问题）的不断反馈和营销渠道、营销创意供给物的不断优化之后，营销的信息、战略、战术、执行和评估将形成一个高效的闭合系统（如图3-12所示）。

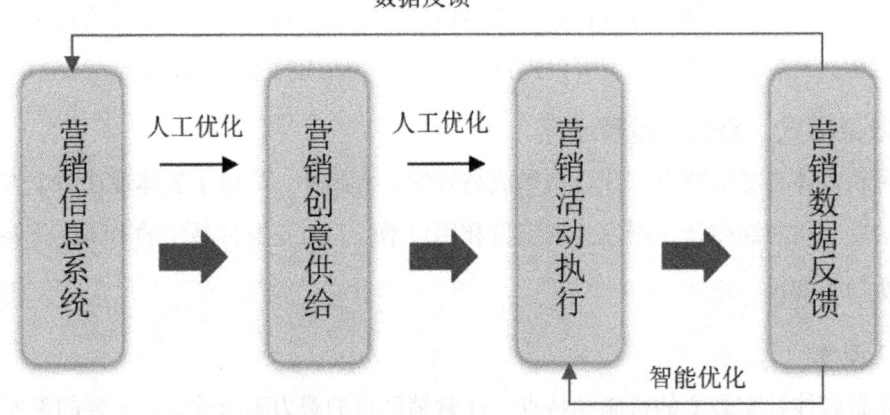

图3-12 创意营销的闭环运营系统

四、创意营销与其他营销观念的关系

创意营销侧重于强调创意在营销战略、战术以及营销各环节中的核心地位，其思想建立在近年来流行的一些营销观念之上而又与之有所区别,以下分而述之。

1.与整合营销传播(IMC)的关系

整合营销传播(IMC)产生于20世纪90年代数字化营销即将兴起的背景下,其主要观点有"营销即传播"、"消费者导向"(4C's)、数据库营销、利害关系者、运用一切接触、信息控制、双向传播(沟通)以及影响行为等,这些观点显示了其与传统大众营销传播的区别(如表3-5所示)。

表3-5 整合营销传播和大众营销传播的区别

区别点	大众营销传播	整合营销传播
地位	广告或营销传播只是构成营销组合的一部分	营销即传播,传播即营销,二者密不可分
导向	产品导向	消费者导向
基础	营销目标	消费者数据库
市场	单一目标市场	多目标市场
创意	广告创意	营销传播的策略性创意
媒介	大众传播媒介	一切"接触"
方式	单向传播为主	双向沟通
结果	影响态度	影响行为

新媒体时代的创意营销依然需要在战略上进行整合,因此在很多方面需要延续整合营销传播的基本思想,如消费者导向、建立和发展与消费者的关系、品牌管理、运用一切接触(传播融合)、信息控制等。另一些观念则需要进一步延伸和发展,如消费者数据库,如今的数据库与将近30年前的相比已经有了云泥之别,如今基于大数据的数据库的数据更加丰富、功能更加强大、更加智能化;消费者细分也已进入极致化和自动化;对消费者行为的影响也日渐深入,大有操控消费者行为的趋势;双向沟通要演变成多维互动沟通(不只是厂商与消费者之间,还包括消费者之间、消费者与意见领袖之间的互动),等等。

二者的不同之处主要体现在如下几个方面。

(1)营销环境和平台不同

限于当时的社会、技术环境,整合营销传播还是以大众传播媒介为主,对新媒体的探讨是缺位的;创意营销则是数字化新媒体为主的环境下的营销范式。

（2）内涵指向和手段不同

整合营销传播的内涵指向传播，以各种营销传播手段为主；创意营销的内涵则指向营销，以数字化营销手段为主。

（3）适用范围不同

整合营销传播虽然在一定程度上指向营销（行为导向），但其主要的核心思想还是在传播层面，主要关心的还是信息创意和媒介接触层面，未涉及产品、销售渠道等营销层面；创意涵盖的范围也不尽相同，整合营销传播的创意主要包含广告、促销、公关、视觉设计等方面。创意营销直接指向营销，其创意则涵盖营销战略和战术的方方面面，如产品、内容、活动和渠道。

（4）侧重点不同

整合营销传播侧重信息的整合和一致，创意营销侧重创意在营销中的驱动力和核心地位。

2.与数据库营销、客户关系管理、直销的关系

数据库营销（database marketing）强调搜集消费者数据并建立数据库，市场细分、消费者沟通等各种营销策略和活动均基于数据库，旨在实现顾客价值的最大化。

客户关系管理（Client Relations Management，简称 CRM）与数据库营销的关系非常密切，确切地说，CRM 是一种数据库营销工具，只是在数据库营销的基础上更强调对消费者或其他客户（如机构购买者、中间商）关系的建立、管理和维护。

直销（Direct Marketing，简称 DM）也是基于客户数据库的营销方式，不过更强调与消费者的互动关系。当前新媒体环境中的许多营销方式如电商直销、直播带货、内容带货、人际销售（微商）都可以看作直销的变体。

在信息化背景下，数据库是最基本的配置，营销的一切信息都可以归入数据库来存储。因此，可以这样理解，狭义的营销数据库指消费者数据库；广义的营销数据库指"营销信息系统"（marketing information system），其范畴相对较广，包括内部报告系统、营销调研系统、营销情报系统和营销决策支持系统等。近年来，随着"大数据"技术的成熟，营销大数据开始被广泛地应用于营销领域。早期的数据库营销、客户关系管理和直销是基于消费者数据库的，而当下的营销更多是基于营销信息系统或营销大数据。

3.与数字化营销、数据化营销、新媒体营销的关系

数字化营销（digital marketing）是指基于数字化营销工具和数字化传播技术，通过数据挖掘识别消费者和潜在消费者，发现营销机会，并利用数字化媒体进行营销传播活动的营销方式。

数据化营销（data-driven marketing）也称"数据驱动营销"，则是以数据作为基础和依据的营销方式，强调数据在营销的决策、管理、执行和评估等各个环节发挥基础性的作用，数据作为企业战略层面的规划和部署，以显著提高营销效率。营销数据包括销售数据、流量数据、用户数据、交易数据和行业数据等，通过数据可视化（仪表盘）实现数据的共享和简单易用，主要应用为渠道流量监控分析、目标用户行为研究、内容编辑优化和营销策划推广等。数据化营销与"数据化运营"意义相近（运营更多指以数据为核心，全员参与、精细化运作）。

表3-6 数字化营销与传统营销的差异

对比项	传统营销	数字化营销
依据	帕累托法则	长尾理论
数据	消费者数据	大数据
决定因素	物流	信息流
执行	人员	程序自动
效果	体验	服务和效率
增长	加法	乘法
成本	房租和人力	物流和活动

资料来源：根据网络相关文献整理

新媒体营销（marketing on new-media）则是相对于传统媒体（大众传播媒体）为传播载体的营销方式而言的，由于新媒体具有信息化（智能化）、互动化、客制化、偶发、免费等特征，新媒体营销与传统的大众营销相比，具有智能化、个性化（精细化）、触发性、低成本等明显的特征，所有新媒体营销也具有精确到个体（而非粗放的媒介计划）、内容为主（而非广告为主）、场景触发（而非媒介覆盖）、低成本等特征。

表3-7 信息化新媒介与大众传播媒介的差异

对比项	大众传播媒介	信息化新媒介
内涵	传播工具：人—信息—人	连接渠道：人—人—信息—物
属性	有限媒介	无限媒介
目标	到达率、频率	流量、指数、销量
机制	施加影响	连接、触发、操控

续表

对比项	大众传播媒介	信息化新媒介
对象	受众	用户
区分	大众、分众、利基	一对一、社群/圈层、私域
效果	阅读率、视听率、态度	参与度、转化率、行为
策略	媒介组合	渠道创新

处于信息化新媒体环境的创意营销当然也需要依托数字化营销工具和新媒体数字传播技术，但更加强调创意在营销过程中的核心地位。可以理解为创意是营销问题的解决手段，数字化和新媒体分别是创意赖以存在的工具和途径。

4.与一对一营销、互动营销的关系

一对一营销或互动营销更多是强调与消费者关系的实现方式和过程，通过数据分析实现与消费者一对一的营销互动。"一对一"强调厂商和消费者都应该保持"一"，即对消费者来说，无论何种场景、何种渠道，接触到的企业信息和形象应该都保持一致性。同样，企业应该通过数据整合从不同场景、不同渠道去了解每一个消费者个体，把每个消费者视作一个特立独行的存在。

互动营销则强调厂商的营销人员通过与消费者的互动交流来实现与消费者关系的增进。从创意营销的角度看，以战略思维来思考创意是保证厂商信息在与消费者沟通的任何场景保持一致性的关键，加上对消费者数据的整合，实现"一对一"的营销。同样，创意也是激发和实现与消费者互动关系的必由之道。

总之，数字化是当前信息化时代的基石，数字化工具是提升营销效率不可或缺的手段，数据库或大数据则是数字化的具体应用，数字化媒体（包括数字化传统媒体和数字化新媒体）是实现营销信息的分发途径和与消费者展开一对一营销或互动营销的阵地，也是获取消费者数据的场景，而创意则是使营销目标得以高效率实现的保证。

> **思 考**
>
> 1.创意营销的理论框架与传统的营销理论有何异同？
>
> 2.如果你是内容社交媒体（如微博、抖音、快手、今日头条等）的创作者或用户，如何快速让自己的内容和账号获得更多关注？

第二部分

创意营销战略

第四章 创意营销战略

第五章 战略基础:营销环境与数据

第六章 制定创意营销战略

第四章
创意营销战略

> **导 读**
>
> 1. 战略原本是军事领域的术语。战略也是人类智慧的特有产物。战略是对特定事物所做的全局性的思考、预见和规划。战略的产生和形成需要一定的过程。人类在长期发展过程中形成了一些可供后人借鉴的战略思维模式。
> 2. 战略的理论有目标理论、竞争理论、定位理论、资源配置理论和决策理论等。
> 3. 创意营销战略的模式由战略目标、战略核心、战略支持和战略执行四个部分组成。

第一节 战略的概念

战争是人类最激烈的竞争方式。作为人类竞争方式的一种,营销与战争一直有着密切的联系,营销中的许多观念和操作方法都得益于战争,如"社会营销"的概念得益于战争中的"全民皆兵"的观念,又如"数字化营销"得益于"数字化部队与信息化战争"。

"战略"一词也源于战争,后来逐渐从军事领域扩展到政治(特别是国际关系)、经济、文化等领域,成为一个内涵极为广泛的概念。现代的"战略"很多情况下指经济领域(特别是企业经营管理)的战略。

一、"战略"的内涵

1. 战略一词的来源和内涵

中文"战略"一词据考证最早见于西晋司马彪《战略》一书。《战略》原书已散佚，但从后人辑佚的片段来看，该书是与《孙子兵法》等战争论述著作一脉相承的，是我国古代关于战争思想的著作，值得注意的是，书中的"战略"一词的意义为"战争谋略"，与现代意义并不完全相同。同样在西方，"战略"（strategy）一词也是战争观念的产物，据钮先钟所著《战略研究》一书考据，最原始的战略观念是指"斗力"之外的"斗智"，即代表了一种战争形态的转变，从原来的斗蛮力演变为运用智力。西方意义的战略源于古希腊语"stratos"一词，本来的意思是军队，后来又派生出"strategos"（将军或领袖）和"strategeia"（为将之道）。[1] 可见，不论是中国还是西方社会，战略一词的含义都与战争有关。

《战略研究》还通过对历史上诸多战略家定义的分析，概括出战略定义的内涵：（1）战略的适用范围战争；（2）战略所使用者为军事工具（手段）；（3）战略追求者为胜利。[2]

2. 战略一词的现代意义

据《战略研究》的考证，中文现代意义的"战略"一词是对英文 strategy 的对应翻译，并非西晋司马彪《战略》中所指的"战略"。另据《辞海》解释，中文开始用"战略"翻译西语同一概念（strategy）始于19世纪末。

按照《辞海》的解释，"战略"也称作"军事战略"，是对战争全局方略的筹划与指导。

> 战略解决的主要问题是：对战争的发生、发展及其规律和特点的分析与判断，战略方针、任务、方向和作战形式的确定，武装力量的建设和运用，武器装备和军需物资的生产，战略资源的开发、储备和利用，国防工程设施，战略后方建设，战争动员，以及照顾战争全局各方面、各阶段之间的关系等。按作战类型和性质，分为进攻战略和防御战略，还可分为军种战略和战区战略等。[3]

后来引申为"泛指对全局性、高层次的重大问题的筹划与指导，如大战略、国家战略、国防战略、经济发展战略等"。《汉语大词典》则进一步解释为：

> ①作战的谋略；②指导战争全局的计划和策略，对战术而言；③比喻在一定历史时期指导全局的方略。

由此可见，现代意义的"战略"其内涵由原来的战争（军事）领域逐渐扩大到政治、经济等其他领域。

对于经济领域或工商业领域的"战略"，定位理论提出者之一的特劳特在《什么是战

---

[1] 钮先钟：《战略研究》，广西师范大学出版社，2003，第2页。
[2] 同上，第13页。
[3] 辞海编辑委员会：《辞海（1999年缩印本）》，上海辞书出版社，2000，第2678页。

略》(Trout on Strategy: Capturing Mindshare, Conquering Markets)一书分别从企业内部经营和外部竞争作出了界定和描述：

> 战略是一致性的经营方向。战略决定产品规划，战略指导企业如何进行内外部沟通，战略引导组织工作的重心。
>
> 战略就是让你的企业和产品与众不同，形成核心竞争力。对受众而言，即是鲜明地建立品牌。[1]

二、对"战略"概念的理解

结合古今中外的"战略"概念，可以从如下方面来对其意义作进一步理解。

1.战略是对特定事物的全局思考

首先，战略有特定的主体、客体和局面。战略的主体是战略的决策者和实施者，最常见的主体如国家、地区、城市或公司；客体是战略的施加对象，如对自身或竞争对手；局面则是指战略实施的时空背景及其中的各种利害关系，如战争、区域经济发展和工商业竞争。其次，战略是关于特定对象在特定局面的思考，在战略的词典释义中，"全局"是一个关键的词汇，全局就是指涉及战争、经济发展、企业经营或特定事物的所有方面，在《辞海》的解释中，"全局"是指"各方面"和"各阶段"，也就是说，战略应该站在时空的制高点去思考问题，以高瞻远瞩的姿态提出解决问题的思路或发展思路。

2.战略是对"未来"所作的思考、预见和规划

所有的战略都是着眼于相对长远未来的思考，因此战略要基于对未来世界的发展变化趋势做出的判断和预测，并依据自身的条件提出具有针对性的规划。这种对未来的预见和规划是建立在对过去和现状进行调查研究的基础上的。世界上没有真正的"先知"，所谓预见或预测其实都是基于对事物发展变化的规律的理解和对当前形势的分析和判断，对过去了解越透彻，对现存状况中各种关系的洞悉越准确，预见就越准确。而规划是在准确预见的基础上，对现有或潜在资源充分利用的体现。也就是说，预见提供了未来最有可能出现的情形，而规划则是在该情形下的最好打算。当然，准确预见和规划并不是那么容易的，工商界有大量的案例可以证明失败的预见和企业规划会给企业或品牌带来灭顶之灾。

3.战略的目标是为赢取某种"胜利"的局面

从词源来讲，战略的概念就是为了打赢战争而产生的，所以战略的目标就是为了赢取某种"胜利"，如国家的战略是为了赢得国际竞争，企业的战略是为了赢得市场，所以战略具有针对性和竞争性，即战略应该针对特定的时空环境和竞争对手，并与特定竞争对手

---

[1]杰克·特劳特：《什么是战略》，火华强译，机械工业出版社，2011，"前言"第21（xxi）页。

产生竞争关系,如军事战略针对具体的阵营或势力,冷战期间美苏争霸,美国和苏联相互发展出具有针对性的竞争战略。同时,战略也可能针对自身或环境中的某个或某些问题,战略就是为了解决这个或这些问题,因此有时候战略赢取的局面是自我发展,如我国的创新驱动战略,就是为了解决我国在国际竞争中的核心竞争能力。在工商领域,特劳特认为,"战略就是与众不同""战略就是打败对手"[1],说明商业战略也是为了赢得竞争胜利。

4.战略在长期发展过程中形成了一定的思考模式

人类关于战略的研究已经有较长的历史,在长期的战略研究过程中,已经形成一些固定的战略模式,如战争中的各种战略思想,商界的各种战略模型。这些战略模式对于决策者来说,可以直接使用或稍加改变使用,在战略决策中可以起到事半功倍的作用。战略模式的实质就是思考模式。所谓思考模式,就是在决策过程中决策者关于各项决策要素之间关系的思考以及对各要素的取舍和布局的一套逻辑,并非可以完全套用的行动指导,因为每个决策所面对的主客体和战略环境都是不同的,完全套用或直接搬用别人成功的战略模式不一定会成功,正确的做法是在参考、借鉴别人战略模式的基础上运用智慧进行改进或再造。

5.战略的产生需要一个过程

战略的决策需要考量的因素较多,需要权衡的方面也比较多。首先是调查研究需要一个过程。战略所涉及的方方面面都需要进行客观的调查评估,了解真实的情况,以确保战略决策的出发点正确。其次是战略的研讨以及战略和战术的制定都需要一个过程。战略的研讨是群策群力的过程,要思考决策要素的各个方面,还要从不同角度权衡各个参与者的意见,需要一定的时间;战略和战术的制定也是需要把战略和战术涉及的各个阶段、各个方面巨细靡遗地落实,才能保证执行的准确性。

在当前的信息化时代,随着情报反馈的速度越来越快,再加上决策的信息化、智能化系统的加持,做决策的周期会越来越短。而且,随着人工智能的投入,未来不排除出现"算法决策"的可能,但战略决策并不会因此变得更加容易,因为竞争对手可能也会采取更积极的战略和战术。

6.战略的实现也需要一个过程

由于战略是长期的,所以战略的实现需要一个长期的过程,会经历一些阶段。如改革开放的"总设计师"邓小平同志在改革开放初期提出的"三步走"发展战略,时间跨度近一个世纪(从20世纪80年代到21世纪中叶),中间经历三个阶段。因此在战略制定过程中,要把战略周期和战略目标分解成若干个阶段,设定相应的阶段性目标,这样在战略执行过

---

[1]杰克·特劳特:《什么是战略》,第41页和第65页。

程中逐步实现目标，以避免在长期战略演进过程中迷失方向。

7. 战略需要通过战术来实现

战略和战术是一对相对的概念，二者是相辅相成的关系。战略的"略"本身也有"简略"的意思，也就是说，战略是简略性的、方向性的，而战术通常指实现战略的具体方法。因此，简略性、方向性的战略，需要用具体的、具有操作性的战术步骤来实现。

8. 战略应形成某种文本

战略决策形成之后，应该以某种文本的形式来呈现，战略的文本一方面可以帮助决策团队凝聚共识，另一方面可以作为战略执行的蓝本。在军事领域，作战计划可以看作军事战略的文本；在工商领域，常见的战略文本有战略简报（strategic brief）、策划方案或营销计划（marketing plan）等。

三、与战略相近的概念辨析

1. 战役和战略

在英语语境中，战略（strategy）是一个内涵可大可小的概念，大到国家战略，小到战术都能用"strategy"来表示，各种词典对 strategy 的解释基本上都包含高（战略）、中（策略）、低（战术）三个层次。高层次的战略通常是关于战役（campaign）的思考，表现为长期性（long-term）和整体性（allover）。军事术语的战役通常是为实现长远目标而举全军之力所采取的行动，如中国人民解放军著名的"三大战役"（辽沈、淮海、平津）都具备战略性意义，三大战役的胜利是决定性的，为人民解放战争的最终胜利奠定了坚实的基础。

2. 战略和策略

英语单词 strategy 既有"战略"的意思，也有"策略"的意思。钮先钟《战略研究》一书认为，"strategy"在军事领域翻译作"战略"，而工商界则翻译作"策略"[1]，也就是说，"战略"是军事领域术语，"策略"则是工商界术语。而在近年来出现频率颇高的"营销战略"一词，显然是工商界的术语，这是因为在现代汉语语境中，"战略"与"策略"意义相同，不再以运用领域差异来划分。但严格来说，二者在语义上还是存在一定的区别，战略往往强调更高层次、更大范畴的思考，策略则是相对通用，属于中间层次的概念。

3. 战略和战术

战术（tactics）是指解决具体问题的技巧和方法。在英语词典中，strategy 和 tactics 通常是相对应的，互为参考。而在实际的决策中，战略和战术是相互依存的，战略为战术提

---

[1] 钮先钟：《战略研究》，第 6 页。

供方向指引和行动法则，战术则是战略得以实现的保证。从问题解决的角度看，可以简单把战略理解为解决问题的思路和方针，战术则是解决问题的具体措施和方法。

战略与战术存在一种相辅相成、互为补充的关系。首先战略和战术是主导与从属的关系，战略是主要的，战术是从属于战略的；战略和战术也是宏观与微观的关系，战略是宏观的，战术是相对微观的；战略和战术还是观念与方法（抽象与具象）的关系，战略是观念的或抽象的，战术是方法的和具体的，如果战略是"用兵之道"，那么战术就是基于战略观念的"调兵遣将""排兵布阵"等临敌安排。

表 4-1 战略、策略、战术的概念对比

概念	战略	策略	战术
概念层次	高层次/宏观层次	中层次/中观层次	低层次/微观层次
概念内涵	在特定的时空背景下针对特定事物的全盘思考，以实现长期目标。	为实现阶段性目标而采取的谋略性的计划或行动。	为实现具体的目标而采取的技巧性行动。
概念特性	长期性、整体性	阶段性、谋略性	针对性、技巧性
概念主体	首脑人物（如领袖，企业高层管理人员）	中层人员（如前线指挥官，部门经理）	基层人员（如士兵，技术员或普通职员）

此外，战略和战术的相对性还可以理解为战略和战术的范畴都是相对的，比如某公司开展的某项营销活动，放在行业环境中来看可能只是战术活动，但对于该公司来说可能是关系存亡的战略活动。

四、战略的意义

钮先钟在《战略研究》一书中提出，战略有历史、科学、艺术和哲学四种境界[1]，从另一个角度看，这四种境界其实也就是战略对于人类社会的四个方面的意义所在。

1.战略是一种方法论（methodology）

从哲学的角度看，战略是关于人们怎样看待世界、看待事物，以及怎样运用智慧解决问题，并实现抱负的过程。从战争历史的角度看，战略出现给战争的形态带来了革命性的变革，一方面是战争不再是好勇斗狠的行为，而是带有目的性和权谋性的行动；另一方面，战略的目的不仅仅是为了消灭对手，而可能会是视野更广阔、更长远、更宏大的其他考量，如征服、控制或获取长远利益。因此，战略不是目的，而是一种手段或方法论。

2.战略是人类智慧的特有产物，是人类文明的一部分

从历史进程的角度看，战略是人类在长期的历史进程中的必然选择和必然结果。进化

---

[1] 钮先钟：《战略研究》，第285页。

论告诉我们，智慧（包括战略思想）是人类适应自然环境和社会环境的结果，也是人类进化的结果。历史上那些目光短浅的决策者，大多以失败告终；只有那些高瞻远瞩、思虑缜密的战略家才能名留青史。同样，在漫长的历史发展进程中，正因为那些伟大的战略家用他们的智慧和战略推动着历史和社会的变革，人类社会才能取得今天的发展成就。

3.战略是一种科学决策

通常认为战略决策是一种智力行为，是建立在理性思考上的一种决策行为。现代的战略决策更是在系统论、信息论和控制论的影响之下，建立在调研或情报搜集的基础上，从系统的角度，以科学的数据（信息）、合理的步骤以及精确的推导把握战略，使决策成功的可能性大大增加。21世纪第二个十年以来，随着超级计算机、云计算、大数据和人工智能等技术的介入，过去需要人工搜集、整理、计算和推导很久的数据，现在可以在短短的几分钟甚至更短的时间之内完成，战略决策更加科学、迅捷、高效。但是决策并没有变得更加容易，因为机器和人工智能在战略思考和创意思维上还存在明显短板，决策始终是以人为中心的行为，人类的创造性在其中的作用不容忽视。

4.战略包含着艺术价值

在英语词典对strategy的解释中，science和art是并列出现的，这也从一个侧面说明，除了科学性外，战略本身是一种艺术，包含着艺术价值。一般而言，艺术是个人才能和个性的充分表达，艺术价值则是这种个人才能、风格与公众审美的结合体。在早期的军事领域，战略通常带有浓郁的个人风格特征，如拿破仑、艾森豪威尔、巴顿等军事指挥，在商业领域，许多卓越的商业天才以及他们所创造的商业帝国，都充满着浓郁的个人风格。

五、战略的过程

战略的形成存在一定的过程，亨利·明茨伯格（Henry Mintzberg）等人在《战略历程》一书中认为战略的形成过程可以从设计、计划和定位等10个不同的角度来进行理解，分别是：

  设计学派：战略形成是一个孕育过程；
  计划学派：战略形成是一个程序化过程；
  定位学派：战略形成是一个分析过程；
  企业家学派：战略形成是一个构筑愿景的过程；
  认知学派：战略形成是一个心智过程；
  学习学派：战略形成是一个涌现过程；
  权力学派：战略形成是一个协商过程；
  文化学派：战略形成是一个集体思维过程；

环境学派：战略形成是一个适应性过程；

结构学派：战略形成是一个变革过程。[1]

从上述描述中可以看出，不论从什么样的角度去理解，战略的决策和形成都存在一个明显的过程，具体来说，通常都包括研究发现、明确愿景（目标）、智慧创新和研讨决策等过程。

1.研究发现过程

通过对环境和现状的调查和研究，了解战略所面对的情境，发现存在的机遇和问题。战略建立在调查研究的基础上，通过调查了解事实的真相，通过研究发现问题的核心所在，所以研究发现的过程是战略的基础性过程。

2.明确目标过程

在调查研究的基础上，进一步明确所面对情境的主要影响因素，聚焦关键问题，确定战略努力的方向，制定具体的战略愿景或战略目标，通过目标引导战略走向。明确目标的过程可以看作战略的确定性过程。

3.智慧创新过程

创新过程包含着对问题深入思考的环节，通过个人或者集体的不断努力，克服决策中的种种障碍，通过个人或集体的智慧创造，用创造性的手段来产生解决问题的思路或方法。战略创新的思考过程可能是痛苦的、沉闷的，但新思路、新方法的产生又让人充满激情和喜悦。创意是战略的核心，创新过程是战略的核心过程，战略的价值往往通过战略的创意呈现出来。

4.研讨决策过程

通过集体的研究、讨论和筛选，最后选择、确定战略的基本思想和具体的执行方案。在一般情况下，群体决策的思虑通常比个人决策更加全面、严谨，但也不排除会有"群体极化"的情况出现，决策可能会比个人决策更加极端和冒险，集体的文化风格（如民主或专制、创新或保守等）往往决定着集体决策结果的走向。

六、常见的战略思维模式

从战略实用的角度出发，某个领域的战略会在长期演进过程中形成一些固定的思维模式或方法，如我国的"三十六计"就是对战争或政治斗争模式的总结。广告和营销业在其发展过程中，也形成了一些固定的战略思维方法，如智威汤逊（JWT）公司"T-plan"和奥美公司的"360°品牌管家"，这些模式在一定的历史时期都发挥过非常重要的作用，

---

[1] 亨利·明茨伯格、布鲁斯·阿尔斯特兰德、约瑟夫·兰佩尔：《战略历程（修订版）》，魏江译，机械工业出版社，2006，第4-5页。

但也难免时过境迁,不再适合当下的营销环境。为避免时代的局限性,以下仅从通用的角度陈述几种常见的战略思维模式。

1.问题引导模式

战略决策的目的是解决某个业已存在的问题,以分析和决策为手段,并以问题最终解决为目标。当问题比较明显,且战略涉及的单位或部门不复杂时,适用问题引导模式。其基本的决策模式如图4-1所示。

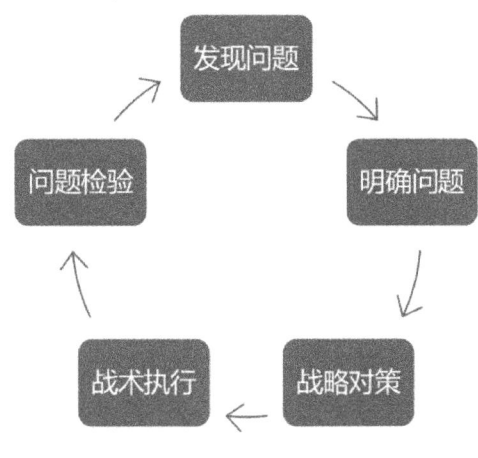

图 4-1 问题引导模式

2.目标引导模式

目标引导模式与问题引导模式有很大的相似性,不过是更加注重把问题转化为目标,通过把问题解决后的情形作为设定目标,然后通过各种努力去达成目标。当战略所涉及的单位(或部门)比较多的时候,用目标引导模式容易凝聚共识,有利于问题的解决(如图4-2所示)。

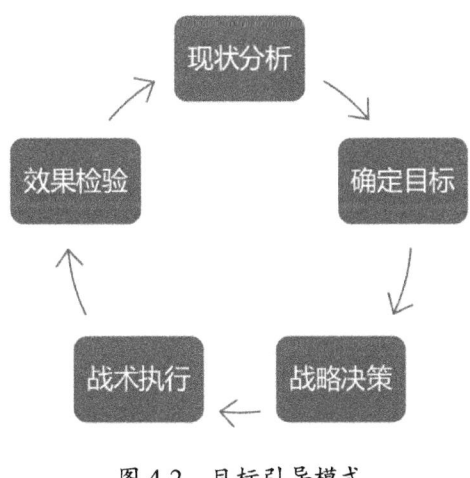

图 4-2 目标引导模式

3. 创新引导模式

在当前的国际情势下，不论是政治、军事或经济领域的战略决策，创新都是主要的导向，战略的目标是产生与众不同的新生事物，以赢得各个领域的竞争。创新是广泛的，包含管理（治理）、科技和文化等层面的创新。当前商业领域的战略也同样注重全方位的创新，商业模式、产品材料和工艺、营销内容、营销活动等方面都需要不断创新才能赢得人们的关注，才能带来更多成功的可能或机会。

4. 审美引导模式

战略决策除了产生经济的实用价值之外，更注重文化或艺术层面的意义，特别是在文化创意产业。一般来说文化内容或文化产品（如小说、影视作品、音乐、游戏、IP玩偶等）的战略决策会更加注重文化艺术层面的考量，广告和营销也一样，更加重视"商业美学"。另外，一些标志性的工程（如建筑、交通、水利或永久性地标等）的决策在考虑实用性的同时也会考虑文化的因素。

七、战略与策划

1. 策划的概念

英语的"策划"（planning）的基本意义"做计划"，但却常常和"策略"（strategy）一词相关联，因此汉语中的"策划"一词更能准确表达其含义——"策"是"策略"的意思，"划"是"规划"或"计划"的意思，合起来就是"策略性规划"（strategic planning）的意思；而策划的产物也就是"计划"（plan）。具体来说，可以把策划理解为"运用策略实现某种目的的规划过程"。

《礼记·中庸》中说："凡事预则立，不预则废。言前定则不跲，事前定则不困，行前定则不疚，道前定则不穷。""预"是指事先准备和筹划，"前定"也是指事先谋划好，"谋定而后动"才不会招致失败。策划就是在事先的谋划，但策划本身也需要进行事先的准备和筹划，主要的工作有明确策划的对象、目的、原则，成立小组，制定策划计划，等等。

2. 策划的对象

策划的对象通常是营销活动的主体，不同性质的策划其对象也不尽相同，如政治策划、军事策划、文化策划和商业策划等。限于篇幅，以下探讨主要以商业策划为主。

商业策划的对象通常包括企业、品牌或产品，针对企业的策划通常有新形象策划和企业公共关系策划；针对品牌的策划主要有品牌概念与设计、品牌形象规划等；产品可能是无形的、虚拟的，也可能是实体的，针对产品的策划主要有产品开发策划和产品营销策划等。

3.战略与策划的关系

策划从字面意思理解就是"策略性规划"（strategic planning），是运用策略（战略）进行规划的意思，故而策划中包含着策略（战略）。从另一个角度来说，战略离不开策划，战略的产生和实现都需要进行规划，战略的产生和实现过程都可以看成是策划的过程。

战略（策略）与策划二者是内容和手段的辩证关系，战略是策划的主要内容，策划是运用战略的过程。因此，营销战略（含战术）是营销策划的主要内容，营销战略和战术形成的过程就是战略策划的过程。

4.战略策划的目的

（1）主要目的：提供解决问题的思路和方法

在战略策划之前应该大概了解所面临的环境和问题，即策划要解决什么问题？要实现什么样的目标？

从实践的角度来说，营销的基本问题不外乎这么几个：缺乏消费者数据、产品或品牌缺乏知名度、消费者对产品的了解不充分或者理解不正确、品牌形象不佳、产品销量不佳、市场占有率低、市场上有强大的竞争对手、消费者忠诚度低等。创意营销战略策划的主要目标就是解决这些营销活动中的问题，提出创造性解决问题的思路和方法（如表4-2所示）。解决问题的思路就是战略，战略是方向性的、原则性的和概略性的；解决问题的方法就是战术，战术是现实的、可操作的和具体的。

表4-2 营销常见问题和目标的对应关系

营销活动的常见问题	营销的常用目标
缺乏消费者数据	搜集数据
产品或品牌缺乏知名度	提高知名度
消费者对产品的了解不充分或者理解不正确	增进了解
品牌形象不佳	树立或改善形象
产品销量不佳，市场占有率低	促进产品销售
市场上有强大的竞争对手	战胜竞争对手
消费者忠诚度低	维系关系

（2）次要目的：提供一个可以"看到"的方案

策划除了提供解决问题的思路和办法之外，还需要把这个方案写成一个逻辑清晰、创意突出、内容明确、结果可预测的方案。这是因为，作为策划人员，并非你写出来的方案就直接可以进入实施阶段，而是要先说服营销决策者（上司或客户的负责人）接受，因此策划方案必须让营销决策者看到其创造性和说服力。换句话说，策划还有这样一个目的，就是帮助营销决策者去了解你的创意战略，并帮他们建立使用这个创意战略的信心，让你的策划方案被采纳，因为只有被采纳的方案才具有生命力。

5.战略策划的基本原则

（1）明辨是非

从专业的角度提出当前企业经营过程中存在的真实问题，指出正确的策略方向，及时纠正错误。所以策划方案要有自己的观点，这些观点必须有数据支持，必须是来自对市场、竞争和消费者等状况的深刻洞见，必须别具一格，而非人云亦云。

（2）创意为王

营销策划方案中，最有价值的部分就是创意，因此要在策略正确的基础上，提出具有创造价值的营销概念，并把这个概念上升为营销主题。

（3）战略统筹

策划要具有全局的观念，营销概念或营销主题是整个策划方案的灵魂和核心，应该进行深入贯彻执行，如果有多个营销活动，这些活动应该围绕主题概念来展开，并且应该把所有活动看作一个整体。

（4）出奇制胜

策划方案除了解决问题之外，还应该把战胜对手作为目标，要提出非常规的（创造性的、巧妙的、与竞争对手有明显区隔的）解决办法，以达成竞争性目标。

6.战略策划的步骤

按照战略的进程，战略策划一般包含战略筹备、战略调研、战略决策、战术规划和撰写方案等几个步骤（详见本章第三节"创意营销战略"）。

第二节 营销战略及其相关理论

一、营销战略概述

简单讲,营销战略就是关于如何赢得营销竞争的长期性、全面性的思考过程及其结果。具体来说,营销战略就是为了实现长期的、全面的营销目的而采取的一切营销努力,包括对营销环境的识别和洞察、营销解决之道以及营销计划的执行和评估。其中对营销环境的识别和洞察是营销战略的基础,营销的解决之道是战略的核心,营销计划的执行和评估是营销的保障。

1.对营销战略的理解

营销战略既是过程也是结果。广义的营销战略过程包括战略制定、规划、执行和评估等环节,其结果也指向营销战略执行后形成的市场情势。狭义的营销战略特指营销解决之道,重点强调战略制定和规划,其过程一般称为营销策划或营销企划,其结果一般用文本的方式呈现,包括营销策划提案(marketing proposal)和营销计划书(marketing plan)等。

营销战略的基础是对营销环境或营销战略范畴的界定和洞察,找到决定营销情势的关键影响因素,实现对营销问题的聚焦。

营销战略的核心是实现长远目标的营销问题解决之道,其内容包括营销概念、营销资源配置和营销活动规划。从创意营销的角度来说,主要就是创造性的营销问题解决之道,或者说是营销创意(战略概念)及其应用。

营销战略的实现方式为营销战术,即对营销资源的全面性利用和配置,以及对各种营销活动的规划,并形成营销计划。

除计划外,广义的营销战略还需要进行执行和控制。执行就是营销战略实现的过程,控制即通过不断的评估、修正和优化,保障战略的有效性。

2.营销战略的过程

(1)识别和洞察营销环境

界定营销战略时空范畴,对营销战略环境中的诸元素进行分析和洞察。

(2)明确营销的关键问题

通过对营销环境的了解和分析,确定影响营销的关键性因素,包括有利的因素(机遇)和不利的因素(问题)。

（3）制定营销战略

针对营销需要抓住的机遇和需要解决的问题，提出问题的各种解决之道，从中选择成本效率最高的解决之道。创意营销的战略就是通过创造性地问题解决，提高解决问题的效率。

（4）营销战术规划

根据营销的观念架构，围绕营销战略，结合营销资源的配置，对营销活动进行规划，完成营销计划的编制。

（5）战略的执行和评估

根据营销计划的内容，逐步进行营销战略和战术的实施，并在过程中不断进行评估、调整和优化。

3.营销战略理论

在长期的营销实践和历史进程中，不同的公司、专家和学者逐渐形成了一些营销战略的思考方式和理论。常用的营销战略理论有目标管理理论、竞争战略理论、定位理论、战略资源理论和决策理论等。

二、目标管理理论

目标管理（Management by Objective，简称 MBO）是非常重要的现代企业战略管理的理论之一。目标管理的概念是被誉为"现代管理之父"的彼得·德鲁克（Peter Drucker）1954 年在其著作《管理的实践》（The Practice of Management）中最先提出的，其基本观点是以企业总体的目标为导向，不同层级的管理者要根据自己的使命和任务设定自己的单位目标，通过对目标的测评作为考核手段来实现企业管理。德鲁克认为：

> 企业绩效要求的是每一项工作必须以达到企业整体目标为目标，尤其是每一位管理者都必须把工作重心放在追求企业整体的成功上。期望管理者达到绩效目标必须源于企业的绩效目标，同时也通过管理者对于企业的成功所做的贡献，来衡量他们的工作成果。[1]

同样，营销战略也需要把营销的战略愿景转换成营销的总体战略目标，然后再进一步把总体的战略目标转换成战术目标，具体来说，就是需要把战略目标分解成不同阶段的目标，以及各个不同的职能部门的目标，来实现对战略的驱动。

1.营销战略的目标

营销战略的目标源于营销战略决策者的主观意志以及对营销环境和营销趋势的洞察，

---

[1] 彼得·德鲁克：《管理的实践（中英文双语珍藏版）》，齐若兰译，机械工业出版社，2006，第89页。

可以把营销战略的目标理解成战略决策者的主观愿望和客观市场环境妥协的产物。

2.不同阶段的目标

营销战略的长期性注定了营销战略不可能一蹴而就，需要经历一定的过程和阶段才能实现，因此可以根据营销战略的进程把营销战略的周期划分为不同的阶段（如年度性的营销战略可以根据季节变化分为四个阶段），然后再设定不同阶段的目标。

3.不同职能部门的目标

营销战略的总体目标需要通过不同的营销职能部门（或业务单位）协作来实现，如生产部门需要保证产品的供给充足，内容运营部门需要保证产品的信息能够被消费者或潜在消费者正确地接触和接受，销售部门需要采用适当的激励措施来促进产品的销售，物流部门需要保证产品能及时、安全、完整地送达消费者手中……因此不同的职能部门可以根据自己的实际情况设定不同的子目标。

4.不同目标市场的目标

一个企业可能存在多个不同的品牌或多个不同产品，这些不同的品牌和产品可能需要面对不同的目标市场。同时，同一个品牌或同一个产品也需要针对不同人群的需要来做不同的营销努力，因此营销战略的目标也可以根据不同的目标市场或根据不同的目标消费者来分解成不同的子目标。

三、竞争战略理论

战略是在特定的竞争环境中取得竞争优势的思路和方法。关于如何赢得竞争，最知名的莫过于迈克尔·波特（Michael Porter）的《竞争战略》（*Competitive Strategy*）一书，在此著作中，波特提出了五种"竞争作用力"和三种基本的竞争战略。

1.五种竞争作用力

五种竞争作用力（competitive force）分别是进入威胁、替代威胁、客户价格谈判能力、供应商价格谈判能力和现有竞争对手的竞争[1]（如图4-3所示）。

（1）进入威胁

新进入市场的同行业竞争对手带来的威胁。

（2）替代威胁

同行业中可替代本产品的竞争者带来的威胁。

---

[1] 迈克尔·波特：《竞争战略》，陈小悦译，华夏出版社，2005，第5页。

（3）客户价格谈判能力

有实力的客户会不断压低产品价格且要求提供更高品质的产品。

（4）供应商价格谈判能力

供应商会通过提价和降低所购产品或服务的质量的方式来向企业施加压力。

（5）现有竞争对手的竞争

现有的竞争对手会通过价格竞争、广告战、产品引进以及增加顾客服务和保修服务等手段不断提升竞争能力。

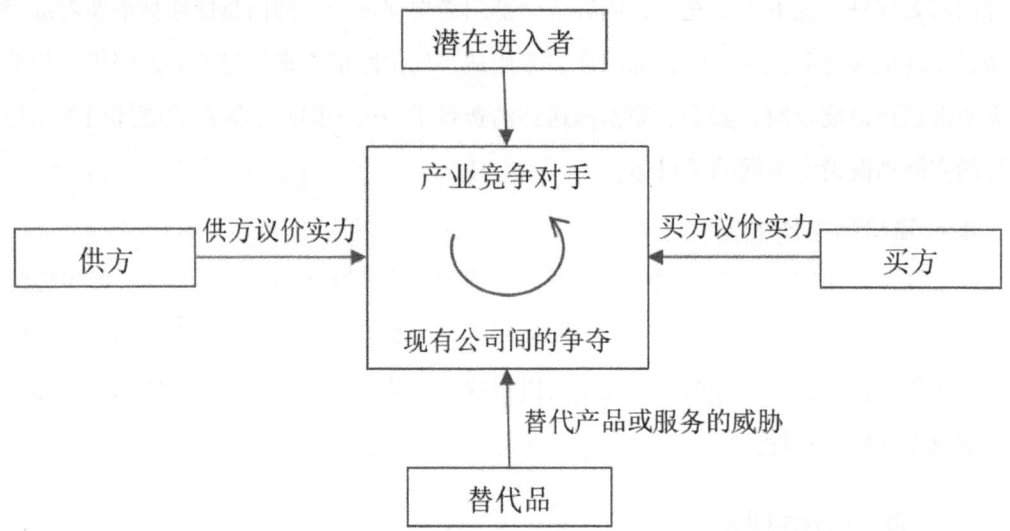

资料来源：迈克尔·波特．竞争战略 [M]．陈小悦，译．北京：华夏出版社，2005:4

图 4-3　驱动产业竞争的五种力量

2.三种基本的竞争战略

在竞争"五力"的作用下，三种基本的竞争战略可以提供成功的机会，它们分别是总成本领先战略、差异化战略和集中差异化战略[1]（如图 4-4 所示）。

（1）总成本领先战略

总成本领先战略（overall cost leadership）是指通过一系列针对成本战略的具体措施赢得在成本当中的领先，如增加有效的生产规模并最大限度地减少研发、服务、推销和广告等方面的成本。

（2）差异化战略

差异化战略（differentiation）是指企业提供的产品或服务与竞争对手的产品或服务存在全面的差异，如设计或品牌形象、技术特点、外观特点、客户服务和销售网络等。

---

[1] 迈克尔·波特：《竞争战略》，第 34 页。

（3）集中差异化战略

集中差异化战略（focus）也叫聚焦战略，是指企业主攻某个特定的顾客群、某产品链的一个细分区段或某一个地区市场。

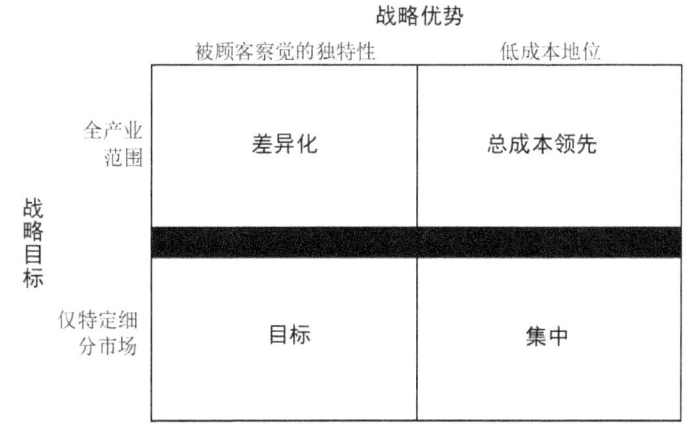

资料来源：迈克尔·波特．竞争战略 [M]．陈小悦，译．北京：华夏出版社，2005:38

图 4-4　三种基本的竞争战略

四、战略定位理论

广义的定位其适用范围与一般的战略是一致的，大到一个国家，小到个人，都可以适用，因此定位不仅是广告或传播理论，更是营销战略理论。作为营销传播理论的定位侧重于通过信息传播影响品牌在消费者头脑中的位置，作为营销战略理论的定位则强调品牌的竞争关系，即品牌应该在市场品类中占据优势地位。

1.定位是评估、确认或重塑自身形象的战略

从本义讲，"定位"（positioning）一词的意思就是"确定位置"，按照《定位》一书两位作者的观点，定位是在预期顾客头脑中确定产品位置[1]。战略定位则包含形象定位、关系定位、品类定位和重新定位几个方面。形象定位是指品牌或产品应该评估、确认或重塑自己在消费者心目中的形象；关系定位则是评估、确认或重塑与消费者之间的关系；品类定位也称作"品类聚焦"，即把产品归属为某个易进入消费者头脑中的品类，并且成为这个品类的"第一"，当定位失败或定位不准确时应该进行重新定位。

2.定位是在目标对象的头脑中植入概念的战略

定位理论最为突出的贡献之一，就是明确提出了营销应以消费者为导向。《定位》一书表明，定位是对目标受众心智（mind）所下的功夫，任何脱离消费者心智的定位都是对定位的误解，因此定位的基础是对消费者头脑的洞察。在大众传播时代，对消费者的洞察

---

[1] 艾·里斯、杰克·特劳特：《定位》，王恩冕、于少蔚译，中国财政经济出版社，2002，第3页。

源于消费者调查，特别是那些对消费者潜在的产品类别、品牌地位的调查。在当今数据化时代，对消费者的洞察大多来自于顾客数据，以及对顾客选择、购买产品决策过程的深察。

3.定位是赢得竞争的战略

定位所确定的位置是相对的，所以狭义的定位又称作"竞争性定位"，是指通过针对既定的竞争对手，确定自己某方面的优势，刻意造成竞争对手的某种负面联想。在国际政治竞争领域，以美国为首的西方国家普遍标榜自己"民主、自由"，不是他们盟友则往往被描绘（抹黑）成"专制、独裁"国家。在商业活动领域，这种做法在美国也是普遍的，如饮料品牌"七喜"（7-UP）定位为"非可乐"（the Uncola）来突出自己与其他可乐饮料相比更加清新、年轻；美国汽车租赁品牌"安飞仕"（Avis）则强调"我们只是第二，所以我们更努力"来让消费者联想竞争对手"赫兹"（Herz）是僵化的、不努力的"老大"品牌。

4.定位是品类创新战略

从战略操作的层面，不论是品牌或产品，定位都是为其确定具体的类别。换句话说，品牌定位就是确定品牌的类别，产品定位就是确定产品的类别。对于新品牌或新产品来说，定位就是进行品类创新，通过开创新的品类来牢牢占据消费者头脑中该类别"第一"的位置。

五、战略资源理论

战略资源（strategic resources）是战略决策的基础，战略也可以理解为运用资源的科学和艺术。如何更高效地运用资源，实现"以小博大"，往往是战略家思考的问题，在军事历史上，许多"以少胜多"的战例都是成功运用有限资源取得更大战争成果的例证。无论是军事斗争领域还是商业竞争领域，战略资源一般都包含人力、物力、财力、智力和能力这几个方面。

1.人力：人力资源

首先，必须认识到，我们所处的这个世界所拥有的一切财富，不论是物质的还是精神的，都是由人类自身创造的。因此在战略决策过程中，只有人才是最重要的资源，有了人就有了一切，换句话说，人力资源（劳动力资源）是首要资源。

其次，在机械化、自动化乃至人工智能化的当下，人的劳动也不能被忽视。一方面是因为存在一些领域，其服务依赖高度的人力资源，机械和人工智能无法替代，如服务业；另一方面是目前的技术也不可能完全实现100%的自动化或智能化，即便是高度的智能化，其背后也是人的劳动在起决定性的作用。

最后，战略决策过程其实就是人力发挥作用的过程，在战略实施的过程中也需要高度的人际沟通和人性化的执行来确保战略的灵活性。

2.物力：物质资源

当前，人类社会的劳动生产效率已经达到了一个相对较高的水平，工程机械加快了工农业生产和各种基础设施建设的速度，信息化设施提高了社会各种资讯的处理速度，这一切都是建立在物质条件相对丰裕的基础上的。"经济基础决定上层建筑"，没有物质的支持，再好的创意也难以发挥其效力。一些"好莱坞大片"就是建立在对电影技术的颠覆上，如更高分辨率的摄影设备、更大的银幕、更好的声音设备和更逼真的氛围模拟设备，如果没有这些设备的支持，很多电影将会失去应有的吸引力。

对于企业来说，场所、设备、原材料等物质条件对企业的经营战略起着决定性作用。

3.财力：财务资源

财力就是企业的财务资源，战略的决策和执行都依赖充裕的资金支持。现代社会很显著的一个特征，就是许多事情往往用经济方面的因素来衡量，特别是在资本主义社会中，"资本"似乎决定着一切，商业活动的投入或产出都可以用金钱来衡量，人力、物力或其他软资源都可以通过财务资源去换取。

人力、物力和财力这些"物质"的资源往往被称作"硬资源"，在商业社会中是极为重要的。随着社会的发展，以智力和能力为代表的"软资源"逐渐受到重视。

4.智力：智力资源

在过去的观念中，智力往往包含在"人力"之中，因为智力也属于人类脑力劳动的范畴。在当今"创意经济"的指引下，智力被看作至关重要的资源，特别是对劳动者的智力和创造性有高度依赖的创意产业。众所周知，保护知识产权就是这个时代的游戏规则之一，知识产权是用来营利的，是用来衡量一个公司或个人创造力的依据，而知识产权在我国港台地区也被译作"智慧财产权"，可见，不能再简单把智力看作人力资源的一部分。在创意产业中，创意正好是智力资源的体现。此外，在数字经济条件下，数据和算力也可以被看作智力资源的一部分。

5.能力：管理资源

能力是在上述人力、物力、财力和智力四个方面的基础上形成的企业软资源，包括企业的融资能力、创新能力、信息化能力（数据能力）和营销能力等经营管理能力。21世纪的营销环境中，在"轻资产"和"代工"模式成为主流的情况下，许多企业都把传统的硬资源交给代工企业，自己集中力量发展"软实力"，其中智力和能力成为营销成败的决胜因素。

六、决策理论

1.关于决策

决策（decision making）是指为解决某个（些）问题或实现一定的目标，在充分调查研究的基础上，用科学的方法拟定和评估各种方案，并从中选出合理方案的过程。决策一般分为宏观的、中观的和微观的三个层次，分别对应战略决策、战术决策和业务决策。

战略决策也就是宏观层次的决策或高层次决策，是事关全局的重大问题的决策，通常由企业的高级管理人员来完成。战术决策也叫管理决策或中观决策，指支撑战略决策而制定的具体措施，战术决策通常是中层管理人员的工作范畴。业务决策是微观层次的决策，是日常业务活动中的有关决策，属于企业员工日常工作的范畴。

2.科学决策的意义

首先，环境中的各种要素处于发展变化中，具有不确定性，必须通过科学的调查研究把不确定的因素转变为明确的因素；其次，科学决策是成功的必要条件，能将风险降到最低水平，能最大限度避免失败，提高成功的概率；其三，科学决策是在备选方案中选择最佳方案以寻求最有效的经营方式，能够显著提升运营效率；其四，从管理的角度看，管理即决策，决策贯穿于管理的始终，决策是所有管理者的日常工作；最后，决策为行为指明了方向，任何事情，如果方向不正确，则投入越高，带来的损失越大。

3.决策理论

决策理论(decision theory)是把在第二次世界大战以后发展起来的信息论、系统论、控制论、运筹学和计算机科学等理论和科学综合运用于管理决策的一套理论。影响决策的主要因素有概率理论、合意性和成本效率，它们构成了决策的四种理论：

（1）概率理论

概率就是人们认为某件事情发生的可能性，决策通常对比若干个方案的成功概率，选择成功概率较大或有较好可行性的方案。

（2）风险理论

除了成功的可能性之外，决策还需要考虑项目失败可能带来的各种损失，在若干个方案中选择损失最小的方案。

（3）效用理论

决策是选择若干个可能的方案中"期望效用值"最大的方案，换句话说，决策注重成本效率。

（4）对策理论

决策的情景往往需要面对一些不确定的因素或难题（如"博弈问题"），决策需要对不确定因素或难题的成因进行分析，并提出针对性的解决方案。

4.科学决策的原则

决策理论主要研究人们如何根据有关证据决定"怎样抉择"的问题，主要课题是"决策规则的选择"。决策的规则也称作决策的原则，主要有如下几种：

理智原则：科学决策是运用理性思维的过程，是运用智慧解决问题的过程。

信息原则：充分的情报、信息或数据是决策成功的前提条件。

预测原则：科学决策的第一步是深入洞察项目环境，并借此来预测事物发展变化的趋势。

创新原则：好的决策方案就是创造性的问题解决方案，创新是方案决策和日常决定的根本差别。

合理原则：决策需要合理分配所能采用的各种资源，决策需要保证项目进程的合理性。

程序原则：科学决策本身需要一定的程序才能完成，科学决策也能指出解决问题的程序。

5.决策的标准

决策的标准主要有最优、满意、合理和可行四个方面。最优是指在决策的时候应该选择最优的备选方案，即成本效率最高（最少投入和最大成果）、最容易操作或容易实现的方案；满意是指选择决策主体（包括决策者或全体成员）满意的方案；合理是指最终选择的方案应合乎理性和逻辑；可行则指最终选择的方案应具有成功的概率或可能性。当然这四个标准都带有一定主观性，特别是后三个，往往取决于决策者或决策主体的感觉。

第三节 创意营销战略

一、创意营销战略的概念

创意营销战略与通常的营销战略的概念和内涵差不多是一致的,不过更强调创意在战略和战术中的核心地位和驱动作用。在营销活动开始之前,思考如何把战略的观念、原则和方法运用于营销的全范畴和全过程,这个思考过程及其所产生的内容或结果就是营销战略。同样地,把创造性解决问题的观念、原则和方法应用于营销战略就是创意营销战略。

进一步来明确定义:创意营销战略是营销人员在营销洞察的基础上,为实现长期的营销目标,以创意为核心和驱动,对营销活动进行全方位思考的过程和内容。

对创意营销战略的定义可作如下理解。

1.创意营销战略的客体是营销活动

营销活动涵盖产品、内容、活动和渠道等方面,创意营销战略需要思考以什么样的产品去面对市场、对消费者或用户发布什么样的内容、通过一些什么样的激励措施以及通过哪些渠道与消费者进行互动等这类基本的问题。

2.营销洞察是创意营销战略的基础和依据

营销洞察是通过数据收集、整理、分析乃至挖掘,以发现潜在的营销机会以及营销所面临的难题。战略是建立在营销洞察的基础上的问题解决之道。

3.创意营销战略目标是长期的

战略是一个长期的过程,所以其目标也相应是长远的,创意营销战略的目标应当与战略的时间框架相一致。在营销传播界通常是以一年为一个代理周期,所以战略的周期最少应该是以一年为期。当然长期的目标也可以分解为阶段性的或短期的目标来指引各个阶段的活动。

营销活动常用的目标导向有销售导向、地位导向、利润导向、影响(态度)导向和关系导向等几种。

4.创意是创意营销战略的核心和驱动因素

创意是创意营销战略的价值所在,在以创意为驱动的前提下,创意营销战略的核心就是"创意",创意是对营销所面临问题的创造性解决思路。创意来自于营销洞察,特别是关于消费者和竞争状况的洞察。决策活动所产生的创意概念，应用于营销的各个层面，最后通过战略执行产生其效力。

5.是过程也是结果

"战略"一词的意义既包含战略决策的过程，也包含该决策过程所产生的结果。因此创意营销战略既强调战略活动的"过程"，也强调过程产生的"结果"。这个过程包括战略数据收集整理、战略目标拟定、战略创意、战略研讨以及战略执行和评估几个阶段，而"结果"则是强调该过程制定出的战略和战术，即解决问题或实现战略目标的思路和方法。

二、创意营销战略的模式

战略既是一个过程又是一种思考模式，不妨从战略的过程和战略的思考模式两方面来阐述创意营销战略的模式。

1.过程模式

作为一种商业活动，创意营销战略的过程模式就是创造性解决问题的模式，强调把问题引导和创意驱动相结合。基本的思路是通过营销洞察和问题聚焦发现影响营销的关键问题，针对问题制定战略目标，并用创造性思维提出解决问题的思路和方法（即创意战略和创意战术），在通过营销实践（战略执行）后，经由战略评估来检验是否解决了问题。营销洞察、战略目标、创意战略、创意战术、战略执行和战略评估优化六个步骤形成一个闭环（如图4-5所示）。

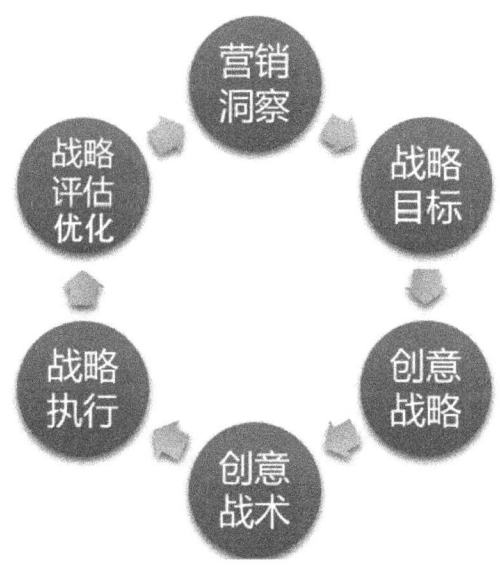

图4-5 创意营销战略的过程模式

需要说明的是，在日常的营销运营中，通过对反馈数据的观察和挖掘，评估优化和营销洞察可能是同时进行的,也可能是相互包含的。

2.结构模式

战略的结构模式也就是探讨战略构成的要素。创意营销战略由战略目标、战略核心、战略支持以及战略执行四个要素构成(如图4-6所示),这四个要素是相互衔接的,且构成对战略思考的基本框架。

战略目标和战略支持都来自营销洞察,战略目标来自于营销洞察和战略聚焦发现的营销问题,是战略的导向;战略支持来自营销洞察对企业资源(包括已知资源和潜在资源)的了解,是战略的物质基础;创意是解决营销问题和实现目标的关键因素,是战略的核心;战略执行则是围绕战略核心、充分利用各种资源而规划的所有营销活动的总和,经由营销渠道作用于营销活动的对象,是战略目标得以实现的保证。

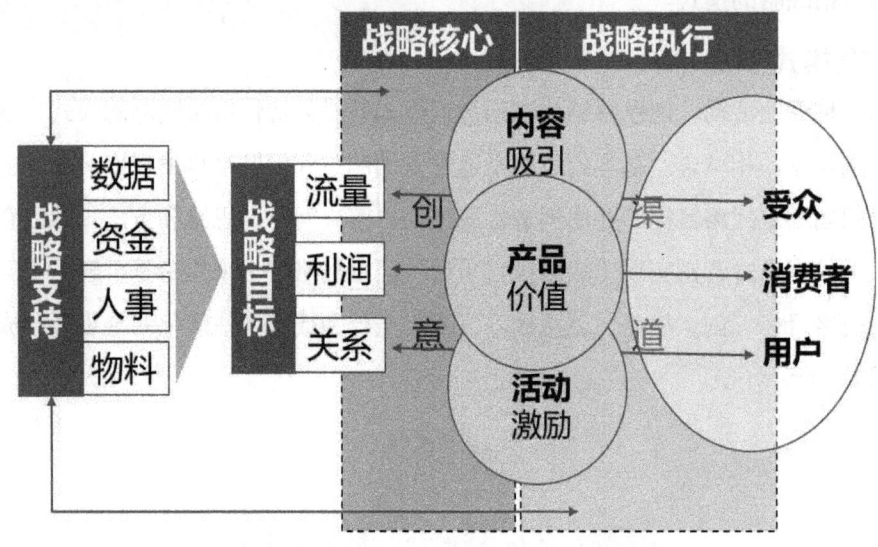

图4-6 创意营销战略的结构模式

三、创意营销的战略流程

与通用的战略决策一样,创意营销战略的决策也需要经历一个苦闷的推理过程,战略的产生和形成往往都是群体智慧共同努力的结果。不同的是,创意营销战略的决策过程更注重对创新价值的肯定,更强调把创新价值转化为战略价值的智慧。从创意营销战略的过程模式看,可以把创意营销战略的6个步骤分为三个阶段,即战略基础阶段、战略制定阶段和战略执行阶段(如图4-7所示)。

第四章 创意营销战略

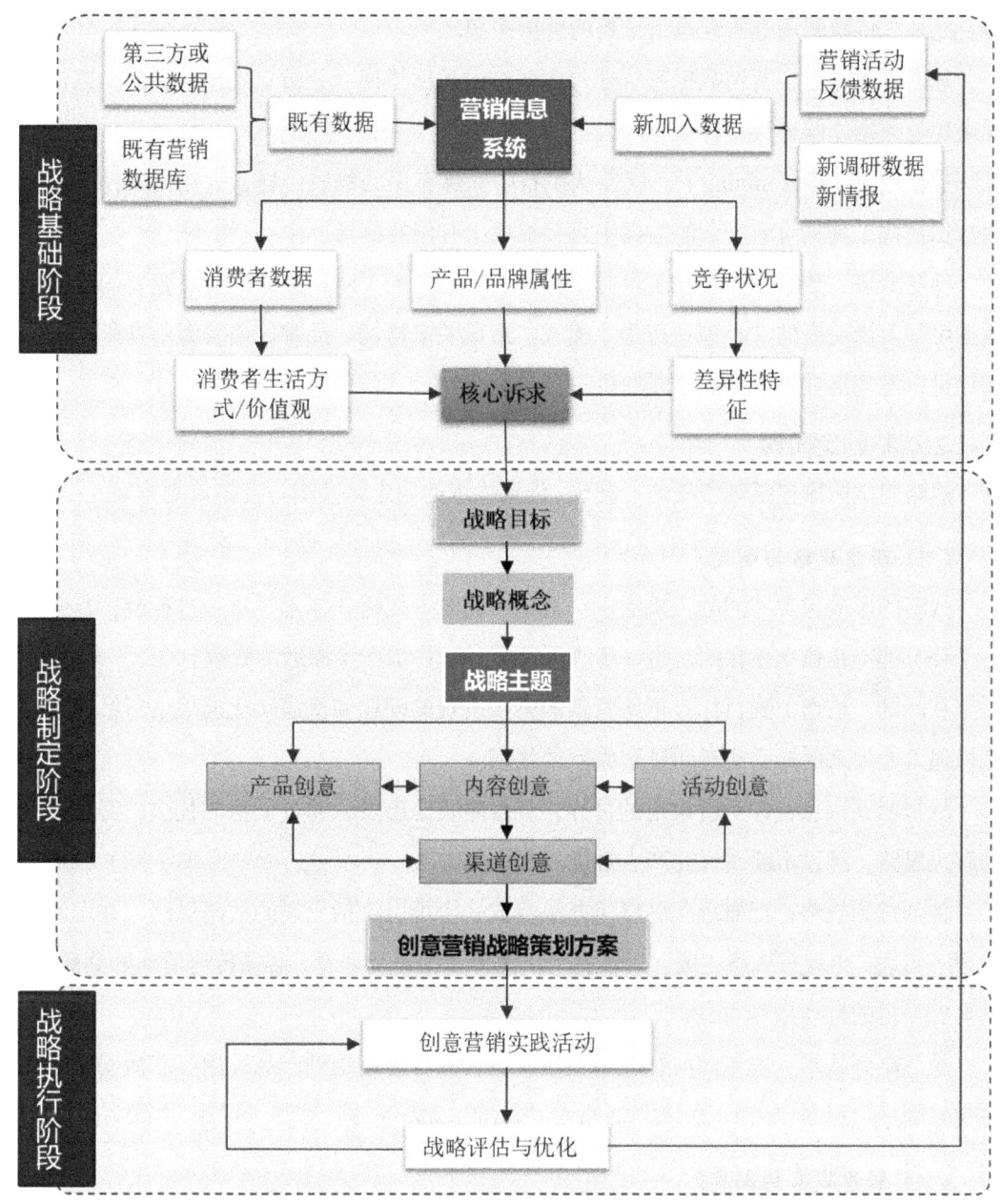

图 4-7 创意营销的战略流程

1.战略基础阶段

战略基础阶段即营销洞察阶段，具体来说，包括数据收集、数据资源整合、数据挖掘和问题聚焦几个步骤。

数据收集：建立或利用营销数据系统（或数据平台）来收集各种数据。营销数据系统和数据库不是同样的概念，一个数据系统可能包含或者能直接连接、调用若干个数据库的数据，如客户关系管理数据、电子商务平台数据、在线广告反馈数据、内容运营渠道数据等。此外，传统的调查研究也是重要的数据来源之一。

数据资源整合：营销数据系统还包含相应的数据建模、分析、处理的机制，以保证不同来源的数据能够进行整合。

数据挖掘（data mining）：就像从矿石中提炼有用的物质一样，大数据条件下需要利用数据挖掘工具从纷繁复杂的数据中直接提取出有用的信息。

问题聚焦：数据或信息化工具是手段，而不是目的，营销战略决策者重要的任务是从数据中学习消费者的"心理—行为"模式，形成关于市场、品牌、消费者、竞争状况的真知灼见，发现潜在的营销问题或商机。

2. 战略制定阶段

战略制定阶段包括创意战略的制定、创意战术的制定以及撰写营销策划方案三个环节。

（1）创意战略的制定

战略的形成包含"问题（机遇）—目标—创意—战略—战术"这一过程链，其中任何一个环节都不是孤立存在的，每一步决策都会对下一步产生深远的影响。

从问题（机遇）到目标：把从营销洞察中发现的问题和机遇转化成战略目标，目标就是机遇可能带来的局面或者问题解决后的状态。

从目标到创意：针对所设定的目标，从战略资源出发，通过创意的技法，努力尝试各种解决思路，经过不断研讨并产生最优的概念化方法。

从创意到战略：把概念化的解决办法变成一个可以统括全局的战略思路，并用语言表达为一句话，也就是战略主题。战略主题从消费者的角度来看，必须传达清晰的消费利益，且具有一定的行动号召力。

从战略到战术：思考如何把战略主题所包含的思想运用到产品、内容、活动和渠道等各个方面。

（2）创意战术的制定

这个过程强调的是创意在各个方面以及各个环节的运用，战术方案主要包括产品创意设计、内容创意设计、活动创意设计和渠道创意及规划。

产品创意设计：通过战略中所提出来的创意去开发、设计新的产品。值得注意的是，在产品开发设计过程中就应该对产品后期如何传播、如何与消费者互动进行思考，通过产品设计和包装来体现产品和创意的诉求。

内容创意设计：围绕战略主题，结合产品创意设计，设计话题、漫画、广告、视频、文章等相关的营销内容。

活动创意设计：围绕战略主题，结合产品设计和内容创意设计，开发和规划与消费者互动的方案。

渠道创意及规划：根据消费者的渠道接触习惯，开发、运用渠道矩阵，通过渠道把产品、内容、活动有机地整合在一起，以产生合力。

（3）撰写战略策划方案

把制定好的战略和战术撰写成具体可操作的行动计划方案。

3.战略执行阶段

创意营销的战略执行阶段包括创意营销的战略执行和战略评估与优化两个环节。

四、创意营销战略的内容

从创意营销的结构模式可知，创意营销战略包括战略目标、战略核心、战略架构和战略支持四个要素（详见第六章），以下分别对其进行说明。

1.战略目标

战略目标是战略的努力方向，是对战略要实现的状态（或愿景）进行的描述；战略目标需要界定营销活动的时空框架，即战略的起始时间和所针对的目标市场或目标人群；战略的预期状态常常和市场地位或影响力、利润率以及品牌与消费者的关系等因素相关；战略目标是相对长远的，因此可以分解成几个阶段来明确这个长远目标是如何逐步实现的。

2.战略核心

战略概念（或战略创意）是创意营销战略的核心。其内容是形成对战略创意的清晰界定和认知，需要思考：

"创意是什么"：这个创意的核心价值是什么，能解决什么问题。

"创意从何而来"：为什么要用这个创意来解决问题，依据是什么。

"创意将如何表达"：通过什么样的符号（语言的、文字的、视觉的、影像的或活动的）来表达创意，才能让人们产生关注、认同和共鸣。

因此，创意营销战略的核心应该包括产品和品牌的核心诉求（产品或品牌对于消费者的价值或意义）、战略主题和主视觉（创意的表达）、主题阐释（对创意的来源和意义进行解释说明）。

3.战略架构

战略架构是战略概念组合运用方式，需要思考的问题是：

"创意将去向何方"：将如何发展和运用该创意以促使其作用或价值发挥到最大。

其内容主要是创意的最终呈现方式和实现方式，包括创意在产品或服务、营销内容、营销活动（或互动方式）和营销渠道方面的运用，以及创意执行的路径（即产品、内容、活动和渠道的整合方式）。

需要注意的是，战略架构是一个有机体，其中的各个要素是相互配合和支持的，比如产品和内容是紧密相关的，营销活动又是围绕产品和内容展开的，而它们都需要通过具体的渠道传递出去。

4.战略支持

依照"战略资源理论"，战略支持包含战略形成和执行所需的人力、物力、财力、智力和能力等资源的配置，通常表现为人员配备、设施设备支持、经费预算和数据支持。

五、创意营销的战略策划步骤

创意营销的战略策划在步骤上基本与一般的战略策划或营销策划是一致的，但由于"创意"在其中的支配性地位，所以与传统的广告或营销策划在内容上又略微有所不同，主要表现在创意的形成和执行方面。可以把创意营销的战略策划分为战略筹备、战略研究、战略制定、战术决策和方案撰写五个步骤（如图4-8所示）。

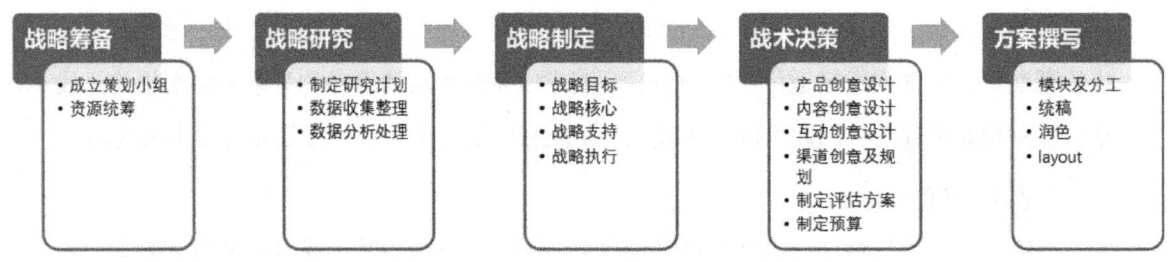

图 4-8　创意营销的战略策划步骤

1.战略筹备

这个步骤是战略策划的开端，主要是调配战略需要的各种资源，如人员、资金、场地等，以及在此基础上成立策划小组或策划团队。

营销策划小组通常由项目负责人、研究人员、策略人员、创意人员和渠道人员以及其他的辅助工作人员（如行政和财务）构成（如图4-9所示）。传统的广告代理公司，由于实施"客户策划制度"（account planning system），策略拟定主要由客户人员负责，即客户经理（Account Manager, 简称 AM）和客户主任（Account Executive, 简称 AE）负责。其中客户经理通常是项目负责人，客户主任则身兼数职，集客户服务人员、研究人员和方案撰写人员于一身。创意人员包括文案人员和美术设计人员，负责策划过程当中创意概念的提出以及宣传文稿的设计；媒介经理（Media Manager, 简称 MM）负责媒介渠道的规划。

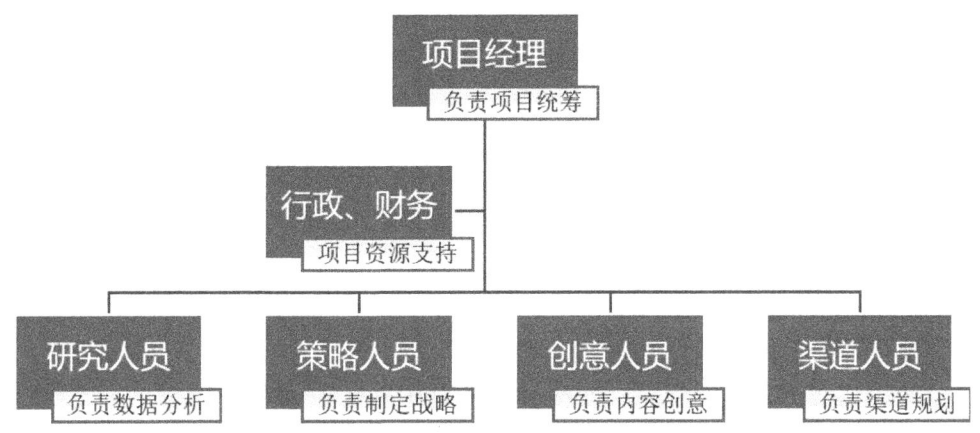

图 4-9　典型的营销策划小组

2.战略研究

战略研究即为营销战略提供数据支持的步骤，亦即实施营销洞察的步骤。主要目的是通过各种数据来源收集和整理支撑战略策划的各种数据，并通过数据分析和处理进行问题聚焦。从作业层面可以把战略研究分为 4 个环节：

拟定研究计划：根据策划的任务和性质，明确研究的对象和范围，确定适当的研究方法，制定研究计划。

数据收集和整理：根据研究计划，有序、如实地进行数据收集，并保证数据的真实性和有效性，并把不同来源的数据进行分类整理。

数据分析与处理：把收集来的数据进行分析和处理，从中发现、界定影响营销的关键问题。

撰写研究报告：把研究结果通过文本或可视化材料整理出来，在策划小组内进行分享，以便小组成员学习、查阅或调取。

3.战略制定

战略制定步骤是在战略研究的基础上，通过战略研讨，明确战略目标，确定战略对象，提炼战略概念，并把战略概念转化成各种战略执行。

明确战略目标：根据调研结果中的问题和机遇，确定战略目标。战略目标是与问题、机遇高度相关的，问题被解决之后的状态以及抓住机遇后的发展状态，都有可能是预期目标。

确定战略对象：根据战略研究的结果，确定目标市场（宏观的对象）、目标客户群（中观对象）和目标客户（微观对象）。

提炼战略概念：战略概念也称战略的核心创意。这个步骤需要提出创造性解决问题的总体思路和概念,并把概念转化为战略主题(strategic themes)和主视觉(KV)。战略主题就是一句能鼓舞人心的口号,主视觉就是一个具有强烈视觉冲击的形象或图案,二者构成一种互文关系。

规划战略执行:把战略概念转化成各种战略执行,创意营销的战略执行主要包括产品、内容、活动和渠道四个方面,因此此处的重点是各种战略执行是如何整合以及战略资源如何配置的。

4. 战术决策

战术决策步骤即把战略阶段形成的创意概念转化为营销的各要素、各环节的具体实施方案,具体来说就是进行各种创作设计和方案设计,包括产品创意设计、内容创意设计、互动创意设计、渠道创意和规划、制定评估方案以及预算等方面。

产品创意设计:在战略概念和战略执行的指引下,进行既有产品改造或新产品设计。

内容创意设计:结合产品创意设计和渠道规划,设计适合与消费者沟通的各种内容。

互动创意设计:结合产品创意设计和内容创意设计,进行营销互动或激励的创意设计,最终形成营销活动方案。

渠道创意和规划:按照产品、内容和活动的供给,开发、选择适合的营销渠道,并把它们组合起来,形成渠道矩阵。

制定评估方案:制定检验战略和战术的效力,通常与战略目标相关联。

制定预算:把营销活动可能的各种花费罗列出来。

5. 方案撰写

这是战略策划的最后一个步骤,就是把战略和战术决策的内容转变成文稿的步骤。由于战略策划方案一般篇幅较长,再加上各种不同的战术方案需要不同的专业人员来制定,需要分工合作才能完成;而不同的专业人员撰写的部分可能会在文字或设计上存在风格差异、在内容上存在重复或详略不当的问题,需要进行统稿和润色加工。因此,撰写战略策划方案的步骤应包括各模块分工、方案统稿、润色和整体封装(layout)几个环节。

分工:依照小组成员的专长,进行方案写作分工,如研究人员撰写"形势分析"部分,客户(策略)人员撰写"总战略""评估方案"和"预算"部分,创意人员撰写"活动执行"部分,渠道人员撰写"渠道规划"部分。

统稿和润色:把分工撰写的方案各部分合并在一起,去除冗余、调整结构,进行文字整理和修饰。通常由策略人员操作,项目经理把关。

Layout:在美术设计人员的帮助下,对方案的整体视觉设计进行修饰。

思 考

1. 加迪斯在《论大战略》一书中提出"战略是'狐狸式思维'和'刺猬式思维'的平衡",如何理解这句话?

2. 如何把抽象的创意转化为具体的战略和战术?

第五章
战略基础：营销环境与数据

> **导 读**
>
> 1. 所有的战略都是在既定的时空框架内提出的，战略环境由战略时空框架内的一切因素构成。正确认知营销环境是制定创意营销战略的基础。
>
> 2. 营销洞察是建立在营销信息之上的营销认知，信息时代的营销洞察是对各种营销数据进行分析处理的结果。
>
> 3. 数据运营是数据化营销的主要手段。

第一节　了解营销环境

一、战略与战略环境

1.战略与环境

前面阐述过，"战略"一词在早期专指军事谋略，战争的战略与战争的环境是息息相关的。在我国古代的典籍中，就有关于战略与环境的论述，如诞生于春秋时期的《孙子兵法》在开篇就论述了军事与环境的关系，从社会客观规律（"道"）、气候环境（"天"）、地理环境（"地"）、人事任用（"将"）和制度保障（"法"）五个方面来强调环境中各种因素对战争胜败的重要性。

故经之以五事，校之以计，而索其情：一曰道，二曰天，三曰地，四曰将，五曰法。道者，令民与上同意，可与之死，可与之生，而不畏危也。天者，阴阳、寒暑、时制也。地者，远近、险易、广狭、死生也。将者，智、信、仁、勇、严也。法者，曲制，官道，主用也。凡此五者，将莫不闻，知之者胜，不知者不胜。(《孙子兵法·始计篇》)

在第三篇中又补充了对敌我竞争状况认知的重要性：

知彼知己，百战不殆。(《孙子兵法·谋攻篇》)

成书于战国时期的《孟子》也有关于战争环境中各因素重要性的论述：

天时不如地利，地利不如人和。(《孟子·公孙丑下》)

受到战争的启发，市场营销也强调时空环境的重要性，从麦卡锡的《基础营销学》到波特的《竞争战略》再到科特勒的《营销管理》都把营销环境作为营销战略的首要考虑因素。

可以说，不论在军事领域还是经济领域，环境和战略都有着非常密切的关系。第一，环境是战略产生的客观条件。不论是战争还是营销都是在一定的环境中开展的，环境中的诸要素是战争或营销赖以进行的物质条件，正如植物赖以生长的土壤、阳光、空气和水。第二，对战略环境的认知是人的主观意识对客观环境的反映。战略的正确性建立在对战略环境认知的科学性之上，越是客观、科学地认识和理解客观环境，越有可能制定出有效的战略，越容易使战略取得成功。第三，战略是对环境的适应性决策。不论是战争的战略还是营销的战略，都是在特定时空环境中提出的抓住机遇和解决问题的解决之道，也就是说，是对环境中诸要素的适应性发展决策。第四，战略和战略执行（战术）是人的主观意志对客观环境加以改变的方法和手段，战略和战术的运用是为了改变客观环境中诸要素的关系，使其朝着对战略决策者有利的方向发展。

2. 战略环境

战略环境是指战略产生的时空背景中能够影响战略决策的所有因素的集合。需要注意的是，对制定战略而言，客观环境的存在是绝对的，而战略环境则是相对的。一方面是因为战略环境受战略时空框架所限制，虽然环境中的所有因素在一定的条件下都可能会对战略决策产生影响，但影响战略目标实现的往往只是其中某几个重要方面的因素，所以战略环境不是指泛泛的环境，而是特指在特定时空框架中对事物发展变化产生影响的因素或潜在因素的总和。另一方面，战略环境也受战略主体的实力及其所处的区位、层次和地位的限制，战略主体所处的位置，会直接影响其眼界、抱负以及看待世界（环境）的方式，最终决定其对战略环境的界定。

3.战略环境认知

（1）战略环境认知的概念

战略环境是客观的，对战略环境的认知是一种带有主观性的人类认知活动，同样，建立在对环境认知基础上的战略和战术制定也是人类主观意志对客观环境加以改变的反映，因此战略的成败有赖于战略决策者对环境认知的客观程度，换句话说，战略环境认知是战略成功的必要条件。

表 5-1　战略成败的影响因素

	环境因素	主体因素
客观因素	战略环境	人格、能力、智力
主观因素	对战略环境的认知	经验、动机、努力程度

战略环境认知即战略决策者或相关人员（参与者）通过自己的主观意向和努力形成的对战略环境的知觉、识别和理解。战略环境认知的实质是人的主观能动性对客观环境的认识过程，战略则是人的主观能动性试图对客观环境进行改造的方法，二者是认识论和方法论的区别。

战略环境是各种战略问题存在的时空环境，战略环境认知则是为发现与战略有关的机遇和问题、界定战略的核心议题而对事物未来的发展变化作出的准确预测，而制定战略则是要针对战略环境中存在的各种问题和机遇提出解决思路和办法，以处理好环境中的各种因素及其关系，因此战略环境认知是制定战略的基础。战略环境（客观条件）和战略环境认知（主观条件）二者共同构成了战略产生和发展的基础。同时，战略环境认知是战略决策的一个环节，是战略发展的起始阶段。战略决策通常都是从对战略环境的认知开始的，几乎所有的策划都是以对环境的认知和分析为起始的。

（2）战略环境认知的重要性

对环境的认知决定了战略取向，战略取向又能决定战略的成败。对战略环境的认知能力是衡量战略决策者能力的标志之一，古代的将领、谋士往往能够通过对环境的正确认知，准确推断出事物发展变化的趋势，制定出能够顺应历史发展的战略，战胜竞争对手，如《左传》中大家耳熟能详的故事"曹刿论战"就记述了曹刿对战场环境的判断和应对。能够"出谋划策"成为衡量将领和谋士能力的主要标志，而这背后起关键作用的则是他们通过各种方式对环境的认知。在如今的工商业领域也一样，好的营销战略一样建立在对环境的正确认知和理解的基础之上，成功的企业家大都目光如炬，能透过对环境的认知预测未来趋势，并制定出正确的企业发展战略。

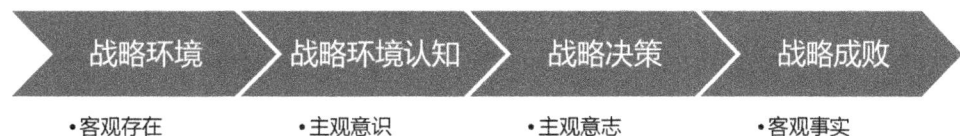

图 5-1 战略环境认知在战略决策中的作用

（3）战略环境认知的过程

正如毛泽东在《实践论》中所指出的：

> 要完全地反映整个的事物，反映事物的本质，反映事物的内部规律性，就必须经过思考作用，将丰富的感觉材料加以去粗取精、去伪存真、由此及彼、由表及里的改造制作工夫，造成概念和理论的系统，就必须从感性认识跃进到理性认识。[1]

对战略环境的认知存在一个由感性认知到理性认知的过程，这个过程包括三个阶段：首先是知觉阶段，战略决策者或参与者初步形成对战略环境的直观感受，形成感性认知；其次是识别阶段，战略决策者或参与者识别环境中的各种要素，即应该明白哪些因素在环境中是起作用的；最后是理解阶段，战略决策者和参与者通过理性思维的加工，形成对环境中各个因素之间辩证关系（如主次、矛盾、因变等）的理解。

（4）战略环境认知的内容

对战略环境的认知，可以概括为现象认知、本质认知、规律认知和联系认知四个方面：

现象认知：对战略环境时空范畴的认知。

本质认知：对战略问题的核心本质的认知。

规律认知：对战略对象的发展规律和发展趋势的认知。

联系认知：对战略环境的主要因素及其关系的认知。

对这些内容的认知结果，往往被称为报告、信息、情报或数据等。

（5）战略环境认知的方法

环境是一种客观存在，不以人的主观意志为转移，因此，在对战略环境认知的过程中，人的主观意识所起的作用是非常重要的。正确的态度、科学的方法才能保证战略环境认知贴近战略环境的客观存在。对于营销决策者来说，获取信息的方式不外乎两种，一是主动获取，二是被动接收；获取信息的工作方式也有两种，一种是公开的明面工作，一种是非公开的暗地工作。因此，战略环境认知的信息来源可以按照"主动—被动""明面—暗面"两个维度来划分（如表 5-2 所示）。

---

[1]《毛泽东选集·第一卷》，人民出版社，1991，第 291 页。

表 5-2　战略环境认知的方法分类

工作方式 \ 认知方式	主动获取	被动接收
明面工作	营销调研	数据报表
暗面工作	情报收集	小道消息

二、营销环境

营销环境是营销战略产生的客观基础条件。作为一种社会活动,营销是在一定的时空背景下进行的,营销战略就是为了解决在这个特定背景中可能会碰到的各种问题或抓住可能面临的各种机遇,可以说,营销环境是企业选择或采取什么样的营销战略的先决条件。

1.营销环境的概念

营销环境(marketing environment)是指营销活动所处的时空背景。营销战略决策是建立在对营销环境的认知上的,因此,营销环境也往往被称为营销战略环境(marketing strategic environment)。和一般的战略环境一样,营销环境也包括营销活动的时空范畴、营销问题的本质、各种营销要素及其关系以及营销的规律和发展趋势。

2.营销环境的范畴

从系统论的角度来讲,营销活动赖以开展的时空背景中的任何因素对营销活动都有可能产生影响。一般而言,营销环境可以从宏观和微观两个层面来观察。但所谓"宏观""微观"也是相对的,其范畴也取决于营销主体所处的行业、地位和竞争状况等。从营销的发展历史来看,宏观环境因素通常包括政治、经济、社会、文化、地理、人口、技术等,而微观因素则包括营销主体本身、竞争、产品/品牌、目标市场和消费者等。

3.营销环境与营销战略

营销环境也称作营销战略环境,所以营销环境与营销战略之间的关系,和普遍意义上的环境与战略的关系是一致的,具体来说就是如下几个方面。

(1)营销环境是营销战略的前提。营销环境是营销主客体存在的客观环境,营销活动是在这个特定的环境中展开的,营销环境先于营销战略而存在。作为营销活动的指导思想,营销战略是以营销环境为前提的。

(2)对营销环境的认知是战略制定的基础和依据。对营销环境的认知是营销战略的一部分,也常常是战略制定的起点。营销人员只有在对营销环境充分认识和理解的基础上,依据营销洞察得到影响营销的各种因素,有针对性地提出各种假设,最后平衡、选择出最佳行动效能的营销思路和对策,这就是战略思考的过程。因此,营销战略的制定是建立在对营销环境认知的基础上的。

（3）对营销环境的认知是营销主体的主观意识的反映。对营销环境的认知，往往受限于营销主体（包括营销战略的决策者和参与者）的认知结构和认知模式，也就是说，科学、客观的营销环境认知往往是正确制定营销战略的关键。

（4）营销战略的形成取决于营销环境和决策者的意识。盈利是大部分营销组织或营销主体存在的基本方式（当然也有少部分非盈利组织存在），为了实现短期或长期盈利目标，营销组织或主体就要制定相应的营销战略，而营销战略则来自于营销环境，营销战略通常用来解决营销环境中的某些因素导致的某些问题或机遇。

（5）营销战略是适应或改变营销环境的方法。大部分营销战略的提出，往往是为了解决营销环境中的各种问题，或抓住营销环境中的机遇，让营销活动更能顺应历史和时代的潮流，满足环境中各种相关者的利益，实现环境资源的高效分配和利用。也有一些大胆的营销战略是以改善营销环境为目的的，试图改变营销环境中的某些因素，化不利为有利，使营销环境朝着越来越有利于营销主体的方向去变化，如对用户消费行为和消费习惯的培养。

4.营销环境分析

营销环境分析（environment analysis）也常常被称为"市场分析"[1]或"形势分析"（situation analysis），是营销人员特别是营销决策者在对营销环境认知的基础上形成的认知性、概括性、结论性和报告性的文本，用以使所有营销参与人员了解营销环境的现状、趋势和问题。营销环境分析的关键是营销人员从营销环境分析中找出影响营销活动的关键要素，并提出针对性的意见或建议，使得相关的人员通过阅读该文本获得对营销环境的客观认知。

营销环境分析重视观点和数据的呈现。观点是关于营销环境的真知灼见，包括营销人员从调查研究中发现的关于市场、消费者和竞争状况的有关认知，以及消费者对产品、品牌的真实感受和看法；数据则是支持观点成立的描述性材料，是营销洞察的结果。

营销环境分析也通常是营销战略策划的起始部分。

三、正确认知营销环境

1.认知营销环境的目的

通过科学、客观的方法了解和洞察营销环境，发现可能存在的营销机遇和导致营销出现问题的障碍。

---

[1]市场分析是指营销分析（marketing analysis）容易与微观环境分析中的"目标市场分析"（target market analysis）相混淆，故本书中用"形势分析"以示区别。——作者注

（1）机遇

机遇即积极有利的方面，通常能够给企业带来与增长有关的有利局面。在数字化营销时代，"增长"成为一个炙手可热的词，但增长是一个广泛的概念，并不意味着只是用户数量的增加，更重要的是公司业绩的增长。正如肖恩·埃利斯（Sean Ellis）在《增长黑客》一书中所言：

> 人们常常认为增长黑客方法的任务就是吸引新用户或新客户。其实，增长团队应当承担更广泛的责任，事实也是如此。它们也需要关注客户激活，也就是说使原有的客户成为更活跃的用户和买家；也需要思考如何使他们成为产品或服务的宣传者。此外，增长团队应关注如何实现用户留存和变现，也就是说使客户成为"回头客"，增加他们为公司创造的收入，从而实现长期持续增长。[1]

也就是说，用户数量的增长，用户平均购买数量的增长，知名度的增长，忠诚客户的增长，企业收入和业绩的增长，都是增长所涉及的范畴。而机遇就是各种可能给企业带来各项增长的境遇。

（2）问题

问题是可能导致企业营销目标难以实现的障碍。既然企业的主要任务是增长，那么可能导致企业增长目标难以实现的各种境地就容易形成问题，常见的问题有：

品牌/产品没有知名度或知名度不高；品牌/产品口碑不好，消费者对品牌/产品的认知存在误区或误解；产品竞争力不足，或竞争对手太强大；替代性产品多，消费者普遍缺乏忠诚度；政策的不利变化；经济疲软，消费者的消费欲望较低……

2.正确认知营销环境的原则

求真：调查研究的目的是"寻求真实"[2]，只有客观地了解营销环境，才能制定出符合现实需求的战略。所以，在获取数据或信息的过程中要追求"真知"，如通过宏观环境了解真正的产品或服务需求，通过消费者数据发现消费者对产品、品牌认知的真实感受和看法，等等。

客观：对调查研究的结果务必追求客观，数据来源、调查方法、形成结论等环节都要保持客观、一致的态度。这就要求调查人员站在客观的角度，不偏袒，不以自我为中心，采取一种实事求是的态度。

探索：任何事物都不是孤立存在的，事物和事物之间总是有联系，如某企业的产品和它的竞争对手的产品以及它们的消费者之间都存在着联系，又如，消费者和市场可以看

---

[1] 肖恩·埃利斯、摩根·布朗：《增长黑客》，张溪梦、韩然、张颖译，中信出版集团，2021，"前言 低成本、高效率的精准营销"第37（XXXVII）页。

[2] 艾尔·巴比：《社会研究方法（第11版）》，邱泽奇译，华夏出版社，2009，第6页。

作微观（个体）和宏观（整体）的关系。

聚焦：通过"问题和机遇"或"SWOT"分析对营销环境进行总结性陈述，以期找到问题的核心或实质。

对营销环境进行深入的、透彻的认知过程一般称为"营销洞察"。

3.客户策划制度

客户策划制度也称 AP 制度（account planning system），由美国广告代理公司 Chiat/Day[1]首创[2]，其核心的意义是由更加了解消费者的

> **SWOT 分析**
>
> SWOT 分析是对企业内外部环境进行分析的工具。即通过"内部-外部"和"有利-不利"建立一个矩阵对企业经营面临的优势（Strength）、劣势（Weakness）、机会（Opportunity）、威胁（Threaten）、四个方面进行直观呈现。其中优势和劣势针对内部环境，机会和威胁针对外部环境。

策划人员（account planner）如客户专员（AE）或客户经理（AM）充当客户（广告主）与消费者、广告代理商、媒体之间的桥梁，来完成客户的广告战略策划。

客户策划制度是策划观念由产品导向向消费者导向转变的反映，更加凸显了消费者在营销活动中的主体地位。

客户人员的主要职责是服务广告公司的客户（广告主），了解客户的动机和需求，并通过各种调查手段来搜集和管理信息流，以发现特定消费者的观点，利用这些观点作为策划的基础。因此客户人员的调查方法主要是定性调查，如民族志研究、一对一访谈、焦点小组和投射测试；定量调查如全面调查、消费者小组和实验则由广告主来进行。此外，客户人员也要直接与文案（Copy Writer，简称 CW）和美术指导（Art Director，简称 AD）合作，共同创意。

4.学习型组织

对于工商企业来说，转变为学习型组织是确保能正确认识营销环境的一种机制。需要注意的是，学习型组织的"学习"并不是指一般意义上的科学或文化知识的习得，而是指深入研究消费者以发现关于消费者以及市场环境知识的过程。企业组织如果有一套能够行之有效的研究消费者潜在态度和行为模式的机制和流程，确保他们能够时刻保持对消费者、对市场的洞悉，这种组织就被称为学习型组织。

---

[1] Chiat/Day 创办于 1968 年，1995 年在当时的宏盟集团（Omnicom）主导下与 TBWA 合并为 TBWA/Chiat/Day。2013 年，宏盟集团与阳狮集团（Publicis）合并为全球最大的营销传播组织阳狮宏盟集团（Publicis Omnicom Group）。——作者注

[2] 关于客户策划制度的起源，还有其他的说法，具体可参考克里斯·哈克利发表于美国《广告研究杂志》（2003 年 6 月）的文章［Chris Hackley, "Account Planning", Journal of Advertising Research 43, no.2（June 2003）:235-245］。——作者注

5.数据分析

在数字营销时代,对营销环境的了解也逐渐趋于数字化,营销环境分析逐步被数据分析所取代。一方面是因为社会全面信息化,营销环境的各种信息来源都是以数据的形式存在的,数据的普遍性和真实性使之成为可信赖的依据;另一方面是由于数据挖掘技术和人工智能分析能及时、高效地处理各种来源的信息,并且能以可视化的形式直观呈现。

第二节　营销洞察及其方法

一、营销洞察的概念

1.营销洞察

"洞察"含有"深入了解""透彻认知"的意思,营销洞察就是通过理性的分析,对营销环境形成正确认知,识别营销环境中的各种要素,并理解它们之间的关系,以发现营销的机遇或问题。

在长期的营销历程中,人们对营销洞察的主要内容已经有了较为全面的认知。严格说来,理论上人们对事物的看法,可以分为宏观、中观和微观三个不同的层面(如表5-3所示)。但正如前文所述,所谓宏观、中观和微观是相对的,一些企业所面对的微观环境,对于其他企业来说可能已经是宏观和中观的了,如阿里巴巴的微观环境(淘宝),对很多"淘品牌"和店铺来说已经是宏观或中观环境了。通常对于很多企业来说,其营销战略的制定常常是以年度为周期的,营销战略所涵盖的时空范畴不宜太广,故而一般只强调宏观环境和微观环境。

表5-3　不同层面的营销环境

层面	意义	范畴
宏观	战略层面:具有全局性意义的层面;能够包含较长一段时间内,所有可能出现的因素的层面。	国际政治、经济、文化、社会、自然、科技等。
中观	策略层面:直接相关的层面;中长的时间框架,主要营销因素。	国内政治、经济、文化、社会、自然、科技等。
微观	执行层面:具体事件、操作的时空环境;微系统。	营销主体、品牌、产品、竞争、消费者和市场等。

2.营销洞察的内容

（1）宏观营销环境

宏观环境是指大的社会背景，它对营销活动的影响可能是非直接的，但往往是深刻的，涉及战略（或战役）的环境层面。一般而言，宏观环境包括如下几个方面：

政治（political）环境：包括对政府效能、社会制度以及相关的政策、法律、法规等方面。

经济（economic）环境：包括对目标市场的人口、经济发展水平、经济增速、人均居民收入、居民消费水平以及经济形势等方面。

社会（social）环境：包括社会结构、社会规范、价值观念以及社会文明程度等方面。

技术（technical）环境：包括新的研究成果、新材料、新工艺、新结构以及新媒介、信息技术等方面。

自然（natural）环境：包括自然资源、地理环境、生态环境和气候环境等方面。

文化（cultural）环境：包括民族文化、宗教信仰、区域文化（或亚文化）、审美观念、生活方式、风俗习惯以及普遍受教育程度等，也可以和社会环境合并在一起称"社会文化环境"。

其中，对前四个环境的分析，通常被合起来简称为"PEST分析"，是宏观环境分析中最常用的分析架构。

宏观环境分析可以用来预测产品的需求状况。

（2）微观营销环境

微观环境是营销活动的直接背景，主要由与营销活动密切相关的企业自身状况、产品/品牌现状、消费者和市场状况、竞争状况等方面构成。

企业自身：内容包括营销主体企业的历史、现状、经营情况、技术、财务等方面的状况，目的是找出企业自身的营销影响因素。

产品/品牌：这是营销洞察的关键内容之一，因为营销是以品牌或产品为基础性载体与消费者进行的互动性活动，主要内容是对企业的产品或品牌进行"属性—功能—利益"的探索，来寻找品牌或产品的价值。

消费者：在以消费者为核心的营销机制下，对消费者的研究和探索显得异常重要。主要内容包括消费者的界定，消费者的价值观、生活方式、行为方式以及他们对具体品类、品牌和产品的看法。此外，由消费者群（包括主要群体和次要群体）也常常是营销关注的对象。对消费者的描述可以采用定量描述（消费者人口统计数据）和定性描述（概念性的消费者）相结合的方式。

目标市场：任何营销都不是泛泛地开展的，通常会通过市场划分选定一个或多个目标市场。目标市场是由目标消费人群构成的区域性市场，通常与行政区域或地理区域相关，因此目标市场分析的主要内容是对以地域划分的既存或潜在目标市场的规模、趋势和潜力等方面进行的分析。

竞争状况：主要是确定目标市场上的主要竞争对手，包括品类内的直接竞争对手和品类外的间接竞争对手，并分析竞争的格局和趋势，找出营销主体的竞争优势。竞争的格局主要是静态的，如各竞争品牌的市场占有率和相对的市场地位；竞争态势是动态的，是各竞争品牌在一定时期内的此消彼长关系。

微观环境往往是战略概念的主要来源。

二、传统的营销洞察

基本的战略思维模式是在了解现状的基础上，根据企业的愿景和实际经营情况制定出现实的、明确的、可衡量的目标，并进一步制定用以实现目标的思路和办法。传统的营销洞察就是通过各种调查研究手段，透彻地了解营销环境的现状，为战略制定提供依据。

1.了解现状：战略的基石

正如《孙子兵法》所言"知己知彼，百战不殆"，战略是建立在对环境、对自身、对对手的充分了解之上的。在两次世界大战中，阵营或结盟情况、敌我态势、国力强弱、科技水平、战争意志等都是影响战争走向的现实因素。在工商业战略中，大的市场环境、政治因素、区域市场的文化和社会情况、己方的资本、管理和技术的实力、竞争对手的实力，都影响和制约着战略的走向。

表 5-4　传统营销洞察的视野

	宏观的	微观的
显性的	政治，经济，社会，技术、自然、文化	企业，产品，消费者，区域市场，竞争态势
隐性的	国家意志，突发事件	企业意志，企业决心

传统的营销战略的决策依据主要来源于营销调查和研究，即通过定量或定性的市场研究来得到营销所需要的信息，获得这些信息需要一定的技能和时间周期。

2.营销洞察的方法

传统的营销洞察主要通过定性调查和定量调查两类研究方法（如表5-5所示）来获取数据。

表 5-5　传统的营销调查方法一览

调查类别	方法	操作方法	说明
定性调查	观察法	产品观察	观察产品的外观、属性和功能；观察目标消费群体的购物行为和过程
	访谈法	普通访谈	对典型的消费者或潜在消费者进行品类、品牌或产品的相关访问
		深度访谈	采用不公开或一对一的方式对典型消费者就潜在立场、复杂的购物决策过程等方面进行访问
		焦点小组 Focus Group	对典型的细分消费者代表群体进行座谈会式的访谈
	量表法	瑟斯顿量表 Thurston Scale	用 11 个级别来描述受访者对某个产品的态度
		斯塔普量表 Stapel Scale	用 -5 到 +5 的分值来对产品的某些属性进行评分
		李克特量表 Likert Scale	用 5 或 7 级程度表示对一项或多项描述的从"完全同意"到"坚决反对"的态度
		语义差异量表	在一组相对的词语中间用 5 级或 7 级对产品或品牌的某个（些）属性进行描述，让受访者选择相应的层级
		哥特曼量表 Guttman Scale	按照强度对某些态度的描述进行排序
		排序评分	按照某个指标把一系列竞争性品牌进行排序
	投射法	句子完型	让受访者完成一个不完整的句子，以发现其潜在的态度
		词汇联想	说出一个词汇（品类或品牌名称）让受访者接着说出相关的词汇，用以推测品牌在其头脑中的地位或该品牌形象带给他的联想
		故事完型	故事讲一半，让受访者接着完成故事结局，以发现其潜在的态度
		主题统觉测绘	让受访者说出一张或多张模棱两可的图片所绘的内容，由此推断其潜在的立场
		故事拼图	让受访者搜集若干图片，并把这些图片按照某种逻辑组织成一个故事，用以发现被访者的潜在态度
		角色扮演	要求受访者扮演另一个人或者物品的角色，如推销员或不愿意购买某产品的顾客
	文献法	文献搜集整理	对已有文献资料（如政府文件、地方志、论文、报刊文章等）进行搜集整理

续表

调查类别	方法	操作方法	说明
定量调查	考察法	市场考察	深入到实际的市场中考察,获得实际的市场数据
	全面调查	大规模调查	对已掌握的所有消费者(或他们的资料)进行全面调查(或分析)
	抽样调查	电话调查	通过对电话号码的随机采样选取样本进行访问
		入户调查	通过一定的随机原则对消费者进行家庭访问
		市场随机调查	在市场(街头或商场)随机挑选消费者进行访问
		邮寄调查	把调查问卷邮寄到既定的消费者手中进行调查
		网络调查	通过网页问卷或电子邮件问卷对既定目标进行访问
	实验法	模拟实验	在公司内部或街头进行模拟销售实验
		试点销售	选定一定规模的市场进行产品销售试验

3. 消费者洞察

营销人员的重要任务之一是从纷繁复杂的数据中获取真正有用的信息。在以消费者为核心的营销活动中,对消费者的洞察是营销洞察的首要任务。从上个世纪70年代开始,一些厂商(如通用电气公司)敏锐地察觉到,只有真正洞悉消费者才能开发出适合消费需要的产品和营销激励(包括广告和各种促销活动),但受限于技术条件,当时只能通过各种消费者调查去获取部分具有代表性的消费者的研究资料。进入21世纪以来,信息化的发展使得各个厂商获得消费者的信息更加容易和高效,每个消费者作为一个独特的研究对象的时代已经来临。

消费者洞察就是通过获取的各种手段去对消费者的态度和行为进行客观认知,发现潜在(未被满足)的消费需求,洞悉营销趋势,发掘有用的商机。常用的消费者洞察工具有阶梯法、感知图、VALS模型和消费者概念等。

(1)阶梯法

阶梯法(laddering)是深度访谈的一种提问方法。所谓"阶梯"就是指"属性—功能(结果)—利益(价值)"这一通往消费者内心深处的途径,遵循这一认知阶梯可以在和消费者互动中洞悉产品对于消费者的价值和意义。在对消费者进行访谈的时候,从较为浅层次的消费者对产品的物质属性认知开始,逐步深入到消费者对产品功能的认知和理解,最后探索产品对于消费者的意义和价值的看法(如图5-2所示)。

产品物质属性:物质产品的化学属性或物理属性,如成分、材质、结构和工艺等,是构成产品价值的成本因素。

产品的功能：包括产品物质层面的功能（如牙膏里含有氟化锶六水合物能够防龋齿和抗过敏）、工艺层面的功能（如电泳工艺可以防止铝材氧化且更美观）、设计方面的功能（如电子产品的防水功能）以及社会心理的功能（属于意义层面，如钻石硬度极高不易磨损象征爱意永存）等几个层面。

产品的价值：这是阶梯法探索的重点，产品价值是由产品物质价值、使用价值、符号价值和社会心理价值等方面组成，常常表现为交换价值，即人们愿意为购买该产品付出的货币价值。

> **产品的价值**
>
> 按照鲍德里亚的观点，产品具有三个层面的价值，即使用价值、交换价值和符号价值。
>
> 使用价值：产品的物质价值，由原材料、工人劳动时间等劳动生产成本构成，体现人与物的社会关系。
>
> 交换价值：产品的经济价值，取决于产品的稀缺性。
>
> 符号价值：产品的意识形态价值，即产品的文化性、社会性或精神性的价值，体现为品牌价值。

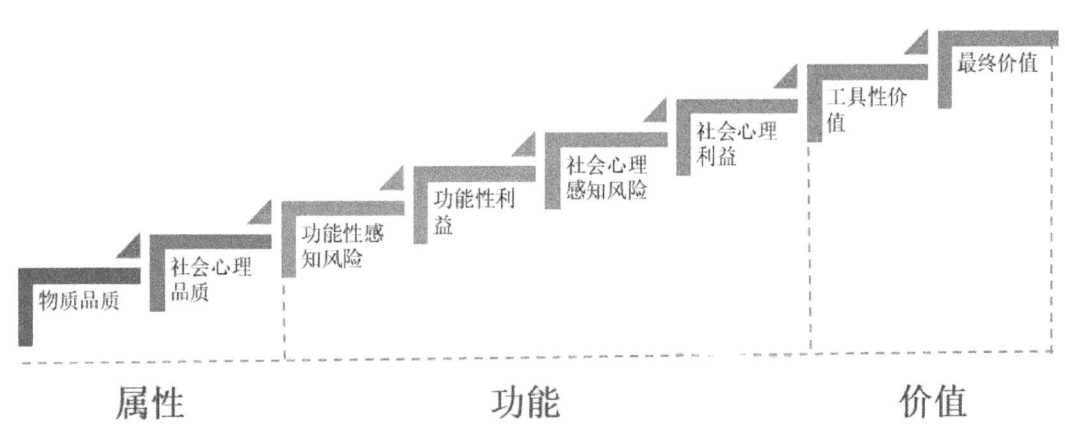

图 5-2　阶梯法示意图

（2）感知图

用来分析两个或两个以上的产品或品牌在消费者心目中的认知差异。通常是在消费者调查数据的基础上，以某两个标准（如质量—价格或格调—潮流等）或多个维度建立一个矩阵，然后在矩阵中标明不同产品或品牌所处的位置。

（3）价值观和生活方式模型

价值观和生活方式模型（VALS framework）是由斯坦福国际研究院（SRI

International)所创立的一种用来划分和描述美国社会各阶层、各种价值取向人群的研究工具。VALS 即"价值观和生活方式"（value and life style）的缩写，该工具通过三种不同的初始动机（理想、成就和自我表达）和社会资源掌握情况（创新水平）把美国的成年人分为 8 个不同的类型（如图 5-3 所示）。

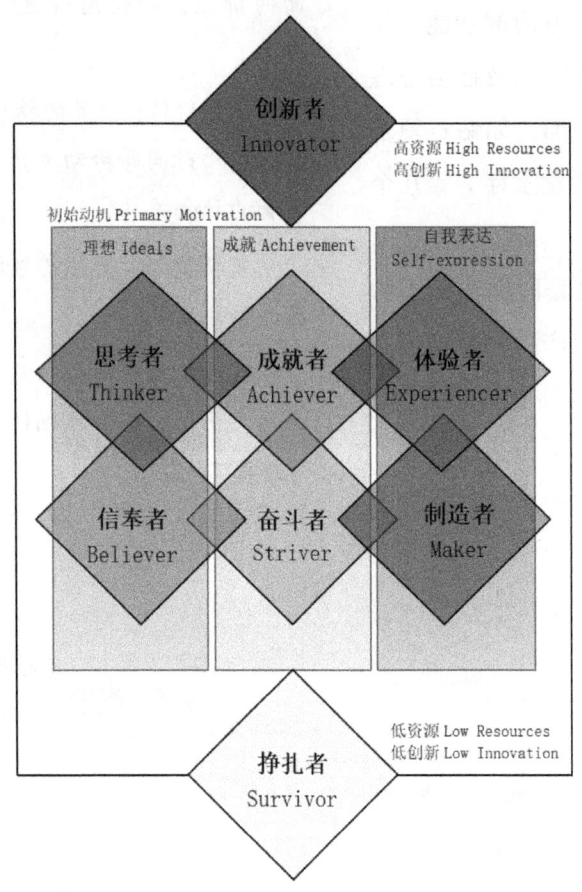

资料来源：斯坦福国际研究院官方网站（https://www.sri.com/hoi/vals-market-research/），中文翻译为本书作者所加

图 5-3　斯坦福国际研究院的 VALS-2 模型

（4）消费者概念

传统的广告业通常使用一种把消费者进行"概念化"定义的方法，根据消费者的欲望、问题、兴趣、价值观和生活方式等，以一种新颖的、生动形象的方式来描述消费者，如"秃然青年"（因为经常熬夜加班导致脱发严重，大有秃顶趋势的青年群体）、"高炮打鸟群"（使用长焦距镜头单反相机拍摄鸟类的人群）等，在数字时代，"概念性的消费者"也可以使用消费者标签和消费者画像来进行描述。

4.问题聚焦

营销洞察的最终任务是通过各种调查研究或数据分析，得到有关当前产品、市场、消费者和竞争的各种状况的根本性认知，透过现象看本质，找出营销现状、态势背后的关键性影响因素。因此营销洞察需要对千丝万缕的营销信息进行梳理、推理和总结。从纷繁复杂的信息中找到营销的关键问题，并把问题转化为机遇，提出针对性的解决思路和办法，是对营销人员的智慧和能力的一种绝对考验。

传统的营销传播的问题聚焦常常采用和品牌资产相关联的形式来描述，如品牌知名度不足、品牌认知存在偏差和品牌忠诚度较低等（如表5-6所示），这样做的好处是可以与接下来的战略目标制定相联系，即可以根据营销传播存在的问题来制定解决问题的相应目标。

表 5-6 戴维·阿克的品牌资产模型和营销问题聚焦的对应关系

态度层面	戴维·阿克的品牌资产模型	相关的问题聚焦
知晓	品牌知名（name awareness）	知名度较高/一般/不足
了解和理解	认知的品质（perceived quality）	品质认知正确/存在偏差/存在误解
情感	品牌联想（brand association）	品牌形象优秀/良好/负面
行为	品牌忠诚度（brand loyalty）	消费者有/无品牌偏好或忠诚度
	其他专有品牌资产，如商标、专利、象征形象和渠道关系等	企业有/无对品牌资产的"硬"支持

5.市场分析报告

市场分析报告也称作调查研究报告，是营销环境分析的一种文本形式，相较于策划方案中的营销环境分析部分而言，其形式更正式。通常由调查研究人员撰写，并向营销决策者进行报告。

三、信息时代的营销洞察

1.营销决策信息的数据化

战略的基础是对项目和环境的客观认知，早期的营销传播是建立在调查研究基础上的，这是因为在当时的社会条件下，调查研究是获得客观认知的最佳途径。

进入21世纪以来，特别是进入移动互联网时代，营销数据自然而然地成为营销战略决策的主要依据。这一方面得益于信息技术的突飞猛进，使得厂商搜集、存储和分析处理数据的成本大幅降低；另一方面是因为逐渐完善的信息社会，人们对数字设备和数字服务的依赖导致各种应用平台沉淀了大量的用户数据，厂商可以轻松获取用户的各种信息。数字时代的营销洞察就是通过数据去发现关于市场、企业、消费者和竞争状况的客观认知，发现营销的趋势、问题和潜在机遇，通过数据挖掘（分析）工具能帮助简化数据分析流程，并通过数据网络实现营销信息在企业机构内外的共享，并最终使数据以直观的图表方式呈现出来，便于人们随时掌控。

近年来，随着网络（包括移动网络和固定网络）带宽的大幅提升和智能终端设备的普及，再加上云计算技术的加持，营销数据的获取相对更容易了，可用的数据也越来越多了，数据对营销效果的贡献也日益显著，广告和营销业界开始流行"data-driven marketing"（数据化营销或数据驱动营销）的概念。

2.数据资源

本质上讲，存储于数字设备的各种信息都可成为数据，因此，不论是传统的调查研究手段得到的结果或结论，还是各种数字化设备获取的信息，都是数据的一种。在信息时代，数据资源也被称为信息资产，是企业最宝贵的资产之一，也是新的生产力。企业千方百计通过各种努力去获取消费者的数据，通过给消费者各种好处引诱消费者在各种新媒体平台上留下基本资料，并通过各种营销激励激发他们的行为反应来保持数据的新颖性和即时性，但从消费者的角度来看，这可能意味着隐私被侵犯、权利被践踏。近年来，数据安全和数据操弄的问题日渐受到人们的广泛关注，一些企业组织为了实现对数据的掌控，不惜通过非法渠道盗取、购买消费者数据，而另一些组织结构则专门以制造或操弄不实数据（如"水军""僵尸粉"）来实现其利益。

3.数据分析和挖掘数据

信息时代的营销环境认知主要是建立在各种数据的基础之上，因此其获得营销信息的方法主要是通过数据分析和数据挖掘。

在数字化的早期阶段，数据量不是太大的情况下，自动化（程序化）的数据分析工具能帮助营销人员减轻数据分析工作的压力，轻松获取所需信息。随着各种数字化新媒体的日益社交化，消费者不再是一个个模糊的印象，而是一个个由数据构成的鲜活的个体，在社交化的媒体平台上，他们不再被称作"消费者"，而是被称为"用户"（不只是被动消费，而是主动参与）。每一个用户的日常行为都被记录，这也就导致了数据的日益膨胀，简单的数据分析工具已不能满足营销决策的需要，需要新的方式从体量巨大、浩如烟海的数据当中去发现有用的信息，由此，数据变成像"矿产"（mine）一样的存在，需要通过数据挖掘（data mining）工具像挖矿、选矿、精筛、冶炼那样经由若干环节，才能得到有价值的信息，才能真正发挥其效用。简单地说，数据分析是发现问题的过程，而数据挖掘是知识发现的过程。

用户标签和用户画像：根据用户的基础数据（通常是性别、年龄、受教育程度、婚姻状况、家庭情况、收入状况、社交状况等人口统计数据）和用户日常行为（日均登录次数、在线时长、兴趣、偏好、购买记录、购买周期等）来为每一个用户贴上标签，标明其真实身份、平台身份和社会阶层等。在用户标签的基础之上，建构用户的立体形象，描绘出一个个鲜活的用户形象。

用户行为建模和行为预测：通过对用户长期行为的观察和积累，得出一套关于用户行为模式的描述。通过用户行为模式去推测用户接下来可能会发生的行为，有针对性地去开发和使用营销激励工具，以便高效达成目标。

人工智能分析：随着人工智能技术的日渐成熟，通过人工智能对数据进行分析已成为可能。人工智能相较于以前的自动化（或程序化）分析来说，一是处理的数据量和处理速度会得到大幅提升，处理不同来源的数据（或异构的数据）更加得心应手；二是能不断自我进化（而不仅仅是自我优化），不断提升处理信息的能力和效率；三是处理结果能以一种更加人性化的方式呈现，使决策者能够直接获得所需信息。

可视化呈现：就像汽车那样，通过仪表板来显示车辆的各部件数据和各种交互信息，可以使驾驶员对车辆的状态一目了然。大数据也是通过数据"仪表板"来呈现各种数据，数据以各种报表或图表的方式显示在大屏幕或营销人员的个人电脑屏幕上，实现数据资源在企业组织内部的散布和共享，营销决策人员可以随时直观地观察数据，了解营销的即时动态。此外，还可以通过定制化的数据仪表满足不同业务部门对数据的不同需求。

4.投资回报率

数据化的营销洞察日趋精细化，更注重对单个用户投资回报率（ROI）的分析。投资回报率反映的是在每个用户身上付出的营销成本与获取的利润之间的关系，所谓"投资"是指一定的周期内营销活动或营销努力花费在每个用户身上的成本，"回报"则相应地指一定周期内从用户身上赚取的利润。通过投资回报率的分析，一方面可以衡量不同营销激励的效力，以便不断地优化和提升营销组合的效率；另一方面可以更加精准地区隔每个用户，来为他们提供个性化的营销服务。

表 5-7　不同时代营销洞察的差异

对比项	传统的营销洞察	信息化的营销洞察
目的	界定营销传播问题	提升运营效率
对象	营销环境	营销数据
内容	宏观环境、微观环境	大数据、消费者行为

续表

对比项	传统的营销洞察	信息化的营销洞察
方法	定量调查和定性调查	数据分析和数据挖掘
聚焦	品牌资产	投资回报率（ROI）
结果	文本	可视化数据
用途	制定营销传播战略	制定营销战略、战术
频率	周期性调查研究	日常性运营

四、营销信息与营销信息系统

1.营销信息

营销信息（或称营销决策信息）即对营销环境认知的信息，是营销人员和营销决策者从营销环境中获取的能够运用在营销决策中的相关信息。其中有几个点需要进一步明确，一是营销信息来自于构成营销环境的各个因素，对营销活动具有正面或负面的影响；二是营销信息是营销人员对营销环境认知的结果，具有一定的主观选择性和认识局限性；三是营销信息用于营销决策，这个决策，既包括战略性的决策，也包括日常的管理决策。

2.营销信息系统

在信息化背景下，营销信息通常是以一定的形态存储在一定的设备或数据库中，以便收集、观察、对比、处理或共享，对于大多数企业来说，建立并不断完善的"营销信息系统"（marketing information system）是最好的选择。营销信息系统可以看作一个无所不包的大数据库或大数据平台，通过一种整合的方式对各种来源的营销信息进行汇总、分类和处理，为企业的各种决策提供信息依据。

（1）按照流程划分

从流程上来划分，营销信息系统一般包括营销信息的收集系统、分析处理系统和决策应用系统等不同模块。

信息收集系统：囊括了各种直接或间接来源的营销信息，包括企业内部各种数据报表、各部门的报告，以及各种正式调查研究和各种非正式手段得到的数据和信息。

分析处理系统：包括各种数据分析流程和数据分析软件，通过对数据的整合、处理和分析得到有价值的决策信息，不同的公司可能购买不同的数据分析处理服务。

决策应用系统：在数据收集和分析处理基础上把数据应用于企业战略和战术决策的一套流程，支持企业的各项运营和评估。营销决策应用系统主要关注营销信息系统中的数据在营销管理和决策中的应用。其应用主要分为两个层面，一是用来支持营销决策者的战略决策，如营销战略的制定；二是用来支持战术层面的营销决策，如日常的各种业务运营。

（2）按照信息来源划分

菲利普·科特勒（Philip Kotler）认为，营销信息系统由收集、分类、分析、评估和向决策者分发及时、精确的所需信息的人员、设备和程序构成，其支撑系统则包括内部报告、营销情报系统和营销调研[1]。

内部报告：厂商自己建立的各种信息化系统产生的数据，包括订单收款循环系统、销售信息系统和数据库（数据仓库）等。

营销情报系统（marketing intelligence system）：管理者使用的一套程序和信息来源，用以获得有关营销环境发展变化的日常信息。信息来源包括销售人员、中间商、外部专家、内外部网络、顾客顾问小组、政府数据资源、专业调研公司和在线情报系统等。

营销调研：传统获取市场研究的方法。

第三节　营销数据与数据运营

一、数据与营销数据

1.数据的概念

英语的"数据（data）"一词的拉丁文本义是"已知"，也可以理解为"事实"[2]，即已知的客观存在。现代意义上的"数据"一般被理解为计算机领域的术语，用通俗的话说就是指能够通过计算机输入、记录、处理和输出应用的各种符号的总称。典型的定义认为"数据是描述客观事物的符号，是计算机中可以操作的对象，是能被计算机识别，并输入给计算机处理的符号集合。数据不仅仅包括整型、实型等数值类型，还包括字符及声音、图像、视频等非数值类型"。[3] 因而可以对"数据"作如下理解。

（1）能够输入计算设备。键盘输入、屏幕书写、镜头捕捉、麦克风捕捉等各种传感

---

[1] 菲利普·科特勒、凯文·莱恩·凯勒：《营销管理（第14版·全球版）》，王永贵译，中国人民大学出版社，2012，第81页。

[2] 维克托·迈尔-舍恩伯格、肯尼思·库克耶：《大数据时代：生活、工作与思维的大变革》，盛杨燕、周涛译，浙江人民出版社，2013，第104页。

[3] 程杰：《大话数据结构》，清华大学出版社，2011，第5页。

器和记录仪采集等都属于数据输入的方式。

（2）能够被计算设备所识别和处理。不论是何种渠道和方式采集的数据，最后都是以机器能处理的二进制数字的方式存在的，只是不同的系统编码方式可能不一样。

（3）能够以一定的方式存储。数据能够以一定的结构和形式存储于各种介质中，不同的数据系统具有不同的数据结构，不同的数据处理技术也会导致数据存在的形式不同（如加密和分布式），存储介质包括磁盘、磁带、固态硬盘等。

（4）具有一定的意义和价值。数据对特定的人群有一定的价值和意义，比如每个人存储在手机上的照片和文档，对个人而言有相当的意义和价值，有些数据具有极为重要的经济价值，如某个平台的用户数据。

（5）可以分为数值型和非数值型两类。简单来说，数值型数据是指能够用数值表述的数据，如年龄、数量、金额等；非数值型数据是指不能用数值表述的数据，如文字、图片、影像、音乐等。二者在某些情况下可以发生转换，如作为非数值型的性别数据"女"和"男"也可以用数值表述为"0"和"1"，当然复杂的非数值型数据转化为数值型数据的难度比较大，二者可以简单理解为定量数据和非定量数据。

2.数据即信息

严格来讲，"数据"和"信息"这两个词语本来是分属不同行业的术语，数据是计算机领域的术语，而信息则是社会传播领域的术语。数据本身并不是信息，但经过处理的数据则蕴含着信息，或者说通过数据分析可以得到想要的信息。对于信息时代而言，所有的信息都以数字的方式被存储、处理、传输和共享，可以说，信息本身也是一种数据。因此，信息和数据再无须作严格区分，也可以说数据即信息，信息即数据，信息化也可以称作数字化。

身处信息时代洪流的我们，日常生活的大部分领域已经完成了数字化或信息化的转型，数字化给人们的生活带来便捷的同时，也增加了人们对数据的依赖，同时，各行各业开展业务都需要数据，更需要早已与数据融为一体的信息。

数字化或信息化最主要的意义是加快了信息的处理速度和流通速度。把各种各样的信息（如文字、图像、影像、声音等）用数码的方式加以处理，统一格式，以便于机器识别、运算，从而达到了提高处理速度的目的，同时，网络传输的带宽和速度的不断提升，也加快了信息的流通速度。

信息产业有个著名的"摩尔定律"[1]，从一定层面上说明了信息技术将会日新月异地发展，正因如此，各种计算设备处理信息的速度在近年来得到了几何级的提升，网络带宽的不断扩容也加快了信息流通的速度，设备软件、硬件的不断升级也催生了数据应用层面的不断进化。

3.大数据

"大数据"（big data 或 massive data）是由知名的学术杂志《自然》创造出来的概念，最初指体量庞大、超出了一般电脑处理能力的数据。当前，"大数据"的定义更多地指向一种"信息资产"，也就是那些由数据平台搜集的、对决策和效率提升有显著支持的大规模数据资料。大数据有如下主要特征。

（1）"大"。海量数据，体量庞大，由不同来源、不同架构的数据库组成的超级数据链接，链接若干个数据平台且数据分布式存储在不同的网络节点。

（2）"杂"。数据的来源、结构、属性和存储方式等方面都比较复杂，难以用简单的方式加以处理。

（3）"云"。数据存储于云端（大型企业级服务器上），而非某台单独的电脑或服务器上，同时对数据的处理也是在云端完成的，手机、个人电脑和平板电脑等移动智能设备，只是信息终端，并不承担大批量的计算工作。

（4）"动态"。数据是通过感知技术生成的，而且是实时更新的，基于数据的反应也是实时的（如对用户的信息推送）。

大数据的应用通常是社会层级的，其在营销方面的应用相对来说属于比较狭窄但又比较重要的范畴。营销大数据是以消费者（用户）为核心的，但又不局限于消费者的身份数据和行为数据，还包括营销信息系统中囊括的各种不同来源的数据，如政策数据、行业数据、竞争情报等。

营销大数据的精髓就是预测，通过数据分析和挖掘来预测趋势和发现商机，为营销决策提供依据。在提供营销决策依据方面，大数据思维也与传统的调查研究思维有所不同：其一，大数据是分析与某事物相关的所有数据，而不是像传统调查研究那样只选取少量样本；其二，大数据包容一切纷繁复杂的数据，而不是像调查研究那样追求典型性或精确性；其三，关注事物之间的相关关系，而不是像传统调查研究那样探求因果关系。

---

[1]摩尔定律由美国知名芯片公司英特尔（Intel）的创始人之一戈登·摩尔（Gordon Moore）提出，摩尔认为，在价格不变的情况下，集成电路上可容纳的元器件的数目大概每18至24个月便会增加一倍，性能也将提升一倍。也就是说，同样价格的计算设备的性能每隔18至24个月将会至少翻一番。——作者注

4.营销数据

营销数据就是营销信息。营销信息是营销环境中各种因素所形成的外在刺激或文本，用来消除营销决策中各种不确定性，信息冗余越多，不确定性就越少，信息的可信度也就越高。换句话说，营销数据越丰富，营销决策越趋向于科学。

信息技术在广告和营销业的运用始于上个世纪七八十年代，但由于当时数据库建设成本较高，营销数据主要是指消费者数据，但这些数据或多或少都存在不完整、缺乏优化、缺乏共享机制等问题，对营销实践或许并没有真正的价值。

进入21世纪以来，数字营销经历了相对漫长的探索期，各方面都取得了长足的进步。随着信息技术在行业内的深入发展，数字营销的内容和形式都变得更加多元、更加丰富，越来越多的营销渠道、沟通形式以及平台等可供营销人选择。此外，众多的第三方技术提供商以及他们所提供的营销工具也通过各种技术手段助力营销自动化和智能化，为营销人创造更多的便利和价值。同时，各种营销数据的"体量"也在日益膨胀，广告和营销业也逐渐摆脱了靠调查研究获取数据而导致的"数据不够恐惧症"，广告或营销的决策也逐渐摆脱了闭门造车的窘境。

二、数字化营销和数据化营销

得益于信息技术的发展，广告和营销业也进入了数字化时代，与其他任何一个行业一样，信息技术正以前所未有的深度和广度改变着整个营销行业的生态。

1.数字化营销

数字化营销一般也称为数字营销，是指基于数字技术（信息技术）的营销活动。

（1）数字化新媒体营销

数字技术或信息技术主要包括数字处理技术、数字存储技术、数字通信技术和数字显示技术等。在这些技术的推波助澜之下，对营销冲击最大的当数数字化新媒体，其出现改变了营销的基本立场和观念。基于数字化新媒体的数字营销具有以下基本特征。

互动化：相对于传统的大众传播媒介那种貌似高高在上、自上而下的传播姿态，数字化新媒体更像是一场"平民化的狂欢"，新媒体的基本运作法则是互动和对话。数字化新媒体的出现，也让传统媒体的话语权逐渐消解。因此，新媒体更加受到人们的喜爱和追捧，基于新媒体的数字营销也因为能与消费者平等交流、互动而充满魅力。

社会化：也称作社群化，是指数字化新媒体普遍带有社交属性，通过社会关系、兴趣、利益和活动等社交方式把人们聚集在一起。通过社交媒体建构一定的消费场景来进行营销活动将比传统营销方式更加精准高效。

网络化：与传统大众营销的线性传播不同，数字化新媒体的信息流通更加无远弗届，人与人之间、人与物之间乃至物与物之间都可以通过各种网络联系起来，这从根本上改变了营销的基本法则，一方面是提供了更加多元的营销渠道和更加丰富的营销形式，另一方面是人人皆可发声的"众声喧嚣"场景，会使得营销者对信息的控制力变弱。

移动化：移动互联网的出现，改变了网络传播的格局，人们可以通过智能手机、平板电脑、智能穿戴设备乃至智能交通工具随时随地地访问网络。从第三代（3th Generation，3G）移动通信技术普及以来，互联网的主要入口已经逐步由各种应用（applications，简称App）取代原来的PC浏览器。随着移动互联网的不断进化，移动网络的带宽和网速终将会超越现有的有线互联网，数字化新媒体的移动化趋势将会迎来新的局面，基于移动互联网的数字化营销也将会迎来新的发展前景。

智能化：在大数据和人工智能的加持下，营销变得更加智能，营销系统可以根据人们的兴趣爱好和行为逻辑预测他们的行为和行为趋势，生成式人工智能（generative artificial intelligence）则可以为营销者提供更加准确的数据分析报告，能解决营销决策者的疑问，并帮助营销决策者进行科学的决策，这样一来，营销活动所提供的信息、商品和服务将更加符合消费者的需求。

（2）数字营销技术

数字技术在营销方面的运用主要包括消费者数据库、数据分析处理、数字化销售、数字化传播和数字化服务等方面。

消费者数据库：早期的营销数据库相对比较简单，一般存储的是消费者的人口统计数据（如性别、年龄、受教育程度、家庭人数、年平均收入等）、电话号码、交易记录、信用级别和记录等。后来随着数字营销技术的发展，客户关系管理（CRM）系统也逐渐成为企业的标配，客户关系管理系统不再是简单地记录数据，而是一套完整的信息化营销系统，它能够整合各种来源的消费者数据资料，给营销人员提供准确的消费者数据，并能进行简单的自动化传播。而当前，营销大数据正逐渐成为营销的重要数据来源，营销大数据可能会整合包括CRM、营销活动和非营销活动在内的各种数据来源，建构消费者的行为模型，对消费者进行信息传播乃至行为操控（通过有目的的引导促使消费者形成某些行为习惯，如每日打卡领金币）。

数据分析处理：数据不是目的，数据应用才是，企业获取的数据最终需要通过分析处理成为有用的决策信息。在大数据时代，由于数据规模过大，传统的数据分析处理难以发挥其效果，数据挖掘逐渐成为刚需和主流的信息处理方式。

数字化销售：有别于传统的线下销售，数字化销售主要通过数字化直销平台、电子商务平台、社交电商平台、直播购物平台等数字渠道进行产品销售。同时，数字化销售也以其数据反馈及时、促销执行简单、方便消费者选购、评估容易等优势逐渐成为厂商重要的销售渠道。

数字化传播：主要是指通过网络和数字化新媒体进行的营销传播活动，如数字化传统媒体广告、网络广告、移动应用广告、搜索引擎营销、官方网站、内容生产和运营、电商产品页面、网络互动话题、社群促销活动以及小游戏等有别于传统广告的传播方式。

数字化服务：除了热线电话之外，随着数字技术的发展，产品论坛、产品社区、品牌官方自媒体、电商平台客服等也逐渐成为厂商接受客户咨询、反馈、投诉和预约售后服务的主要渠道。数字化服务具有自动化程度高（智能化）、透明化程度高（全程可追踪）、反馈及时等无可比拟的优势，但有时候智能机器人的服务也会让人崩溃。

当前，数字化营销已然成为主流。一方面，在技术应用上，年轻人总是"喜新厌旧"的，新媒体以其各种新颖特性不断吸引着年轻消费者的眼球，传统大众传媒的吸引力会逐步降低；另一方面，为迎合消费者，即便在传统大众传媒依然有一定吸引力的情况下，广告主仍然会逐步减少在传统大众传媒的广告投放力度，而加强在新媒体上的投入。建立在大众传播媒介基础上的大众营销，正面临着土崩瓦解。

2.数据库营销

数据库营销是指在信息化条件下，通过对消费者、竞争对手以及营销相关数据的收集、整理和更新，获取对消费者和市场的了解，并据此对消费者展开各种营销活动或营销努力，以实现营销目的的各种活动的总和。

数据库营销的核心是消费者数据库，产品开发、定价、流通、沟通和销售等一切营销活动都是建立在此基础之上，数据的准确度、完整度和更新状况等都会影响营销的效果，因此通过营销传播不断激发消费者产生新的数据，并及时更新数据显得尤为重要。为了保持数据的即时性，厂商必须不断地通过营销活动（或营销努力）来激发消费者的反应，因此，对于某个具体的消费者而言，相较于传统的营销方式，数据库营销给他带来的外在刺激是连续不断的。不断激发、存储和评估新的数据，并据此不断持续优化营销活动的效力，这就是"运营"的基本模式。

数据库中的消费者常常被称作用户（user）或客户（client），既包括单个的用户，也包括组织机构客户。数据库营销强调对用户实施一对一的个性化沟通和服务，根据顾客的数据（如购买力、兴趣爱好、购买意向和购买周期等）来为顾客提供定制化的营销服务。

客户关系管理（CRM）也常被看作一种数据库营销的方式。

3.数据化营销

数据化营销可以看作数据库营销的升级版,与数据库营销相比,数据化营销最大的转变是数据不再局限于消费者数据,而是营销的方方面面都完全信息技术化。在所谓"一切皆可量化"[1]的观念影响下,营销资源、营销目标、营销过程管理和营销评估等环节都实现了数据化。

数据化营销是建立在大数据和人工智能基础之上的营销方式,数据成为营销活动当中最重要的资源,营销者的首要任务是收集用户和其他一切有关的营销数据。营销目标不再局限于总的销量、销售额、市场占有率和利润率等指标,而是可以细化到营销的各个渠道和各个环节,被分解成相应的关键绩效指标(KPI)。营销过程则可以通过各种数据化系统和可视化的数据仪表板来进行监测和管理,"运营"(operating)正式取代"执行"(executing)成为企业经营的日常行为。营销评估变成基于数据指标的营销投资回报率(Return on Marketing Investments,简称 ROMI),营销传播不再被看作一种投入,而是被当作一种投资,同样需要计算每项活动的投资回报率。

表 5-8 数据化营销与传统营销的区别

区别项	传统营销	数据化营销
原理	帕累托法则	长尾理论
决策方式	计划+执行	数据+运营
决策依据	消费者数据	大数据
决定因素	物流和品牌	信息流
效果	体验	服务和效率
增长方式	加法	乘法(裂变)
成本	渠道和人力	物流和活动

三、数据运营

"运营"(operation)是指企业基于各种数据资源的日常管理、决策和运作等经营性活动的总称,因而也常常被称作"数据化运营"。

1.运营思维

相较于传统企业运作中的"执行","运营"是数字时代的产物,是信息时代和"互

---

[1] 科恩·保韦尔斯:《数据化营销》,李文远译,当代中国出版社,2016,第1页。

> **运营和执行的区别**
>
> 运营和执行是两个不同的概念。
>
> 运营通常指的是企业或组织的日常管理和决策,包括制定战略、规划、资源分配、监控和评估等。运营的目标是实现企业或组织长期的目标和愿景。
>
> 执行则是指将运营计划和决策转化为具体的行动和实施。执行的目标是确保计划和决策的有效实施,以达到预期的结果。
>
> 简而言之,运营是关注长期目标和决策的制定,而执行则是关注将这些决策付诸实施的具体行动。

联网思维"在企业运作层面的体现,可以从如下几个方面来理解所谓"运营思维"。

(1)基于信息化。运营可以看作信息时代的产物,是数字化营销发展到一定阶段、可以借助数字资源进行决策和经营的新型企业管理模式。

(2)内部管理。由于数据成为企业的内部"资产",因此更多强调内部的管理来实现内外部经营效果的增长。

(3)以增长为目标。运营是以各种数据的增长为目标的,如用户数据(如用户数、活跃度、复购率、贡献率、回报率等)、渠道数据(如内容展示量、达到率、互动量、转化率等)、交易数据(成交量、销售额)以及企业经营数据(市场占有率、利润率等)的增长等。

(4)精细化管理。为了降低营销活动成本,提升企业组织运营的效率,企业经营的各种流程和目标都已实现数据化,通过数据指标的设定和评估来实现企业的精细化管理。

(5)效果评估。重视投入和产出之间的数据联动性,每个项目都会通过投资回报率的计算来进行效果评估。

(6)日常性和持续性。相对传统企业管理的周期性的投入和评估来说,运营需要持续不断地根据数据变化来投入、维护和优化,这些工作是日常性的。

2.数据运营的范畴

广义的数据运营包括的范畴相对较宽泛,如采购和供应链的数据管理、生产环节的数据管理、企业人事的数据管理以及营销数据管理等。狭义的数据运营特指营销数据运营,从新媒体营销的范畴来看,营销数据运营主要包括用户数据运营、内容数据运营、渠道数据运营和活动数据运营等几个方面。

(1)用户数据运营

用户数据运营包括用户数据获取、存储、分析处理和更新等环节,用以维系与消费者之间的关系。各种营销活动通常是获取用户数据的主要来源,这些来自不同渠道的数据被存储于各种服务器上面,通过大数据处理工具的整合,能够得到关于消费者(用户)的真实认知。在新媒体营销背景下，企业品牌与消费者的关系往往被划分为路人、粉丝（关注者）、用户、活跃用户、铁粉（忠诚用户、复购者）等。

（2）内容、活动和渠道的数据运营

内容数据、活动数据和渠道数据通常是一个整体，因为内容和活动通常是在各种渠道运营的，因此渠道数据的运营通常包括该渠道的内容或活动的数据运营。新媒体营销不像传统大众传播那样定期重复播出广告即可，而是需要持续的输出内容和投入活动，内容和活动的运营主要关注在不同的渠道（或平台）上面的内容和活动的发布、跟踪、维护和效果反馈。

3.数据运营的过程

（1）数据采集（数据搜集和获取）

营销数据来源：营销数据的来源有直接来源、委托来源和间接来源三类（如表5-9所示）。

表5-9 营销数据的主要来源

来源	描述
直接来源	财务系统、销售信息系统、企业数据库、内部人员的调查研究
委托来源	委托市场研究机构或代理商
间接来源	各种公开的信息披露、行业数据、小道消息、商业情报刺探

直接来源数据也称作第一手数据，是指作为营销者的厂商能够直接获取到的数据，目前第一手的数据主要来源有客户关系管理系统、社交客户关系管理（SCRM）、用户忠诚度平台、智能探针、爬虫工具、广告验证、数据治理、客户数据平台、第一方需求平台、销售自动化等，因此直接来源数据主要包括：

CRM数据：记录在企业客户关系管理系统中的数据，包括线上电商和线下实体店销售时留下的消费者数据。CRM数据常常涵盖下面几种数据。

会员或用户数据：通过企业官方渠道收集的注册会员或产品用户数据，包括姓名、出生日期、真实性别、网络性别（根据购物行为判断）、地址、手机号、社交账号等基础数据，以及登录记录、交易记录等行为数据。

交易及服务数据：通过电子支付、销售终端记录等方式形成的成交数据，包括交易金额、交易数量、交易人数、交易商品、交易场所、交易时间、交易周期、供应链服务等数据。

销售数据：宏观销售数据通常也包括市场占有率、营销成本、投资回报率、利润率等；

> **移动智能设备**
>
> 智能计算设备也可以称为广义的"计算机"。随着技术的不断进步，其形式也日趋多样。目前大致可分为固定智能设备（如计算机、服务器和智能家用电器等）和移动智能设备（如智能手机、笔记本电脑、平板电脑、智能穿戴设备和智能汽车等）两类。
>
> 移动智能设备通常集成了数据输入模块和大量传感器，如触摸屏幕、摄像头、麦克风、卫星定位模块、陀螺仪（重力传感器）、光线传感器、距离传感器、位置传感器、运动（加速）传感器、磁力传感器、气压传感器、心率传感器、血氧传感器和温度传感器等。由于其可移动性，能随时随地记录数据并上传到云端，在用户数据采集方面拥有得天独厚的优势。

微观销售数据一般指单位时间内销售的产品数量和金额数据。

其中，销售数据通常是经由营销主体自有的线上线下渠道获得。自有在线渠道数据是当用户访问营销主体的主页、App、微网站（minisite）后，通过网站分析技术收集，再通过用户登录身份（Cookie ID）、登录IP地址或智能设备网络地址（Mac地址）进行识别获取的数据；线下店面数据则是通过CRM获得交易数据，或通过智能探针技术收集进入线下店面的消费者信息。

委托来源数据也称为第二方数据，是指企业委托其他专业的数据研究机构、数据供应商、数据交易平台或社交、电商等渠道平台帮助己方获取的数据，如广告数据，在广告主进行程序化广告投放后，从广告验证供应商处拿到点击广告行为的数据，通过用户登录的手机号码或设备身份（Device ID）进行识别；又如支付数据，消费者通过支付平台进行支付时，支付平台会提供公开的身份信息（Open ID，如头像、昵称和性别）进行识别。委托数据来源主要包括以下几种。

流量数据：内容或活动在第二方平台上的表现，包括浏览量（PV）、访客数（UV）、登录时间、在线时长等数据，通常也包括覆盖用户数、到达用户数、打开或点击用户数等。

社交数据：企业的各种社交账号在各社交平台的关注者数据。

电商平台销售数据：企业在第二方电商平台的各种销售数据。

间接来源数据也称为第三方数据，是指通过其他渠道获取的数据，包括各种公开渠道的数据和通过非公开手段获得的数据。公开渠道的数据包括政府机构公开数据、行业或协会数据、调查或评估机构的数据、第三方会员或第三方活动或俱乐部数据、电商平台接口获取的数据、竞争对手的数据、支付平台数据、社交媒体数据、广告平台数据，以及其他公开的数据。通过非公开手段（如购买、商业刺探、小道消息等）获取的数据，相对来说，其可信度要低一些。行业数据或同行业的竞争数据大多来自间接渠道,如淘宝的数据魔方会为小微店铺业者提供行业品牌的关键词搜索、店铺排名、销售、会员等数据查询。整合公开或付费的第三方数据,包括政府网站（如国家统计局）、机构排名（如 Brandz）或机构数据、行业数据以及媒体报道的信息等。

获取新用户数据：要实现用户数据的增长,除了对既有的用户数据进行耕耘之外,还需要不断开拓和获取新用户的数据。营销活动通常是获取新用户数据的手段,如通过"爆款"产品或有吸引力的内容来获取新关注用户,通过各种让利活动或促销活动获取新交易用户的数据。

（2）数据的分析与处理

除了根据来源,还可根据数据的用途分为用户数据、竞争数据、活动数据、渠道数据等,这些不同来源、不同用途的数据在实践中需要进行分析和处理才能实现其参考价值。

数据整合：数据整合的基本要求是异构转换、分类整理、去除冗余、直观呈现等。异构转换是把不同结构的数据转换成同一结构,以便不同来源的数据能够统一调用；分类整理则是按照决策需要把数据按照某些属性进行分类,便于管理；去除冗余是指把重复的、多余的数据去除,留下真实的、有用的数据；直观呈现则是指整合后的数据能够直观地呈现在决策人员面前。

挖掘有价值的信息：从整合的数据中通过数据分析和数据挖掘工具提取出有价值的信息。

数据更新：目前大多数的营销信息系统都能把营销活动或营销互动获得的各种数据作为新的数据及时纳入系统,保证数据的新颖性。

（3）数据的应用

市场研究：利用营销数据完成对营销环境的监测和了解,也可针对性地进行某些营销课题的研究,如消费趋势、行业报告、消费行为模式等。

社交洞察：基于社交媒体数据完成对消费者的洞察,包括用户画像、用户行为模式、社交关系链、产品使用场景等方面的研究。

用户运营管理：依据用户数据对消费者进行深入洞悉,了解其消费需求,分析其投资回报率,并给其他业务部门（如产品开发和用户服务）提供决策数据。

产品开发：依据对用户数据的了解,掌握消费者的核心需求、行为模式和需求场景,针对性地开发有销售力的产品。

智能定价：在电商和生活服务领域,平台可以依照用户标签和用户画像,使用人工智能技术为不同的消费者提供不同的个性化定价。

渠道运营管理：整合多个不同渠道平台，对广告、内容、促销或其他营销活动的投放进行全方位的规划、管理和评估，提升渠道运营能力。

内容和活动的运营管理：通过跨平台工具实现对内容和活动的投放和管理，通过对数据监测实现对内容和活动的效果评估。

营销人工智能：通过机器学习等算法，将数据分析中的数据专家人工干预的比率降低，达到数据分析和执行的高度自动化。

智能客服：人工智能技术的普及，在线客户服务从简单的聊天机器人逐步升级为更加智能的"虚拟数字人"，一方面可以把客服人员从忙碌中解救出来，另一方面也能大幅度提升客服水平和顾客满意度。

数据分析工具：把专业的、复杂的统计方法和统计流程程序化、工具化，使数据分析以一种简便的形式面向营销人员，简化数据分析工作流程，降低数据分析的门槛。

可视化工具：将数据分析结果以简明、易读、直观的视觉形象或图表展示给营销人员。

营销效果评估：通过数据的沉淀和对比，对营销战略或营销活动进行评估。

4.长期计划

虽然"运营"看上去更像是日常的业务行为，但实际上却是为企业的长期战略服务的，是对长期战略计划或任务的精细化执行。因此在实际的运营过程中，运营人员不能迷失在每天的数据报表里，不能被数据牵着鼻子走，要保持一定的战略清醒和战略定力。

思 考

1.数字化营销和数据化营销有何不同？

2.阅读毛泽东的《寻乌调查》和《实践论》，试着从其中总结出能指导我们进行营销洞察的观念。

第六章
制定创意营销战略

导 读

1. 创意营销的总战略由战略目标、战略核心、战略架构和战略支持构成。
2. 在数据时代,战略目标的基本概念是"增长",包括品牌影响力和品牌资产的增长、用户数量的增长以及销量、利润和资本的增长。
3. 创意营销战略的核心是创意,创意包含的诉求信息应该是产品、品牌或服务对于消费者的价值和意义。
4. 战略架构是由战略所需的各种战术手段组合而成,战略架构与营销观念有密切的关系。
5. 战略支持是指各种营销资源在战略和战术中的配置,其中最重要的是战略预算。

第一节 战略目标:增长

一、关于增长

无论是宏观经济层面还是微观经济层面,"增长"都意味着事物往好的方向发展。对于企业来说,营销战略的基本目标就是促进企业各项指标的增长。营销领域的增长可以看作企业各方面价值的增值，主要包含以下几个方面。

1.品牌资产的增长

品牌资产是品牌影响力的物化形式，品牌资产的增长也就是品牌及其产品的知名度、美誉度、忠诚度以及消费者对品牌的信赖度的增长。

2.用户数量的增长

通过用户群体的扩张，来实现消费个体或群体的增加，如获得新的营销渠道、开辟新的市场（如海外市场）以及用户裂变等。

3.销量的增长

通常的办法有增加产品新的用途、扩大用户群体、增加用户的重复购买率等。

4.利润的增长

通过扩大规模、降低成本、增加产品溢价等方式来促进企业利润的增长。

5.资本的增长

通过提高利润或获得融资渠道方面的支持来实现企业资本的增长。

需要注意的是，这几个方面是相互关联且环环相扣的，如品牌影响力的增长往往会带来用户的增长，而用户的增长又会带来产品销量的增长，销量的增长又带来利润的增长，利润的增长促进了企业资本的增长，最终实现企业规模的增长。在制定营销战略目标的时候，需要找准关键的环节，把它作为主要目标来设定。

二、对战略目标的认知

1.战略目标是战略的一部分

目标通常是战略性的，因为目标包含战略因素，因此战略目标通常是战略内容起始部分，也是制定战略的第一要素。

2.目标关联问题和机遇

战略目标通常与企业发展过程中存在的问题和面临的机遇相关联，目标常常是对抓住机遇和解决问题后的状态的描述。

3.目标指向战略结果

通常实施战略都是因为要建立有利的竞争状况或是赢得竞争，战略目标就是通过设置某种状态，把战略往有利的或能赢得竞争的方向指引。也是因为战略目标指向结果，所以战略目标应该是产出导向的，而非投入导向。

4.战略目标的包容性

因为战略是全面的,所以战略目标应该包含若干个不同的方面和不同的层次。从横向看,不同的战略执行部门应根据总战略制定不同的子目标。从纵向来看,一是要根据执行部门的层级分解出子目标,二是应根据战略进程把总战略分解成几个不同的阶段,并分别设定子目标。

三、战略目标的构成要素

战略目标通常由时间框架、战略的空间范畴和战略愿景所构成。

1.战略的时间框架

战略通常是基于长远的考量,所以战略目标应该具备一定的时间框架,即在什么时间节点完成战略任务。

通常在企业内部的战略规划会相对长远一些,比如有十年计划、五年计划等,而营销传播代理机构由于受服务合同所限,所涉及的战略目标相对要短一些。由于很多广告主的广告标的周期为一年,所以在广告界,主要的战略提案框架往往是一年。

表 6-1　不同主体的战略周期的区别

战略周期	企业	营销传播代理机构
长期	五到十年	三到五年
中期	三到五年	一到三年
短期	一到三年	月度或季度

2.战略的空间范畴

战略的空间范畴主要包括战略的施加对象以及战略的其他影响对象,也就是战略执行要针对的个人或群体。在商业战略中,战略施加的对象往往是目标市场或目标客户群,因此战略空间的范畴通常以目标市场为代表,而目标市场的描述通常是以空间或地理区域为划分标准的,如"一类市场""一线城市"或"华东市场"等。

目标市场的选择:通常指的"市场"是由营销机构、消费者以及他们的需求构成的,但对一个企业来说,市场主要是由消费者构成的,市场的划分依据通常是地理区域,因此目标市场可以描述为"某个地理区域的某些消费者",这些消费者可能是已经存在的,也可能是潜在的,取决于他们是否有关于产品或服务的需求。传统的目标市场选择依据有下面几种。

其一,无差异市场。即把所有地域的所有消费者都看作自己的目标市场。但这种决策方法在当下几乎只存在于理论中，因为在竞争充分的市场环境下，市场总是会被分化成几个子市场，正如里斯和特劳特所言："每一个品类总是始于某一个单一的品类，……但一段时间之后，这个类别开始分化成几个小类别。"[1]

其二，差异化的市场。即通过某些差异化的指标把无差异的市场分成若干个有区别的市场，这个过程就是所谓的"市场细分"。大众营销就是通过市场细分来选定某个或某些子市场作为目标市场。

其三，利基市场。也称"缝隙市场"或"集中的市场"，是比市场细分还要细分的市场。利基市场是后福特主义的产物，即通过小批量生产满足多元化的消费群体的需要，福特主义的规模化生产导致一些人的需求无法被满足，因此留下一些边缘的缝隙市场，这些缝隙市场就给竞争对手特别是规模较小的企业提供了发展空间。

除了目标市场之外，战略的空间范畴可能还包括其他利益攸关者。

利益攸关者：也称为"利害关系者"，是指与企业有直接或间接利害关系的个人或组织。"利害"包括有利和有害两个方面，"一荣俱荣，一损俱损"说的就是利害相关。相对来说，竞争对手则是一种"此消彼长"或"共同成长"的关系。因此，创意营销战略的利益攸关者则可能包括用户、消费者、竞争对手、媒体、渠道商、合作伙伴、政府机构等，可根据战略任务的不同来具体确定。

3.战略愿景

战略愿景即战略想要实现的结果。在商业战略中，战略的结果常常是与利润、利润率、销量、销售额、市场占有率、市场成长率等因素相关的，这些因素决定了战略目标的制定方向。

战略的目标导向即制定战略目标的指引方向，根据战略的不同方向来引导战略实施。根据战略的方向，创意营销的目标导向主要有以下几种。

（1）地位导向：以市场地位、市场占有率的增长为目标，市场地位也往往和企业的资本实力相关。

（2）利润导向：以企业利润、投资回报率的增长为目标。

（3）关系导向：以参与度、转化率、粉丝数量、忠诚度（复购率）的增长为目标，指向用户数量和用户复购率的增长。

（4）销售导向：以销量、销售额的增长为目标。

（5）影响力或态度导向：以流量、知名度、美誉度（口碑）的增长为目标，指向品牌资产的增长。

---

[1] 艾·里斯、杰克·特劳特：《22条商规》，第76页。

四、创意营销战略目标的制定

战略目标的制定一般分为四个步骤：确认战略的时空范畴、评估目标市场的当前状态、确认战略愿景和撰写书面目标。

1.确认战略的时空范畴

时间范畴：确认战略的时间范畴即设定目标的起止时间或战略的时间框架，"如2025年1月—2025年12月"。

空间范畴：确定战略的空间范畴即目标市场的选择，即确认战略将要面向的市场。市场通常带有地域性，因此可以看作地理空间范畴的确定，如"本次战略主要针对18~25岁的在校女大学生，她们通常居住在一线或二线城市"。

2.评估目标市场的当前状态

评估目标市场的当前状态即对目标市场当前的规模、本产品市场地位进行评估，如"目前目标受众对产品存在某些误解，她们认为使用本产品会有副作用"。

3.确认战略愿景

确认期待的状态，如"通过本次营销活动的开展，能够消除她们的负面认知，使她们认识到产品是安全有效的"（态度导向），"通过本次营销活动的开展，实现粉丝量增长10万"（关系导向）。

4.撰写书面目标

把构成战略目标的三个因素组合起来就是一个合格的战略目标，如：

在2025年底，通过营销活动的开展，消除18~25岁居住在一线或二线城市的在校女大学生对本产品"会有副作用"的负面认知，使她们认识到本产品是安全有效的，可以放心使用。

把战略目标用书面的形式写下来，并传达至所有项目的相关人等，可以让所有人都清晰地知晓战略努力的方向，以凝聚共识。

第二节 战略核心：创意

创意营销战略的核心内容当然是创意，关于"创意"的思考，在战略制定层面主要包括三个问题，即创意"是什么""怎么来"以及"怎么去"。创意"是什么"即核心的创意是怎样的，如何用语言、视觉或事件等表达出来；创意"怎么来"是关于营销创意从何而来、如何产生的问题；创意"怎么去"则是关注创意产生之后如何通过各种营销手段或途径实现其价值的问题。

一、创意"是什么"——具有价值的营销创意

在第一章中，已经对作为普遍意义的"创意"作了阐述，此处着重从作为营销战略核心的意义层面来探讨。

1.创意的表达

营销战略的创意也称为销售创意（selling idea）或战略概念（strategic concept），通常来自于产品或品牌对于消费者的价值。营销战略创意作为营销决策者头脑中的概念或想法，只有通过语言的、形象的或其他方式传达出来才能被人们所理解。

用语言来表达指"说什么"，即品牌或产品要对目标受众传达的信息或观念，在战略中往往表达为主题句或广告语（headline, tagline 或 slogan）。

用视觉形象来表达则一般称作主视觉（KV），主视觉可以是一个独立的视觉形象，也可以是视觉形象和文字设计的组合。

此外，创意还可以通过具体的营销活动来表达，如促销活动、公关活动、事件营销或话题营销等等。活动在新媒体背景下显得尤为重要，因为新媒体营销需要直接激励或引发消费者（受众）的行为反应，而活动相对于文字、视觉形象来说更能激发人们的参与。

> **Headline、Tagline 和 Slogan 的区别**
>
> Headline 指广告作品或文案作品中的大字标题，是战术性的创意表达，每个作品的标题可以不同，但都应该指向同一个创意概念或主题。
>
> Tagline 指品牌标语，即标明品牌内涵、态度的语句，是品牌战略层面的表达，一般长期使用，不能轻易变换。
>
> Slogan 指广告语或广告口号，可以指广告语或广告战略运动的口号，偏向口语，可以是长期不变的，也可以是阶段性的（如年度口号）。

2.创意的价值

创意是人类智慧劳动的结晶，也是战略中最具人类智慧价值的东西，从人类的共同认知、审美或理想的层面来说，应该具有某种人类共情的要素，反映人类的审美情趣，或者有表达或艺术方面的开创性意义。

营销创意应该是企业、品牌或产品对于消费者或广大群众的意义（精神层面）或价值（物质层面）的体现，能够引起他们的心理或行为方面的某种反应（如注意、兴趣、欲望、信赖、记忆或行动），最终通过营销活动的

开展转变为企业的经济价值。具体来说，营销的创意可能包含如下几个方面的价值。

（1）品牌/产品/服务本身的价值

品牌、产品或服务对于消费者的价值，既包含使用价值或工具价值，也包含附加在产品或服务之上的品牌价值或文化价值。

（2）差异化价值

差异化是构成认知价值的重要依据。差异化价值是指一个品牌、产品或服务与竞争对手的差异所带来的价值，也包含由产品供给的稀缺性带来的交换价值。

（3）审美价值

品牌或产品的设计对于消费者来说具备的美学意义或娱乐意义。

（4）认知价值

品牌或产品所传达的消费观念或信息给消费者带来的认知或教育方面的意义，认知价值往往是由传受双方的信息差所形成的。

（5）市场价值

消费者通过品牌或产品的交易为企业贡献的经济价值。

需要说明的是，创意价值的最终实现，要经由厂商战略决策者的认可以及市场的检验来得以确认。也就是说，创意首先要让战略决策者或广告主认可，才能有机会面向市场；然后再经过在市场上的传播、推广和实践，最终通过市场完成价值实现。

二、创意"怎么来"——营销创意的产生

从创作的角度来看，营销创意可以看作"产品或品牌诉求的创造性表达"，因此营销创意的产生基本上要经历两个基本步骤：产生诉求和诉求的创造性表达。

1.诉求产生的基础

"诉求"（appeal）本是法律用语，本意是"通过诉讼想要达成的某种目的"，后来引入到广告传播行业。从字面意思来理解，"诉"即"诉说"，"求"即"追求"，合起来的意思是"带有某种目的性（追求）的诉说"，潜在的意义是"本产品（或品牌）要告诉大家这样的一句话，目的是让大家知晓、了解和购买"。另外，产品或品牌的"诉求"也常常被称作"卖点"或"销售主张"（sales proposition）；从战略的角度看，也可以看作战略的核心。广告业自诞生以来，产生过很多关于"诉求"或"创意战略"的理论，详见表6-2所示。

表 6-2　广告的创意战略理论一览

出发点	理论	描述	适用情况	意义	举例
产品	通用战略（generic strategy）	直白阐述：从产品属性、功能到产品利益，不与其他品牌进行比较	品类开创者，市场领导者	品牌就是品类代表	"排除毒素，一身轻松"（盘龙云海排毒养颜胶囊）
产品	独特卖点（unique selling proposition）	独特利益：对产品本身的物质特性或独特利益进行优先声明	有技术或专利优势，短期内无法模仿或超越	独创是最好的名片，跟进者会被视作缺乏创新	"只溶在口，不溶在手"（M&M巧克力豆）
产品	内在的戏剧性（inherent drama）	赋予故事性：挖掘产品内在的戏剧性，建立产品形象和联想	新品类或新品牌	产品和文化的结合，产生无与伦比的魅力	"月光下的收成"（绿巨人豌豆）
品牌	优先权声明（preemptive claim）	先入为主：抢先于竞争对手，传播品牌差异，而非产品差异	市场培育期或成长期	抢占品类第一知名度	"高档装修，就用简一大理石瓷砖"
品牌	品牌形象（brand image）	符号识别：强调品牌标识与品牌理念的认知差异，塑造象征性的联想	品类内产品同质化	创造品牌附加价值	"怡泉（Schweppes）的人来到此地"
品牌	品牌个性（brand character）	品牌人格化：赋予品牌人格特征，增强印象	品牌竞争激烈	品牌形象的升级版	"有态度"（网易新闻）
品牌	品牌定位（brand positioning）	认知优势：在消费者头脑中占据有利的认知地位	品类开创者或挑战者	创建新品类，提高性价比	"非可乐"（七喜汽水）
消费者	情感战略（affective strategy）	感性沟通：通过感性要素（如音乐、文案、形象等）激发消费者的情感参与	强势品牌，可以随意诉求	非理性，建立与消费者的情感联系	"听说，下雨天，巧克力和音乐更配哦"（德芙）
消费者	共鸣战略（resonance strategy）	共同记忆：输出价值观或唤起消费者对往事的记忆，引发共鸣	知名品牌或有历史的品牌	和消费者做朋友	"喜欢上海的理由"（力波啤酒）
节事	事件营销（event marketing）	造势或借势：制造或利用事件来引发关注、讨论或参与，形成对产品营销的有利局面	社交媒体，具有自扩散性质	强大的自传播属性	"逃离北上广"（新世相）

在当下的营销环境中，产品或品牌的营销诉求主要来自于"产品或品牌对于消费者的意义"，而要把一个品牌或一个产品对于其消费者的意义梳理出来，必须先清楚地了解产品或品牌的实质、目标消费者（群）和产品或品牌的竞争性意义三个方面。

产品或品牌的实质：产品的实质包括产品的物质属性、社会属性和文化属性。产品的物质属性，即构成产品的物质成分以及产品制造工艺等物理或化学属性；产品的社会属性即产品的物质属性对于人的效用（使用价值）或社会心理属性（交换价值）；文化属性则是产品物质属性在消费文化中"自然化"的结果（符号价值），附加在产品之上的品牌实质上就是产品的文化价值。

图 6-1　产品的属性和价值关系

本产品或品牌的目标消费者（群）：消费者可能包含一个或多个不同的群体，但应该有主次。比如，"健怡可口可乐"的主要消费者是那些"怕长胖的年轻群体"，次要消费者则可能是"患有血糖方面症状的消费者"。

更重要的是需要用"共同特征"把他们描述出来。在创意层面，一般较为重视消费者群体共同的内在心理特征（如共同问题、兴趣、愿望等）或外在行为特征，可以据此发展出消费者的"概念"，消费群体的概念创新往往可以为战略创意提供基础性的引导。

在信息化新媒体时代，常常用"用户标签"和"消费者画像"来把目标消费者（群体）从大量的用户数据中"提炼"出来。用户标签是在数字化时代用以描述某些人口统计数据或消费者"心理—行为"特征的描述数据，如"在校大学生"属于人口统计数据的描述，而"渴望旅行"则是"心理—行为"特征描述。用户标签是在消费者数据的基础上生成的，具有简洁明了、容易处理等特征的信息符号。消费者画像是在消费者"心理—行为"模式的基础上，用较为生动的形式对典型消费者的描述，消费者画像可以采用视觉化的图像和消费者标签结合的形式来呈现。

本产品或品牌的竞争性意义：在创意的构思阶段，除了产品/品牌和消费者的因素之外，还应该思考产品的竞争因素。由于产品或品牌存在差异，不同的产品或品牌对于不同的消费者可能具有不同的意义。产品或品牌的竞争性意义就是把产品或品牌相对于竞争对手的不同之处（差异化价值）转化成对于消费者的意义，如索尼的电视机相对于其他竞争对手的产品来说，具有"色彩真实"的特征，沃尔沃（Volvo）汽车相对于其他竞争对手的产品来说则有"安全"的意义。需要注意的是，这个不同之处应该是长期存在的，具有可持续性的，也是企业长期致力建构的价值或意义。

2.诉求产生的方法

（1）策略三角

诉求产生的三个基础性因素构成一个协变性的框架结构，是营销策略思考的起始性方法，被称作"策略三角"（如图6-2所示）。

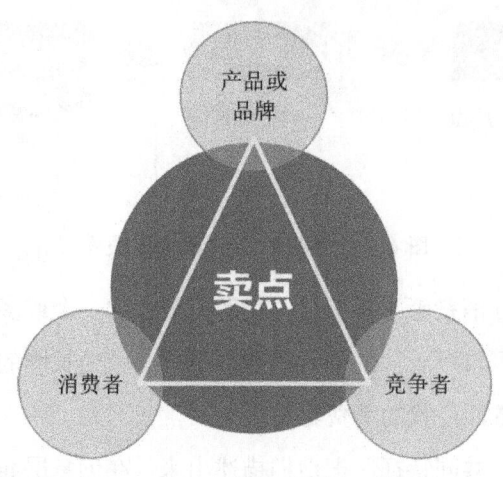

图 6-2　策略三角示意图

（2）阶梯法

本来是深度访问的一种询问方法，调查者通过一系列问题来探索产品的属性和消费者能从产品中得到的价值之间的关系，试图从产品的物质功能性结果上升到产品的社会心理性结果，这个过程是由认知的较低阶段到较高的阶段，被形象地称为提升产品的"认知阶梯"（见图5-2）。在数字新媒体时代，这种方法依旧有用，营销人员可以通过对数据的分析来探索产品或品牌对于消费者的最终价值或意义。阶梯法在战略创意层面的应用，是在洞悉消费者价值观和生活方式的基础上，试着探索产品或品牌对于他们的价值和意义。

（3）创意策略简报

在传统的广告公司内部通常使用"创意策略简报"（brief of creative strategy）来明确诉求、创意的受限制条件和拟采用的艺术风格。创意策略简报的功能除了使整个创作团队凝聚共识、明确责任之外，还承担着为创意指明方向的作用。因此一份完整的创意策略简报应该包含对如下几个问题的思考。

○（营销或传播的）目标是什么？

○目标对象是谁？他们有什么共同特征？

○产品或品牌的属性是什么？

○竞争对手都有谁？他们的品牌或产品各自有什么优势或劣势？

○产品或品牌的诉求（或卖点）是什么？

○有什么物质的或认知的理由支持诉求或卖点吗？

○文案的语言风格和视觉的艺术风格是怎样的？

○有哪些限制条件？如品牌既有的视觉元素或法律、法规要求出现或禁止的元素。

需要注意的是，不同的广告公司的创意策略简报在形式上会有些差异，侧重点可能也有所区别,但把创意策略简报作为一种产生诉求或思考创意策略的工具,这一点却是一致的。

3.诉求的创造性表达

需要注意的是,诉求(即"产品或品牌对消费者的价值或意义")通常被概括为一句话,很多时候,这句话本身也是需要创新的(诉求的创新),但这句话只是创意的来源,并非营销创意本身。

(1)把诉求转化为创意

营销的目的不外乎建立知名度、增进理解、形成形象、促成交易和维系关系几个方面。这几个方面转化到创意层面,就是引起注意、提起兴趣、达成理解、塑造价值、记忆和行动几个方面。再进一步转化成创意要求,就是创意必须满足注意力、简洁、趣味性、有意义、能激发人们的行为和互动等几个方面(如图6-3所示)。

进一步说,就是用一种更容易引起注意、更容易理解、更有趣或更有意义的表达方式去呈现诉求的内容,这种能够引起注意的、有趣的、容易理解的、有意义的或能够引发回应的表达方式对创造性的要求更高,因此可以把营销创意理解为"诉求+创造性表达"。相对来说,容易引起注意的表达方式有争议性的话题、制造对立的话题、与人们观念相逆的话题、夸张的表达或与人们的利益相关等;更有趣味,能够勾起人们兴趣的表达方式有解构、反转(意料之外、颠覆想象)、故事情节等;更容易让人们理解的表达方式有典型、简化、类比、夸张、比喻等;对于人们来说更有意义的表达方式的基本做法是用一种"形而上"的哲思方法来使表达的内容充满意义或意味;能够引发人们回应的表达方式有利益、好玩、争论、情绪等(详见第八章第三节"内容创意执行")。

图6-3 营销目的、创意的目标和创意的要求对应

（2）创意的呈现

在文本层面，营销创意可以通过语言文字（语词化）、图形或图像（视觉化）以及影像（视听化）乃至事件等形式去呈现，各种媒介文本也都有其擅长的创意表达（如表6-3所示）。

表6-3 各种媒介文本擅长的创意表达

文本形态	包含内容	符号系统	擅长的创意表达
文案	标题、广告语、标语、主题句和正文等	语词：抽象的概念	话题争论、简化、修辞（比喻、夸张等）、意义升华、文化象征
图像	Logo、插画、照片等	视觉：抽象的概念具体化	直观、修辞（比喻、夸张、对比）、视觉暴力（视觉锤）、文化象征、典型形象
音频	音乐、故事、朗诵、情景剧、曲艺等	听觉：让听众想象	情绪感染、情节吸引
视频	广告、纪录、故事、游戏等影像内容	视听：直观的呈现	情绪感染、情节吸引
事件	节日庆典、即时沟通、现场表演等	行为：现场即时信息	相关性、人情味、视觉吸引、文化嫁接等

三、创意"如何做"——通用的创意产生方法

通用的创意产生方法，是指在各行业或各领域行之有效的一些创意方法，营销人员或营销传播人员通常也使用这些创意方法来使自己的想法更有创造性。

1.改造对象：产生创造性成品的方法

这是对创造对象进行改造以产生新品的方法。创造的对象主要包括文字、图形、影像和产品等，对它们的改造创新的方法主要有想象法、联想法、组合法和检核表法等。

（1）想象法（imagine）

想象是人的大脑对已有事物进行加工改造而产生新事物的心理过程，是人类能够产生创新的最基本方法。想象力是人类特有的创新能力，我国科幻作家刘慈欣曾说过：

> 想象力是人类所拥有的一种似乎只应属于神的能力，它存在的意义也远超出我们的想象。有历史学家说过，人类之所以能够超越地球上的其他物种建立文明，主要是因为他们能够在自己的大脑中创造出现实中不存在的东西。在未来，当人工智能拥有超过人类的智力时，想象力也许是我们对于它们所拥有的唯一优势。[1]

按目的性来分，想象可以分为有意想象和无意想象两类。有意想象是指有目的地去想象，通过主观努力创造新的形象、事物或概念，包括再造想象、创造想象和幻想等几种形

---

[1] 刘慈欣在2018年获得"克拉克想象力社会贡献奖"（Clarke Award for Imagination in Service to Society）颁奖典礼上的致辞，转引自澎湃新闻2018年11月9日，https://www.thepaper.cn/newsDetail_forward_2617797

式。无意想象则是指没有目的,不需要主观努力的想象,如梦和幻觉。

一般来说,营销创意属于有意想象,但也不能忽视无意想象的作用。当我们对一个问题殚精竭虑仍然不得其解的情况下,可以暂时停止有意想象,把工作交给无意识,让无意想象去完成剩下的工作。广告创意大师詹姆斯(James Webb Young)在其著作《创意的生成》(A Technique for Producing Ideas)中就对这种方法进行过阐述:

> 创意就是这样来的:一开始,你全力以赴;紧接着,你因为竭神费思而倍感焦灼;于是,你放弃努力,让自己放松和休息一下时,创意却不期而至了。[1]

(2)联想法(association)

心理学家认为我们头脑中的概念或形象是以不同层次的概念网络存储的,概念和概念(或形象与形象)之间是通过一定的方式(如相似、相连、相对或相关等)联结的。联想就是在我们头脑中由一个事物(概念和形象)想到另一个事物的过程。联想法就是借助想象,把相似的、相连的、相对的、相关的或者在某一点上有相同之处的概念加以联结的方法。因此联想法常见的有类似联想、接近联想、对比联想和因果联想四种(如表6-4所示)。

表6-4 常见的联想法

事物的联结关系	对应的联想法	说明和举例
相似	类似联想	由形态上相似做出的联想,如"老鼠→鼠标"
相连	接近联想	由时空上的接近带来的联想,如"鼠标→电脑"
相对	对比联想	从对立的一方到另一方的联想,如"老鼠→猫"
相关	因果联想	从原因到结果的联想,如"老鼠→鼠疫"

(3)组合法(combination)

詹姆斯在《创意的生成》一书中强调了组合法在创意中的重要性,他认为"创意的生成有两个普遍性的原则最为重要":

> 第一个原则,创意其实没什么深奥的,不过是旧元素的新组合。……第二个原则,要将旧元素构成新组合,主要依赖于以下这项能力:洞悉不同事物之间的相关性。[2]

组合法是指通过复制、移植、嫁接、融合和重组等结合手段巧妙地把两个或多个元素进行重组、配置以获得具有统一性整体事物的方法。因此组合法又可以分为同质组合、异

---

[1] 詹姆斯·韦伯·扬:《创意的生成》,中国人民大学出版社,2014,第69页。
[2] 同上,第33-34页。

质组合、立体附加等不同形式。

同质组合：把两个或多个同样的或同种的元素进行组合。在营销领域，同质组合多用于产品创新，如智能手机为了实现长焦、广角和高分辨率摄影，会把不同功能的摄像头组合到一起，通过多个摄像头的组合来实现复杂功能。同质组合也可以用在营销创意层面，如把多个营销渠道进行组合来实现多渠道传播，又如文案中把相同的句子反复出现来增强语气或渲染氛围。

异质组合：把不同类别的元素进行移植、嫁接或融合式组合，以产生全新的或丰富的功能，这是创意中最常见的方式。在产品创新层面，异质组合强调把不同的功能融合到一起，如"蒸汽拖把"就是把蒸汽高温清洁和拖把的功能组合起来形成新的产品，又如把洗衣机和烘干机结合在一起产生了洗烘一体机；在内容创新层面，把两个不同的概念或故事进行嫁接形成新的概念或故事，或把不同风格的内容组合在一起形成新的风格；在活动层面，把促销活动和广告组合在一起，就有了"促销式广告"或"效果广告"；在渠道层面，社区团购就是把团购和社区这两种不同的销售渠道进行了组合创新。

立体附加：以某一元素为主，把多种其他不同的元素进行立体组合，变成新的东西。如把电池组、滚筒扫把、真空泵、水箱和污水箱等结构巧妙地组合在一起就成了近年比较流行的"洗地机"。又如把武侠、宫斗、权谋、复仇、爱情以及历史等元素融合在一起，就有了好评不断的电视剧《琅琊榜》。一些新媒体平台也是把内容阅读、内容创作、社交、广告、娱乐、电子支付和电子商务等功能立体组合到一起，满足人们的多元化需求。

重新组合：把原来经典的、固定的或人们已经习惯的成品（如产品、故事、角色或生活习惯等）进行结构重组，以产生新的意义。如近年来手机或电视机屏幕面板技术的创新上，不同的企业就是在红绿蓝（RGB）三种二级发光管（LED 或 OLED）的组合上大做文章，分别出现了"钻石排列"、Pentile 排列以及 Delta 排列等不同的技术。而不少人们耳熟能详的广告作品，则是对一些经典故事或角色的消解和重构，如"士力架"的电视广告中的林黛玉、许仙、唐僧和华妃。

（4）检核表法（*checklist*）

奥斯本检核表法（Osborn's checklist）是由知名广告公司 BBDO 的联合创始人亚历山大·奥斯本（Alexander F. Osborn, 1957）所创，早期由"适应、放大、最小化、替代、重新排列和组合"6个检核项构成，后来被改进成为"奔跑法"（SCAMPER）。"SCAMPER"7个字母对应7个不同检核项（其中的"M"和"R"两项各包括两个问题，共9个问题），引导创意者在创造过程中进行思考，以启迪思路、开拓思维想象的空间，促进人们产生新设想或新方案（如表6-5所示）。检核表法常用于产品创意，当然也可以用于其他概念的创新，与奥斯本的另外一个创意方法"头脑风暴法"结合会产生更好的效果。

表 6-5　SCAMPER 检核表

	检核项	意义	说明
S	Substitute	代替	能否用新的组件、材料或人员来替代？
C	Combine	组合	能否与其他产品或服务进行整合、集成？
A	Adapt	适配	能否改变功能以便在其他领域使用？
M	Magnify/Minimize	大小	能否在范围上扩大或缩小？
P	Put to another use	用途	能否改变其用途？
E	Eliminate	删除	能否删繁就简，只保留核心功能？
R	Rearrange/Reverse	重组	能否重组或者反其道而用之？

2.按部就班：注重创意过程的创新方法

创意的过程遵循科学的程序，在心理学范畴常常与问题解决的心理有关，基本的观点认为创意的产生过程存在一定的阶段性。

如伦敦经济学院联合创始人、社会心理学家格雷厄姆·沃勒斯（Graham Wallas）《思维的艺术》（*The Art of Thought*，1926）一书认为创意的产生经历"准备（preparation）、孵化（incubation）、明朗（illumination）和验证（verification）"四个阶段[1]，又如美国哲学家约翰·杜威（John Dewey）在《我们如何思维》（*How we think*，1910）一书中认为人们解决问题一般包含"失调—诊断—假设—推理—验证"五个步骤。

（1）失调：感受到了困难或难题。

（2）诊断：问题的定位和定义。

（3）假设：想到可能的答案或解决办法。

（4）推理：对假设进行推理。

（5）验证：通过进一步观察和实验肯定或否定自己的结论，即树立信念或放弃信念。[2]

奥斯本（1953）则认为创意的产生包括七个阶段：

（1）方向：指出问题所在（Orientation：Pointing up the problem）。

（2）准备：收集相关数据（Preparation：Gathering pertinent data）。

（3）分析：分解相关材料（Analysis：Breaking down the relevant material）。

---

[1] Graham Wallas, *The Art of Thought* (London: C.A.WATTS Ltd,1934), p.40.
[2] 约翰·杜威：《我们如何思维》，伍中友译，新华出版社，2010，第 60 页。

（4）假设：以创意的方式堆积备选方案（Hypothesis：Piling up alternatives by way of ideas）。

（5）孵化：放轻松，期待光明（Incubation：Letting up, to invite illumination）。

（6）合成：将碎片放在一起（Synthesis：Putting the pieces together）。

（7）验证：判断产生的想法（Verification：Judging the resultant ideas）。[1]

詹姆斯也提出了创意生成的"收集资料—消化资料—孵化—顿悟—检验"五个阶段。

第一，收集原始素材——无论这些素材是关于当下课题的特殊素材，还是来自不断积累的常识之库的普通素材。

第二，在头脑中反复研究这些素材，将之不断咀嚼、消化和吸收。

第三，孵化阶段，将不同素材交给你的潜意识去整合。

第四，创意的诞生——也就是你大声喊叫"有了，我找到了！"的阶段。

第五，创意生成的最终阶段。你需要将它应用于现实世界，并做出进一步的修正与发展，以符合现实。[2]

并针对这五个阶段指出了创意的具体方法：第一，在"收集原始素材"阶段，平时要养成分门别类存储素材的习惯；第二，在"头脑消化"阶段，需要用"思维触角"检视收集到的素材，把同一事物反复用不同的视角去看，并试着把素材用"拼图的方式"去组合；第三，在"孵化"阶段，应该把问题"从意识层面驱赶到潜意识层面"，让潜意识帮你完成创作；第四，在"创意诞生"前的阶段，可能会经历"黎明前的黑暗"；第五，在创意生成的最终阶段，应该把生成的创意交给"聪明而有见地的人士"，将创意"置于明智的批评和审视中"，因为好创意有"自我扩充的本质"。

3."独舞"和"群舞"：注重创意形式的方法

在创意的实践过程中，创意的主要形式有"独舞"和"群舞"两种，即个人单独创意和群体创意。个人单独创意是指一个人独自完成创意的工作，其特点是容易深入，但也容易"钻牛角尖"；而群体创意则是指两个或两个以上的人共同完成创意，其特点是想法多，但未必深入。

（1）个人创意：思维导图法

思维导图（mind map）也称"脑图"，是由英国心理学家、大脑基金会总裁托尼·布赞（Tony Buzan, 1970）发明的思考工具。思维导图法则是利用思维导图进行发散性思考的具体化方法，可以看作视觉化的联想法，可以用于看、读、思、记等广泛用途，此处主

---

[1] 唐·舒尔茨等：《整合行销传播》，吴怡国等译，中国物价出版社，2002，第23页。
[2] 同上，"卢泰宏推荐序"第3页。

要阐述其在创意思考中的运用。

在个人创意过程中，充分利用思维导图的发散性和视觉性，以主题概念为中心，向多个方向发散，不断产生概念联结。发散出的每个概念（关节点）都与置于中心的概念产生一个联结，而每一个关节点概念又可以成为另一个中心概念，再向外发散出若干的关节点，呈现出放射性的立体结构，从而产生了许许多多的概念和概念联结。这样，个人创意思考过程中的思维局限性就被打破了，思维的广度得以拓展（如图6-4所示）。同时，图形的视觉化使得创意思维过程得以清晰呈现。在思维广度打开之后，就可以通过组合或其他方法，把图上出现的概念和概念进行组合或联结来产生新的概念或想法。

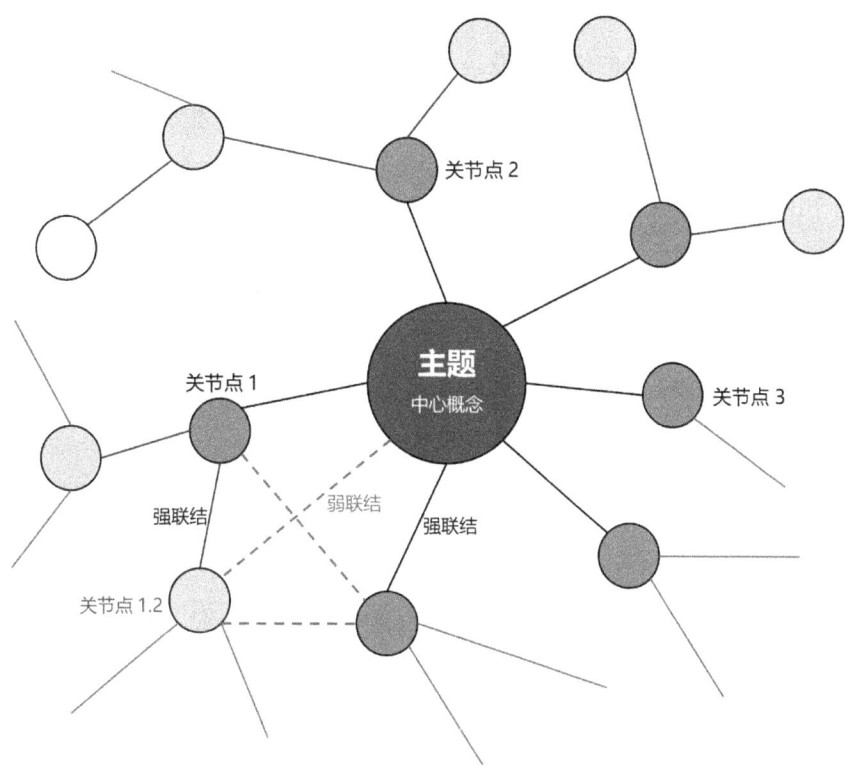

说明：图中每一个圆点表示一个概念，概念与概念之间的连线表示概念之间的联结（强联结），虚线表示可能产生的联结（弱联结）。强联结是大家所熟知的或容易联想到的，创新往往产生于弱联结的概念之间，通过弱联结的概念组合、推演就有产生新的概念、想法或表达的可能。

图 6-4 思维导图法在创意过程中的应用

（2）群体创意：头脑风暴法

头脑风暴（brain-storming）也译作"脑力激荡"或"动脑会议"，也是由奥斯本发明的创意方法，是通过群体无限制讨论和自由发挥组合运用的创意方法，其机制是通过群体讨论以及群体的相互感染，激发群体中每个人的竞争意识和个人欲望，让想法、思想产生联想升级和相互激荡，以短时间内产生更多新的想法。

头脑风暴法的操作包括如下步骤：

步骤一：准备工作。确定会议议题、时间安排、目标、主持人、场地和设备（桌椅、白板或黑板）。

步骤二：开始。主持人宣布议题和目标。

步骤三：头脑风暴。主持人引导大家围绕议题开展讨论，与会人员自由发言，所有人的想法都会被记录在黑板或白板上，过程中保持轻松活跃的气氛。

步骤四：尾声。筛选出精彩的想法。

奥斯本提出头脑风暴法的四个核心原则：其一，过程中禁止批评，对创意的负面判断要推后；其二，欢迎随意的想法，越疯狂越好；其三，追求数量，想法越多越有可能赢；其四，寻求在别人想法之上的组合和改进。

此外，在长期的创意实践中，人们还总结出头脑风暴的一些注意事项。其一，时间限制。为保证与会人员的头脑活跃度，头脑风暴的时间通常控制在30分钟左右，一般不超过1小时。其二，视觉呈现。在黑板（或白板）上通过图表、图示和便利贴等方式进行视觉呈现，便于人们相互激励。其三，冷热结合。头脑风暴法作为一种"热闹"的创意方法，是"以数量求质量"，其产生的新想法往往质量不高，甚至不如个人"冷静"思考所产生的想法。因此，把与会人员的单独"冷静"思考和头脑风暴的"热闹"激荡相结合（"先冷后热"或"先热后冷"均可），更能提高创意的效率。

第三节　战略架构：战术

战略不能只停留在创意的思想观念层面，最终要落实到某些具体的方面或要素上来，这些方面或要素的组合就是战略架构。也就是说，在完成了创意"是什么""怎么来"的思考之后，重点就是关于"创意怎么呈现和推进"的思考，即营销创意通过哪些层面和步骤来实现。

一、战略架构的概念

1.战略架构

受结构主义思想的影响，今天我们在思考或决策一件事情的时候，往往需要去思考这件事情的构成方式。如在西方社会，当人们碰到问题的时候，总是会通过"5W1H"的结构去思考,"5W1H"即"Who""What""Why""Where""When"和"How",分别对问题的主体、性质、客体、所处的时空以及如何解决问题所进行的思考和分析,这就是朴素的战略架构的思想。

战略架构是对战略演进方向进行的规划,重点是把各种战略资源以形成竞争优势的方式进行组合,所以战略架构也可以看作构成战略的各种要素的组合。战略架构包含战略要素和战略要素的组合两个方面。

2.战略要素

战略要素就是构成战略的各种要素,也就是进一步实现战略目标的各个因素。不同的领域或不同战略观念会形成对战略要素的不同认知。如在军事领域,不同时期对战略的理解也不同,如我国古代主要强调"天时、地利、人和"对战争的决定作用,到"第二次世界大战"的时候,国家的工业化水平和军队的士气、装备、后勤成为战争的决胜因素,如今制海权、制空权、制电磁权和制信息权成为战争的决胜因素。

3.战略要素组合

战略要素组合主要体现在构成战略的各要素的组合方式上。从观念上来讲,组合方式不外乎横组合、纵组合和立体组合三种,以及组合中的主次、权重和顺序关系。所以战略要素组合主要包括空间上的组合(横组合)和时间上的组合(纵组合),空间上的组合方式可以理解为战略模型,时间上的组合方式可以理解为战略流程或运作机制,各要素的立体组合可以理解为战略的整合。

二、营销战略架构

1.营销观念与营销要素

营销的战略执行框架是指构成营销战略的各要素及其组成方式。营销战略架构深受营销观念的影响,不同的营销观念的侧重点,也会相应地提出不同的营销战略架构,如大众营销战略以产品为中心,整合营销传播以消费者为核心,数字时代强调消费者的个性化等等。

2.营销战略架构的变化

(1)大众营销观念与"4P's"

自 1960 年杰罗姆·麦卡锡(Jerome McCarthy)的《基础营销学》(*Basic Marketing*)的出版奠定了大众营销战略执行框架的基础——4P's,即营销战略由产品(product)策略、价格(price)策略、渠道(place)策略和促销(promotion)策略构成。其中产品营销是战略的核心,所以在战略顺序上是先有产品,再有价格、渠道和推广等其他的战略要素。

另外,"推"(push)和"拉"(pull)的策略可以看作"4P's"的运作机制。

需要说明的是,在此观念之下,广告被看作促销的主要方式。广告的策略主要包括创意策略和媒介策略,即"传达什么样的信息"以及"通过何种媒介渠道发布信息"。创意策略包含诉求和创意表现两个方面,诉求即要传达的信息,创意表现则是诉求信息的创造性表达。

(2)整合营销传播观念与"4C's"

上个世纪 90 年代初,罗伯特·劳特伯恩(Robert F. Lauterborn)在其《4P 退休 4C 登场》一文中提出了一个新的营销模式,即 4C's 模型。该模型改变了营销的基本立场,从大众营销的以产品为中心转变为以顾客为中心,因此,传统的 4 个 P 转变为对应的 4 个 C——消费者的需求(consumer's needs and wants)、消费者愿意支付的成本(cost)、购买的便利性(convenience)和营销传播(communications)。后来因劳特伯恩和舒尔茨合作把模型放入《整合营销传播》(Integrated Marketing Communications)一书,随着整合营销传播理论在全球的风靡而广为传播,并受到普遍认同。

4C's 架构是在 4P's 模式的基础上,全面转向消费者导向,"'以受众为焦点'的观念取代'以产品为焦点'的观念"[1],一切营销活动或营销行为皆以消费者为中心;同时,"行销即传播"[2],营销传播成为营销活动最重要的因素。此外,广告不再"一枝独秀",而是被看作与其他营销传播工具同等重要的营销手段。

在战略顺序上,则强调先通过消费者数据库来区分和识别消费者,把消费者分为本品忠诚者、竞品使用者和游离者三类,再来有针对性地制定不同的营销目标,然后实施分众传播。

(3)数字化营销的战略架构

随着数字化营销的发展,又出现了各种不同的营销模型,如"4I's"(individual, instant, I, interactive)强调数字时代消费者个性化、信息的即时化和营销的互动化;又如"4R's"(recognize, reach, relationship, return)[3]强调通过数字化手段实现客户关系的维系等。此外,还有一些其他的表述方式,由于未得到广泛认可,不再赘述。

---

[1] 唐·舒尔茨等:《整合行销传播》,吴怡国等译,北京:中国物价出版社,2002,第 23 页。
[2] 卢泰宏语,见唐·舒尔茨等:《整合行销传播》,吴怡国等译,北京:中国物价出版社,2002,推荐序 3。
[3] 曹虎、王赛等:《数字时代的营销战略》,机械工业出版社,2019,第 2 页。

表 6-6 营销战略组合的变化

时代	战略组合	战略要素	营销观念	重点
1960s	4P's	Product, Price, Place, Promotion	大众营销	产品
1990s	4C's	Consumer's needs and wants, Cost, Convenience, Communications	营销即传播 消费者导向	消费者或受众
2000s	4I's	Individual, Instant, I, Interactive	一对一营销	个性化
2010s	4R's	Recognize, Reach, Relationship, Return	数字化营销	消费者识别 投资回报率

（4）数字新媒体时代的营销战略变革

从观念上讲，数字新媒体时代的营销战略具有更高的灵活性，"跨界""融合""联名"等超越传统营销范畴的"玩法"颇受欢迎。另外，不论是战略还是战术，对创意的要求和依赖都很高，"病毒营销""饥饿营销""众筹营销"等战略层次的创新层出不穷，"打卡""帮砍价""种果树""盲盒"等战术层次的创意也不断花样翻新。而且与传统的"以产品为核心"的架构相比，其战略组合中产品的地位可能没那么重要，甚至可以从属于其他要素，可以根据战略任务的不同推出活动特供产品、IP联名产品和渠道特供产品。因此需要提出全新的营销战略架构来适应新时期营销的需要。

三、创意营销的战略模型

1.创意营销的战略要素

创意营销的战略更强调创意在营销战略中的核心作用，强调营销各要素的创意整合。从战略构成要素上讲，产品、内容、活动和渠道四个要素构成了创意营销的主要供给物，创意也是主要作用于这四个要素。（如图 6-5 所示）

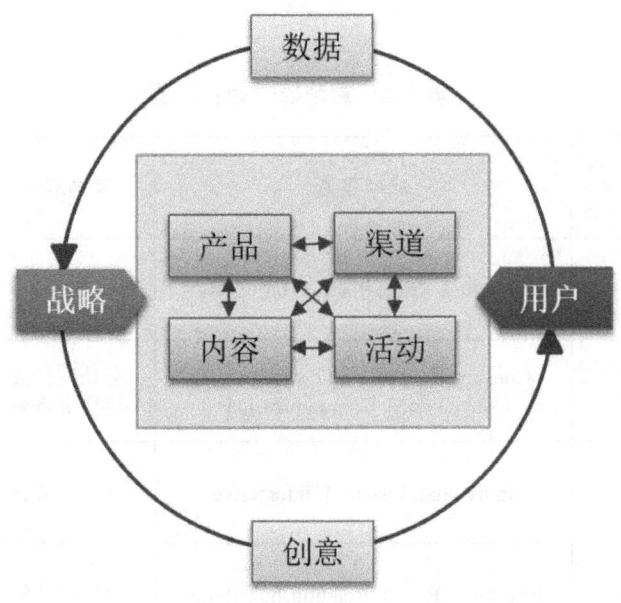

图 6-5 创意营销的战略要素组合

从营销的价值创造来理解，产品是战略概念"物"化的层面，产品创意就是使用价值创造；营销内容是战略概念"文"化的层面，内容创意就是文化价值创造；营销活动是战略概念"行"的层面，互动创意就是交换价值创造；而营销渠道是战略概念"连"的层面，渠道是实现价值的通道，渠道创意就是价值裂变的保证。四个要素是一个有机的整体，共同服务于战略概念，而且各要素的重要性取决于不同性质的战略。

2.创意营销的战略组合方式

如果把企业比作一个家庭的话，产品就相当于是其家庭成员，品牌声誉相当于其家庭声誉；企业的营销战略就相当于这一家人的处世之道，企业的战略组合就相当于这一家的整体或成员与外部世界维系关系的方式与手段的组合，产品、品牌或IP形象是与外界沟通的主体，也代表家庭的"脸面"。营销内容对应的是人的"言"，营销活动对应"行"，而营销渠道则是"脸面"展现和"言""行"传递的载体或空间（如表6-7所示）。家庭的声誉和社会地位是各个要素共同作用的结果。同理，企业和品牌声誉、社会影响有赖于营销战略各要素的"协作"。

表 6-7 创意营销战略各要素的类比

营销战略要素	对应的执行手段	类比	说明
产品	产品、品牌、IP	个人或家庭	主体
内容	故事、图文、音视频	言论	话语

续表

营销战略要素	对应的执行手段	类比	说明
活动	公关、节事、公益、促销	行动	活动
渠道	大众传媒、数字新媒体平台	社交场所	施展空间

需要说明的是，这四个要素的组合与传统营销架构中的各要素组合不同。首先是四者之间在理论上没有非常明确的主次或权重关系，只有在具体的营销实践中，根据营销的具体情况来确定以某个要素为主，比如有以"爆款产品"为主的情况，有以IP运营为主的情况，有以社群营销为主的情况。其次是四者之间是一种不可分割的组合关系，通过"你中有我，我中有你"的方式有机地组合在一起，比如产品包装可以包含内容和活动信息，产品、内容或活动亦可专门为某渠道定制。

3.创意营销的战略模型

战略模型就是构成战略各要素在空间上的组合方式。根据创意营销的原理，可以把其战略模型表示为图6-6所示的样式（为了方便理解，也把战术执行的部分表示出来了）。如图所示，创意营销战略的核心为战略概念，产品创意、内容创意、互动创意和渠道创意构成战略要素的组合，四个要素之间相互关联、互为支持，它们分别对应的战术执行为物料设计、创意设计、活动规划和渠道规划。

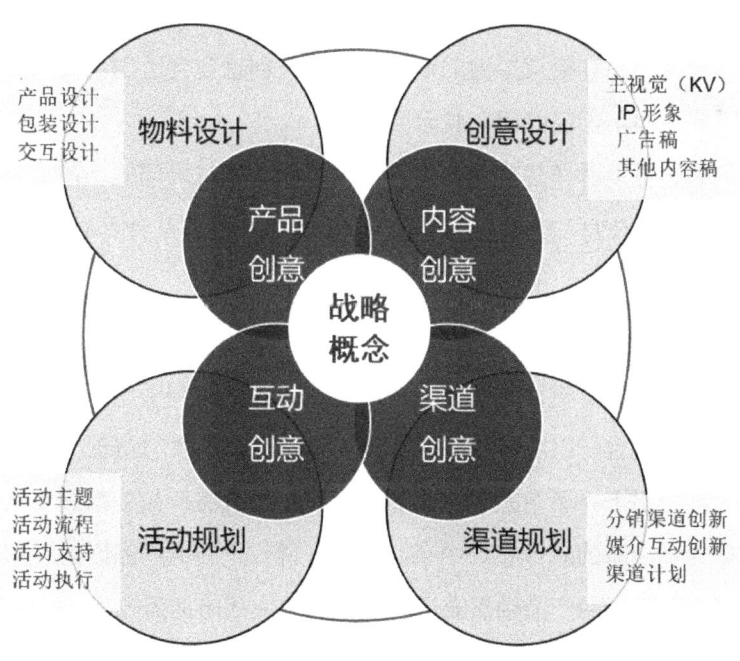

图6-6 创意营销的战略战术模型

四、创意营销的战略流程

战略流程即战略各要素的运作机制,可以看作构成战略诸要素的纵向组合。创意营销的战略核心是战略概念,所以所有的战略步骤都应基于战略概念去运作。战略流程是一个从概念到行动的过程,是一个由抽象到具象的过程,是一个由简单到复杂的过程。创意营销的战略流程可分为战略概念、战略模型、战略执行和战略检验四个步骤。

1.步骤一:战略概念

营销战略执行的第一步,就是要凝练出可以作为营销战略的概念,以便在后续步骤逐步推进。

战略概念也称为战略创意(creative concept of strategy)或核心创意(core idea),对于全新的产品来说,是从用户的核心需求延伸出来的创新概念;对于既有的产品(或服务、观念)来说,是从其核心价值延伸出来的概念,是营销战略价值的内涵所在。

战略概念与一般的概念不同,具备战略的全局性、统括性和延展性。它是整个战略的核心,是一切营销创意的起点,产品创意、内容创意、活动创意和渠道创意都应该服从于它。因此,好的战略概念应具备延展性,能适应不同符号系统或不同媒介形式的表达或执行;同时还要具有可持续性,经得起时间考验。

在大众营销时代,大创意(big idea)被看作那种具备延展性和可持续性的创意概念及其执行的组合。但需要注意的有两点,一是大创意仅仅是内容(主要是广告)或活动层面的创意,并不包括产品和渠道层面的创意;二是大创意包含了创意概念及其(视觉的、语言的)表达方式,而不仅仅停留在概念层面。

战略概念的表达可以看作战略概念的符号化过程,通过语词的、视觉的、影像的或互动的符号去传达创意的信息,表现为主题句、主视觉、IP形象或某种具有识别性的互动方式。

2.步骤二:战略模型

战略模型步骤主要强调战略概念在产品、内容、活动和渠道方面的创意组合,因此,最要紧的事就是把战略创意贯彻到营销的产品、内容、活动和渠道等方面,同时这几个方面的创意也需要进行融合,以实现战略一体化,传达清晰一致的信息,塑造统一的形象。

在战略概念的指引下,不论是新产品还是市场上的既有产品,都需要从战略的角度进行审视,使其融入到战略的总体布局中来。相对来说,全新的产品因为一切都是新的,更容易融入战略思考,既有的产品则需要进行优化以适应战略的需要。

在"营销即传播,产品即媒介"思想的指导下,产品和内容的深度融合已逐渐成为新媒体营销的标准操作。基本的思路一是通过IP形象与产品设计或产品包装设计的结合来丰富产品的外在表现,增加产品的文化性和趣味性;二是在产品包装上设置文案内容或其他互动方式的内容,来实现产品与内容或活动的融合;三是推出渠道联名产品,如"农夫山泉 × 网易云音乐"。

而"品效合一"的观念则使得内容和活动需要进行更深层次的结合才能促使品牌形象和行为效果真正整合起来。基本的思路首先是营销内容的主题和营销活动的主题必须具备一致性;其次是活动以内容为先导,内容为活动服务,在内容中出现活动信息以增加内容的互动量,在活动中通过内容来激发消费者的参与意识。

渠道是最终的价值实现途径。产品、内容、活动和渠道的深度融合,实现营销爆发力。基本的思路:其一是创造性的渠道使用,比如洽洽瓜子近年来分别与"狼人杀""欢乐斗地主"等休闲游戏渠道合作(见图6-7),还与运动健身平台Keep、视频平台哔哩哔哩(Bilibili)等平台深度合作推出了联名款的产品;其二是创造性地开发新场景和新营销渠道,有信息展示就是媒介,有人聚集的地方就有商机,如"自动贩卖机";其三是充分利用好电商渠道,电商渠道本身的平台属性就适合进行产品展示、内容发布和活动运营,如京东就成为很多数码3C类企业的新品首发渠道。

图片来源:腾讯互动娱乐官网(https://hlddz.qq.com/web202112/newsDetail.html?tid=13471049)

图6-7 洽洽和"欢乐斗地主"的联名活动

3.步骤三: 战略执行

当战略概念和战略组合都完成布局之后,接下来的工作就是战略执行了,即按照既定的战略方向和战术方法按部就班地去设计和开展各项营销活动。战略执行包含两个环节，一是创意执行，在策划阶段把战略概念贯彻到营销的各个领域，通过物料设计、内容设计、活动规划和渠道规划形成战略执行方案（详见第七到第十章）；二是方案执行，按照执行方案计划去开展各项营销活动，把战略创造的价值通过营销活动的实施得以实现。

创意执行的主要任务是对后期营销活动的实施进行规划，反映在企划书中，主要是创意设计、营销活动方案和渠道（媒介）计划几个方面。（如表6-8所示）

表6-8 创意营销战术执行与企划书内容对应关系

战术内容	执行模块	具体执行内容	对应在策划方案中的内容
产品创意	产品创意	产品设计 包装设计 交互设计	创意设计
内容创意	传播内容	主视觉（KV） IP形象 广告稿 其他内容稿	创意设计
互动创意	活动设计	活动主题 活动流程 活动支持 活动执行	营销活动方案
渠道创意	渠道规划	分销渠道创新 媒介互动创新 渠道计划	渠道计划或媒介计划

方案执行相对简单得多，就是按部就班地开展营销活动。但由于营销活动涉及的范围较广，涉及的人和事也较多，所以在执行过程中可能会出现偏离既定方向的情况，所以各方面的整合和各个渠道的融合就显得尤为重要了（详见第十一章"战略执行和评估"）。另外，执行虽然是对战略和计划的贯彻和实施，但并非在过程中需要墨守成规、生搬硬套，还是要因地制宜地作适当调整和优化，目的是使战略更加适应环境，且效率更高。

4.步骤四：战略检验

在战略企划阶段，战略检验的主要任务就是预设好检验目标是否实现的方法。从功利的角度看，对战略的检验应该直接针对所设定的战略目标，但从战略的角度来看，更应该注重效果的长期性和全面性，故而应该超越目标，系统性地对战略进行检验。

在数字化营销背景下，由于很多营销效果的数据回馈是即时的和直接的，对效果的检验变得更加短期，数据反馈与效果优化之间的关系更为密切，业界更喜欢用"复盘"[1]

---

[1]严格来说，"复盘"与"评估"在概念上还是有所差异的，沈磊在《复盘》一书中是这样说的："复盘是一个围棋术语，本意是指每次棋局结束后，双方棋手将刚才的对局再原样走一遍，边还边边交流。……2001年，联想集团创始人柳传志先生开创性地将围棋中的复盘理念引入企业经营管理中。……复盘就是'把做过的事情，再从头过一遍'"。（沈磊：《复盘》，浙江教育出版社，2023）——作者注

一词来强调对营销活动的梳理、总结和评估。此外,一些智慧营销平台对营销效果的检验和优化已经实现制度化和智能化,靠智慧系统实现营销效果的智能化分析和优化。

第四节 战略支持:资源

一、营销资源和预算

战略的目的之一就是要产生高效的决策行为,所谓"高效"强调的是对资源的利用效率。古人说"兵马未动,粮草先行","粮草"用现在的话说就是指战略支持。战略支持就是对战略形成和实施有支持作用的各种资源的描述,包含战略形成和执行所需的人力、物力、财力乃至智力,通常表现为人员配备、设施设备支持、数据支持和费用预算。这些资源通常也可以分为"硬资源"和"软资源"。

"硬资源"是指工业社会早期那样的实物经济社会中非常看重和强调的人力(体力、劳力数量)、财力(现有资金)和物力(土地、厂房、设备和可获得的原材料占有数量)等各种直观的物质资源;而"软资源"则指企业拥有的人力资源(含技术能力和创新能力)、经营管理水平、营销资源(如品牌影响力)、战略决策能力、融资能力和信息化程度等非直观资源。

不论是硬资源还是软资源,都是战略发展的基础,它们的供应和分配也会直接影响战略的成效。在战略规划中,由于软资源和部分硬资源的投入和衡量相对不是很直观,而资金是最直观的,因此对于很多企业来说,会把这些非直观的资源转换成资金,因而最重要、最直观的战略资源投入就变成了费用预算。但是在企业内部,除资金外的这些资源还是要进行合理分配。

二、营销预算的做法

"预算"一词包含两层含义,一指预先规划资金分配的过程,即"做预算";另一指预先规划资金分配的结果,即"费用预算"。在营销领域,预算包括战略预算和战术预算两种,战略预算主要关注宏观的营销开支资金总额以及资金的主要流向;而战术预算则关注具体的营销活动的拟花费费用。正如战略和战术的关系一样,战略预算和战术预算也是相互依存的关系,战略预算的金额由战术预算的金额构成,最终要通过战术预算来完成;

战术预算则是在战略预算的框架内运作。

此处主要说营销战略预算的方法,也就是确定战略周期内的营销活动总体费用及其分配方法(通常在策划方案或企划书中,战略预算放在战略决策里,战术预算放在方案末尾)。

1.预算的做法

(1)行业性预算:销售额比重法

按照销售额的百分比来投入预算,是大多数公司的做法,但这个百分比是多少、如何计算,不同的行业、不同的企业都有一套自己的计算方法,如有些行业高达20%—30%,有些行业则可能只有3%—5%;有些企业是按照上一财年的销售收入来制定,有些企业则是按照该年度预计的销售额来制定。

(2)策略性预算:紧盯对手法

营销毕竟是在竞争环境中进行的,更多的企业可能会采用一种针对竞争对手的做法。即通过了解竞争对手的营销费用,然后在此基础上做相应的策略性预算。如想要在认知度上超过竞争对手的企业,会投入比竞争对手更多的资金,而实力不如竞争对手的企业可能会比对方少投入一些。

(3)目标性预算:评估任务法

一些成熟的企业会采用这种方法,即根据要实现的目标或要完成的任务来确定营销预算。但有两个前提条件,一是企业已有多年运作经验,已经在预算投入和产出目标之间形成了一系列对应的关系;二是战略和战术任务已经细化,各个不同的运作部门或机构已经对自己的任务和资金花费有清晰的认知。

2.资金的分配

当总的预算形成以后,还要把这些资金的流向做分配。创意营销所涉及的战略范畴主要是产品、内容、活动和渠道,因而其预算分配主要也是集中在这几个方面。但这几个方面并非平均分配的,需要决定各个方面的权重。如:

○产品研发和设计:5%
○内容创作和运营:25%
○活动设计和运营:55%
○渠道投放:15%

3.战略后备资金

无论是采用哪种预算方法和分配结构,预算都应该留有一些余地,以备不时之需。这部分费用可能会用于突发事件处理、危机公关、额外的渠道费用以及不在规划之列的促销费用或公益支出等。

三、其他资源的分配

1.物质资源的分配

企业的物质资源主要包括各种资金、场所和设备等资产或固定资产范畴。企业的物质资源越丰富，营销战略所赖以发挥的空间也就越大。

物质资源也往往可以影响乃至决定企业的营销战略的成效，受规模效应的影响，物质资源丰富的企业相对于物质资源匮乏的企业而言，其营销成本可能会低一些，成效可能会好一些，比如资金实力雄厚的企业在进行渠道布局的时候，会有更好的议价能力；但决胜的因素往往还是营销创意（也包括对资源的创造性应用）。

物质资源要合理地分配，以产生最佳的成本效率。所谓合理就是要"物尽其用"，让资源产生其最大效益。

2.品牌影响力的分配

在产品创意过程中，品牌影响力也是重要的软资源，特别是对于一些多品牌的企业而言。品牌的定位不同，在营销投入上会有不同。通常来说，高端品牌属于稀缺资源，不能轻易动用其资源，不宜随意降价促销；战略性品牌则适用于大部分产品；市场性品牌则相对有较大的随意性。目前大部分企业除了主要品牌之外，都会增加不同定位的品牌以适应市场竞争。如对于"欧珀"（OPPO）公司而言，"欧珀"（OPPO）是企业母品牌，也是战略性品牌，重要产品才会使用这个品牌；"一加"（One Plus）是高性能品牌；"真我"（Realme）则是市场策略性品牌，多用于推出高性价比的阻击性产品。

此外，两个不同领域的品牌联名设计推出跨界新产品，可以看作品牌影响力资源的一种合作方式。

3.人事分配和管理

人力资源对于营销来说也是至关重要的。在信息化背景下，除一小部分内容创意可以通过AIGC（人工智能生成内容）完成、部分信息的分发可以通过程序化系统完成之外，大部分的营销创意和营销活动都要依赖人去完成。人的创造性和执行力往往是决定营销成败的关键。在营销过程中，营销策略和营销创意来自于人的智力和创造力，对各种营销活动的执行更是依赖各级营销人员的不懈努力。

人事分配和管理的基本原则就是"人尽其事、人尽其才"，任务和职务的分配要和人员的能力相匹配。

4.数字资源的分配

数字营销背景下，企业的数据资源或信息资源往往是重要的决胜因素，是企业重要的软资源。数据资源包括既有的数据资源和潜在的数字资源两种。既有的数字资源包括数据设备、数据库和数据工具等，而潜在的数字资源则更多指设备和相关人员的能力，包括数据获得能力、数据分析能力和数字营销能力等。

数字资源的分配，主要思考的因素是如何对营销活动进行数据设备、数据库、数据工具和数据库调用层级的匹配。

5.渠道资源的分配

渠道资源是企业软资源的一种。渠道资源包括自有渠道资源、合作渠道资源和租赁渠道资源。自有渠道资源指企业自建的内容平台、销售渠道（如电商平台和线下渠道）；合作渠道资源是指企业在长期的经营过程中与渠道商或渠道工作人员之间形成的良好利益关系或社会关系；租赁渠道资源一般指花费一定成本长期或短期租赁的销售渠道（如直播带货）或传播渠道（如广告平台）。不论是合作渠道还是租赁渠道，良好的渠道关系可以为营销活动带来各种便利，甚至可以产生事半功倍的效果。渠道资源一部分是靠资金维系的，通过在长期合作过程中给予渠道商的各种补贴和费用来维持；还有一部分是靠人力或人际关系来维系的，人与人之间的魅力影响、情感联系或信赖关系往往是起决定性作用的因素。

渠道资源的分配，主要是把已有的渠道关系分配给适当的营销活动。如一个企业思考营销活动时（如"双11促销"），主要的促销活动是通过哪些渠道（如京东、淘宝、天猫、线下）开展的，这些渠道的权重如何等等。

> **思 考**
>
> 1.凡是"组合"都会涉及"权重"的问题，创意营销战略中的各种营销组合要素的权重应该如何安排？
>
> 2.流量、声量和销量之间的关系是怎样的？

第三部分
创意营销战术

第七章 产品创意

第八章 营销内容创意

第九章 营销活动创意

第十章 营销渠道创意

第七章

产品创意

> **导 读**
>
> 1. 产品的本质是价值；在不断变化的营销观念的影响下，产品的内涵和外延发生了很大的变化；数字时代的产品承载着更丰富的信息，可以把产品看作是一种媒介。
> 2. 产品创意的策略主要有利基策略、爆款策略、品牌策略和互动策略。
> 3. 产品创意的执行是把各种产品的创意策略变成实际产品的过程。

第一节 数字时代的产品再认识

一、随营销观念变化的产品概念

产品的概念是随着营销观念的变化而变化的。下面简单梳理一下不同时代产品概念的变化。

1.大众营销产生前的朴素时代

（1）交换品

一般认为，早在农耕时期，就出现了产品，当时的产品指的是农业劳动的产物。农民把自己生活消耗之外的富余品用以换取自己所缺的生活物资，当然交易的形式不一定都是物物交换，也包含以金钱为中介的交换。

（2）工业品

工业革命之后，以专门从事工业产品或生活物资的"工厂"出现，工厂生产的产品基本上都是用来交换以获取利润的。

2.大众营销传播时代

一般认为，现代营销起源于第二次世界大战，第二次世界大战在对全世界社会、经济乃至文化进行破坏的同时，也极大地促进了社会劳动生产力的发展。战争期间各国都加大马力，全方位地提升自己的劳动生产能力和效率，以满足战争对物资的需求。

（1）标准化产品

由于战争期间物资长期匮乏，战后为了满足人们对物质的需求，许多工厂依然像战争期间那样开足马力生产生活物资。福特（Ford）公司在1913年发明的流水线生产，在战后逐渐被各行业采用。当第一波的需求被满足之后，这些按照战争期间标准生产出来的产品的弊端逐渐显现出来，一方面是这些产品的质量只能算勉强过得去；另一方面是由于战争期间的产品为了适应标准化配给，产品设计几乎千篇一律，缺乏创新。于是，工厂生产的产品与人们的需求产生了偏差，大众营销传播就在这样的背景下开始了。

（2）需求

在大众营销的早期阶段，许多厂商的重要目的是生产出质量更好的产品。然而这些"质量更好"只是厂商自己认为的，并不能真正满足消费者的需求，产品依然处于滞销状态。在20世纪五六十年代，推销非渴求品成为重要的时代标志，在一些反映那个时代的欧美电影中，经常看到一些推销员拎着巨大的皮箱挨家挨户地敲门奋力推销产品的场景。随着营销观念的演进，一些厂商逐渐意识到，只有生产某些特定消费者想要的产品才能适销对路，这就是以消费者为导向的观念。在以消费者为导向的营销观念的驱动之下，业界普遍认为，产品是用以满足消费者需要（needs）和欲求（wants）的东西。值得一提的是，"以消费者为导向"的观念是后来"以消费者为中心"的营销观念的前身。

（3）品牌的承载物

随着市场竞争日渐加剧，各个厂商都致力于生产出能满足消费者需要的产品，但随之又出现了产品同质化的状况。一些营销传播从业者（如大卫·奥格威）开始意识到，品牌才是使产品产生区隔的重要因素。当品牌成为强有力的竞争手段时，营销的目的也就变成了打造强势品牌。而品牌资产是无形的，需要用"看得见"的标识（logo）、广告、商业形象（象征物、代言人等）以及"摸得着"的产品品质来承载其价值。

3.全面营销时代

在全面营销时代，价值是营销活动所追求和维护的终极目的。产品被看作是一种市场供应物，这种供应物能够让营销各方都能得到某种价值——厂商通过售出产品创造更多的利润，消费者认为产品物超所值，经销商认为能够维护自己的声誉并能从中赚取利润。

表 7-1 大众营销传播时代营销观念的变化及其对应的产品概念

时间	营销观念	对应的产品概念
二战后	生产观念	生产出来的工业品
20世纪五六十年代	推销观念	代表某种技术的产品
20世纪七八十年代	营销观念	满足需求的东西
20世纪90年代	品牌观念	品牌的承载物
20世纪末21世纪初	全面营销	有某种价值的东西
2010年以来	创意营销	有创新价值的满足品

4.信息化新媒体时代

（1）产品的定义

在创意营销时代，产品的定义可以表述为"产品是营销人员在营销洞察的基础上，通过创新活动以满足市场需求并创造更多价值的产物。"

（2）对定义的理解

产品来源于营销洞察。营销洞察是建立在营销数据基础上的观察和分析，一切与营销活动相关的信息都可以称为营销数据。在数字化时代，通常通过建立营销数据库来整合各种营销数据资源，如媒体数据、销售数据、用户数据、服务数据、活动数据以及第三方数据等。通过对营销数据的分析整理，能够发现潜在的市场机会，开发出适合市场的产品。

产品是营销人员创新活动的产物。当前的产品已经不是简单地满足消费者的需要和欲求之物，而是要在洞察市场的基础上，创造出更有竞争力、更能引起市场关注的产品。

产品是消费价值的承载物。产品的意义在于能够满足市场需求，市场需求不仅仅是消费者需求，还包括各种渠道和利益相关者的价值需求。因此，营销的目的不仅是为了公司盈利，还要考虑上下游厂商以及社会公众的利益。

产品是建立并维系与客户关系的基石。客户关系的建立和维系都是围绕着产品的购买和消费（使用）展开的，通常客户关系有三种状态，分别是非用户、非频繁用户和频繁用户。在客户关系的建立和维系过程中，把非用户转化为用户是建立客户关系，而维系客户关系更多是指把非频繁用户转化为频繁用户或忠诚用户,或改变客户对品牌和产品的态度。

表 7-2 消费者和产品的几种关系

消费者与产品的关系	称谓	消费者类别
不知道某类产品存在	非用户	游离者
知道某类产品但不感兴趣	路人	
使用竞争对手的产品	竞争品牌使用者	潜在用户
对产品感兴趣但暂未购买	感兴趣者或粉丝	
购买产品但不频繁	普通用户	用户
经常购买或使用产品	忠诚用户	
经常购买并向其他人推介产品	关键意见消费者(KOC)	

(3) 产品的外延

商品:用于商业交换的物质产品被称作商品或实体产品。

文化产品:创意经济条件下,文艺作品也可以通过复制的方式制作成为文化产品,如音乐、电影、软件和游戏。近年来,作为一种文化产品的 IP 形象也广泛应用于营销中,如日本熊本县为推广旅游观光推出的"熊本熊"。

观念:在公益活动、政治活动或者政策推广的过程中,公益组织、政党或政府组织的观念也可以看成是一种产品。

信息:在信息化背景下,信息(数据)也成为一种产品,一些专业的研究机构的产品就是各种信息数据。

服务:对于服务业、金融业和信息产业的企业组织来说,服务才是他们最主要的产品。在信息化社会,信息服务也成为重要的产品,如"美团"(提供团购和外卖信息服务)、"滴滴"(提供网络预约用车服务)、"飞常准"(提供航班信息查询服务)、"掌上高铁"(提供高铁信息服务)和"车来了"(提供城市公交实时信息服务)等。

财产:除服务业外,金融业的很多产品其实质就是财产,如股票、房产、基金、保险等。

地域:从旅游观光业的角度看,旅游目的地和城市就是其产品;此外,近年来一些地域性特产的原产地也可以看作是产品,如"阳澄湖"(大闸蟹)、"龙井"(绿茶)等。

名人:当把名人看成是一个品牌或一个产品在经营的时候,那么名人本身就可以理解为是一个产品。在"网红"经济模式下,作为有一定知名度的"网红"本身及其自媒体账号也可以看作是品牌或产品。

组织：作为社会的一份子，人们普遍都有隶属于某个组织的需要。当一个组织的营销目的是拓展组织结构和规模，需要更多的人加入组织及其活动的时候，就可以把该组织看成是一个产品。数字营销时代的重要特色之一就是许多厂商努力把消费者培养成为自己的"粉丝"或者会员，如小米公司（MI）通过小米社区培养"米粉"。

活动或事件：在事件营销的推波助澜下，活动或者事件也可以变成可经营的产品，如"冰桶挑战""逃离北上广""青岛啤酒节"等。

虚拟产品：在数字经济条件下，网络上的虚拟产品也可以用来交易，如游戏中的道具和收入，以及数字藏品等。

二、创意营销背景下的产品再认识

1.产品代表一种价值

如果把营销过程看作是一个价值创造、传播、交换、增长和维系的过程，那么产品就是这个价值的代表。产品的价值可分为产品的物质价值和精神价值两类，物质价值是指产品要能够融入消费者的生活，并且解决他们生活中的某种烦恼或问题，这种烦恼或问题所带来的影响可以换算成经济意义上的价值；而精神价值或心理意义上的价值则相对要主观一些。不论物质价值还是精神价值，都与消费者自身的价值观有紧密的关系，也是消费者心理价位的来源。

消费者购买某种或某个产品的行为能够反映出消费者自身的价值观念或意识形态。

2.产品具有文化属性

①产品的层次。按科特勒的观点，产品包含五个层次，分别是核心利益、基本产品、期望产品、附加产品和潜在产品（如图 7-1 所示）。核心利益（core benefit）是指产品能够满足人们的基本效用和益处，也就是产品的使用价值；基本产品（basic product）是核心利益转化成的产品，仅能满足人们对产品的基本需求；期望产品（expected product）可以看作是更完善的产品，相对于基本产品来说能满足人们的更高需求；附加产品（augmented product）也称作增强产品，是指能超出人们预期、具有更强市场竞争力的产品；潜在产品（potential product）是指未被满足的产品需求或产品未来可能的变化和趋势。需要说明的是，在产品同质化的情况下，竞争厂商的产品在核心利益、基本产品和期望产品等方面可能没有太大的区别，竞争的重点主要是附加产品，也就是附加在物质产品之上的文化价值。②从产品的外延。产品还包括文化产品和服务产品等非实体类型，文化产品如通过网络平台购买的软件、游戏、音乐和电影等，其核心利益本身就具有文化属性；服务产品如视频平台会员、保险等，作为文化象征的品牌声誉也是其核心竞争力。

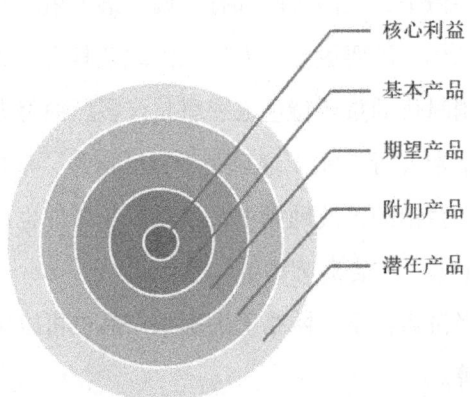

资料来源：菲利普·科特勒，凯文·莱恩·凯勒.营销管理（第14版·全球版）[M].王永贵，等译.北京：中国人民大学出版社，2012:355.

图7-1 产品的层次

3.产品是营销和传播的基点

不论是营销还是传播，产品都是营销（价值实现）和传播（沟通）的基点。营销传播的内容大多来源于产品或者与产品相关的各方面，通常包括企业形象、品牌形象和产品的益处。企业形象和品牌形象通常来说都是相对比较"务虚"的，而产品的益处却是"务实"的，正因为存在这种虚实关系，所以产品会成为营销传播内容的坚实基础，一方面是因为形象是建立在产品体验和感受之上的；另一方面可以理解为传播塑造的美好形象或意义，最终都要通过产品去实现。

4.是产品也是媒介

首先，产品本身就是与消费者接触的载体，这是让产品成为传播媒介的前提；其次，产品自身的物质属性、工艺、质感等，本身就包含了大量的感官信息；再加上包装和品牌形象的传达，产品本身就成为一个整合多种符号形式的媒介载体。在超市自选以及电商渠道浏览下单的购买模式下，产品的媒介属性更是受到各厂商的重视。

创意营销的基本要求之一就是让产品和产品包装成为重要的传播渠道。从可口可乐的"昵称瓶""歌词瓶"开始，快速消费品市场掀起了一阵"产品包装+内容""产品包装+活动"和"产品包装+渠道"的热潮，如农夫山泉和网易云音乐合作开发了"歌词瓶"，江小白的"语录瓶"，润田"翠"矿泉水的"追梦人心声瓶"，旺仔牛奶推出的"五十六个民族瓶"，可口可乐推出的"英雄联盟装"，等等。可见，在产品包装上"玩创意"，把产品和其他营销要素整合在一起，已经变成一种营销的"标配"。

5.小众产品并不意味着必然的小市场

在当今多元化的社会中，任何产品都不能像以前一样"每个人都想有一个"，也不可能满足所有人的需要，追求个性化的消费使得那些大众流行的产品看起来并不是非常"酷"，"小众产品"更能显现个人的独特品位，因此，有特定消费对象的特定产品（甚至是定制产品）更受欢迎。"长尾理论"就是在这样的背景下产生的，那些看起来"小众"的产品，放在广阔的全国或全球市场背景下，也会有难以估量的市场前景。

6.出色的产品才容易成功

出色的产品，并不是指产品的质量相对于其他同类产品更出色，而是更能满足部分消费者的需要，如更加贴心的设计、更为合理的售价以及超出消费者预期的使用感受。

以"荣耀"笔记本电脑（Honor MagicBook）为例，可以更深刻地了解出色的产品是如何进入强手如林的笔记本电脑市场的。作为行业后起之秀，荣耀品牌在2018年推出的MagicBook相对于当时同等价位的笔记本电脑具备如下新的卖点：

- 键盘背光调节：夜间工作不用"盲输"；
- Magic-Link技术：和荣耀手机一碰就能传数据，双屏互动避免连接线的麻烦；
- 指纹识别电源：缩短输入密码时间；
- 高屏占比屏幕：更小的体积，更大的屏幕；
- 通过莱茵认证的护眼屏幕：保护视力；
- 超长待机电池：短时携带外出不用带电源适配器；
- 不到5000元的售价："锐龙版"甚至不到4000元，更超值。

需要注意的是，这些卖点在后来激烈的市场竞争条件下，几乎成为行业产品的标配。

出色的产品才有营销成功的可能，原因有三。一是出色的产品会有高的市场关注度。在自媒体和社交媒体背景下，出色的产品会成为一些关键意见领袖（KOL）或关键意见消费者（KOC）追捧的对象，他们通过各种媒介渠道为产品发声，产品可以为更多的人所熟知，从而带来更高的市场关注度。二是出色的产品带来的高市场关注度必然会带来更多的销量，也给企业带来更多的利润。三是出色的产品通过长期的销售服务可以"沉淀"更多的忠实用户，能直接给企业带来更多的用户数据（包含用户需求和用户购买行为数据），为产品的进一步研发和营销提供更多的数据支持。

三、产品创意的适用范围

营销过程中并非随时随地需要进行新产品的开发，有时候仅需要对既有产品进行改造即可适用创意营销的基本法则。

当一个品牌创立之初，由于一切都是全新的，需要通过打造一个具有竞争力的全新产品去打开市场，这时候就需要进行产品开发、产品诉求以及产品包装等全方位的产品创意；成熟品牌推出新产品也需要进行全方位的产品创意；成熟品牌的成熟产品则无须进行产品创意的开发，只需对产品的诉求和包装进行创意即可（如推出 IP 联名包装）；企业有知名产品但未形成品牌的情况，则是重点把产品名称打造成品牌，这就需要对产品的诉求和包装进行全新升级。表 7-3 罗列了产品创意的适用情况。

表 7-3 产品创意的适用情况

品牌和产品情况		是否需要产品开发	是否需要诉求创新	是否需要包装创新
新品牌	新产品	是	是	是
老品牌	新产品	是	是	是
老品牌	老产品	否	是	是
无品牌	老产品	否	是	是

第二节 产品的创意策略

一、利基策略

利基是产品创意的基础。所谓"利基"，简单说就是获取利润的基础；利基市场一般指极度细分的市场，而利基策略是极度竞争市场的产物。在极度竞争的市场上，一般的市场细分已经无法满足寻找"市场空白"的要求了，寻找利基成为市场营销和产品创意开发的基础性工作。

"利基"（niche）原指市场缝隙，也就是大企业规模化竞争留下的市场空隙。在大众营销的条件下，大企业一般只会生产那些大多数人有需求的产品，为了追求利润，往往会通过加大生产规模摊薄生产成本来实现盈利，但这样的操作会使得产品无法满足一些特殊需求的或个性需求。基于帕累托法则，企业只关注属于"头部"的 20% 的忠诚消费者，对那些"尾部"的消费者选择视而不见。另外，在大众营销时代，想了解这些特殊需求和个性需求的成本比较高。随着信息技术的进步和智能设备的普及，建立数据库，收集和存储所有顾客的数据具备了可能性和必要性。

随着竞争的加剧，一些企业开始利用信息技术去掌控"尾部"市场，长尾市场就出现了。长尾市场也常常被称作"利基市场"，就是由于其关注的消费者是传统大众营销忽视的市场。

因此，利基策略最终的目标之一就是瞄准"长尾市场"，开发能够满足特殊需求或个性化需求的产品，在该领域站稳脚跟，并通过专业化建立各种壁垒，成为该领域的领导品牌。尾部市场可能在一开始不起眼，但"长"了之后就会给企业带来丰厚的利润。所谓长尾就是把这些特殊需求或个性需求放在一个更为广阔的空间中，如全国市场或全球市场。

总结一下，利基策略的要点：

瞄准未被满足的缝隙市场，开发满足特殊需求和个性需求的产品；通过高度的专业化生产和服务建立壁垒，防止竞争对手进入；放眼更为广阔的市场空间，"星星之火，可以燎原"，慢慢把市场做成蓝海市场。

二、爆款策略

打造"爆款"产品是产品创意的核心任务，因为"爆款"产品能够在短期内给企业带来丰厚的营销回报。

所谓"爆款"产品，简称"爆品"，是指能够产生爆发性营销力的产品。众所周知，"爆发"的产生有两个要件，一是有限的时空，二是高能量，当所产生的能量超出时空的承受力，爆发就产生了。因此，所谓"爆发性营销力"也包含两个层面的意义，一是指有限的市场时空，二是有超出常规水平的传播力、产品力和销售力，也就是说短期内在某个市场范畴内产生了超强市场关注度、需求量或销量的产品。换句话说，产品能否产生爆发性营销力，取决于两个方面的因素，一是产品本身是否出色，是否具有吸引力；二是产品传播是否赋予了产品高人气（高忠诚度、高知名度或高认知度）。小米公司创始人雷军关于"爆品"的定义：

> 产品定义、性能、品质或价格与现有产品明显不同，大大超出用户期望并引发口碑热烈传播和热销的现象级产品。……简洁版：产品力超群，具有一流口碑，最终实现海量长销的产品。……具有四个特征：单款、精品、海量、长周期。[1]

按照科特勒的观点，产品的吸引力来自产品的性能、价格和服务三者的组合（如图7-2所示），因此爆款产品要产生吸引力，必须具备的条件是：①出色的产品性能；②具有吸引力的价格；③良好的品牌服务。前两个条件可以简单理解为有高性价比，但高性价比只是爆款产品的必要条件，如果一个产品品牌没有知名度，即便看上去性价比很高，消费者在购买的时候也会犹豫甚至放弃购买，所以优良的品牌声誉是爆款的充分条件。也就是说，知名品牌（高知名度或高认知度的品牌）的高性价比产品才能成为爆款。

---

[1] 雷军口述、徐洁云整理：《小米创业思考》，中信出版集团，2022，第145页。

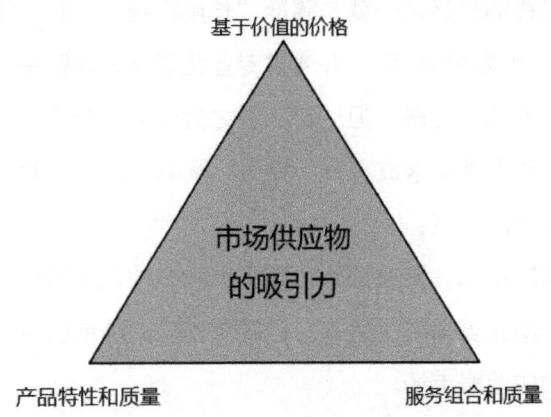

资料来源：菲利普·科特勒，凯文·莱恩·凯勒.营销管理（第14版·全球版）[M].王永贵，等译.北京：中国人民大学出版社，2012:334.（原图题为"市场供应物的组成要素"）

图7-2 产品的吸引力模型

由此，爆款产品的特征就明确了：

①高性价比。产品性能出色，且价格低于同等配置的一般水平，为大众所能接受。近些年来的爆款产品都具有这个明显特征，如早期的特斯拉（Tesla）的 model S型电动汽车和早期的小米手机，以及近两年零跑汽车（LeapMotor）的C11车型和红米K系列的手机等。

②良好的品牌信誉。品牌信誉是品牌在长期的建设过程中积累的公众对品牌的评价，良好的品牌信誉主要表现为：第一，品牌知名度高；第二，品牌产品一贯的性能、质量较好，值得信赖；第三，品牌服务承诺强，如免费上门安装、无条件退换货、质保时间长等。

三、品牌策略

早期品牌的意义是一种产品名称或标记，用来表明产品所有者对产品的所有权。随着产品交换活动的日益频繁，这种标记逐渐演变成为一种识别因素，用以区别此产品与其他同类产品。当下的品牌可以理解为一种社会关系，即产品生产者或销售者与消费者之间的关系。

1.品牌对于产品的意义

（1）所有权

品牌标识（包含品牌名称和标记）一般是企业的注册商标，产品上的品牌标识是用以标明某个产品是某企业生产或某品牌出品的，该产品在未交易之前的所有权属于拥有品牌（商标权）的企业。消费者购买某一品牌产品的过程，也可以看作是这种所有权的交易过程。

（2）认知差异

随着竞争的日益加剧，产品的设计、生产和销售也日趋专业化，逐渐出现了产品的生产和销售分离的状况，大多数企业选择轻资产的运营模式，代工（如常见的 OEM 和 ODM）已成为一种常态。也就是说，产品的生产者未必是品牌的拥有者，而且不同品牌的产品可能出自同一家工厂。在这样的情况下，可能出现不同品牌的产品拥有相同的产品品质，这进一步加剧了产品同质化的状况。在产品同质化条件下，品牌成为产生消费者认知差异的重要因素。相同的产品品质的不同意义是由品牌差异产生的。

（3）无形资产

产品与品牌的关系可以理解为一种有形与无形的关系，即产品是有形的，而品牌是无形的。品牌价值是附着在产品之上的附加价值；如果说生产场地、机器设备、交通工具、办公设备、产品等是企业的有形资产的话，那么品牌资产则是企业的无形资产。当这种无形资产附加在产品之上，消费者购买产品的时候愿意为这种无形资产买单，这时候，品牌就实现了使产品产生溢价或附加价值的功能。

（4）符号价值（文化象征）

鲍德里亚认为产品有三种价值，分别是使用价值、交换价值和符号价值。使用价值是产品本身的属性意义，是工人劳动创造的价值；交换价值是一种使用价值相对于另一种使用价值而言的，是基于产品的稀缺性所产生的价值；而符号价值则源于所谓"夸示性消费"，是产品的社会象征意义。品牌正好代表了产品的社会象征意义，是产品的符号，体现产品的符号价值。

作为沟通符号的品牌名称和标识通常带有某种文化的象征意义，因此，品牌的符号价值也可以从社会文化的层面去理解，可以看作是文化在产品上的投射，如"京都念慈庵"品牌名称中的"念慈"的意思为"思念慈母"，而注册商标为"孝亲图"，画面是一个清朝装扮的人给母亲端药问安的场景，体现的是中国传统的"孝道"文化（如图 7-3 所示）。

图 7-3　京都念慈庵品牌的注册商标

(5)社会关系

品牌形象是社会关系的映射，品牌形象映射消费者、产品生产者或品牌所有者的形象。在品牌所体现的各种社会关系中，最明显的就是交易关系或消费关系，即产品生产者或品牌所有者与消费者之间的关系。

从消费态度来看，消费者对一个品牌存在"知名—识别—了解—理解—喜欢—信赖—偏好—忠诚"等各种不同层次的态度或看法，因此也存在不同紧密程度的消费关系。从不紧密到紧密可以依次表达为不知名品牌、知名品牌、熟悉品牌、好感品牌和忠诚品牌等（如表7-4所示）。从不知名品牌到忠诚品牌都来源于某种形式的品牌态度调研数据，如产品认知数据、回忆测试数据或产品使用数据等。

表7-4 消费者态度与品牌关系

态度	态度层次	目标消费者对品牌的具体态度	品牌关系	负向关系
认知	知名	仅停留在听说过品牌名称	知名品牌	不知名品牌
	识别	能在日常接触中认出该品牌		
	了解	对品牌的质量、价格、服务有一定了解	熟悉品牌	不熟悉品牌
	理解	对品牌的内涵、历史和产品有较深了解		
情感	喜欢	喜欢与品牌相关的事物，如风格、广告等	好感品牌	无关或厌恶品牌
	信赖	充分信任品牌的产品质量和售后保证		
行为	偏好	持续购买品牌产品，但也可能购买替代品	忠诚品牌	非忠诚品牌
	忠诚	长期使用该品牌产品，不轻易购买替代品		

当然同一品牌在不同的市场中可能会表现为不同程度的关系，如我们平时接触的两个方便面品牌"统一"和"康师傅"都来自我国台湾省，但在我国台湾省市场上"康师傅"的品牌知名度要远低于"统一"。所以，品牌关系通常是相对于某个区域市场而言的。

（6）长期战略

产品具有明显的生命周期，随着时代、消费环境和消费者的变化，产品也应当进行相应的调适，随着时间的流逝和消费者世代的更迭，一些产品会逐渐消亡，取代它们的是更新产品、升级产品、换代产品或全新产品。

相对于产品而言，品牌拥有更长的生命周期。不论产品怎样改变，品牌的名称、logo

和形象则保持相对不变。当然，相对不变并非不变，而是不轻易作变化。当企业发生重大战略调整，如结构性重组和兼并、战略调整、消费升级、品牌再定位等条件下，品牌也可适当作一些调整。

因此，可以把品牌看作是产品的长期战略的结果。

（7）品牌与产品的关系

很多品牌都是由产品发展起来的，知名的产品往往都会形成品牌效应。有了品牌之后，就可以开发出更多的产品。品牌与产品的关系就像家族与家族成员之间的关系，品牌好比是一个大家族，有自己的家族遗传特征和家族的徽章（logo），品牌之下的产品就是家族成员。随着营销活动的深入，品牌家族还可能会分成不同的支系，形成多品牌的局面，即为"品牌裂变"，如小米裂变出红米、小米有品等，华为裂变出荣耀。

2.产品的品牌策略

品牌策略的基本目标是使产品产生更大的价值，并且使这种溢出的价值具有延续性和稳定性。

（1）要有清晰的品牌定位

品牌定位即品牌在消费者心目中的地位，所谓"心目"（mind）中，首先就要求品牌信息要能进入消费者的头脑，也就是品牌的诉求要符合消费者头脑中对产品的分类习惯。几年前有个品牌叫"K可"，其品牌诉求为"商务滋补饮料"，就是因为不符合人们头脑中的分类习惯，虽然做了大量广告和宣传，但销售效果一直不理想，最后逐渐淡出市场。品牌定位有两种倾向，宏观的品牌定位是"品类创新"，即品牌应该成为一个品类的开创者，如"蓝月亮"开创了"洗衣液"品类，"王老吉"开创了"凉茶"品类；微观的品牌定位则是"竞争性"定位，也就是相对于竞争对手本品牌的定位，如计算机的CPU品牌，相对于性能强劲的英特尔（Intel）而言，超微（AMD）则是高性价比品牌。

（2）映射长期的品牌形象

品牌形象是通过营销传播活动赋予产品的精神形象，是品牌所有者的企业意志和消费者自身形象结合的产物，是产品的上层建筑。横向来看，对这个形象的传播不只限于产品包装、广告和公关宣传，产品的设计、工艺、材料也要符合品牌形象的要求。纵向来看，品牌在长期的传播过程中也要保持形象的一致性，以便于识别。因此，品牌传播不能随意改变品牌的标识、诉求、主张、广告语和商业形象（如吉祥物）等品牌的核心识别要素，"朝三暮四"只会造成认知混乱。国产运动服饰品牌"李宁"就曾经因为改变了品牌标识设计和品牌主张，提出新的广告语"90后李宁"，一度陷入品牌危机。"李宁"曾经的品牌危机问题主要在于品牌形象对消费者自身形象的映射出现了偏差，"90后"的主张使得之前的主要消费者群体（以"70后"和"80后"为主）出现认同的失落，而新瞄准的消费群体"90后"也对这个曾经"父辈级"的品牌缺乏深层次的精神认同。因此，品牌形象不应只是企业意志的表达，更应该获取目标市场的认同，而这种认同应基于消费者的价值观和生活方式，而不应只停留在口号层面。

（3）打造品牌个性，获取文化认同

品牌个性可以看作是品牌形象的升级版，因为品牌形象带来的是消费者的身份认同，而品牌个性则可以激发消费者对品牌的崇拜。当品牌可以被当作"偶像"或"教主"般存在的时候，消费者对品牌及其产品就会产生极端的信赖和忠诚，这无疑是有利于营销的。

品牌个性的打造，其主要方法有两种。一是品牌人格化，就是把品牌当作人一样去打造"人物设定"，经营品牌人格。在西方，这种做法常常是通过代言人和吉祥物的方式去增强品牌的人格，如李奥贝纳广告公司为菲利普·莫里斯（Philip Morris）烟草公司的品牌"万宝路"（Marlboro）打造的牛仔形象强化了"男子汉气概"的品牌人设，此外，该公司打造的知名商业形象还有绿巨人（Green Giant 公司）、老虎东尼（Tony Tiger，家乐氏 Kellogg's 公司）等。二是打造品牌 IP，通过品牌故事的讲述吸引消费者，最终形成品牌神话，如苹果公司（Apple Inc.）就是通过史蒂芬·乔布斯的创业经历和人生态度培养了大批的"果粉"，他们都亲切地把乔布斯称作"乔帮主"，很多"果粉"可以在新产品上市前几天带着帐篷去排队等候购买新产品；国内知名的水果品牌"褚橙"的成功也是通过"褚时健70多岁二次创业"核心故事打造而成的。这两种方法归根结底其实都是通过赋予品牌以文化内涵，通过文化创意增加品牌的魅力。

（4）品牌资产增值

品牌的使命不只是使产品产生更大的价值，同时也要实现品牌自身的资产增值。国际上一些咨询评估机构每年都会评出"最具价值的品牌排行榜"，如由 WPP 集团旗下的咨询公司凯度（Kantar）发布的 BrandZ。这些排行榜会通过一些标准（BrandZ 是通过消费者忠诚评估和企业财务分析）对全球或某个区域市场中的品牌进行评估，以彰显品牌之间的价值差异。这里所谓的"品牌价值"可以看作是品牌资产的一种外在证明。一般认为，品牌资产与品牌的影响力密切相关，阿克的品牌资产模型中的品牌忠诚度、品牌知名度、感知品质、品牌联想和其他品牌专有资产五个方面基本上都属于品牌影响力的范畴（如图7-4所示）。

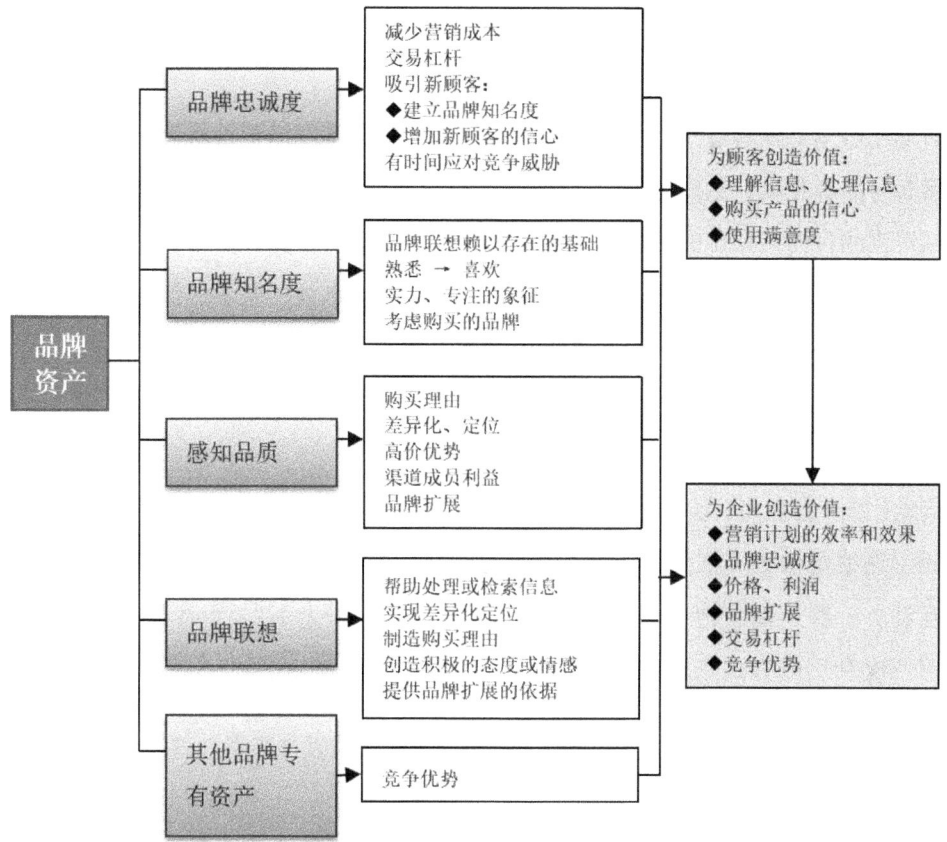

资料来源：戴维·阿克.管理品牌资产[M].吴进操，常小虹，译.北京：机械工业出版社，2012：扉页.

图 7-4　戴维·阿克的品牌资产模型

四、互动策略

产品的社会关系最终是通过产品的传播、消费和价值实现的过程体现出来的，从这个角度看，产品不再是冷冰冰的物品，而是营销和消费活动中的社会关系的承载物。产品通过一系列交互作用去构建、维系这种社会关系，换句话说，互动是实现产品价值和体现社会关系的最直观方式。从营销和消费活动的过程和影响来看，需要与消费者建立认知、行为和情感三个方面的互动关系。

1.内容互动策略：打造产品的沟通价值

内容是吸引消费者，让他们对产品产生知名、了解、理解和兴趣等态度层面的主要方式。广告、公关宣传、软文、故事等都是通过内容与消费者形成互动关系的方式。

在产品创意过程中，应注重产品和内容相结合的方式。在当前的营销活动中，产品包装不仅只有提高产品品位、便于用户使用的功能，还应该承担传达产品信息、帮助打造品牌形象和与消费者产生互动的功能，如可口可乐的"昵称瓶""歌词瓶"，以及江小白的

"文案瓶"都起到了很好的内容互动作用。

2.活动互动策略：打造产品的利益价值

活动互动主要是通过一些（物质的或精神的）利益激发消费者行为，引导消费者直接或间接参与品牌互动，达成扩大知名度、树立良好社会形象、收集消费者行为数据以及促成产品销售的目的。常见的活动有促销活动、公关活动（公益、赞助）、社会活动（体育赛事、支持政府活动、扶困济贫）、文化活动（出版、影视、赛事、演出）等（详见第九章"营销活动创意"）。

在产品创意过程中，应注重产品和活动相结合，如在产品包装上通过促销信息（如开盖有奖、集卡片换购）、二维码、热线电话等方式促成与消费者的互动。一些厂商会把产品包装设计成可二次利用的方式来增加与消费者的互动，如儿童食品的包装盒，可以用来玩填字游戏、做手工等。

> **Tip：FCB方格（FCB Grid）**
>
> 由知名广告公司博达大桥（Foote Cone & Belding, FCB）的副总裁理查德·沃恩（Richard Vaughn）于1980年所开发，用以说明消费者面对不同产品类别时的购买行为，该模型通过"思考－感觉"（think-feel）和"卷入度高低"（high-low involvement）两个维度建立了一个坐标，其中第一象限中的是高卷入度感觉的产品，第四象限中的是低卷入度感觉的产品；第二象限中的是高卷入度思考的产品，第三象限则低卷入度思考的产品。

3.情感互动策略：打造产品的情感价值

消费者在进行消费决策的时候，对一些能够体现个人品位、情趣和风格的产品投入更多的是感性因素而不是理性思考，如服饰、食品、饮料、跑车等。这些产品在创意设计之初，就应该考虑如何与消费者进行情感互动。关于哪些类别的产品适合用情感策略，请参考"FCB方格"（如图7-5所示）。

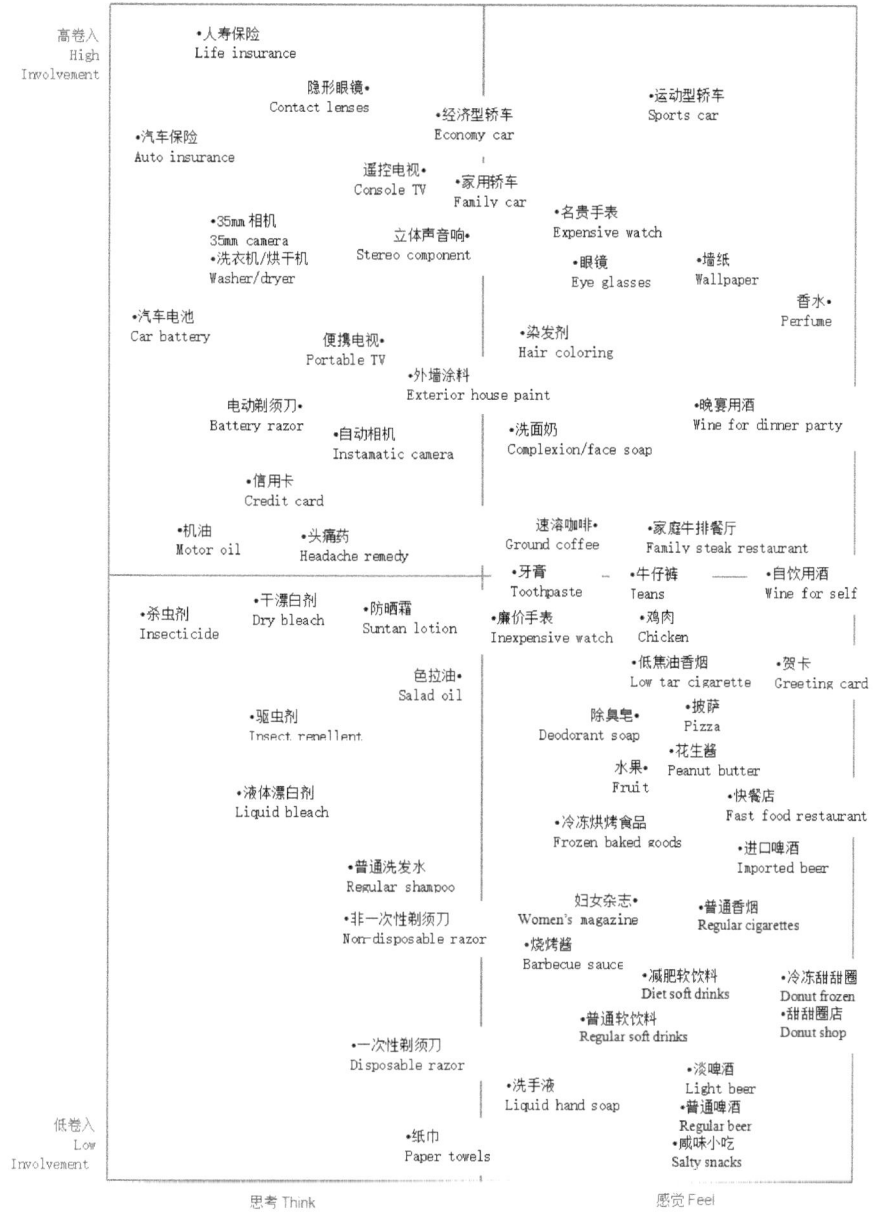

资料来源：[美]约翰·J·洛斯特尔等．更好的广告策划方格[J]．广告研究．1991(10-11):12．原引文略有改动，中文翻译为本书作者所加。（Slightly altered vision John J.Rossiter et al,from "A Better Advertsing Planing Grid," *Journal of Advertising Researtch*(October/November,1991),p.12）。

图 7-5　FCB 方格

按照科特勒的观点，人类的消费行为经历了"量的消费"和"质的消费"阶段，进入了"感性消费"阶段。感性消费阶段又分为"感官消费"和"情感消费"两个阶段。在充分竞争的情况下，人们的消费行为逐渐从感观消费转向情感消费，也就是在大部分产品质量都没有太大区别的情况下，企业给予消费者更多情感关注的产品，更容易获得消费者的青睐。

另外，从长远的角度看，品牌的社会关系最终还是要通过建立一种情感联系来维系。

在当前买方市场的情况下，这种情感联系应该是由企业主动来追求和维系的。企业应该把消费者看成家人和朋友，看成自己的衣食父母和收入来源，通过营销、传播活动给予他们更多的价值、更多的关心，使他们成为企业产品和品牌的拥护者、宣传者，企业营销活动的参与者，成为企业品牌、产品的长期忠诚者。当前在社交媒体上打造品牌社群（brand community）就是维系品牌情感联系的一种应用。

第三节 产品创意执行

一、如何寻找和创造利基

1.如何寻找利基

市场细分：利基市场是极度细分的市场，因此在寻找利基之初，应通过市场细分去找到市场缝隙。可以跳出人口统计标准的俗窠，通过消费者的问题、利益、兴趣和动机等方面去建立市场细分的标准。

消费者洞察：利基往往来自对消费者的深入观察。有两种途径可以实现对消费者的洞察，一是通过数据分析，即从营销数据库中去分析发现消费者的潜在需求。这种方法的缺点是无法预测长远的消费趋势，对开发战略性的先进产品没有太大帮助。因此许多创业者非常崇尚第二种方法，即在产品创意过程中不单纯依靠营销数据，而是把自己置身于消费场景之中，去观察、感受消费者对某一类产品的需求；更有甚者，把自己当作消费者的一员，去深刻感受自己在消费、使用某类产品时的"痛点"（未满足的需求），"痛点"往往是产品创意的原点。白酒品牌"江小白"的创始人陶石泉在谈到如何开发"江小白"时有过类似的观点：

> 我每天出去的时候，特别喜欢看旁边的人是怎么说话和吃饭的。……如果能在用户洞察里面得到一个新场景，或者能从场景中得到创新，那么其实产品就已经自然而然推导出来了。[1]

市场机会分析：在市场细分和消费者洞察的基础上，分析新产品进入市场的可能性。通常先选定一个大的品类，然后再进行不断的细分，直到找到适合产品开发的细分品类。

---

[1] 陶石泉：《江小白：在传统白酒江湖如何玩出一个时尚品牌》，梅花网2019年2月12日，http://www.meihua.info/a/73275.html。

2.如何创造利基

（1）开创新品类

定位策略和利基策略的核心都是聚焦，都强调开创新的产品品类。有所不同的是，定位策略不强调进入市场缝隙。而新品类并不是凭空产生的，而是相对于传统的产品品类，如相对于传统的肥皂、洗衣粉市场，"超能"皂粉和"蓝月亮"洗衣液都开创了新的品类；相对传统的吸尘器而言，"扫地机器人""无线吸尘器"和"洗地机"也开创了新的品类。

开创新品类的产品在传播上能够获得强大的认知优势，产品和品牌能够代表一个品类，而且这种认知在消费者的头脑中不容易被改变，竞争性的品牌很难挤进这个认知领域。正如前面的新品类一样，提到"皂粉"，很多人的头脑中就会出现"超能"这个品牌，别的品牌很难想起。这样的品牌还有很多，不妨通过下面的小游戏来看看你头脑中代表各品类的品牌都有哪些？

小游戏

下面表格中提到了一些品类，看到这个品类，把你头脑中出现或想到的品牌名称填在对应的第②列中。

①提到的品类		②想到的品牌
示例：皂粉	→	超能
排毒养颜胶囊	→	
豆浆机	→	
天然饮用水	→	
豆奶	→	
平板电脑	→	
巧克力	→	

（2）提炼独特卖点

狭义的定位也被称作竞争性定位，在进行产品创意时要考虑竞争性，打造产品的独特性卖点。独特卖点往往就是核心的竞争力。

卖点是由产品功能及其消费利益（价值）构成的，因此打造独特卖点的第一步是寻找产品本身物质属性的独特点。产品的物质属性包括材料、配置、工艺、规格、包装等方面，但并非所有这些方面的差异都可以作为卖点来体现，而是应该考虑这个差异点对消费者来说有意义的时候才有用。前面说过，在竞争充分的情况下，大部分产品都出现了同质化的倾向，所以，要寻找产品与竞品之间的物质差异就变得异常困难了，故品牌的或文化的差异也可以成为独特的卖点。总结为一句话：有差异找差异，没差异找品牌。第二步是把产品或品牌的实质性差异转化为消费者的利益。可以借助阶梯法来提炼产品对于消费者的价值或意义（如图5-2所示）。

（3）建立壁垒和可持续战略

寻找产品的独特卖点并非一劳永逸的战略，随着市场竞争的加剧，独特卖点可能会被竞争对手逐步蚕食，因此在独特卖点形成后，应继续保持和扩大竞争优势，把具有优势的卖点变成一个竞争对手无法逾越的壁垒，以形成可持续的竞争优势。

二、如何打造爆款产品

1. 价值创造：解决痛点，创造刚需

人类永恒的不满足感和消费需求的多元性决定了产品永远不可能是十全十美的，任何产品都有无法满足人们需求的所有方面。比如，随着手机功能越来越强大，人们对手机的要求也越来越多。

○ CPU再强劲一些，能玩大型游戏，还可以多用几年；
○ 散热再好一些，打游戏不发热；
○ 摄像头再好一些，有光学变焦就好了，有广角镜更好；
○ 感光元件再大一些，成像再好一些；
○ 屏幕再大一些，色域再广一些，刷新频率再高一些；
○ 电池容量再大一些，待机时间再大一些，充电更快一些；

....

某些功能满足了，又会产生出新的不满足，人们似乎永远无法逃脱"满足-不满足"的怪圈。

这种现象也为产品创新留下了更大的可发掘的空间。一般来说，产品的创新可以从如下几个方面去思考。

> **奥斯本检核表法**
> （Osborn's Checklist）
>
> 由国际知名广告公司BBDO的创始人亚历克斯·奥斯本（Alex Osborn, 头脑风暴法也是他的创造性发明）提出的一种创造技法，基本的思路是针对需要解决的问题或创新的对象，列出一系列问题来核对和探讨，以引发新创意。检核表法可适用于大部分的创新活动，特别适合产品的创新和改进。

（1）原创产品：产品核心层次的创意

新的生活环境和生活方式使得人们产生了新的需求，比如城镇化过程中城市空间不断

扩大加上公共交通的拥挤，使人们产生了对汽车的需求。

（2）升级产品：产品有形层次的创意

人们对产品的不满足感也给产品带来新的创新机遇，比如汽车燃油对环境的污染和油价不断上涨的趋势，使人们产生了对新能源汽车的需求。

（3）附加产品：产品附加层次的创意

在产品物质满足的情况下，人们需要更多精神层面、社会层面或文化层面的满足，如城市拥挤和交通事故的频发，使人们产生了对自动驾驶服务的需求；商务活动使得人们产生了对高端汽车的需求。

产品的创新可以采用奥斯本检核表法进行，下面是一个针对产品创新设计的简化版检核表（如表7-5所示）。

表7-5 产品创新的检核表法简表

序号	检核内容	产品创新思路
1	能否他用	产品是否有新用途？
2	能否借用	能否借鉴或利用其他产品的创新思路？
3	能否改变	能否改变功能、形状等外在形式以产生新效果？
4	能否扩大	能否增加或扩大产品的相关属性？
5	能否缩小	能否减少或缩小产品的相关属性？
6	能否替代	产品的部分材料、工艺是否可以用更好的方案？
7	能否调整	产品的组合方式是否可以调整顺序或变换方位？
8	能否颠倒	是否可以用逆向的思维来改变产品？
9	能否组合	能否整合新的东西带来新功能？

2.价值沟通：设置痒点，创造欲望

"痒点"是针对消费者态度而言的。爆款产品除了能够让人们感觉到自己有需求，还应该从人的情趣的角度出发，赋予产品一种对消费者来说"这个产品非常适合我"的感觉，勾起人们的消费欲望。也就是要通过传播议题的设置，引发人们对产品需求的共鸣。同样的产品，不同的使用场景，不同的沟通基点能够带来不同的沟通效果，基于人性的价值沟通更容易产生消费欲望。

3.价值实现：规划爽点，激发行动

所谓"爽点"也称"兴奋点"，是针对消费者行为而言的，要给消费者提供一个行动的理由（如限时优惠或其他情景激励），让他们兴奋起来，加入购买产品的行列。

三、品牌化（branding）

1.品牌名称：产品沟通的载体

就像一个人的名字一样，品牌名称是产品沟通的载体和起点。一个有趣的品牌名能够让人们记住产品，并能产生与之相关的联想，甚至有较好的话题性，成为人们茶余饭后的谈资，因此，好的品牌名称能使产品的传播事半功倍。

需要注意的是，产品名称和型号不是品牌名称，品牌名称与产品名称最大的不同在于，产品名称通常是说明性的，用以说明产品的属性、功能、用途或类别，而品牌名称则是沟通性的，是基于人性沟通的概念。换句话说，相对于产品名称或型号而言，品牌名称能实现更好的沟通功能，使人们对产品更加有兴趣。但这并非是在否定品牌名称的说明性，能够把说明性和沟通性结合起来往往是品牌名称的最佳选择，有些品牌名称就是通过这种方式让人产生关于产品属性、功能和用途的联想或暗示，让人们一看就懂、一听就明白，如"康师傅"能够让人们想象到"健康的大厨"，而"美加净"则能够让人联想到使用该产品带来的美好和洁净。

此外，品牌名称应该具有文化属性。品牌名称有某些文化象征，指向社会文化的某些领域，如"东方树叶"是从一种他观的角度来指向"中国茶文化"；品牌的文化性还可以从产品的产地或相关的人物来关联，如"衡水老白干"和"仲景"牌（河南宛西制药的品牌）；品牌名称还可以从目标消费者的属性标签（如性别、年龄、社会团体等）来思考，使产品具备更多的人文特征，如"太太乐""娃哈哈"和"宝宝金水"。

2.品牌定位：沟通信息的核心

前文说过，品牌定位是品牌在消费者心目中的位置。

首先，品牌定位是建立在对消费者认知和了解的基础之上的。特别是了解消费者头脑中关于产品分类的知识。其次，品牌定位要反映产品的类别。针对不同市场地位的品牌，定位理论提供了三种基本的定位方法。

①领导者定位：即品类聚焦，居于市场某一品类领导者地位的品牌，在定位的时候，要把自己等同于该产品类别，占据该品类"第一"的位置。如"盘龙云海"代表了"排毒养颜"这一OTC品类，"王老吉"代表了广式凉茶这一品类。

②跟进者定位：即竞争性定位，适用于市场跟进者或新的市场挑战者，对市场领导者

展开直接竞争，所以要在某些指标或性能上超越竞争对手。如在强手如林的啤酒市场，金威啤酒于2003年提出"不再添加甲醛酿造啤酒"，暗示其他啤酒有添加甲醛酿造的。

③再定位：如果定位失败或此品类市场已无竞争优势，可以另起炉灶，重新选定定位领域。如国产汽车比亚迪，在参与燃油汽车竞赛的"赛道"上，感觉到自身竞争优势较弱的情况下，重新选定"新能源汽车"赛道，一跃成为该领域的领导品牌。

3.品牌识别：对品牌的综合感受

人们对一个品牌的认识过程与认识一个人的过程是一样的，首先认识到的是外貌、声音和形象，随着交流的加深，才会深入到个性、人格、价值观等精神层面的认知。外在的外貌、声音和形象可能会随着时间的变化而有所变化，而个性、人格、价值观等层次则是相对不变的。同理，品牌识别也有两个层次。

①浅层次识别：通过对品牌的外在视觉形象、声音、联想和广告用语等方面来认识品牌。

○视觉形象：包括广告表现、品牌标识、产品包装、产品设计、质感等；
○声音：包括广告音乐、广告配音（包含台词）等；
○联想：包括品牌名称、产品类别、产品外形、代言人、商业形象等方面的联想；
○广告用语：包括主题句、关键词、广告口号（slogan）、标语（tagline）等。

（2）深层次识别：建立在浅层次识别的基础上，通过对品牌个性和文化形象等内在的精神层次来认识和识别品牌，属于理解性的认知和识别。

4.品牌资产：长远的品牌征程

阿克（David A. Aaker）的品牌资产模型是和消费者的态度模式相对应的，品牌知名度和品牌认知度对应的是消费者态度的认知层面；品牌联想度对应的是消费者态度的情感层面；品牌忠诚度对应的是消费者态度的行为层面。

（1）品牌知名度

品牌知名度是指品牌名称在市场上被知晓的程度，是品牌资产的起点，品牌的认知度、联想和忠诚度都是建立在知名度的基础上。

传统营销理论认为，广告和公关是打造品牌知名度最好的方法。以品牌名称为噱头的广告和名人代言的广告被看作是最有力的知名度传播广告；公关活动中，赞助重大社会活动（如文化活动和体育赛事）也是建立知名度的捷径，但不论是名人代言还是赞助活动都需要投入大量的资金。

在新媒体环境下，话题营销和事件营销被看作是扩大知名度的利器，这两种方法不仅花钱不多，而且效果很好，还能引发消费者的互动。

（2）品牌认知度

品牌认知度是关于产品品质的认知状况，品牌认知通常是和产品品质联系在一起的。值得注意的是，关于产品品质的认知，其实是一个主观问题，换句话说，好的产品品质其实是消费者的一种主观感觉，比如关于汽车质量，"到底是日系的好还是德系的好"是人们在社交平台上经常讨论的话题，但似乎并没有形成能普遍接受的定论。因此，市场上实际质量最好的产品并不见得是知名度最高的或卖得最好的产品，正如里斯和特劳特所言"市场营销不是产品之争，而是认知之争"[1]。

一般认为，广告有"自卖自夸"之嫌，不容易让大众信服，而公关宣传相对来说是提升品牌认知度的最佳方法，因为它通常是由第三方的媒体或评估机构来发布消息，可信度相对较高。人员销售也常常被用来提升品牌认知度，特别是通过营销人员对产品进行实验性的破坏来证明产品的质量可靠。

在新媒体时代，传统的公关信息和评测证明依然有效，只不过它们变成了新媒体的内容。一些新媒体平台被看作是提升产品认知的主要途径，如通过一些自媒体来进行产品评测（即所谓"带风向"）；甚至还有一些企业聘请大量的"水军"来抹黑对手，提升自身的品牌认知度（当然，市场营销应该建立在良性竞争的基础上，这种"抹黑"或"刷好评"的方式不值得提倡）。以下是国内常见的可提升品牌认知的新媒体平台（如表7-6所示）。

表7-6 国内常见的可提升品牌认知的新媒体平台

平台属性	新媒体平台	提升品牌认知度的方式
网络社区平台	"虎扑""汽车之家""易车网"等	PGC 和 UGC
新闻资讯平台	"今日头条""网易新闻"等	PGC 和 UGC
社交媒体	"微博""微信""抖音"等	PGC 和 UGC
导购平台	"什么值得买""小红书"等	PGC、UGC 和 KOC
电商平台	"京东""淘宝""拼多多"等	KOC、UGC（用户评价数据）

（3）品牌联想

品牌联想是关于品牌形象的认知和联想，传统的品牌联想大多是由广告传播形成的，所以品牌联想通常是和品牌名称、品牌标识、广告语、产品产地、广告创意或代言人联系在一起的。通常人们想起一个品牌的时候，头脑里便会浮现出关于这个品牌的某个方面或几个方面的信息。如：

---

[1] 艾·里斯、杰克·特劳特：《22条商规》，第33页。

○农夫山泉:"有点甜",千岛湖,"大自然的搬运工";

○益达:"是你的益达";

○德芙:"下雨天和巧克力更配",邓紫棋;

○古越龙山:绍兴,鉴湖水;

○脑白金:"孝敬爸妈",送礼。

在新媒体背景下,故事创意和品牌 IP 成为塑造品牌形象和联想的基本操作,如"江小白"开发的"我是江小白"的 IP 动漫。

帕累托法则
(Pareto Principle)

也称作 80/20 法则或二八定律,由 19 世纪意大利经济学家维尔弗雷多·帕累托(Vilfredo Pareto)所提出,他认为意大利 20% 的人口拥有 80% 的财产。后来被引入市场营销领域,引申为占消费者总数 20% 的忠诚消费者是企业 80% 的利润来源,所以市场营销应该重视对忠诚消费者的维系。

(4)品牌忠诚度

品牌忠诚度是指消费者对品牌的重复消费程度,是衡量品牌价值的重要维度。在营销界有一个假设经常被用来说明品牌忠诚度的重要性——假如可口可乐在全球所有的工厂由于某种不可控的原因毁于一旦,它们依然能够被重建,原因就是可口可乐的忠诚消费者依然存在——也就是说可乐的品牌价值最重要的东西并没有被破坏。

传统的营销传播观念认为,维系品牌忠诚度的目标是争取"回头客"。"帕累托法则"常常被用来告诫营销者,占"头部"20%的忠诚消费者才是企业最重要的资产,也是营销要争取的对象。而争取回头客或者忠诚消费者的重要方法是"顾客满意",即所谓"顾客是上帝",企业要想尽一切办法满足顾客的需要。

情感营销或情感互动也是维护顾客忠诚度的重要手段,即企业与顾客之间要建立一种情感联系,而不仅仅是交易关系。

在数字时代,客户关系管理是通过建立顾客数据库,由软件系统来承担顾客关系管理,真正实现与消费者一对一的良性互动。随着大数据技术的发展,"大数据杀熟""消费者行为建模"和"行为操纵"被看作是客户关系管理的负面应用。

四、让产品活起来

在新媒体环境下,只有那些富有活力的产品才能赢得消费者的青睐,因此产品应该与其他的营销手段结合起来,塑造有个性、有故事、有生命力和充满情感的产品。

1.产品+设计:爆款设计赋予产品以生命

在一个充分竞争的市场,只有"爆款"才能获得消费者青睐,才能在市场上获得生命力。爆款建立在对消费者充分洞察和产品的精心设计上面。在早期的手机市场,摩托罗拉和诺基亚就创造了很多"爆款",如 Motorola V70 旋转上盖设计和 Moto ZARA "刀锋"纤薄的翻盖设计,让人至今难忘;又如 Nokia 1110 经典的直板机身、方正的外形给人以坚固的感觉,全球销量达 2.5 亿部,多年以后提到这些产品,人们依然能够津津乐道。

但在快节奏的社会,产品迭代速度加快,任何产品都是容易过时的,包括这些经典产品。要使产品具有长久的生命力,需要塑造强有力的品牌形象。品牌就像一个家族,通过一代一代产品去延续自己家族的生命和"家风"(品牌性格),每个产品都是这个家族的成员,在继承家族血脉和风格的同时,又具有本身独特的生命形式。

2.产品+内容:故事讲述赋予产品以性格

不论是广告还是微电影,品牌内容是关于产品的一种"讲述",透过这种讲述让产品具有了故事性。正如火锅品牌海底捞的广告语"好火锅自己会说话"一样,有故事的产品自己也会"说话"(自传播)。

自创 IP:有故事的产品是建立在 IP 营销的基础上的。产品的角色设计应该符合品牌策略的基本要求,也就是说,产品必须在品牌的指引下设计自己的角色。不同产品 IP 对应不同的产品,通过产品 IP 的角色关系构成品牌 IP 家族。产品角色设计让产品充满个性,从而实现产品和品牌的人格化。产品 IP 角色设计的范畴包括:

○造型设计:包括产品 IP 角色的外观设计和视觉表现;
○性格设计:包括产品 IP 角色的性别、习性、口头禅等;
○行为设计:包括产品 IP 角色的标志性动作和日常行为习惯等;
○情感设计:包括产品 IP 角色的价值观和好恶设计,也包括其社会关系,如亲人、情侣、朋友、同事乃至敌人等;
○故事设计:包括产品 IP 角色的世界观、生活场景、矛盾冲突等。

有了产品角色 IP 之后,就可以围绕角色设计去持续创作和输出内容,通过故事讲述不断地丰富角色的形象和情节,使产品和品牌的形象更加丰满,实现从产品价值到产品沟通价值(文化价值)的转变。

IP 联名:除自创 IP 角色外,还可以采用 IP 联名的方式来使产品获得新的活力,常见用来联名的有知名的游戏 IP(如王者荣耀)、动漫 IP(如名侦探柯南)、电影 IP(如冰雪奇缘)和文创 IP(如故宫文创)等。

3.产品+活动:互动激励赋予产品以活力

传统的产品互动主要通过产品自身、产品包装、人员销售和各种大众营销传播手段的应用来实现。产品自身的互动是通过产品的"人—机"(或"人—物")交互和产品的使用方法来实现的,体现为人们在使用产品过程中的感受和体验;产品包装的互动则是通过包装上的信息、包装的用途和功能（如另作他用、收藏、环保措施或使用关怀等）来实现的；人员销售则是通过企业的销售代表与消费者的人际互动来实现的；大众营销传播手段包括促销、公关、直销和事件营销等，本身就是互动或沟通手段。

新媒体的产品互动则通过品牌或产品与消费者、社群的价值分享和价值共创来实现，如打卡换红包、优惠分享、集赞换优惠、直播销售、团购、众筹、盲盒以及助力砍价等（详见第九章"营销活动创意"）。

4.产品+情感：人文关怀赋予产品以人性

除了给消费者更多的好处（利益、优惠），给予消费者更多关怀的情感营销才是维持消费者忠诚度的最佳手段。情感营销的基础是企业对消费者的人文关怀，表现为人性化的产品设计与人性化的营销沟通。

人性化的产品设计首先表现为品牌或产品的情感设计。品牌的情感设计主要体现在品牌名称、品牌标识和品牌的沟通基调上，品牌名称应该体现人的情感，如爱心、友情、亲情，如香港品牌"京都念慈菴"，品牌名称中的"念慈"二字表达的是"思念慈母"的情感；品牌标识则展现的是儿子给母亲端药的情形；广告语"润声护嗓，求爱有方"也体现出对健康、对爱关注的沟通基调。产品的设计是从人的情感需求的角度来思考的，如产品的礼盒包装体现的是人与人之间的礼尚往来的情感。

其次表现为人情味的产品沟通。如果既有的品牌名称或产品名称不能反映人的情绪、情趣与情感，那么可以通过人情味的沟通来实现。通过沟通信息来强调对人的感觉、情绪、情趣或情感的关注，如"益达"口香糖"是你的益达"表现出人与人之间的关怀。人性化的沟通还可以通过品牌个性的设定来实现，设计具有人格化和人性化特征的品牌或产品IP形象，依照IP角色人格设定，用特定的语气和行为方式与消费者进行情感沟通和情感互动，实现人格化和人情化的沟通。

最后表现为人性化的产品营销活动。在一些特定的日子开展品牌或产品的营销活动来体现对特定群体的关怀，如"情人节"关注情侣互动、"妇女节"关心女性群体的权益以及"儿童节"关心儿童的身心健康等。

5.品牌+运营：数字智能赋予产品以健康

前文说过，再经典的产品也会有生命周期，但品牌却有永生的可能，因此通过品牌运营可以赋予产品更持久的生命力。品牌运营包括两个层面，一是设定长远的品牌目标，来保证产品的更新换代和持续不断的输出；二是通过数字化、智能化的运营手段来及时调整和优化产品的设计和供给，保证产品的可持续优化和产品供应链的稳定，使产品满足不断增长的人民群众的需求。

思 考

1. 打开 BrandZ 网站（www.brandz.com）查阅本年度各国"最具价值品牌100强"，看看有哪些是你熟悉的品牌？

2. 很多奢侈品品牌拥有良好的声誉，它们的产品算不算是爆款产品呢？

3. 近年来，随着营销渠道的多元化，逐渐出现了一些"不需要品牌"的声音，认为品牌只是徒增了产品溢价而已，并没有把真正的实惠给予消费者。所以日本有"无印良品"店，韩国有"No Brand"店，都试图通过甄选质优价廉但没有品牌溢价的好货提供给消费者。如何看待这种现象？

第八章
营销内容创意

> **导 读**
>
> 1. 内容就是形式相对完整的媒介符号文本;在新媒体背景下,广告正逐渐被营销内容取代。
> 2. 内容营销是以营销内容运营为核心任务的营销方式;营销内容创意的主要策略有原生策略、IP 化策略、软硬结合的策略和整合策略等。
> 3. 营销内容创意的方法有模仿、想象、神话和解构;故事是营销内容创意的核心。

第一节 内容和营销内容

一、什么是内容

1.内容的概念

在当前的语境下,特别是在创意产业(包括传媒行业和营销行业),"内容"是一个非常常见的词汇,如"内容分析""内容产业""内容生产"以及"内容营销"等。那么"内容"指的是什么呢?

当前人们常说的"内容"其实是一个相对于"媒介"而言的概念,指媒介所传达的信息本身，通常指形式相对完整的媒介符号文本。也就是说，"内容"和"媒介"相当于哲学意义上的内容和形式的关系。

通俗地说，我们通过各种媒体接触到的各种东西，如故事、表演、展览品、观点、消息、图片乃至一段旋律或只言片语等，都是媒介的内容。

2.内容的特征

从媒介和内容的相互关系，可以看出媒介内容的特征：

其一，媒介是内容的载体，因此媒介种类的多样性决定了内容形式的多样性。媒介的属性、类型、话语风格决定了内容文本形式的多样性，比如，根据内容的文本符号来划分，可以把内容分为文字内容、图片内容、音视频内容和空间内容等；根据接收信息的感觉器官，内容又可以分为视觉内容、视听内容、嗅觉内容、触觉内容、味觉内容等；根据媒介的分类，内容又可以分为文学作品、电视节目、电影、艺术品等；根据话语风格，内容又可以分为严肃内容（硬内容）和非严肃内容（娱乐内容，软内容）；等等。

其二，内容是媒介的信息，因此一定的"社会-文化"背景中的媒介信息内容反映该社会环境的文化价值与意识形态，同时也反映创作者（个人或组织）的人格特质、价值观念、偏见等意识形态。

其三，媒介内容是针对特定对象来创作的，因此内容对特定对象有意义，这种意义通常表现为相关的信息、知识、教育、审美或娱乐方面的价值。

二、营销内容

1.从广告到营销内容

在大众营销时代，媒介信息是由职业传播人员或职业传播机构掌控和把关的，营销传播信息主要以付费广告为主。

在新媒体日渐社交化的当下，每个人不仅可以主动搜寻或接收自己想要的信息，还可以作为信息的传播者在新媒介平台上发出自己的声音，社交新媒体成为人们日常接触信息和活动的主要渠道。而广告（不论是大众传播媒介广告还是新媒介广告）常常被当成是一种打扰，除非让人们感受到它们的价值——有用或有趣。

为了应对这种情况，很多厂商开始绕过大众传媒，注册一些自媒体账号来运营内容，来为自己的品牌发声。这种做法的好处是，一方面不需要再付出高额的广告费；另一方面，传播信息以一种化整为零、隐蔽的方式通过各种媒介渠道去接触它的目标受众。为了让这些内容更能体现出自身价值，更能吸引受众，事先对内容进行策划和创意就成了必由之路。同时，为了获得消费者的反馈，这些传播内容会特别加入一些互动的成分，并在传播形式上与能激发受众参与互动欲望的营销活动相结合。

这样，主流的传播信息就由传统的"广告"逐渐演变成"营销内容"，甚至在一些人的眼中"广告"就是"营销内容"的代名词。当然，从本质上讲，各种形式的广告也都可以看作是传播内容的一种。从广告到营销内容的变化，可以看作是"广告"外延的扩张。以下是大众传播广告和营销内容的区别（如表8-1所示）。

表8-1 大众传播广告和营销内容的区别

对比项	大众传播广告	营销内容
载体	大众传播媒体为主	新媒体为主
对象	消费者或潜在消费者	社群用户
策略	硬/推	软/拉
态度/手段	暴力/强推	优雅/取悦/触发
文本形态	图文、影像、声音	图文、影像、声音、互动
信息容量	内容短小精干	信息容量大
传播方式	单向传播	双向互动
沟通形态	正式	非正式
影响方式	明示	暗示
沟通深度	浅层沟通	深层沟通
接受表现	被动接受或拒绝	主动搜寻或接受
效果	直接	间接或直接
功利性	外显	内隐

2.营销内容的定义

所谓营销内容就是那些为了实现营销目的而在各种媒体上发布的对于特定对象有意义的媒体内容。

这里所说的营销目的，既包括引起注意、兴趣或购买欲望等态度方面的目的，也包括达成说服、互动或销售等方面的行为目的，当然也可以是品牌方实现和消费者之间的某种关系（偏好、忠诚等）的目的。营销的目的在内容中可能是直接的，也可能是隐含的。

特定对象可能包括忠诚消费者、潜在消费者、利害关系者、普通公众等，选择什么样的传播对象取决于传播任务的性质。

有意义的则是相对于沟通对象而言的。如美妆博主发布的美妆内容对喜欢化妆的女生来说有意义，对于一般的男生则可能没有意义；同样，漫画绘本对于多数少年儿童来说可能有意义，但对于喜欢严肃作品的中老年人来说可能没有意义。

3.从广告创意到内容创意

在广告逐渐演变成营销内容的情况下，营销创意人员的工作重心就从广告创意变成营销内容的创意了。需要注意的是，这种变化并不只是工作形式的变化，而是一种创意形态的变化。

首先，是内容创意的符号载体发生了变化。在印刷媒介时代，广告的叙事主要是平面形式的，广告创意也相应地以图文符号创意为主；电子媒介时代，广播和电视成为主流的媒介，特别是电视，电视广告的创意则主要表现为影音符号的创意；而在互联网特别是移动互联网出现之后的新媒体时代，内容创意则不仅包含图文、声音和影像等符号形式，还加入互动的符号形式。

其次，创意的范畴发生了变化。在印刷媒介时代，广告创意是单纯的图文内容创意；整合营销传播时代，创意的范畴演变为"广告＋活动"； 在新媒体营销背景下，内容创意需要与产品、营销活动和营销渠道相结合，演变为"产品＋活动＋故事"的更加复杂的整合创意方式。

最后，创意的频次也发生了很大变化。从原来的年度或季度的一次性内容运营，变成了日常性内容运营，需要持续地输出有创意的内容。

三、营销内容的类型

1.通过文本符号的类别来划分

从文本符号的类别来划分，可以把营销内容划分为如下几个类别。

（1）纯文字类

一般登载在以文字为主的媒介，如手机短信、微信消息、公告牌或电子公告牌（BBS）上面的文字信息、报纸或新闻类应用上的新闻报道和类新闻（如软文、公关性报道）、社交媒体上的文字信息（如微博段子、故事、感悟、互动话题等）、杂志或电子杂志（如微信公众号）上的文章、行业调查报告、产品评测报告等。

（2）图文类

以图片为主的包含文字的信息，如平面广告、信息图、四格漫画或多格漫画、照片、GIF动图、恶搞图片、影视截图（自配字幕）、手机截图（聊天、朋友圈等）。

（3）视频类

以视频为主的营销内容，如视频广告、影视剧（主要指有植入营销内容的电影和电视剧）、视频节目（主要指有品牌赞助的综艺节目和纪录片等）、微电影（可以看作是长一些的视频广告）、音乐视频（如广告歌曲的MV）、动漫、小视频（根据时长不同可以分为短视频和超短视频）等。

（4）音频类

如广告歌曲、视频节目录音、语音或改编歌曲等。

（5）互动类

内容互动：通过营销内容或营销活动展示内容与消费者进行的互动，如签到打卡、点赞、转发、评论、打赏、发弹幕、页面点击和网页停留时长等。

展示互动：通过展示设备的交互性来与消费者展开的互动，如交互性的产品介绍页面。

人际互动：通过真人或虚拟人与消费者进行的互动，如热线电话、在线问答、直播、营销机器人、AI问答、虚拟营业员、虚拟服务员等。

人机互动：通过位置传感器、身体运动传感器或运动捕捉器形成的互动，如LBS、摇一摇、运动数据打卡、二维码扫描、面部识别和体感互动等。

程序互动：通过应用程序（App）或小程序来与用户开展互动，如游戏、购物、社交、信息服务应用，以及小游戏、刮奖、抽奖、动态电子相册等小程序。

虚拟互动：通过VR、AR或MR设备进行的互动，如虚拟展厅、虚拟试衣间、虚拟社区等。

2.通过内容的价值来划分

从营销内容对于受众的意义来看，可以把营销内容分为如下几种。

（1）信息类内容

提供受众需要的信息，对特定产品感兴趣的用户会主动寻找、关注该类信息，如何时、何地、有什么优惠活动。

（2）知识类内容

提供受众感兴趣的知识，满足他们学习知识的需求。科普型的、介绍冷知识的都属于这种类型。

（3）娱乐类内容

提供人们茶余饭后消遣的内容，一般没有比较深刻的意义，就是让人放松和快乐的内容，包括与名人、明星相关的信息和纯粹搞笑的娱乐内容，如脱口秀等。

（4）审美类内容

提供人们审美感受的文字、图片、音乐或影音制品，如文学作品、摄影作品、音乐、戏剧等。

（5）其他定向内容

这方面的内容范围比较广，比如对生病的人提供医药方面的知识，对正在家装的人提供建材、装修方面的信息。

3.从营销目的划分

从内容要达成的目的或承担的功能来看，营销内容又可以分为如下几种。

（1）形象类内容

这类内容也称作"品牌"类内容，其目的主要是试图建立、改善某个品牌或产品在消费者心目中的形象，一般以硬广告和公关信息为主。包括各种大众传播渠道广告、新媒体程序化广告以及一些公关报道。

（2）说服类内容

这类内容也称作"种草"类内容，其通过某种说明或展示来影响消费者的态度，使他们对某个产品或品牌心生向往，促使他们去搜索产品的相关信息（特别是电商平台的售价或产品详情）。

（3）流量类内容

这类内容也称作"圈粉"类内容，其通过内容本身的吸引力或在内容中设置"福利"（免费或优惠产品），让内容阅读者成为某个品牌或产品自媒体账号（或公众号）的粉丝或注册用户，建立与消费者沟通的连接，便于搜集消费者数据资料以及长期沟通。这类信息要保证有足够的曝光度。

（4）促销类内容

这类内容也称作"带货"或"流量收割"类内容，其通过某些激励方式（如买赠、限时折扣等）直接促成产品的销售。这类信息主要针对既有的渠道用户或既有的品牌消费者。

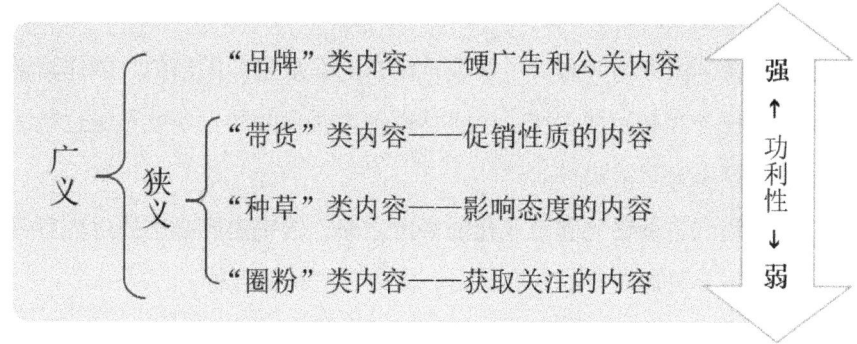

图 8-1 营销内容的功能性分类

4.从内容创作者的身份划分

从内容创作者的身份来划分,营销内容又可以分为 PGC、UGC 和 OGC 三类。

(1)专业生产内容

专业生产内容(Professional-Generated Content,简称 PGC)是由某个领域或行业的专业人士撰写的内容,这类内容通常带有垂直性(即作者只创作相关领域的内容),且作者通常都有自己固定的粉丝群体,因此他们也常常被看作是某个领域的意见领袖。如医生写的预防、治疗疾病方面的文章或发布的短视频。

(2)用户生产内容

用户生产内容(User-Generated Content,简称 UGC)是由普通网民或新媒体平台用户创作的内容,一般具有很大的随意性,但也不排除其中会有某方面的"高手",所以 UGC 也可能会比较精彩。在内容营销过程中,用户生产内容常常用于话题营销或需要用户参与的二次创作中,常常能起到转变风向、带动热度的作用。

(3)职业生产内容

职业生产内容(Occupationally-Generated Content,简称 OGC)是由职业的内容生产者撰写或创作的内容,其作者一般为以撰写或创作内容为职业的人士,如记者、网络写手、影评人、美食博主或 vlog 作者,MCN 机构的出现使得职业内容生产者成为互联网生态的重要组成部分。在内容营销过程中,这些职业生产内容也是构成内容矩阵的重要组成部分。

四、营销内容与内容营销

在新媒体情境下,以内容运营为主要任务的营销方式被称作"内容营销",内容营销可以看作是营销内容的策略化思路。内容营销和营销内容的关系,可以简单理解成"目的"和"手段"的关系,"内容营销"是内容创作、管理、传播和运营的最终目的,而"营销内容"是用来实现营销目的的手段。

营销内容是为营销服务的,是为了实现营销目的而被生产出来的。创作营销内容是内容营销的主要核心任务和基础性工作。内容营销的主要目的和任务就是通过持续创造、输出有价值的营销内容来为营销服务。

内容营销是营销内容策略化和专业化的必由之路,营销内容必须通过内容营销这种专业化的手段才能保证有更加专业的内容输出,实现更长远的目标。

第二节 内容创意策略

一、内容营销

1.内容营销的定义

内容营销(content marketing)可以看作是企业或机构以内容运营为核心任务的营销方式。

关于内容营销的定义有很多,这里主要以被誉为"内容营销之父"的乔·普立兹(Joe Pulizzi)的定义为代表:

> 内容营销是创建及传递有价值和引人注目的内容,以吸引现实或潜在的目标顾客的商业营销过程,目的是促使顾客做出能为企业带来利润的行动。
> 内容营销策略能够利用所有的故事渠道(包括印刷、在线、面对面、移动通信、社交等),可以运用在购买活动的整个过程,从引起顾客注意和保持顾客忠诚,以及团体购买等都可以使用这种策略。[1]

这个定义主要说明了内容营销的手段是"创建及传递有价值和引人注目的内容",目的则是"吸引现实或潜在的目标顾客",并"促使"他们"为企业带来利润"。同时还附带说明了内容营销的传播渠道(故事渠道)和应用范围(以引起顾客注意和保持顾客忠诚)。

但这个定义还是存在一些不足,一是没有说清楚内容营销的主体;二是观念和视角还是停留在单向传播,作为客体和参与者的受众或消费者并未受到重视。为了便于正确认识和理解,此处也对内容营销下一个定义:

---

[1] 乔·普立兹:《自营销互联网方法:内容营销教父手册》,张晓青、王冬梅译,机械工业出版社,2015,第5页。

内容营销是指由企业或营销代理机构、代理人通过持续创造含有企业相关信息的、对目标受众有意义的媒介内容，以定向沟通实现营销目的的营销方式。这个定义主要阐明了内容营销的要素（如图 8-2 所示）。

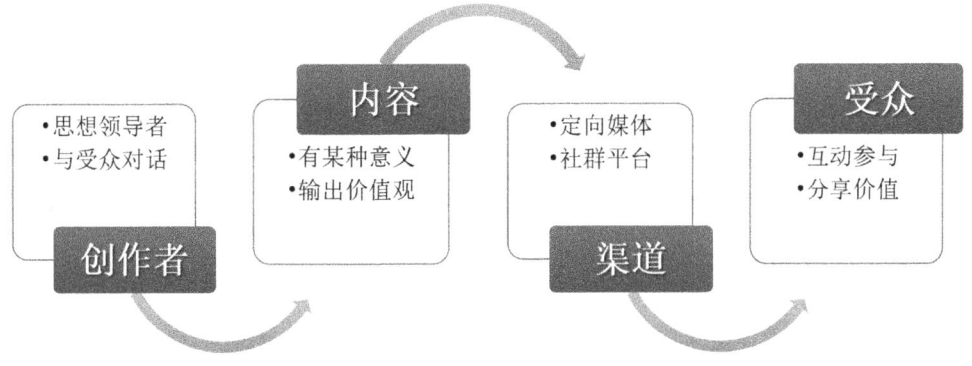

图 8-2　内容营销的要素

从图 8-2 可以看出，内容营销主要包含创作者、内容、渠道和受众四个要素，分别阐述如下。

首先，内容的创作者可以是企业自身，也可以是其营销代理机构或代理人。创作者应该扮演一个"思想领导者的角色"，也就是说创作者应该是某个领域深受喜欢和信赖的"导师"，其所创作的内容才会具有权威性、专业性和说服力，如李佳琦在口红领域的地位；另外，创作者与受众（粉丝或用户）之间应该是一种双向的对话关系，而不仅仅是表达和接受的关系，创作者应该站在受众的角度去创作内容，满足受众对内容信息的种种需求（即所谓"养粉"）。

其次，内容可以与产品相关，也可以无关。内容涉及品牌或产品对消费者的影响应该是潜移默化的。但内容对于消费者或受众来说一定有意义，也就是能够给他们带来某种物质的或精神的价值，如时不时发放某种"福利"（红包、奖品、优惠券之类的）或定期"翻

> **消费者 / 客户 / 用户 / 受众**
>
> 消费者（consumer）和客户（client）通常是市场营销领域的概念。消费者指消费产品的人；客户则是相对于某个组织机构来说，与其发生交易关系的组织或个人，包括下游厂商、机构购买者和消费者。
>
> 受众（receivers）是传播领域的概念，指接受信息的群体，单个的称作"受者"。
>
> 用户（user）是购买和使用产品的个人或组织；在新媒体时代，用户常常指社交媒体的使用者或消费者，通常是被数据化了的消费者（带有用户标签、画像或行为模型的），也可能是其他某个产品的使用者或潜在消费者。

牌子"（幸运粉丝获得某些权利或奖励）。

其三，渠道包括各种媒介，但应该是定向的，最好是用户（注意这个词的变化）订阅的。在纸媒时代，定向杂志常常成为主要的选择；而在移动互联时代，社交媒体（或带有社交属性的媒体平台）又成为天然的定向渠道，如微信公众号，其本质其实还是定向电子杂志。另外，通过大数据向具有特定标签的用户推送信息也可以看作是一种定向沟通。

最后是受众，作为内容的最终接受者，他们并非对内容都"洗耳恭听"，或仅仅停留在"洗耳恭听"。他们是传播活动的参与者，是内容增值的保证。好的内容应该能够激发受众的跟风创作热情，如曾经风靡一时的"凡客体"；或者能够引发他们参与点赞、讨论、分享或打赏等互动行为。

2.内容营销的特点

内容营销也可以看作是广告业在自媒体时代的转型或趋势，但又不能简单地去理解。说是"转型"或"趋势"，是因为新媒介背景下，传统的大众传播广告的影响力已日渐式微，而营销内容对消费者的影响却与日俱增，广告逐渐被营销内容所取代（虽然大众传播广告也是内容的一种）；广告人作为了解、洞察消费者并对他们的消费行为施加影响的专业人士，应该逐渐转变为内容营销的策划者和营销内容的创作者；广告业的业务主体由原来的广告传播转变为内容营销。之所以说"不能这样简单地理解"，是因为这种变化并不是简单地把"广告"变为"内容"，而是要去充分理解传播环境，一是传播的主客体已经发生转移，他们之间的关系正在发生微妙的变化；二是传播的流程已经由"开放"变成一个"闭环"，传播效果在不断的互动关系中得到升华，但又仅限于互动关系之间。

与传统广告传播相比，内容营销具备形式灵活多样、针对性强、功利性隐蔽、强调互动性、强调即时效果等特点。

（1）内容形式灵活多样

与大众传播广告相比，营销内容的形式更加灵活多样，企业自主创造的任何形式的体现品牌信息的作品都可以称为"内容"，可以说只要是媒介都有营销内容的存在。更重要的是，由于不像广告那样明确受到相关法律、法规的规范限制，如可以使用诸如"第一""最"之类的极致词汇，同时内容的格调、篇幅受到的约束更少，营销内容可以有更自由的表达空间，内容的篇幅也可以不像广告那样受到版面、时长的限制。

（2）针对性更强，内容的意义和价值更加凸显

得益于新媒体平台对用户数据的沉淀，营销内容可以通过用户标签或用户画像准确推送给具备某些特征的消费者。对于消费者来说，内容是和产品或品牌相关的信息，或是高质量、有教育意义、对购买决策有帮助的信息，或是有娱乐性的、吸引眼球的信息，总之，正好是他们可能需要的信息。传统的大众传播广告是靠"强推"的方式"侵入"受众的视野，而营销内容则是靠自身的价值"吸引"他们来关注、浏览、观赏或互动。

（3）内容营销的"软"策略

内容营销不像传统广告那样硬推，主张不对消费者进行打扰，也不入侵消费者的视觉领域，功利性较为隐弱。营销内容以一种内容上具有吸引力、形式上与其他媒体内容一致的方式"自然地"出现在用户的视野中，内容本身的可读性和媒介阅读体验都比较好，不会让受众或渠道用户产生厌烦心理。与传统大众传播广告的"明示"不同，营销内容对品牌信息或产品信息的传递是通过一种"暗示"的形式进行的，大多数时候只有在通篇阅读完之后，才会感受到该内容"可能是个广告"。

（4）重视社交，内容倾向对话和互动

与传统的广告相比，内容营销更加注重与消费者的平等对话。首先是因为其营销内容更多是在定向媒介、社交平台或它们的结合体上刊载或发布的，这种媒介平台的属性决定了它们的内容不是高高在上的"传经布道"或"政策宣讲"，而是一种类似与朋友之间的对话和交谈，内容的创作者或发布者与他的受众之间是一种平等的对话关系（虽然定向媒介作者可能是一个"思想领导者"的角色）。

（5）激发行为，由传播指向营销

内容营销表面上看起来是一种信息传播活动，但其意义却在于影响消费者的行为。一些新媒体平台已经形成了完美的"内容-社交-电商"生态平台，可以更直接地催生消费行为；新媒体平台的信息技术特性也支持内容的展现量、浏览量或阅读量、点击量、转发量以及成交量等与消费相关行为数据的实时呈现。另外，对营销内容的效果评价也是指向以交易为核心的消费行为，除了常规的"阅读量"之外，业界也常常用"涨了多少粉"（增加了多少关注者）、"带了多少货"（促成了多少销量）来直观评价营销内容的威力。在这样的环境下，新媒体平台的营销内容的目的应该是更直接地激发消费行为。

二、原生策略

原生营销是在原生广告（native ads）基础上发展起来的概念，内容的原生策略就是借助原生营销的观念而采取的内容运营策略。

1.原生广告和原生营销

原生广告可以看作是营销内容的一种形式，是广告在内容运营背景下的一种应用，是指在位置、形态上与正常媒体内容一致但带有明显广告标签的营销内容。社交媒介上常见的信息流广告就是典型的原生广告。

原生营销（native marketing）是基于原生内容（包括原生广告）的营销方式，即"深度挖掘行业及用户大数据，生成有价值区隔的原生内容，创设场景体验和沟通定制，寻求品牌与市场、与服务、与传播的平台性聚合，为用户创造短期的高关注和长期的、可持续的营销品质"。[1]其要点主要有以下几个方面。

（1）大数据是原生营销的基础

基于大数据的营销分析处理，充分了解市场的趋势和行业的竞争状况，才能准确提炼出产品的发力点；深入探索消费者的价值观，才能发掘出内容的意义；洞悉消费者的生活方式，才能准确界定沟通的渠道和场景；也只有通过大数据，才能识别和界定潜在消费者，提供定向的营销供给。

（2）原生内容是原生营销的核心

原生内容是原生营销的核心要素，是直击消费者内心、促成营销转化的"灵药"，是让营销效果发生的原发动力。

（3）场景定向沟通是关键流程

内容只有在特定需求场景中出现，才能让其影响力直接发挥；同时，也只有在特定场景中才能让内容以自然的、原生的方式呈现出来，以一种"你正好需要，我正好在这里"的方式，唤起或满足人们在特定场景中的消费需求。

（4）让营销"自然化"是目的

结合新媒体的内容、社交、电商闭环，把内容、媒介、场景进行深度融合，让沟通说服、欲望转化、关系建立和价值交换等一系列营销过程在自然而然的状态下完成。

2.原生策略的要求

原生策略强调营销内容与媒体渠道、场景的深度融合，打造不影响媒介品质和拥有良好用户体验的品牌内容。

（1）有价值的品牌内容

营销内容既要包含品牌信息，能产生营销效果，又要给人们提供具有资讯、知识、教育、娱乐或审美等方面的阅读价值，这对内容创作提出了更高的要求。

（2）良好的用户体验

"原生"（native）具有"天然的"的意思，强调内容和媒介环境的融合，不侵入页面，不破坏原有的媒介语境，不干扰用户的阅读进程，只提供对用户有价值的信息，让用户不由自主地沉浸其中。

---

[1]金定海、徐进：《原生营销：再造生活场景》，中国传媒大学出版社，2016，第37页。

（3）与媒介、场景融合

"到什么山唱什么歌"，营销内容与媒介环境或生活场景要实现深度融合，让营销内容"原生"于媒介环境或生活场景中，成为构成媒介环境或生活场景的一部分，所以创作者要熟悉不同媒介平台的运作机制和话语风格，让品牌营销内容在形式上与其他媒介内容保持一致；还要洞悉不同消费者群体的心理，这样才能让内容发挥作用。

（4）保证营销效果

不论是"圈粉""种草"还是"带货"，内容对于营销目的的实现应该是直接的，且在不露声色中完成效果的转化。

三、IP化战略

IP化战略是一种长期的、可持续的内容营销策略，指以打造版权（intellectual properties，简称IP，知识产权）内容为核心任务的营销方法。从创意产业的角度看，"IP"可以进一步理解为一种以文化创意为核心的内容，是能够吸引人们兴趣（自带流量）、讨论（自带话题）和关注（自带粉丝）的内容。

IP化战略可以看作是营销内容的品牌化战略。如果说品牌是标明了产品的身份，那么IP则是标明内容的身份。正像一个品牌需要不断地去推出新产品去满足人们日益增长的需求那样，内容也需要在IP的统领下不断输出有价值的东西，满足与消费者的沟通与互动需求。

1.IP化战略的特点

相对于一般的内容而言，IP化的营销内容具有关注长远利益、人格化、自我裂变以及可以产生衍生品的特点。

（1）IP内容关注长远战略

正如大卫·奥格威所言"每一则广告都应该看作是对品牌的长程投资"，内容营销也应该具备长远的考量，映射一个长期的形象，内容映射的这个长期形象就是IP。

（2）IP营销的实质是产品和内容的人格化经营

正如品牌个性理论一样，内容也需要建立个性化特征才能吸引关注，才能造成认同，并和其他品牌区别开来。所以内容运营应该注重内容的垂直化，即集中在某个领域，打造自身的专业性和权威性。

（3）IP能进行自我裂变

运营IP才能实现可持续的营销，IP化内容和广告创意概念一样，有自我扩展和自我裂变的本质。也就是说，通过不断地创造新的内容和人格来丰富 IP 的内涵，实现长期可持续的营销内容输出。

（4）IP形象可以产生衍生品

衍生品如手办、玩具和文化用品等，而衍生品对于品牌形象和产品销量的提升都有不可替代的作用。一方面是因为衍生品的品质可以代表品牌和产品的品质，另一方面是因为衍生品可以用于促销（如买赠活动），以提升产品销量。

2.IP营销的商业逻辑

品牌通过人格化经营持续产出优质内容来输出价值观，把具有相同价值观的人群聚拢形成"粉丝群"，人们认可了品牌内容的价值观，也就实现了"粉丝"的身份认同和角色认可，进而会信任其产品。如"罗辑思维"，其 IP 就是创始人之一的罗振宇，"罗辑思维"通过"罗胖语录"和读书分享视频等一系列内容的输出来打造"罗胖"的 IP 人物形象，最终把"罗辑思维"演绎成精神符号，人们在享受知识分享和传播的同时，也形成了对"罗辑思维"品牌 IP 的认同，甚至愿意花费 200~1200 元不等的价格购买没有任何回报承诺的"会员"。同时，IP 营销也是一种可以产生裂变的新型营销方式，如在"罗辑思维"成功后，又衍生出"时间的朋友"跨年演讲和"得到"App，其中"得到"不仅是一个连接场景，作为新的 IP，还开发了相关的衍生品（电子书阅读器）。

四、"硬"策略和"软"策略

所谓"硬"和"软"，是指信息的功利程度。"硬"是指硬销和强销，是功利性强、营销行为较为外显的内容形式；而"软"则是讨好受众、潜移默化、润物无声的内容形式，功利性较隐弱。

新媒体背景下，"硬"的内容被看作是一种视觉侵入或者打扰，并不受欢迎，只有那些既有趣又能长知识的内容，才会受到大家的关注。换句话说，"软"的内容会更受欢迎。当然"硬"也非一无是处，不拐弯抹角、直截了当地提供受众所需要的信息，也是一种高效的沟通方式。如图 8-3 所示是营销内容的"软—硬"矩阵。

图 8-3 营销内容的"软—硬"矩阵

在所有的营销内容中，促销信息的功利性最强，广告次之，人们在看这两类内容的时候，总会有一种"这是想让我掏钱去买他东西"或"这是某个厂家想硬塞给我的信息"的感受，销售信息比较直接，功利性较强。

相对于广告来说，微电影的篇幅决定了它不能像广告那样通过"短、平、快"的方式去传递信息，而是通过内容的"故事性"去吸引受众，用户在"阅读"故事的过程中领悟作者想要传达的信息，从而达到传递信息的目的。但同时企业的微电影也有功利性外显的特征，一般都会在片尾出现企业的标识或广告语等"印记性"的元素。

原生广告是原生内容和广告的结合体，既具有广告的外在功利性，又具有原生内容的媒介适配性。原生广告像新媒体原有的媒介内容一样出现，但又在不是很显眼的地方标明它是广告。

相比较而言，植入性信息（或称潜意识广告）就没那么"显眼"了，它们通常出现在影视或游戏等内容当中，常常是镜头一扫而过，没有产品属性和功能的说明，也没有品牌形象的展示，但从受众的角度来看，正是这无意识的一瞥，却在潜意识中烙下一个印记。

原生内容在形式和风格上与其他的媒介内容无异，具有较好的可读性，没有明确的厂商标志或广告语，只有在读者阅读完整个内容之后才会发现或者产生疑惑——这是个广告内容？！

自制 IP 的内容貌似可以与产品、品牌无关，但受众在阅读时心目中会自觉或不自觉地产生与企业、品牌或产品的关联，如《海尔兄弟》和《我是江小白》，虽然其故事内容不会直接与企业的产品相关，但读者或观众还是会在潜意识中认为这是企业的宣传方式，如果故事内容较为精彩，无疑会为企业形象或品牌形象加分。

五、营销内容的信息整合策略

所有的营销内容，其所传播的信息内涵应该保持高度一致或有所衔接，形成信息在不同时空的整合。

1.不同场合的整合

营销内容的信息在不同的场景或不同的社交媒体平台应该保持高度一致。所谓"保持高度一致"，就是同一个内容的标题、正文、视觉形象乃至内容形态在不同的场景或平台都应该是一样的，以便让人们在不同的场合识别、记忆内容。

2.不同时间的整合

在不同的营销阶段，营销内容信息的内涵要保持高度一致，可以有些许不同，但要保证信息的前后衔接。也就是说，不能出现信息前后矛盾的情况。

3.分时、分众系统

当前社交媒体平台大都已经形成一套完善的分时、分众的信息传递系统，内容信息会在适当的时间被推送给适当的用户。

4.内容适配

同一内容要适配不同平台的载体，这些平台要么形态不同，要么风格不同，会给内容的适配带来一定的难题。因此在内容创意完成之后，要把它变成不同形态、不同篇幅、不同规格的版本以适应不同平台和不同终端的传播需求。

六、内容运营策略

与传统广告的周期性重复刊出或播出不同，新媒体营销需要与消费者保持持续的内容输出，并根据反馈的数据进行优化和调整，这就是内容运营。

1.目的：影响潜意识

广告传播和内容运营都属于营销传播的范畴，二者的基本目的是一致的，都是通过输出媒介信息产生品牌影响力。但从长远看，内容运营与广告传播又是不同的，广告是一种"明示"，是对消费者意识的直接影响；内容运营更多时候更像是一种"暗示"，把传播信息隐含在内容之下，对消费者潜意识施加影响，以一种潜移默化、润物无声的方式产生效果。

2.核心：品牌IP和品牌故事

内容运营应该基于一个核心的品牌文化创意，即来源于战略概念的品牌IP。内容运营就是通过持续的故事讲述去丰富和完善这个品牌IP。在内容运营的初期，通过故事的讲述引发目标受众的关注和共鸣，形成价值认同，为品牌收获"粉丝"或用户；在形成一定规模的品牌粉丝或用户群体之后，通过故事的讲述形成良好的品牌社群互动，维系粉丝情感，增加用户黏度。

3.形态：内容矩阵

把各种不同形态的营销内容组合起来形成内容矩阵，以一种整合的、系统的方式全方位输出内容，才能实现内容价值的最大化。内容矩阵可以按照内容的不同类型（符号文本）、不同风格、不同功能、不同的故事进程、不同的故事渠道以及不同的账号来组建（详见第十一章第二节"战略整合"）。

4.流程：议程设置或故事线

内容运营的流程可以按照两种方式来设置，一种是按照"议程设置"的操作方式，与日常的节日或事件相关联，设置"内容营销日历"，在重要的时间节点（如重要的节日、纪念日、周年活动日等）发布与之相对应的内容。另一种是按照设定的故事情节进程，定

> **新媒体 KPI 计算公式**
>
> 1. 运营常见的 KPI 公式：
>
> DAU= 总用户 × 转化率
>
> 2. 内容运营的 KPI 公式：
>
> 点击用户=展示用户 × 转化率

期发布相应的内容。在实践上可以把这两种方式结合起来使用。

5.评估：关键绩效指标

一般来说对内容效果的评估往往是与其目标相对应的，作为一种重要的品牌影响力实现工具，营销内容的效果通常通过展现量（到达率）、阅读量、阅读率、平均阅读时长和互动量（包括点赞量、转发量、评论量等）等非业绩指标来评价。

新媒体平台的变现机制可以让内容的"意义"转化成经济价值，因此新媒体营销更加注重内容价值的变现，内容运营更需要从业绩方面的指标来进行评估，所以"转化率"成为关键的业绩指标（KPI），其中"转化"包含多个层面，如由浏览到点击的转化，由"路人"到"粉丝"的转化，由非活跃用户到活跃用户的转化，由粉丝（品牌关注者）到用户（品牌购买者）的转化，等等。

第三节　内容创意执行

一、目标：内容创意的方向

内容创意的主要目标有吸引注意、创造区别、造成崇拜和形成忠诚四个方面，这四个方面是一种由浅入深的递进关系。内容创意的常见目标如表 8-2 所示。

引起注意是一种浅层次的目标，也就是通过信息的新奇程度或者与消费者相关的程度，来吸引消费者对信息的关注。

创造区别即通过展示或呈现独特的产品属性、品牌联想或品牌调性等方面与别的品牌的不同之处来创造品牌的差异性。

造成崇拜是通过打造品牌独特的个性魅力或创造品牌神话来寻求消费者对品牌的心理认同或心理上的依赖、崇敬之感。

崇拜是人类特有的一种情感体验。崇拜来源于人们对带有神秘感的人物或事物的感受。

对人物的崇拜主要来自对其学识、才能、品德等方面的极度认同；对事物的崇拜主要来自对其运作原理、材质等方面的"不明觉厉"。

形成忠诚是指通过品牌传播使消费者对产品或品牌形成长期的认同和依赖，以至于他们不会选择替代品。

表8-2　内容创意的常见目标

目标	说明	通俗说法
引起注意	通过内容的影响力获取更多的关注度	曝光/破圈
创造区别	通过内容营造产品或品牌的独特价值	种草
造成崇拜	在目标受众的心目中建立或改善品牌或产品的认知或形象	种草
形成忠诚	把内容所带来的热度转化成营销动因，如在社交媒体上收获更多的粉丝，提升粉丝的黏度、活跃度、促成销售	内容转化（内容圈粉、内容促活、内容带货）

二、文化：内容创意的源泉和土壤

营销内容创意的本质是文化创意。营销内容的创作和运营虽然是一种商业行为，但从消费文化的角度来理解，这种商业行为所构建的文化，越是能自然地融入人们的日常生活，其文化影响效果越显著，故而营销内容创意必须与社会文化生活紧密融合。

1.文化是营销内容创意的源泉

人类所有的文化创新都是建立在已有文化成果的基础上的，作为一种文化创新活动，内容创意就是应该吸收、借鉴已有的文化成果，并把它转化、生成新的文化因素。人类漫长的发展历史和地球广袤的地理空间，为文化创作提供了取之不尽用之不竭的文化素材，语言文字、神话传说、人文遗迹、自然奇观、历史掌故、人物形象、奇闻轶事、经典文献、艺术作品乃至家长里短都是内容创意的灵感来源。同时，内容中的文化因素也是内容吸引人们注意、关注的"神秘配方"。营销内容的创意常常涉及的文化现象主要有大众文化、文学艺术和文化差异。

①大众文化：消费文化的实质就是大众文化，是资本主义社会文化和商品经济结合的产物，其目的是通过文化的包装去操控人们的意识形态，形成对商品销售有利的氛围。大众文化也称通俗文化、时尚文化、流行文化或后现代文化，相较于精英文化，大众文化强调越轨、反抗、无深度、狂欢和有节制挥霍。

②文学艺术：把文学和艺术的创作手法拿来为营销内容生产所用，内容创作的方法有很多是文学上的修辞手法，内容产品的创意呈现方式也往往是艺术的表现手法。

③文化差异：在文化全球化的浪潮下，文化差异也是人们日常关注的重点，文化差异

主要表现为不同地区的民族在民俗习惯、宗教信仰、语言习惯、思想观念、色彩偏好和审美感受等方面的差异。同时，内容创意还关注跨文化传播的问题，企业的营销内容在不同文化背景中的传播应当注意尊重当地文化传统和宗教信仰。

2.文化也是营销内容创意的土壤

营销内容生产本身也是一种文化活动。

其一，营销内容是在一定的文化背景中被生产、传播和消费的，被生产、传播和消费的内容本身也反映一定的社会意识形态和文化价值。

其二，人们对文化消费的不断增长的需求也给内容创意提供了直接的驱动力和成长空间。一方面，创作者通过对目标受众的文化消费需求的准确把握来实现对文化的传承和创新，借此获得人们的了解和认同；另一方面，随着社交媒体和内容平台变现系统的日趋成熟，优秀的作品能轻松实现文化价值的变现。

其三，营销内容的生产、传播和消费在一定程度上也丰富了文化的内涵和外延，创作者为提升作品质量不断在内容创作过程中引入新观念、新思想和新艺术形式，能丰富和拓展现有文化，促进文化的创新和发展，推动文化交流和文化的多样性。

总之，营销内容创意应该立足于社会文化生活，充分挖掘文化价值，把它和产品、品牌或企业的相关因素结合起来，实现文化创新，用人文的力量来助力企业经营。

三、叙事：内容创意的表达

由于营销内容在创作手法和表现手法上与普遍意义的媒介内容是一致的，故而以下主要以介绍模仿、想象、神话和解构等为代表的几种通用内容创意方法。

1.模仿

艺术起源于模仿，艺术是对自然和现实世界的模仿。所谓"致敬"其实是模仿的另一种表达，在普遍的新媒体内容创意的方法中，模仿经典的名著、名篇或名片中的桥段成为一种常见的现象。例如在各种短视频的创作中，电影《帝国的毁灭》中"元首的最后晚餐"场面和电视剧《三国演义》中"诸葛亮骂死王朗"的片段成为大家争相模仿的内容。另外，情景还原也可以看作是对现实生活的一种模仿，文化内容创作者通过文化符号的组合再创还原现实生活的某个场景，让人产生熟悉感和代入感，从而达到信息接触和信息感染的目的。营销内容也一样可以利用"模仿名场面"和"情景还原"的手段进行创意表达，营造大众喜闻乐见的内容样式。

2.想象

想象代表人们对某个形象或某种生活状态的向往。黑格尔说过，"最杰出的艺术本领是想象"，想象是人类一切创造的起源。在心理学领域，想象是一种意识加工活动，是人们对自己已熟悉的事物进行加工改造而形成新生事物的心理过程。常见的加工改造方式有组合、夸张、比喻、比拟和典型化几种。

组合是指把两个或两个以上的相关事物或无关事物结合在一起，以产生新的事物或新的意义。除了适用于产品创意，新媒体内容创意也可以把两个看似不相干的事物组合起来形成新的意义或新的概念，如近几年网络流行的词汇中，"朋克养生""雪糕刺客""科技与狠活"等概念都是利用了组合创新的手法。

夸张是故意夸大或缩小事物的外观或特征，以达到突出形象或特征的目的。在营销内容创意的表达中，夸张常用来突出表现某个产品的独特特征或功效。

比喻是运用想象把在某方面具有相似之处的两个事物（本体和喻体）进行联系的方法，目的是通过喻体强化本体的某个特征。作为一种常见的修辞手法，在营销内容的创作过程中，文字的比喻和视觉的比喻常用于表现产品的定位、特征或功能。

比拟分为拟人和拟物两种。拟人是赋予事物以人格，使其拥有人的特征和情感；拟物则是故意把某人或某些群体当成某种事物，以突出人物的特征或情感。在营销内容创意过程中，常常用比拟来塑造品牌的 IP 形象。

典型化是根据一类人或事物的共同特征来概括一个新的典型形象的方法。文艺作品中常常利用典型化来创造新形象，积多人之面貌于一人。营销内容创意过程中常用典型的人物形象和典型的场景来映射消费者的形象和生活场景。

3.神话

一般意义的"神话"是指在蒙昧时代由于人类对自然现象不理解而产生的对自然的崇拜性阐释，因而神话中有各种各样的"神"，神话则是对神力、神迹的种种解释和描述，神话也就成为早期文学、艺术等"内容"创作的基本形式。在哲学意义层面，神话与启蒙是相对的，神话代表封建传统，而启蒙则是现代性的代表。在现代以前，神话常常是统治阶级用来蒙蔽大众的统治工具。启蒙则是"祛魅"的，是用以破除神话的，其作用是使人类免于对自然和社会统治阶级的恐惧，正如马克思所言，"任何神话都是用想象和借助想象以征服自然力，支配自然力，把自然力加以形象化；因而，随着这些自然力之实际上被支配，神话也就消失了。"[1]

作为一种叙事术语，神话则可以看作是一种符号的操弄，即通过符号的操弄来产生意义。罗兰·巴特（Roland Barthes）认为神话是一个符号学的系统，"它从一个比它早存

---

[1] 马克思、恩格斯：《〈政治经济学批判〉导言》，《马克思恩格斯选集·第二卷》，人民出版社，1962，第 113 页。

在的符号学链上被建构：它是一个第二秩序的符号学系统"[1]，即把语言这种一级符号系统中的能指和所指所构成的符号发展成为新的能指，这个新能指与其暗含的所指构成了"二级符号系统"（如图8-4所示）。

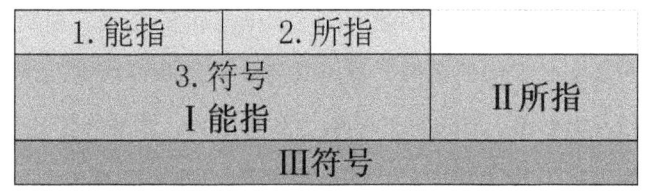

资料来源：罗兰·巴特.神话：大众文化诠释[M].许蔷蔷,许绮玲,译.上海：上海人民出版社,1999:173.

图8-4 罗兰·巴特的神话"二级符号系统"

在修辞层面，神话可以看作是一种通过暗喻方式来影射其意义的手法。营销内容的叙事常常借助神话来完成其意义创新，即营销内容创意是在"一级符号系统"的基础上，创造新的"符号"（二级符号系统）。营销内容中常见的人物形象、历史掌故、生活场景等典型化符号，都属于一级符号系统，而赋予这些符号新的意义则是内容创意需要完成的任务。

4.解构

哲学上的"解构"（deconstruction）是与"结构"（construction）相对应的，结构主义的基本做法是寻找事物的内在结构以探索其意义，而解构主义则是对一个事物或者符号的构造结构进行分解或拆除，再重新建构以产生新的意义。

内容创意的解构常用于对一些人们熟知的经典文学、故事、绘画、建筑、音乐乃至语言符号等进行解构重组，以产生娱乐、调侃、反叛等精神意义。

经典文化IP由于其通俗性和影响力，往往容易成为被解构的对象。仿写、改编、重构、再创作都是对经典文化IP进行解构的创新方法，如《大话西游》《悟空传》[2]《大圣归来》等优秀影视作品都是脱胎于古典名著《西游记》但又把故事进行了重新创作的典范。

运用解构方法产生的创新内容往往是在人们熟悉的人物、情节的基础上带给人们全新的审美感受，这种既熟悉又陌生的感觉也许正好能满足年轻人对文化求新求变的需求。

四、故事：内容创意的执行

不同于大众传媒内容的分发机制，新媒体内容的曝光量（展现量）往往取决于内容的可读性，也就是"故事"的精彩程度。

---

[1] 罗兰·巴特：《神话：大众文化诠释》，许蔷蔷、许绮玲译，上海人民出版社，1999，第173页。
[2]《悟空传》是先有小说后才有电影，小说作者为今何在。——作者注

1.什么是故事

（1）故事的概念

在我国，"故事"的字面意思有两种，一指"旧事"或"过去的事情"；一指"过去的制度或办法"，"因袭故事"和"因袭旧例"具有相同的意义。通俗意义的"故事"一般指作为讲述对象的真实或虚构的事情，通过具有生动性和连贯性的情节来交代事件的发展或展现人物性格和人物形象，有较好的吸引力和感染力，并最终传达某种意义。在西方，近年来对"故事"概念研究较为深入的代表人物是罗伯特·麦基（Robert Mckee），他认为，故事是"一系列由冲突驱动的动态递进的事件，在人物的生活中引发了意义重大的改变。"[1]

结合这几种说法，可以从五个方面来理解"故事"的概念。其一，故事与"事件"的关系密切，事件可以是真实的（非虚构的），也可以是虚构的；其二，故事的核心是"情节"，情节是构成事件的基本组件，情节由场景和人物的行动构成；其三，塑造人物性格或人物形象是故事的功能之一，故事的人物包括主要人物和次要人物；其四，故事是被叙述出来的，是讲述者和听讲者之间的交流方式；其五，"故事是生活的比喻"[2]，故事往往需要传达某种价值观和意义，可以给人们的日常生活提供对照、借鉴或启示。

（2）故事（文本）的形式

故事包括叙事体裁的一切形式，按照媒介形态可以分为口语故事、文字故事、影像故事和新媒体故事等几种形式。

口语故事：在文字出现之前，人类的文化大多通过口耳相传的形式一代代传承，最初的故事就是作为一种文化传承的叙事体裁，通过口语讲述的、侧重于事件过程描述和人物形象塑造的文体，如神话、史诗、历史传说和民间传说等。

文字故事：文字产生以后，文字的叙述功能相对于口语来说更具有可信度和可保存性，因此用文字叙述的故事更受欢迎。文字故事多为历史故事和文学故事，包括历史、小说、戏剧等形式。历史故事往往是非虚构的，而文学故事一般可以虚构或在真实历史事实的基础上发挥想象创作。当然二者的界限有时并不明确，如《史记》中的故事既是历史故事，又具有相当高的文学水平。

影像故事：影像故事是指通过摄影或摄像的方式讲述的故事，传统的影像故事包括照片故事、电影（包括纪录片、故事片）故事和电视故事（包括纪录片、电视剧和音乐电视中的故事）等；新媒体出现之后，影像故事也包括由自媒体创作者创作的图片、影像志以

---

[1] 罗伯特·麦基、托马斯·格雷斯：《故事经济学》，陶曚译，天津人民出版社，2018，第52页。
[2] 罗伯特·麦基：《故事：材质、结构、风格和银幕剧作的原理》，周铁东译，天津人民出版社，2014，第20页。

及各种长短视频中的故事。

新媒体故事：不同于前面几种媒介形态层面意义的"故事"，新媒体的"故事"有其特殊含义。早期社交媒体的"故事"更多指社交平台提供的一种功能，是指独立于推送给读者的信息流（feed）之外的某个账号（创作者或发布者）的全部或部分内容构成的"事件"。通俗地说，就是点击账号头像，所能看到的在时间线上的零散内容点缀而成的事件。社交媒体的故事偏重于时间线上的叙事，可以把该账户在一段时间内的内容片段串成有意义的信息，浏览故事可以对账号、创作者或其所讲述的事件形成更密切、更深入的了解。

通常人们在浏览社交媒体时看到的信息流内容是零碎的，如果不了解前因后果，可能往往会一头雾水。"故事"则允许人们通过点击账号头像（抖音也可以通过左划正在浏览的视频）来观看该账户发布的更多作品，来形成对创作者或事件的全面认知。

营销内容的故事：营销内容的故事也称为品牌故事或IP故事，包括但并不限于传统观念中的故事，而是泛指一切基于营销创意的引人入胜的"品牌叙述"，即包含某个企业、品牌、产品或服务信息的情节、事实、数据和知识等具有较好可读性的内容，以及这些内容在时间线上构成的整体。其目的是通过"故事"增加营销内容的可读性，以实现吸引注意、形成形象、达成销售、维持关系等营销目标。叙述故事的内容形式包括图文（如日志、段子、照片集、科普文章、案例分析、漫画、信息图、新闻报道等）、视听影像（如广播节目、影视节目、影视作品、短视频、音频等）和互动内容（如会议、直播、游戏等）等。

（3）故事的功能

故事的功能大多是精神层面的，故事有改变认知、开拓视野、启迪智慧、凝聚共识等功能，还能给人们带来轻松、休闲的感受；也有部分故事能给人们提供行动指南或行为指导的功能。

影响功能：讲故事比讲道理更具有说服力，通过故事去传播知识，更容易让人们接受，从而实现改变他人认知、说服他人的目的。如法制故事或探险故事可以提供给人们日常生活之外的知识、技巧或生活法则，改变人们的价值观念。

教育功能：故事中的人物形象或人物动作对现实生活当中人们的决策或创新有原型启发的作用，能够引发人们的自我反思，对于重塑自我心智有很好的作用。如历史故事不仅可以帮助人们学习历史知识，了解过去先辈的生活状貌，还可以古为今用或借古讽今，具有现实的意义。

社交功能：通过故事讲述者和听讲者之间的连接，从而建立起某种关系；故事内容还会引发讲述者和听讲者之间的共情或共鸣，可以起到调节关系、凝聚群体共识的作用。如亲情故事和爱情故事可以改变人们与他人相处的方式，幽默故事可以缓解人与人之间的紧张关系，对于改善社会关系有比较好的意义。

娱乐功能：阅读（或听）有趣的故事，能让人们感觉到身心放松，释放精神上的紧张或痛苦，带来轻松愉悦的娱乐享受。如科幻故事可以满足人们对某种生活或情景的想象，笑话可以让人们放松。

指导功能：故事往往提供一种模拟情景以及这种情景中的解决方案，对于听讲者来说故事中的操作具有行为示范、能力提示和记忆强化的作用，对于人们日常生活的决策有指导作用。如商业故事可以给商业决策者提供一些解决问题的思路，社会故事（如二十四孝故事、防骗故事）可以指导人们形成某些社会规范。

（4）故事的要素

一般而言，故事应该至少包含意义、情节、英雄和叙述四个要素，如图8-4所示。

意义：故事常常被看作是"生活的比喻"或"思想的载体"，意义即故事的主旨，是故事的价值所在，任何一个故事都会有自身所承载或想表达的意义。故事的创作者或讲述者常常在故事成型之前就有一些想表达或想传达的思想观念，然后通过故事的构建和讲述去实现。营销的内容故事也是一样。

情节：情节是指构成一件事情的过程或一系列有因果联系的事件的总和，情节通常包括起因、经过和结果。情节是在一定的情景（或场景）中展开的，这个情景可能是真实的，也可能是虚构的，但都具有相对的封闭性（即只和故事的情节发展相关）。故事的情节越离奇、越超出人们的认知范畴、越与人们头脑中的情节"图式"不相符，越能引起人们对故事的兴趣。

英雄：英雄即故事中的主要人物（或主角），常常是故事价值和意义的化身或载体。除主角外，故事中的英雄可能还包括"反派"和其他配角，角色之间的关系也是构成故事的基本要素。反派即平时所言的"坏蛋"，通常用来反衬主角以凸显讲述者要强调的观念；配角则是通过陪衬的方式烘托出英雄或反派的个性特征。

叙述：叙述即故事的构建方式，也是故事吸引力的重要来源。故事情节内在逻辑的处理、叙述视角的选择、详略的处理乃至细节的描述，都是叙述的范畴所在。

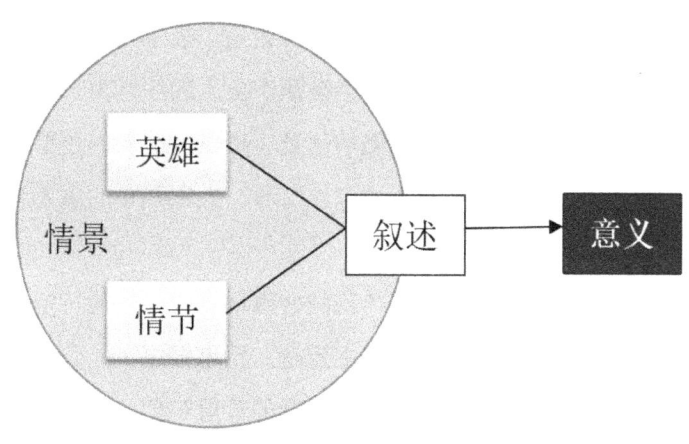

图 8-5 故事的构成要素

2.故事的特征

对象性：故事具有较强的针对性。故事往往是出于某种目的对某个或某些人来讲述的，同时故事也应该满足这些人的某些需求。同一个故事，针对不同的目标对象，其情节、细节和叙述方式可能都需要做一些改变和调整。

虚构性：故事具有意识形态功能。不论是真实故事还是虚构故事，在故事的叙述中，都会有一些人为加工或虚构的成分。这些被加工的或被虚构的部分，往往具有意识形态的功能，是为了达到某种目的的刻意而为。如脱胎于正史《三国志》的小说《三国演义》，为了宣扬所谓的封建"正统"思想而贬低曹操，神化诸葛亮和关羽等。

完整性：故事是一个完整的叙述。首先，故事是讲述者从某个角度对某件事或某种情况的完整描述，所以故事首先应该有讲述者，以及其在故事讲述中承担的作用；其次，故事包含完整的故事情节（起因、经过、结果）或全面的情节描述；再次，故事应该有完善的人物形象和角色关系设定，不论是人还是事，应该把其内在的关系交代清楚；从次，故事有相对封闭的、完整的情景叙述，包括对时空背景（大环境）和事件情景（小环境）的叙述；最后，故事应该有完整的叙述技巧。

内涵性：故事本身具有意义。故事能够提供给人们某种精神层面的价值，这是故事吸引人们阅读或倾听的主要原因，如创新价值、娱乐价值、审美价值或认知价值。创新价值是指故事能够提供给人们新的知识和观念，帮助人们改变观念、增长智慧。娱乐价值是指故事能够给人们提供愉悦精神或消遣的信息，帮助人们放松心情、改变负面情绪。审美价值大多是艺术类内容带来的效果，艺术类作品能让人陶冶情操、愉悦精神。认知价值是指人们能从故事中学习到某种知识、技巧或受到某种形式的教育，帮助人们开阔眼界、增加见闻、提高生活技能。

可读性：故事是具有吸引力的信息内容。故事首先是与其受众的生活有一定关系的，人们之所以选择并"阅读"（广义）某个故事是因为这个故事具有某种吸引人的信息（如标题、情节），通常与自己相关的信息内容会被赋予更多的注意力。因此故事要提供在某种情况下（构建场景）能帮助解决某种问题的信息（提供价值），还要注重叙事技巧，形成吸引人的情节，如悬念、渲染、铺垫、"包袱"等，大家熟悉的事要讲出新意（新的角度、新的思想）。

价值性：故事传达特定的价值观念。传统的故事都有要传达的特定主旨或中心思想，如关羽的故事主旨是"忠义"、岳飞的故事主旨是"精忠报国"。营销内容的"故事"也一样，每个内容都应该包含某个可能触动目标受众的价值观念，如通过一组数字说明企业在创新上的投入，来凸显企业"创新驱动"的价值观念；通过一个细节描写来突出企业员工在服务方面的贴心；等等。

3.品牌故事的创意原则

价值观输出：品牌故事要创造意义，正如普立兹所言，企业的内容创作主体要成为"思想领导者"，内容要有价值观，只有内容输出的价值观念与目标受众的价值观念一致，甚至超越、引领他们的价值观念，才能获得他们的认同，才能使他们成为内容及其创作者的拥趸。

吸引和保持注意：故事要有创新的情节吸引受众，老生常谈的故事或者看了开头就知道结尾的情节难以吸引和保持人们的注意力。除了不平常的事实之外，能把平常的事情讲出不平凡的情节来才是真正的讲故事高手。在社交媒体背景下，"梗"是一种与故事情节紧密联系的吸引力因素，营销人员往往通过"造梗"和"玩梗"使品牌故事充满吸引力和传播力。

寻求对话：营销故事的叙述，应该采用一种对话的方式，而不是传统广告的独白；一般新媒体平台也有相应的对话机制，如点赞、评论、转发等。因此，创作过程应假设是与受众面对面交流，故意留下一些讨论空间。

设置互动：互动是新媒体吸引受众的一种重要特性，用户可以深入参与传播过程中，如转发、参与讨论、跳转到其他页面（如产品的电商页面）乃至参与二次创作等，因此内容创意

关于"梗"

有人认为"梗"源自相声文化里的"哏"，属于文化创意的范畴。大部分"梗"都是语言的，但也可能包含视觉的或影像的。

从传播的角度看，"梗"是被压缩了信息的符号；是创作者与受众沟通的联络暗号；是圈子（社群）身份认同的关键。

"造梗"就是指要创造新的沟通概念，借以打造内容的核心识别或塑造IP身份；"玩梗"就是指利用有影响力的梗，来建立与受众的连接，获得他们的关注和认同。

应该注重设置互动环节、互动请求或互动入口。

打造 IP：IP 是内容战略的可持续运营的核心，是自媒体时代的重要传播资源，运营 IP 才能实现可持续的营销。企业要利用自身、品牌和产品中有特色的地方打造 IP，如象征形象或吉祥物、形象代言人、拟人化产品、产品包装形象等。通过对核心 IP 的角色设定，去开发目标受众喜闻乐见的故事情节，以吸引他们来关注、转发或其他互动。

五、融合：内容创意的拓展

在内容创意执行的过程中，把内容创意和其他营销要素的创意进行融合，能够起到相辅相成、事半功倍的效果，特别是内容和产品的融合。

1.内容和产品的融合

在信息时代，产品和内容是营销活动最终接触人们的两个因素，产品是营销的基础因素，内容是传播的基础因素，在"营销即传播"的观念影响下，二者应该融合成一个有机的整体。

（1）产品内容化

首先，内容能赋予产品符号价值和文化属性。内容能够赋予产品以人文的温度，使机械化流水线生产的产品具备了生命和灵魂；消费文化的基本逻辑就是"文化＋商品"，通过文化赋予产品文化属性去操纵意识形态，从而获取符号价值收益。产品内容化一方面利用品牌 IP 形象来映射消费者形象，从而获得消费者的身份认同和价值认同；另一方面通过产品内容化形成人与物（产品与用户）或人与人（用户之间）的交互，从而使产品和用户之间形成一种情感依托，如人们可以通过赠送带有网络昵称或歌词的瓶装可口可乐来传情达意。

其次，内容化的产品还能帮助品牌构建核心识别。在产品同质化的情况下，传播和品牌成为唯一差异因素。大众传播时代，打造个性化、人格化的品牌形象可以形成差异。在新媒体环境下，产品内容化和 IP 化才是最重要的区隔因素。

（2）内容产品化

首先，内容运营应该像产品运营一样，围绕某个核心需求不断地进行优化、升级、迭代、衍生和再创，不断地制造新的情节、新的表现和新的互动方式，让内容保持旺盛的生命力，使用户的活跃度和留存率维持在较高的水平，这就是内容产品化的基本思维。

其次，用产品思维来赋予内容核心识别。品牌标明了产品的身份，IP 则可以看作是内容的品牌，标明内容的身份，就像一个品牌需要不断地推出新产品去满足人们日益增长的需要一样，内容也需要在 IP 的统领下不断输出有价值的东西，满足与消费者的互动，让人们与内容之间产生某种默契。

最后，用产品思维来指导内容价值的变现。产品通过交易来实现价值，文化内容则是通过传播来实现"意义"，二者具有高度的相似性；新媒体平台的变现机制可以让内容的"意义"这种精神价值转化成经济价值。

2.内容和活动的融合

营销内容和营销活动的融合是很普遍的，通常的做法有两种。一是把内容输出作为营销活动的一个部分，比如在促销活动开始之前，先通过内容（话题、视频或文章）做预热，引发人们对营销活动的关注；二是在内容中融合营销活动来增强互动效果，比如在一些文章或者视频中插入营销活动的链接。

3.内容和渠道的融合

营销内容和渠道的融合方式即为原生内容，通过定制化的内容与特定渠道的用户进行定向沟通，能显著提升该渠道用户的黏度或忠诚度。

六、技巧：内容创意的执行点

在内容创意执行过程中，使用一些讲故事的技巧可以显著增强内容的吸引力、可读性或行动号召力。

1.吸引注意

利用人们的猎奇心理或与人们相关的利益，吸引人们对内容的阅读和观看。产生吸引力是营销内容产生效果的第一步。

视觉叙事：我们处在一个读图的时代，视觉形象比文字材料具有更高的沟通效率。在视觉上可以通过典型形象、视觉类比、形象对比、形象夸张和比喻等方式把文字材料转换成视觉形象，在抓住人们注意力的同时也提升内容沟通的效率。

奇闻轶事：讲述鲜为人知的历史、往事或介绍冷知识，以及对某个行业、某个公司或某个人的秘密进行爆料，吸引人们的关注。

热门标签：在内容创作上也称"借势"，即利用舆论热点作为内容的素材，把人们对热点事件或热点话题的注意力转移到和产品相关的内容上来。

制造悬念：这是一种古老的技巧，古代说书人常用"欲知后事，且听下回分解"这样的表述来获得持续性的关注。现代人则是用语言或视觉的悬念来吸引人们对一件事情的持续关注，在短视频的剧情设置方面常用这种技巧。

靶向攻击：故意攻击别人，特别是某方面的权威专家或名人，利用人们对权威专家或名人的关注来博取关注。

矛盾对立：用二元对立的尖锐问题引发人们对话题的关注，乃至引发思考和讨论，如"宁愿坐在宝马车里哭，也不愿坐在自行车上笑"。

反弹琵琶：提出与人们惯常思维方式不同的观点，用一种反向思维的方式引起人们的注意。

夸张演绎：通过语言或形态上的夸大（或缩小）对产品或品牌的特点进行展示或演绎，抓住人们的注意力，也使人们对该特点一目了然。

利害攸关：直接在标题中指明某些特定人群（如车主、"宝妈"等）的特征，或直接指出与他们的切身利益相关的信息，如油价、利率和食品安全等，以获得这些特定人群的关注。

2.引起兴趣

利用人们喜欢看热闹和跟风的心理，引起人们对内容的兴趣，进一步获得人们的喜欢和好感。兴趣是社交媒体账号吸引关注和收获粉丝的基本手段。

突发事件：利用人们对事情的知情心理，发布社会热点问题或突发事件的最新消息，引起人们的兴趣。

名人隐私：俗称"吃瓜"，名人明星本身就自带流量，他们的一举一动都受到人们的关注，名人明星的一些不可告人的隐私也常常成为舆论追逐的热点。

逆袭励志：利用人们对成功的渴望，讲述一个弱者或不被看好的人最后取得成功的励志故事，以博取同情和关注。

逆向反转：先用人们熟悉的人物、场景或常见的情节使人们产生代入感，再通过完全出乎意料的结局来形成反差，让人产生深刻的印象。

危机公关：也是利用人们的知情心理，对事件的起因进行解释，或对事件主角的行为动机进行合理阐述，一方面可以化不利为有利，另一方面也借此获得好感和关注。

人情味/接地气：用富于人情味的表现方式，体现生活的情趣；或以普通人的视角和叙述方式来讲故事，从而获得人们的好感。

幽默和娱乐：幽默是最容易接近人们的方式，营销内容以一种轻松欢快的方式来讲述，或耍"贱"卖"萌"，或提供搞笑的段子、图片等，通过娱乐大众来获得好感。

3.制造欲望

利用人们的求知、求利、求安和喜欢娱乐的心理，勾起人们对品牌或产品的欲望。欲望是产生行动（参与营销活动或购买产品）的前提。

点石成金：利用人们的取巧心理，传播小技能或小技巧，通过巧妙的方式把复杂的信息或复杂的事物进行简单化处理，易于人们理解和接受，从而使人们产生"我也来试试"

的行动欲望。

神秘科技：联系产品对日常生活中的某些现象用科学的方式进行普及，或解释产品中拥有的独特技术或"黑科技"，使人们对产品心生向往。

尊贵身份：利用人们自尊心理，告诉人们注册成会员或者购买、使用某产品将获得尊贵的身份，以激发人们的行动欲望。

稀缺资源：诉求产品原材料的稀缺性或制作工艺的复杂性，构建产品的珍贵、稀有的形象，以引发人们对产品的购买和收藏欲望。

升值潜力：诉求投资或购买某产品，从长远来看将获得更多的收益，以激发人们的购买欲望。

拟态情境：假设一个虚拟的情境，如"世界只剩三天"，试图改变人们对一些事情的看法和态度，从而从源头上来说服人们接受产品。

性感诱惑：利用人们的爱美心理，展现性感、美丽的形象，对人们进行"使用本产品你也可以一样"的心理暗示，来建立人们对产品的欲望。

4.赋予新意

用一种"形而上"的哲思方法来使表达的内容充满意义或意味，或者用新的视角来看一件旧的事物，使其具有新的意义。意义是价值的另一种表述，赋予新意是价值的重构方式。

托物言志：通过对一件事物的属性、原理或变迁进行梳理和重构，来传达生活的意义、自我认识或新的观念。

旧瓶新酒：用新的视角或话语系统去讲述人们熟悉的事物或故事情节，赋予旧事物或旧故事新的意义。

调侃解构：把传统的或经典的故事、传说、人物或视觉形象等用全新的话语或调侃的方式解读，或打乱其结构再重组，以产生新的意义。

文化嫁接：把某个文化背景下的人物或事件放在别的文化背景中去讲述，或把某件事情用另类的文化意义进行解读，以产生全新的意义。

能近取譬：用一种身临其境的方法以第一人称视角讲故事，达到推己及人，使人们能够感同身受，从而实现意义的转移。

寓言故事：讲述一个简单的故事去影射现实生活中的某种情景，从而赋予这种情景新的意义，使人们茅塞顿开。

5.激发回应

在营销内容中使用一些情绪和"诱饵"，激发人们产生行为上的回馈。让人们产生行为上的反应是内容价值实现的主要方式。

免费福利：告诉人们阅读该内容或者参与内容指向的营销活动将会有某种好处，以激发人们对内容的阅读和对活动的参与。

价值争议：人们往往通过对问题的关注和参与来表明立场，营销内容把一些争议性的话题放在媒体上来引发人们的争论，从而获取人们的回应和互动。

情绪宣泄：针对某种社会现象，使用情绪化的叙述，表达某种情绪，表达支持或反对某种行为或事件，让人们产生共鸣、共情以至于产生回应支持。

花车游行：利用人们的跟风行为，制造热闹的场景，让受众不由自主地加入进来，引导人们参加一些有益、有趣或有意义的活动，成为活动或事件的参与者和见证人。

故意犯错：故意"扮傻"，贬低自己或假装自己对某方面知识的无知，或故意写一些错误的或与常识有悖的信息，以博取人们来对其批评和指责。

任务奖励：营销内容中整合一些激励性的营销任务，完成这些任务可获得一定的奖励，如"连续7天在评论区签到可赢得10元红包""转发本条内容并集够20个赞可赢30元优惠券"等。

思 考

1. 话题属于营销内容还是营销互动的范畴？
2. 从媒体上找一则广告，试着用罗兰·巴特的"二级符号系统"进行分析说明。

第九章
营销活动创意

> **导 读**
>
> 1. 新媒体营销活动从目的、手段到结果都与传统的大众营销传播活动存在明显的不同，新媒体营销活动更注重消费者行为数据的应用以及客户关系的维系。
> 2. 营销活动可以利用目标策略、心理策略、互动策略、整合策略和增长策略来提升效果。
> 3. 营销活动的执行需要明确目标、激励互动，需要对各种营销工具进行价值转化和价值整合。

第一节 对营销活动的认知

一、活动的概念

活动（activity）是人类的生存方式和存在的证明。

从宏观的角度来看，我们所处的宇宙一直都处于运动之中，宇宙中的每一分子，包括星系、星云、星球和各种生命体，也处于持续不断的运动之中，可以说，活动就是宇宙中生命体的存在方式。人类就是处于不断运动中的一种生命体，从过程看，人的整个生命历程，是由各种各样的活动构成的，活动构建了人类生活；从结果看，地球上一切文明，不论是物质文明、精神文明还是制度文明都是人类活动的产物，即人类活动构建了人类文明。从中观的角度来看，活动是人类维持和延续生命的保证，同时也是人们适应社会、联系社会、参与社会的方式。人们通过活动来维持或延续自己的生命，同时也通过活动创造价值或意义，从而在社会中实现自我。从微观的角度来看，活动是行为的集合，即活动是由无数细小的日常行为构成的，一系列行为构成一个活动。行为主义心理学派认为，我们人类的行为来自应对环境"刺激"时的"反应"，一系列的"刺激—反应"通过强化和联结构成行为。

1. 活动的定义

一般而言，社会学意义的活动是指由个人或组织机构发起的无目的或有特定目的、有组织的行为或行为集合。

可以作如下理解：

第一，活动的主体是个人或组织。活动并非人类特有，但在社会学领域内所指的活动通常指人的活动。除个人外，发起活动的主体还包括好友、恋人、家庭、兴趣小组等非正式群体或组织，以及公司机构、事业单位、政府机关等社会组织。

第二，有组织的理性活动通常都具有明确的目的性。人的活动一部分是理性的，一部分是非理性的；组织性活动常常都带有理性，个人活动可能有理性也可能没理性。理性活动一般有明确的目的(如体育运动)，非理性的活动可能有明确目的，也可能没有(如闲逛)。

第三，活动是有组织的行为或行为集合。活动有简单和复杂之分，但不论活动简单与否，都是由一系列的行为构成的。简单的活动很容易实现，通常由一两个简单行为组织而成，人们常说的"举手之劳"就是指简单的行为构成的活动，如在朋友圈浏览和点赞；复杂的活动通常是由很多的行为组成的，如劳动、旅行、体育运动等。

2. 活动的分类和范畴

（1）根据活动的规模：个人活动、人际活动和团体活动

个人活动是指个体独自完成的活动，如阅读、思考、进食等；个人活动大多有目的性，但也可能无目的性。个人活动反映个人的兴趣和价值观。

人际活动是指两个个体或两个以上的个体两两之间完成的活动，如闲聊、打乒乓球等。

团体活动则是两个以上的个体进行的有组织的活动，如教学、聚餐、会议等。团体或组织的活动通常都具有目的性和组织性。

（2）根据活动的属性：自然活动和社会活动

自然活动是指作为自然属性的人所做出的活动，如进食、排泄、情欲等；社会活动则是指人们作为社会的一分子联系、参与和适应社会时所做出的活动,如参加社交、劳动、服役、宗教等。广义的社会活动是一个宏观的概念,泛指人作为社会性动物所做出的一切活动,包括政治活动、经济(商业)活动、军事活动、文化活动、社交活动、团体(家庭)活动和个人活动等不同层面。狭义的社会活动泛指政治活动、公益活动或其他有助于改善社会整体环境、风气的活动。

(3)根据活动的场景:实体活动和数字活动

实体活动就是指人类在实际的生活空间中与社会发生联系的活动。

数字活动则是指在数字化环境下,人们使用各种计算终端设备在互联网上产生的各种行为的合集。

(4)根据活动的价值:公益活动、经济活动和文化活动

严格来说,宏观社会活动的每一类都有其价值存在,此处主要阐述与营销相关的三类。

公益活动:指对公众乃至整个人类来说都有好处的活动,公益活动的意义是创造更加美好的生活环境,使我们生活的社会更加富足、安定、自由、公平、文明和美好。

经济活动:与经济相关的活动,通常与物质生产、消费或金融活动相关,所以可以简单分为生产活动、消费活动、金融活动和贸易活动等。营销活动本质上就是一种经济活动,同样涉及生产、消费、金融等领域。经济活动的意义是创造物质文明,利用资源创造更多的价值,从而使人们的生活更加丰富和便利。

文化活动:文化活动原来更多的是指能产生精神层面意义的活动,随着全球文化(创意)产业的兴起,文化活动具有了某些物质方面的价值(如电影、电视、游戏的衍生产品)。文化活动通常通过某种仪式(如观影、会议、祭拜等)去传达意义,仪式也是文化传承的重要方式。文化活动的意义是创造意义或创造精神文明,即通过文化的传承创新使人们产生新的认识(精神洗礼)或精神上的愉悦。文化活动的产物包括文化作品或文化产品,文化作品是非产业化的文化活动产物,文化产品是文化作为一个产业的产物。不论是文化作品还是文化产品都是文化活动价值和意义的体现。

3.数字化背景下的活动

(1)活动体现一定的价值观和生活方式

人们参与某些活动表明人们对某件事的态度,而态度则是价值观的体现。如一个人参与了世界自然基金会(World Wildlife Fund,简称WWF)的"地球一小时"(Earth Hour)活动,则表明他(她)支持环保,愿意为环保打破自己的日常生活规律,换句话说,体现他(她)的价值观是"环保比日常生活规律重要"。同时,人们拥有什么样的价值观

或价值体系（价值观的集合）决定了人们采用什么样的生活方式，也就是价值观决定了人们把自己认为珍贵的东西（时间、精力和金钱）耗费在什么方面。

（2）活动创造了数据

在数字化或信息化的今天，所有的数据都与人们的活动息息相关，比如，你在社交媒体的活动根据时间、对象、规律等可以成为你的社交数据；你在电商平台的浏览、点评、购买等行为可以构成你的购买行为数据；你的交通行为可以构成你的出行数据；等等。智能媒介终端就是通过侦测、收集人们的日常行为数据，通过建模去分析人们的活动规律，从而寻找驱动人们行为的因素，以期施加影响。数字化营销活动一样需要通过激发人们在数字空间里的活动，并通过对这些活动形成的数据进行分析以掌握消费者的行为模式，并针对性地施加影响。

（3）数字化的活动也是价值创造

在"数据就是生产力"观念的影响下，数字化的活动是在创造价值。所有的智能设备和应用都希望用户在该设备或应用上停留更长的时间，做出更多的行为（如浏览、点赞、分享、评论、参与等），以便产生更多的数据。数字化营销也一样，几乎所有的营销业绩的考核指标都与消费者的行为数据相关联，营销活动旨在激励人们更多地参与互动，这样可以让数据"更好看"；更有甚者，通过一些营销激励，让粉丝、消费者或用户帮助企业完成相关的数字化任务，如帮忙转发信息、帮忙拉拢新的客户等，这些数字化的"劳作"本身就是在创造价值。

二、营销活动的概念

广义的营销活动泛指一切与营销有关的活动，如产品的生产、营销团队的日常活动等等；狭义的营销活动则特指营销机构或营销人员针对特定对象（如消费者）开展的各种活动，由于营销活动本身一般都带有沟通性，因此营销活动有时候也特指营销传播活动。

1.营销活动的定义

营销活动或称营销传播活动，是指为实现营销目的的组织或个人的各种有组织行为所构成的整体。通常表现为通过各种营销传播工具（或营销手段）与顾客或潜在顾客进行的互动交流活动。

对该定义可作进一步的理解：

第一，营销活动的主体是可以是组织也可以是个人。大众营销时代的营销活动通常是组织行为，在当前社会化营销条件下，一些营销活动是由个人发起和完成的。

第二，营销活动的客体是消费者、顾客或客户（含中间商）。

第三，营销活动的目的通常包括认知、理解、交易和关系等。其中关系包括目标客群的数据收集、整理、更新和关系的日常运营。营销活动数据是营销数据的主要来源之一。

第四，营销活动通常与使用营销传播工具（手段）相关，如内容（含广告）、促销、公关、事件、人员推销、体验、互动等。

2.营销活动的特征

营销活动本质上是一种经济活动，但也常常和社会活动、文化活动相关联，因此，营销活动除了具备一般经济活动的特征外，也常常带有社会活动和文化活动的特征。

营销活动与购买行为相关。营销活动的最终目的是实现营销，所以营销活动是直接或间接与购买行为相关的，如话题或事件营销与购买行为的关系弱一些，而促销、直销与购买行为的关系要直接一些。

营销活动是有组织的商业行为。主要体现在两个方面，一是营销活动所涉及人员和程序都具有一定复杂性，二是营销活动最终要盈利。所以，营销活动需要事先策划和控制，以避免出现效果不佳的情况。

营销活动具备社会性或公共性。营销活动是在一定的社会背景下开展的，所以要注重公共性和声誉。营销活动在主题设计上要体现出积极向上的价值观，活动形式上要亲民，避免损害公众的利益。

3.营销活动的分类

营销活动可以根据不同的角度进行分类，如根据活动的属性可分为告知性活动、公关性活动、促销性活动和体验性活动等；根据活动规模可分为个人活动、群体活动和大众活动等，根据活动的渠道可分为线上活动、线下活动和线上线下相结合的活动等（见表9-1）。

表9-1 营销活动的分类

分类依据	类别
根据属性	告知性活动、公关性活动、促销性活动和体验性活动等
根据对象	针对消费者的活动、针对中间商的活动和针对其他利害关系者的活动
根据规模	个人活动、群体活动和大众活动等
根据价值属性	公益活动、文化活动、经济活动及其混合体
根据活动的渠道	线上活动、线下活动以及线上线下相结合的活动
根据媒介属性	大众营销传播活动和数字化新媒体营销活动

4.工具效用：营销活动的意义

（1）直接意义

与消费者/客户进行连接。通过某种形式与消费者或者客户取得连接，建立更进一步的联系，以便于后续营销活动的开展。

激励消费者/客户参与互动。通过活动激励消费者或客户参与互动，在互动中增强相互信任和相互依赖。

激发消费者/客户行为。在活动中激发消费者或客户的行为，通过行为推断消费者或客户的动机和态度。

获取并记录消费者/客户数据。获取并记录消费者或客户的反馈数据，进而成为预测和决策的依据。

（2）最终意义

创造价值和意义。营销活动是经济活动，同时也是社会、文化活动，不仅要创造经济上的价值，也要实现社会价值和文化价值。

三、大众营销传播活动

前文说过，一切为实现营销目的而进行的信息沟通活动，都属于营销传播，在大众营销传播时代，常见的营销传播形式有以下几种。

1.广告（advertising）

广告是最常见也是最为显性的营销传播形式，以至于大部分消费者把一些其他的营销传播活动（如软文、意见领袖推荐等）也称作"做广告"，当然这种说法可以理解为是从事"广义的广告"；而作为一种营销传播方式或手段，这里所说的"广告"是狭义的，指付费的媒体广告，即由广告主付费在各种媒体广告时段或广告版面发布的信息，其目的主要是产品告知或树立品牌形象。

2.销售促进（sales promotion）

简称"促销"，指为了促进产品销售而进行的营销传播活动，一般包含消费者促销和商业促销两种形式。消费者促销是针对普通消费者的促销，也就是人们熟悉的发送优惠券、折扣、赞助、竞赛、抽奖等活动；商业促销主要面对中间商、批发商或零售商，其手段如广告补贴、销售奖励、销售会议等。

3.产品包装（packaging）

由于产品包装往往包含产品的名称、成分、产品卖点、生产厂商及其联系方式等重要信息，特别是快速消费品，在消费者的消费模式普遍为超市自选购物的情况下，产品包装也是重要的营销传播形式，充当着"无声推销员"的角色。产品包装通常与电视广告或户外广告采用同样的图案设计，以方便消费者在货架上找到产品；还有一些产品包装直接包含促销信息（如扫描二维码可参与抽奖）、产品真伪信息查询甚至是公益行为倡导信息（如保持城市清洁卫生、循环使用包装等）。由此可见，产品包装所承载的信息可能比一支30秒的电视广告还要多。

4.人员销售（personal selling）

人员销售应该算是最古老、最朴素的营销传播手段了，同时它也是最为精准的营销传播方式。作为消费者，我们可以想象一下，当你走进一家服装店，一个优秀的销售人员是如何让你买下一件甚至两件衣服的。你会发现，人员销售经由人工方式，对消费者进行挑选、察言观色，通过有针对性的言语和劝说方式，最终实现让你购物的目的。在第三产业日益发展的当今，销售人员的沟通服务水平是决定消费者行为的重要因素。此外，家用轿车、房产、保险等高额理性消费产品的营销过程中，人员销售的作用非常重要。

5.赞助营销（sponsorship marketing）

赞助营销即企业以资金、物料或人员等各种形式为文化、体育、公益等社会活动项目提供帮助，以提升企业声誉、获得良好营销收益的营销传播活动。由于文体活动具备一定的社会影响力，因此企业赞助大型的文体活动能够借此扩大影响，为企业形象加分，甚至能够通过现场销售直接带来产品销量的提升。韩国企业"三星"（Samsung）的成长史本身就是一部奥运赞助史。1987年，当汉城（首尔旧称）奥运会举办在即的时候，三星仍然是一家为日本企业"三洋"（Sanyo）代工的电器生产商，初掌帅印的董事长李健熙发现即将举办的奥运会蕴藏巨大商机，从而开启了三星的奥运赞助营销之路。几十年来，三星几乎赞助了所有的夏季奥运会和绝大部分的冬季奥运会，通过奥运赞助，三星不仅将三洋抛在身后，还大大超越了索尼、松下、日立等企业，成为亚洲第一的电子、电气设备制造商。

6.公共关系（public relations）

公共关系简称"公关"，是指企业组织通过实施策略性的公共传播活动以维持、提升企业组织和社会公众之间的关系，促进公众对企业组织的认识、理解和支持，达到树立、加强或改善企业组织在公众心目中形象、促进商品销售的目的。一般而言，公共关系的适用范围是比较广泛的，如企业内部公关、财经公关、危机公关等，但作为一种营销传播工具的公共关系则更强调营销目的（或称"营销公关"）。公共关系的常用手段有新闻发布会、记者招待会、宣传报道、展销会、联谊会、社会公益活动、产品发布会、访谈性节目以及产品召回等。

7.售点传播（point of purchase communications）

售点传播简称"POP"，是指为了促进现场购买而在产品销售终端进行的一系列传播工具或传播活动，包括橱窗陈列、终端展示、商场促销海报、促销装潢、售点促销表演、促销音响或其他促销视听内容等。其目的是通过烘托气氛、营造环境让顾客进入一种愉悦、欢快的类似"被催眠"的购买情境，从而加快产品的售卖速度，增加产品的购买量。在当前电子商务的情境下，电商平台的活动页面和商品介绍网页也可以看作是"售点"，商家在页面上宣称的诸如"仅此一天""错过再等一年""数量有限，售完涨价"等信息，其意义与传统的售点传播一致，也可以看作是一种售点传播。

8.事件营销（event）

事件营销指企业组织利用或制造能造成媒体影响的事件，迅速扩大自身知名度、树立企业组织形象，以实现营销目的的营销传播活动。

9.直销（direct marketing）

直销也称直接营销、直复营销或直效营销，是指直接对消费者进行传播并能引起他们回应的营销传播方式。直销一般建立在数据库的基础上，通过数据库去区分、识别并进行针对性的、"量身定做"式的营销传播活动，如参与调查、试用产品、浏览、评论、转发等，以期直接影响消费者的行为。直销的传播具有复合性，一个直销活动中可能包括其他的营销传播工具或方式，例如，在电子商务直销环境中，商家会采取广告、人员销售和促销等方式来达成目的。

10.口碑（public praise）

"口碑"一词常作褒义，指大众的评论和颂扬，俗话说"有口皆碑"就是说人们对一个人或者一个产品或品牌在某方面持有正面的认知和态度。在现代的营销传播活动中，产品或品牌的口碑是非常重要的营销资源，甚至比产品质量还重要，所谓"金杯银杯，不如口碑"；里斯和特劳特在其著作《22条商规》中说过，"市场营销不是产品之争，而是认知之争"[1]。当然，

> **两种口碑：Public praise 和 Buzz**
>
> Public praise 意为"公众赞誉"，可以理解为大众传播媒介时代的口碑，即通过公关活动和宣传报道实现公众对品牌的良好的认知和形象。
>
> Buzz 是个象声词，本意是"蜂鸣声"，可以理解为社交媒介时代的口碑。口碑营销（buzz marketing）与话题营销类似，"口碑营销，就是要吸引消费者和媒体的强烈注意，强烈到谈论你的品牌或你的公司已经变成甚具乐趣、引人入胜、有媒体报道价值的程度。"

---

[1]艾·里斯、杰克·特劳特：《22条商规》，寿雯译，机械工业出版社，2013，第9页和第33页。

口碑不是一蹴而就的,而是企业长期营销传播的结果。

需要注意的是,口碑营销活动并没有随着大众营销传播的衰落而消亡,而是开始与新媒体结合创造出更多新的形式,新媒体的口碑营销也被称为"buzz marketing"[1]。

11.公益活动

公益活动从字面意思来讲,就是对公众有好处的活动。人们参与公益活动的动机包含两个方面,一方面是个人"善"的释放,表达个人作为社会的一分子对社会的贡献;另一方面是通过参与公益活动,与他人或组织的社会互动实现自己的社会认同和社会价值。企业开展公益性的营销活动,不仅可以增加社会公众对企业品牌的好感,还可以通过活动来与"具有公益意识"的消费者进行互动,把他们转化成企业或品牌的支持者或用户。

四、从大众传播活动到数字化新媒体活动

数字化营销活动相较于大众营销传播活动,主要的变化有以下几个方面。

1.目的:从影响态度、影响行为到维系关系

传统的大众营销传播主要是追求消费者的态度变化,这是由于当时受技术条件所限,不能直接获取消费者的行为反应,只能通过调查研究来获取消费者的态度。数字化营销时代开始追求行为的变化,这是因为信息技术的发展和智能信息终端的运用,使得消费者行为更容易被侦测。

行为数据通常比态度数据更具有价值,这是因为外显的行为比内隐的态度更明确。人们常说要"言行一致",但常常是表达出来的态度可能与内心的真实想法有差异,所做出的行为往往与表达的态度不一致。所以,相对而言行为更可靠,因为行为不会说谎。

在数字化营销时代,营销更倾向于追求一种持久的联系。得益于新媒体的平台属性,使大量的用户数据得以沉淀,通过数据的整合可以得到对客户关系的更准确的认知和了解,维系与顾客之间的持久关系变得更加容易。

2.手段:从大众营销传播到精准互动营销

传统的大众营销传播活动是在公共领域开展的粗放型营销活动,是较为"省事"的活动,即试图通过一次性的活动取得广泛的影响,且持续相对较长的时间。

新型的数字化营销传播活动则多是在企业私有领域发起的精准的、互动的、常态的营销活动,力求到达具体而准确的某个人或某些群体,并且力争能引发他们的回应、参与和扩散;活动是实时的,不追求长时间的影响力,有些活动甚至只有几分钟(如直播抢红包或"秒杀"活动)。

---

[1]马克·休斯:《口碑营销》,李芳龄译,中国人民大学出版社,2006,第3页。

3.结果：从创造意义到创造价值

传统的营销活动更多的是作为一种"传播手段"存在的，传播主要影响态度，即影响消费者的认知、情感和内在行为动机。虽然态度最终也会带来消费行为和经济效益，但除一些现场促销外，大部分的营销活动并不能够带来直接的经济价值，因此更多是从定性的"意义"层面进行考量；数字化的营销活动则是依托信息化手段和新媒体平台的变现能力，定量地评估每一次活动的效益，如浏览量、点击量、成交量等，并通过投资回报率来评估其成本效率。

创意营销活动与大众营销传播活动的对比见表9-2。

表 9-2　创意营销活动与大众营销传播活动的对比

对比项	创意营销活动	大众营销传播活动
活动意义	创造价值	创造意义
目标指向	行为和关系	认知和形象
常用媒介	数字化新媒体	大众传播媒体
技术支持	大数据、云计算、人工智能	印刷、电子、数字显示
传播形态	互动	单向传播
效果评估	行为效果；投资回报率	态度效果；品牌资产

五、数字化新媒体营销活动

数字化营销是指把数字技术应用于营销过程，从而实现营销内容、营销活动和营销渠道的全面数字化。首先，数字化营销建立在数据的基础之上，企业通过建立数据库或数据平台来收集、存储并及时掌握消费者的需求、认知状态、行为动态以及行为习惯等方面的数据，通过数据分析建立消费者行为模式；其次，根据消费者行为模式，经由数字渠道（数字化大众媒体和数字化新媒体平台）向消费者提供数字化的营销供给（产品信息、营销内容和营销活动等）；再次，根据人们对营销供给的反馈（如查询、转发、参与、购买或屏蔽）收集用户数据；最后，收集到的数据被直接纳入数据库或数据平台，成为新一轮营销活动的依据。

数字化营销经历了早期的网络营销时代，现在全面进入移动互联营销时代，主要的营销活动可以分为互动营销和社群营销两类。

1.互动营销活动

一般意义上的互动营销是指企业在营销过程中搜集、存储和应用消费者认知、态度和行为方面的信息，并在这些信息的驱动下开展产品研发、生产和销售等营销传播活动。在以互联网为基础的新媒体条件下，互动营销更多指利用新媒体的互动特性设计具有吸引力的传播活动，以提升消费者的兴趣和参与欲望的营销传播行为及其内容。互动营销的互动包括内容互动、体能互动和时间互动三种基本类型。

（1）内容互动

互动话题：通过在社交平台或内容平台发布相关话题，引发人们的关注和讨论，达成信息告知和口碑形成的目的，如观点辩论、网络投票等。

口碑营销（buzz marketing）：通过引导或经营社交平台、导购平台和电商平台的用户讨论和评价，形成较好的品质认知和形象。

内容"种草"：通过产品开箱、评测、试用、破坏性实验等内容输出，建立对某个产品或品牌的正面认知。

互动小游戏：通过在网页上设置养成类、技巧类、消遣类等小游戏，一方面可以增加用户的黏度，增加页面停留时长，另一方面通过植入性信息对人们进行潜移默化的影响。

直播：直播的意义就在于即时的"现场"互动，而且互动的方式非常丰富，如语言口头互动、表情互动、动作互动、促销互动、达成交易等；此外，直播内容还能通过"直播内容切片"把直播过程中的一些有价值的片段截取出来生成新的视频内容。

（2）体能互动

体验：通过线上虚拟社区、虚拟展厅或虚拟产品使用场景（如"虚拟试衣间""全景看车"等），进行产品或服务的虚拟体验，促进人们对产品的认知和理解；线上的虚拟体验往往需要和线下的实体体验相结合，展现更加丰富、全面的信息。

技能：让人们通过一些自身技能的应用赢取某些利益或权益，如竞赛、小游戏、猜谜、拼手速、抽奖等。

劳作：人们帮助推广、转发、写评论、发文章等方式可以换取利益或权益，如有奖转发、集赞换实物产品、评论换红包等。

拉团：让某个用户或消费者完成一些组队任务才能获得某种利益或权益，从而实现影响力的扩散或用户规模的扩大。

（3）时间互动

打卡：每天定时到相关页面进行签到或打卡可以积累某种利益或权益。

养成：通过养成游戏（如种果树、养鸡等）吸引人们每天一次或数次访问应用页面，通过累计虚拟收益兑换现实权益。

时间任务：浏览广告或活动并保持一定的时长可以换某种利益或权益。

2.社群营销活动

社群营销的实质是通过新媒体的社群功能实现关系营销，营销人员通过内容、体能或其他活动吸引消费者关注品牌或产品的相关自媒体账号，并把关注者（"粉丝"）组织成品牌社群，通过社群经营来实现营销目的。主要的活动方式有如下几类。

引流：通过精彩的内容或活动，诱导人们打开某个网页或手机应用，获取人们的基础数据（手机号码、MAC地址、IP地址等）。

拉新：在引流的基础上，通过互动激励获取新的客户、会员或社交账号粉丝，收集其账号数据（如用户名、电话号码、社交状况等）。常见的拉新手段包括限时促销、红包、免费产品、购物券、折扣等。

活跃：通过建立社群成员等级来激励社群成员活跃度，等级越高的成员所能享受的权益越多。

共创：通过组织一些对社群成员都有益的团队活动，来促进社群活跃，增加社群的凝聚力和留存率，可以是"社群福利"活动，也可以与公益活动结合起来。

拼团：通过激励（如团购价）社群成员组团购买，促进产品销量的增加。

交易：通过社群内促销达成产品销售。

裂变：通过激励用户转发信息实现传播裂变（转发次数、集赞），通过用户邀约激励实现用户裂变（如邀约奖励、拼购价格激励等）。

不论是传统的大众营销传播活动还是数字化营销活动，都需要注意两点。首先，在实际的营销活动中，某一种营销方式或手段并不是孤立存在的，一方面是因为在一个营销活动中可能会运用两种或两种以上的营销手段，如公共关系、事件营销和互动营销可能会同时存在于一个方案中；另一方面是部分营销传播工具之间的边界较为模糊，如直销的定义"直接与顾客沟通并引起他们的回应"本身就包含互动营销的意思。其次，上述的营销传播方式并非营销传播形式的全部，随着技术的发展，一方面是新的营销传播工具会不断诞生，另一方面是传统的营销传播工具也会因为采取了新的技术、新的玩法而产生新的变化。

第二节 营销活动的策略

一、目标策略

1.目标、手段和效果

许多初学者在进行营销活动创意时最容易出现的问题是"为创意而活动",只注重活动的创新性而忽视了活动是为了达成营销的目的。所以在活动创意之初,应该有清晰的活动目标,要先想明白三个问题:

○活动是为实现什么目的而开展的?
○要实现这个目的需要哪些手段?
○活动是否会产生其他额外的效果?

目标、手段和效果是三位一体的关系。营销活动作为一种实现目标的手段,其所产生的效果应该与目标是一致的。

传统的大众营销传播活动的主要目标有信息告知、建立或改善形象、促进销售、达成交易等;数字化新媒体的营销活动的目标在大众营销传播活动的基础上更加重视客户的开发和关系维护。营销的活动目标与活动形式的关系如表 9-3 所示。

表 9-3 营销的活动目标与活动形式的关系

目标	大众营销传播活动	数字化新媒体营销活动
信息告知	广告、宣传文稿	程序化广告、原生内容、网红推介
良好形象	记者招待会、新闻发布会、访谈、展销会、公益活动、赞助、口碑	关键意见领袖(KOC)、植入信息、社交媒体口碑、新品发布会、体验
促成交易	优惠券、抽奖、样品、返还、折扣、竞赛	集赞、拼购、抢红包、直播、投票PK、众筹、社群营销
维系关系	直销、人员销售、俱乐部、情感营销	小游戏、会员制、拉新、促活、裂变
服务体验	展销会、产品说明	事件、线下体验店

2.客户关系的建立与维系

新媒体的营销活动更注重对客户关系的建立和维系,具体来说,就是通过拉新、留存、促活、转化和裂变等几种方式来实现(如图9-1所示)。

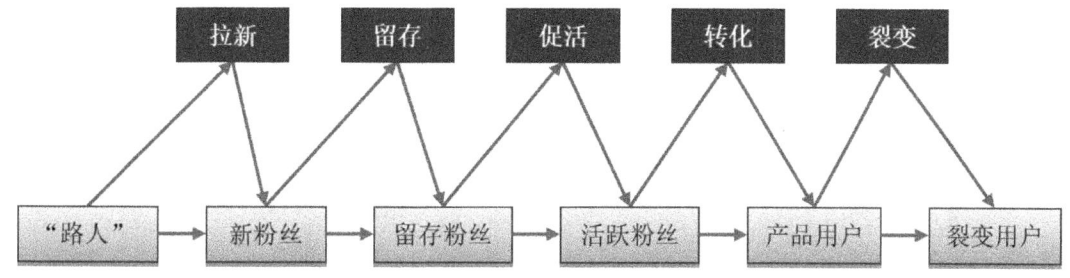

图9-1 客户关系活动与客户关系

拉新:通过营销激励把人们的注意力吸引到特定的场景(如线上商店、线下体验店)或社交账号的关注上来,把他们变成品牌、产品的新用户或社交账号的新"粉丝",这是建立顾客关系的起点。

留存:吸引关注不是目的,保持对品牌的黏度才是。把用户或粉丝留下来才是实现持久关系的起始。营销活动通过营销人员的持续跟进或活动的保留(如可分批使用的优惠券)来实现对客户的留存。

促活:通过信息内容或活动的持续输出和传递,激励用户或粉丝参与营销的日常活动中来,激发他们采取更多的回应来保持活跃度。常用的方法:一是通过营销内容激发他们对内容的点赞、评论、讨论、转发等行为,二是通过开展长线营销活动(如连续签到)来保持他们的持续参与。

转化:通过营销活动的激励(如首单优惠、新用户福利、奖励、限时折扣等)促进购买,让粉丝转化成用户,让普通用户转化成重复购买的用户或忠诚消费者。

裂变:通过营销活动激励已存用户以社会关系(如家人、同事、同学、朋友、亲戚等)为纽带带来更多的新用户,实现用户人数的裂变增长。

二、心理策略:利用人性激发互动

1.马斯洛的动机理论

美国人本主义心理学家亚伯拉罕·哈罗德·马斯洛(Abraham Harold Maslow)认为人的动机主要来源于其需要,而人的需要可以分为生理需要、安全需要、归属与爱的需要、自尊需要和自我实现需要五个层次[1](如图9-2所示)。

---

[1] 亚伯拉罕·马斯洛:《动机与人格》,许金声、程朝翔译,华夏出版社,1987,第40-54页。

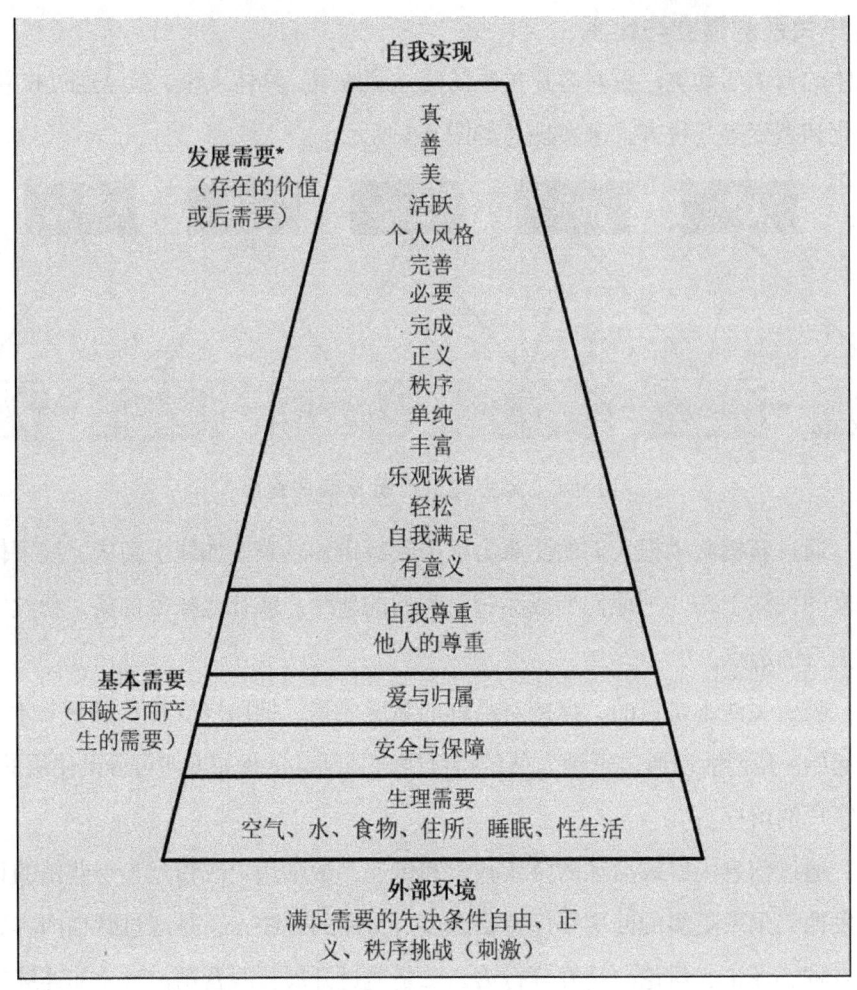

资料来源：弗兰克·戈布尔.第三思潮：马斯洛心理学[M].吕明，陈红雯，译.上海：上海译文出版社,1987:57.

图9-2 马斯洛的需要等级表

处于人生不同阶段或不同社会阶层的人们，其所需要也有所不同。当人们处于人生低谷期或较低的社会阶层时，其需要主要是生理需要、安全与保障以及爱与归属等"基本需要"；当基本需要被满足之后，人们才开始有更高的"发展需要"——他人的尊重、自我尊重和自我实现的需要。

产品本身与人们的需要有密切的关系，产品就是用来满足人们需要的产物，不同种类、不同层次的产品满足人们的不同需要，因此特定产品或品牌的营销活动应该充分考虑目标消费者的需要，根据消费者的需要设计相应的活动内容。

2.行为主义的观点

心理学的行为主义流派强调后天环境对人的行为的影响。认为人的行为产生的基本条件是"刺激—反应"，也就是人在适应环境的过程中，对环境应激所做出的反应，一系列的"刺激—反应"经过"强化"和"联结"之后形成行为。此外,行为主义的"模仿论""社会交换论"和"社会学习论"等理论也有较为深远的影响。

大部分的营销活动都旨在塑造和影响人们的行为,所以营销活动的设计可以运用这些理论作为指导。

强化:一些活动会以某种奖励(如免费获得产品或红包)为诱导,要求目标受众以某些方式进行"打卡",坚持若干天就可以获得奖励。一般来说,人们倾向于设置7天为一个强化周期,这是因为我们的日常生活运作也是以一个星期为周期的。经过3~4个星期之后,人们的行为逐渐成为一种习惯,随着时间的不断延续,慢慢就形成了行为习惯。

联结:在活动影响和塑造人的行为过程中,更重要的是要把人们的特定行为和品牌或产品的认知、态度和行为联结在一起。

模仿:人们在成长过程中的许多行为是通过模仿习得的,成年后这种模仿的习性仍然存在,比如有意无意地模仿自己崇拜的偶像、名人或明星的言行。在社交平台上,一些普通人的言行也会成为人们模仿的对象,这些人也因此成为所谓的"网红"。因此,营销活动也可以通过名人、明星或网红的言行示范来引发人们的模仿,如2010年韩寒、王珞丹等代言的"凡客诚品"(VANCL),其广告文案就被广大网友争相模仿创作形成所谓的"凡客体"。

社会交换:所谓"社会交换"是指人们的行为有赖于相互强化才能持续,也就是说人们采取某种行为是与该行为的结果紧密相关的,如果该行为得到他人的奖励(物质的或精神的),则有进一步扩大的可能;同样,如果该行为的结果指向的是失败或惩罚,则该行为继续产生的可能性就会降低。因此,营销活动应该设置一些物质的或精神的奖励(即俗称的"福利"),以诱导人们进一步产生互动。

社会学习:人们生活在一定的社会环境中,更多的行为并非一味机械地强化、模仿、激励产生,而是对情景和他人观察学习的结果,如交通行为、网络行为等。营销活动应充分考虑活动所形成的情景效应,用"场景"关照、联系到个人,让其感受到"这件事与我有关",以积极的方式、手段促使人们积极参加互动,并在活动进行过程中及时发布活动进度或对某些活动规则进行解释说明,都有助于人们理解活动。

3.符号互动论

以米德为代表的符号互动学派认为人是"互动着"的个体,人们在互动中产生"意义",也就是说,人们之所以采取某种行为,是因为这种行为或行为的对象对人具有某种符号意义。从这个角度来说,营销活动要让特定的个体或群体采取行动来互动,这个活动必须对行动者来说有某方面的意义。如一些大学生去参加"中国好声音"节目的海选活动,不仅仅是因为这个活动本身有广泛的社会影响,更重要的是参加活动能够以外在活动来证明自己的个人内在认同。

4.其他行为模式

从众:从众指个人在观念或行为上倾向于与大多数人保持一致的现象。从众的原因往往是由于群体的引导或群体压力,也就是说,从众是作为个体的人适应社会生活的一种方式,保持与情景中大多数人一致的言行能够产生归属感和认同感。广告和其他营销活动正是通过人为地塑造"时尚范儿"和"流行"去影响人们对穿着打扮的审美,从这个意义上说,"赶时髦"就是一种从众的表现。还有一些商家在设计营销活动时,往往会借助一些"托儿"营造出大量人群参与的假象,让一些不明就里的人不知不觉地参与、融入活动之中。当然,这种做法有一定的欺骗性,不值得提倡和推广,正确的做法应该是设计鼓励人们参与的活动规则或设计人们喜闻乐见的活动形式,参加的人多了,自然就能对一些不太主动的人产生从众影响。"团购"就是从众心理的一种应用。

服从:服从是指在支配关系存在的前提下,被支配者对支配者发出的命令、请求、邀请、号召表示同意的现象。营销活动中,营销人员与消费者或受众之间不存在支配关系,但是可以借助一些权威人士(如名人、明星或其他关键意见领袖)的影响力实现消费者的服从。

"登门槛效应":"登门槛效应"是一种渐进性的策略,即"先登堂,再入室",是指为了得到一个较大的回应,不会急于求成,而是先提出一个较小的要求,在得到对方的首肯之后,再进一步提出较大的要求,最终实现较大要求的接受和回应。在营销活动的设计过程中,如果活动程序较为烦琐、参与比较麻烦,可以把活动分为几个步骤进行,先由简单的行为或丰厚的利益入手,然后逐渐增加难度或减少利益,慢慢套牢、锁定目标对象后,再展开进一步活动。

5.社会学的观点

社会学家主要关注人们的社会行为和活动如何受到社会结构和社会文化的影响。此处主要介绍韦伯和布尔迪厄的相关观点在营销活动中的应用。

马克斯·韦伯(Max Weber)把人们的社会活动分为四种类型:目的理性型、价值理性型、情感型和传统型[1]。目的理性型活动也称"工具理性型活动",是活动主体通过对环境和条件的理性计算,达到自身所追求目的的活动;价值理性型活动是通过有意识地坚信某些特定行为——伦理的、审美的、宗教的或其他任何形式实现自身价值,无关乎能否成功,纯由其信仰所决定的行动;情感型活动通常表现为为情绪左右,往往通过当下的情感和感觉状态决定自己的行动;传统型活动则是受根深蒂固的习惯决定而采取的行动。

---

[1]马克斯·韦伯:《社会学的基本概念》,顾忠华译,广西师范大学出版社,2005,第31-32页。

皮埃尔·布尔迪厄（Pierre Bourdieu）认为"场域"和"习性"是影响人们的社会关键因素。场域（field）是指社会结构所构成的空间，是"位置之间客观关系的网络或图式"[1]；习性（或译为"惯习"）是社会知识和社会经验的内化，又反过来塑造个体的行为，所以"习性是一种被结构的结构"[2]。因此，营造消费的场景和氛围、迎合人们的价值观念、满足人们的情感需求以及引导人们形成消费习惯是营销活动成功与否的关键。

6.人性的弱点

营销活动利用人性的一些弱点，如崇拜权威、喜新厌旧、趋利避害、好逸恶劳等，可以得到很好的行为反应。

崇拜权威：权威是建立信任的前提之一，权威就意味着具有专业性和可靠性。营销活动可以通过权威的信息来源、权威专家和权威机构认证等方式来建立消费者对品牌的信任，利用人们崇拜权威的心理来驱使人们产生行动。专家证言、名人代言和明星带货都属于利用人们的崇拜权威心理的营销活动。

喜新厌旧：在日常生活中一成不变的事物可能会让人有些厌烦，因此人们普遍喜欢新鲜事物，新鲜事物代表着热情和新的价值。营销活动通过创新来创造新的事物或新的概念，吸引人们的关注和行为。如曾经风行一时的饥饿营销、众筹营销和"盲盒"营销都是利用人们的喜新厌旧心理，当这些方法一旦泛滥，就慢慢失去新鲜感，效果就会大打折扣。

趋利避害：出于安全的考虑，人们普遍都有趋向能够获得好处、远离可能存在危险的心理动机，营销活动利用人们的这种心理，通过给予好处或购买产品可以"防患于未然"来鼓励人们购买产品。

好逸恶劳：人们都有喜欢安逸、不喜欢折腾的心理趋向，营销活动利用一些简单的或回报丰厚的行为作为"诱饵"，引诱人们参与到活动中来（参见前文"登门槛效应"）。

贪婪：利用人们贪吃、贪色、贪财以及贪图名利的心理开展营销活动，如免费产品、免费试用、奖励、返现、折扣等促销活动都是利用人们的贪婪心理。

情欲：即人们常说的"七情六欲"，营销活动利用人们的情绪、情感和欲望来达成销售目的，如娱乐营销、性感广告、恐惧诉求等，又如互动话题则是利用人们的表达欲来激发人们参与到营销活动中。

虚荣：虚荣或"要面子"是人们出于自尊需要的一种心理。营销活动中的奢侈品或高端产品的开发、VIP会员营销、抢购"豹子号码"[3]等都是利用人们的虚荣心理来实现

---

[1]戴维·斯沃茨：《文化与权力：布尔迪厄的社会学》，陶东风译，上海译文出版社，2012，第136页。
[2]同上，第119页。
[3]源自扑克游戏的一种说法，指重复数字的号码，如"666""8888""999"等，常用于手机号码或车牌号码。——作者注

营销目的的。

三、互动策略

创意营销的双向沟通或多维沟通属性决定了营销活动必须采取互动的方式。互动主要表现为如下几个方面。

1.对等

对等包括身份对等和信息对等两个方面。身份对等就是活动发起者或主办方要用平等的姿态与受众沟通，应该站在消费者的角色立场去考虑问题，甚至有时候还要放低姿态以谦虚乃至"耍贱卖萌"的方式赢得消费者的好感。但要注意，营销活动是一种价值交换活动，不是乞讨或者施舍，过高或过低的姿态都不利于信息交流。信息对等即活动主办方要做到信息公开透明，信息不公开、不透明容易引起猜疑和反感；另外，要有健全的信息反馈机制和充足的信息反馈渠道，保证消费者也有权利和机会来产生对话。

2.交互

交互是指持续不断的沟通，营销活动的交互不应该只局限在品牌方和活动参与者之间，还应该包括活动参与者之间。因此，营销活动要设计良好的沟通机制，保证潜在消费者与品牌方之间的沟通，还要激发活动参与者之间的互动，如众筹、拼购等就强调参与者之间的互动。

3.激发行为

营销活动的目的是激发消费者与"交易"相关的行为，如对商品、品牌或品牌所有者的关注，对营销内容做出的行为反应（如浏览、点赞、讨论和分享等），对营销活动做出的反应（参与、购买、分享和评论等），因此所有的营销活动都应该有一个互动机制，以激发消费者的行为。

4.对话：保证双向沟通

平等沟通：与传统的大众传播媒介相比，互联网最大的特征就是"信息平权"——每个人都可以发出自己的声音；买家和卖家也是一种对等的平等关系。

渠道双向通畅：要保证双向沟通，必须有畅通的双向沟通渠道，互联网新媒体平台也是围绕这一目标搭建的。企业组织作为营销活动的主体，应该主动传播信息，并对客户的反馈信息进行及时处理和回复。

信息交换：信息交换是人们维持彼此互信并进一步发展良好关系的基础。营销活动是价值交换活动，价值交换的前提是信息交换，只有交易双方都互相了解对方，才能增加互信，为后续的价值交换构筑信任基础。传统的大众传播媒介是单向地传递信息，而新媒体平台则能保证双方进行信息交换。

价值共享：营销活动是基于信息平等的价值共享，给客户提供超值服务的同时，企业组织也实现自己的价值。

5.体验：营造良好的活动氛围

良好的活动氛围可以给人们带来愉悦、欢快的感觉，给人们留下美好的回忆、开启美好生活的启示，这些美好的体验会通过活动的互动转化到品牌上，从而改善人们对品牌的看法。希思兄弟（Chip Heath, Dan Heath）认为良好的体验取决于"欣喜""认知""荣耀"和"连接"四个因素[1]。从营销活动层面来解读，"欣喜"是指活动要有新意，给人"眼前一亮"的惊喜；"认知"是指要让人们在活动中有所感悟，获得关于世界、人生或情感方面的认知；"荣耀"指活动的设计要让人们感受到有所收获或被尊崇的"荣耀时刻"；"连接"则指人与人之间的联系，营销活动要让人们能够把自己的"欣喜"和"荣耀"与他人分享。

四、整合策略

如果采用多个活动，那营销活动之间的整合是必须的。活动整合的基本目的就是使活动成为一个整体。活动整合包含两个层面。

1.浅层次整合

具备浅层次整合的各个活动之间的关系不是很紧密，但仍有一些关联性或共同特征。浅层次整合包含两种形式，一是活动的名称或主题具有一定的关联性和延续性，或围绕总的营销主题展开；二是各个不同的活动在活动形式、活动风格或活动流程上保持相同识别要素。

2.深层次整合

具备深层次整合的各个活动之间遵循某种内在的联系，即按照一定的内在逻辑线索把一系列活动组织在一起，以产生持续性、跟进性的效果，如根据"知名—了解—试用—购买—复购—分享"等营销效果的递进关系来整合不同的活动，也可以把不同阶段的活动按照"曝光活动—种草活动—拉新活动—增量活动—裂变活动"的内在逻辑来组织；还可以根据活动的不同性质或不同形式来组织不同阶段的活动，如三个阶段的活动可以按照"话题热度—互动参与—行动激励"的方式来组合。（活动整合是战略整合的一部分，详见第十一章第二节"战略整合"）

---

[1]奇普·希思、丹·希思：《行为设计学：打造峰值体验》，靳婷婷译，中信出版社，2018，第12-14页。

五、增长策略

营销活动对成本效率的追求决定了营销活动必须是建立在能为企业带来各种增长之上的，如用户的增长、销量的增长以及品牌影响力的增长。其中，品牌影响力的增长通常是长期的且不明显的；在数据化背景下，最直观的增长就是用户的增长和销量的增长，二者是一种正相关的关系，用户的增长必然带来销量的增长，销量的增长必然带来用户收益的增长。因此，用户的增长是营销活动中的关键因素，用户的增长主要包含如下几个方面。

1.用户数量增长

当前，获取新客户需要较高的成本，这是一个普遍的营销难题。营销活动通过设置"诱饵"，以物质或精神的利益来引诱、激发各个渠道的普通用户变成本品牌的各级不同社交账号的关注者或品牌各渠道的用户，来实现用户数量增长的目标。

2.用户活跃度增长

在用户数量增长的基础之上，通过持续性的营销活动输出和建立品牌社群来激励用户的活跃度增长，常见的活动方式是通过节事活动、长期回馈机制、会员激励机制和用户共创计划等让活跃用户（高等级会员）享受到品牌带来的各种优惠和便利。

3.用户留存增长

在激烈的营销竞争中，竞争对手会通过各种措施来"挖墙脚"，如果不采取积极的防御措施，容易造成品牌既有用户的流失，可以通过提供长期的用户利益或某些持续性的活动运营来保证用户的长期留存。如汽车厂商会在用户购买汽车后的第6~8年提供用户换新计划，鼓励用户购买更高级的车型，然后以高出一般二手市场价格的金额提供旧车回收补贴，补贴款可用于抵扣部分新车购买费用，以保证用户留存；苹果公司也有类似的机制激励老用户更换新手机。

4.用户收益的增长

传统的营销理论认为，维护忠实客户比获得新客户更加容易，相对成本也较低。营销活动常常使用奖励和赠送来激发忠诚用户的重复购买率，还有一些企业通过提供增值服务（如手机的"电池延保""碎屏险"等）来增加用户的贡献率，实现企业利润的增长。

第三节　活动创意执行

一、明确活动的目的

1.搜集数据

通过一些带"福利"性质的活动，如优惠券、红包、折扣等，可以让新客户成为注册会员，注册的时候就建立了顾客的基础数据；另外，针对老客户，每次活动都会有新的数据产生，如收藏、浏览、点击、加购（加入购物车）等，可以形成新的行为数据。

2.信息告知

一些营销活动的主要目的就是信息告知，即通过短信、社交媒体或广告等形式告诉人们某个品牌的相关信息，既包括产品属性、功能、利益方面的信息，也包括一些促销活动的信息，如开业庆典、周年庆典、新品促销等。

3.激励参与（促活）

用户的参与程度往往也是活动效果的重要考察因素。营销活动通常通过物质或精神奖励来激发用户的竞争意识，促使他们参与到活动中来，这样也在一定程度上促进了用户活跃度的提升。

4.形成互动

客户关系的维系需要通过厂商和客户之间的不断互动，而在互动过程中也能增进客户对品牌的了解，培养客户与品牌的情感，最终实现品牌忠诚。

5.达成交易（增加收入）

营销的最终目的是销售产品，因此营销活动最终的目的就是实现交易关系，即客户购买或重复购买产品。

6.维系关系

在所有的品牌关系中，忠诚关系是最重要的，因为忠诚是重复消费的前提，忠诚意味着较低的运营成本和较高的利润收益，因此维持稳定的品牌忠诚关系是营销活动的重点。

营销活动常用的目标如表 9-4 所示。

表 9-4 营销活动常用的目标

目标	说明	相关手段举例
口碑	通过让利活动在社交平台、导购平台和电商平台的推广，让人们感觉可以"薅羊毛"	双十一、618大促等
圈粉	通过活动的趣味性引发社交平台和电商平台上的用户关注，增加"粉丝"数量	有趣的话题互动或好玩的营销活动
拉新/获客	通过活动激励获取新的用户，或把粉丝转化为用户，收集其基础数据，如用户名、电话号码、社交账号等	粉丝福利、注册有礼
促活	通过活动促进用户或粉丝的活跃度，以收集更多的行为数据	定期活动、节事活动等
互动	通过一些趣味形式保持与消费者的沟通和接触，从而实现留存客户、增加用户活跃度以及收集新的行为数据的目的	限时折扣、免费产品、竞赛、投票、红包、互动游戏等
裂变	激励既有粉丝或用户邀请新粉丝或新用户加入，实现粉丝数或用户数的增长	拼购、团购、助力、拉新有礼等
交易	通过各种促销手段促成产品或服务的交易，以扩大销量，提升经营业绩	奖励、回扣、返现、折扣等
体验	通过营造活动氛围，提升服务质量，改善品牌形象，改善与用户的关系，维持忠诚度	线下体验店、品牌试用、人际销售等

二、激励互动

根据人们在相互作用中的卷入程度，可以把互动分为浅度互动、中度互动和深度互动三个层次。浅度互动往往表现为人们在共同兴趣爱好方面的互动；中度互动表现为人们为了得到某些利益而形成的交互关系；深度互动则是基于人们有了共同的情感体验。

营销活动要能够激发人们参与和互动，需要满足从浅到深的互动规律。主要的互动激励策略有口头互动、体能互动和情感互动三类。

1.浅度互动：内容或话题互动

通过在新媒体平台输出内容或设置话题，引发人们的关注，从而把注意力转移到产品或品牌上来。内容或话题互动是一种只需要人们"动口"（或键盘输入）参与评论或讨论的互动方式，属于互动的较浅的层次。主要的方法有趣味内容、设问、悬赏和价值观探讨等。

趣味内容：内容激发人们对某些问题的好奇心，从而达到引起关注、完成"种草"的目的。可以针对目标受众的兴趣爱好，设计能够激发他们好奇心的内容或话题。

设问：留下一些发人深思的问题，激发人们讨论或解答。常见于知识平台（如知乎、悟空问答、百度知道等），也可通过社交媒体平台或 vlog 平台发布。

悬赏：以某种高价值利益激发人们参与某些活动，如东莞观音山景区在各大媒体和社交平台发布信息称悬赏108万元征集下联，上联是"观音山上观山水"，一时间大部分内容平台都在讨论这个话题。

价值观探讨：利用人们的价值观不同，设置话题，引发矛盾或争论。相同的价值观是人们获得共鸣和认同的关键。

2.中度互动：利益互动

中度互动是基于利益的互动卷入方式。通过触发器（trigger）的设置和应用激发人们参与活动。主要的触发器有"诱饵"、限时、限量（稀缺资源）、竞争意识、竞技、公益、投资等。

"诱饵"：也称"福利"，在电商平台或其他渠道开展一些对消费者或客户来说有价值或好处的活动，如发红包、免费赠送产品、商品让利（优惠券、返现、折扣）等。"福利"的设置通常会有一定的条件，如限时、限定身份、限定地区、限定连续"签到"天数等。

限时：营销活动设置一定的时间限制，让人们感觉"错过这村就没这个店"了，激发目标群体的参与动机。如有些活动的文案会写"错过再等一年"以营造活动机会的来之不易。时间限制常常和"福利"结合在一起使用。

限量（稀缺资源）：营销活动中常用"自然资源稀少""工艺复杂""生产难度大"等标签营造稀缺感，让人们感到"抢到就是赚到"。

竞争意识：通过活动机制的设置激发人们的竞争意识。如"先到先得""率先完成任务可获得奖励""别人都在抢了，你为什么还不行动"。

竞技：通过设置一些智力、技能或体能的活动，如猜谜、小游戏、拼手速、比耐力等，只有优胜者才能获得某种奖励。对于某些具有一技之长的人来说，能够通过自己的技能获得一些额外好处的活动，还是具有诱惑力的。

公益：基于公众利益的互动。营销活动的目的是让人们参与一些有益于环境保护或其他有益于人类社会发展的活动，在激发人们社会道德的同时，也增强人们对品牌责任意识的认知，从而加强对品牌的好感，如支付宝的"蚂蚁森林"活动，号召人们通过绿色出行、绿色消费积攒"能量"，"云参与"沙漠地区的植树造林活动。

投资：把活动和长远的利益结合起来，并通过一种约定的方式把消费者和营销活动"绑定"在一起，让参与者有一种每次都是在投资的感觉。如把"福利"分成若干份定期发放，但需要一定的互动次数方可获得；或要求参与者每日积攒一定数量的"能量""金币"或其他凭证，最终可获取某种价值奖励。

常见的营销活动"触发器"如表9-5所示。

表 9-5 常见的营销活动"触发器"

互动方式	说明	手段举例
让利	通过促销给客户实惠,获取更多的成本收益	免费产品、"粉丝价"、红包、优惠券、代金券
画饼	通过远景规划给人们长期利益诱惑,许以未来的某种增值	收藏票据、股票、债券、退休金、期权、产权等
希望	利用概率事件给人们获得某种好处的机会	抽奖(周周乐)、累积兑换(攒汽油)
新鲜	利用人们的好奇和喜新厌旧心理,创造或借用新鲜事物让人们尝试新鲜事物	众筹、小游戏、盲盒、拼购等新玩法
热闹	利用人们的从众心理,让人们看到热烈的场景,激发情绪,鼓舞人们不由自主地参与其中	宣泄活动、刷话题、刷好评、刷单
便捷	让人们感觉事情简单易行,一蹴而就或一劳永逸	"动动手指"
公益	利用人们回报社会、奉献社会的心理,让人们与品牌一起做公益	蚂蚁森林
尊崇	给人们以被认同、被尊重、被宠爱的感觉	社群服务、贵宾服务、一对一服务
切身相关	与目标受众的切身利益相关	健康、安全、保险(相护宝)

3.深度互动:情感互动

尊贵身份:所谓"尊贵身份"其实是利用人们的虚荣心和炫耀心理,营造社会资源的稀缺性,宣称参与活动可以给目标客户带来一定的尊贵社会身份,让人们感觉到自己与他人不一样,从而达到满足人们被认同、被尊崇的心理。

体验/共创:通过营造环境氛围,打造良好的体验场景,塑造良好的用户体验,从而达到"种草"或现场交易的目的。营销活动与文化活动相结合,就是通过一些文化仪式让人们感受和体验文化带来的精神享受,从而增加人们对品牌的认同。

情感体验:由于社会节奏的加快,人们之间的情感联系会减少,活动可以增加人们之间的情感联系和情感体验,如友情活动、亲子活动、情侣活动、尊老活动等。

三、营销活动的价值转化

营销活动的目的是创造传播价值(文化价值或意义)、工具价值和经济价值,基本的逻辑是把传播价值、工具价值转化成经济价值,或促进经济价值的增长。所以需要把公众对品牌的关注、理解和信任转化成持续行动的动因,或付出较小的成本获取更大、更长远的收益。

1.注意力转化

营销活动的意义之一在于激发人们的行为(如驻足、参与、购买等),因此营销活动需要把人们对营销的注意力转化为行动力。

首先，营销活动需要和营销内容进行整合，把通过营销内容获取的"曝光"或"注意力"转化为促使人们产生行动的动因，基础的做法是把营销内容指向营销活动或与营销活动产生某些关联。

其次，一些本身就带有"吸睛"效果的营销活动（如互动话题和节事活动）不能只停留在引起人们关注的层面，还需要通过活动"触发"机制或活动流程（如设置互动环节）的安排，直接引导人们参与到活动中来。

2.欲望转化

营销内容或营销活动通常能勾起消费者对品牌或产品的欲望，但欲望只是行动产生的必要不充分条件，还会受到很多因素的限制，如产品的高定价、对新产品的认知不足、产品的负面评价等都会使人们产生观望心理。营销活动需要在欲望的基础上通过让利、品质保证、售后保证、（名人、网红或普通消费者的）证言等方式降低人们的购买风险、消除人们的负面认知，实现欲望到经济价值的转化。

3.成本转化

从财务层面看，客户的开发和维系符合边际效应。获取新客户的成本往往要比维持忠诚顾客的成本高很多，因为把一个陌生人变为一个品牌的粉丝或产品的用户，需要一定的时间周期，需要付出一定的传播成本或促销成本；而对于既有忠诚客户来说，促使他们再次购买产品所需要付出的成本相对要少得多，因此维持顾客忠诚度比获取新的客户更容易。另外，不同营销活动的相对成本（即花费在每个目标用户身上的费用）是不一样的，相对来说公关活动、事件营销的相对成本较低，而促销活动的相对成本较高。

营销活动往往通过创意和整合来实现更高的成本效率。创意通过一种"以小搏大"的智慧，实现小成本到大价值的转化；整合则是强调资源的共享，以及资源在不同用户和不同营销活动上的合理分配。比如，营销活动可以采取一种化整为零的方式，把营销活动成本转化为碎片式的消费者行为目标，让消费者通过参与数字劳作来实现成本向更高价值转化，如参与者通过完成一定数量的浏览广告、参与游戏、转发推广内容以及其他互动方式就能直接获取活动收益；还可以把营销活动成本转化成一种长期的行为目标，参与者需要长期坚持才能获得相应的活动收益。

4.工具转化

工具的基本效用就是简单高效，各种工具都有各自的使用场景和各自擅长的"绝活"，如螺丝起子"擅长"拧紧或拧松各种螺丝钉，电钻善于打孔，等等。各种营销工具也一样，也有各自的使用场景和绝活，如公关活动和事件营销善于获得关注、赢得"粉丝"（开拓新客户），奖励能使人们更多地购买产品（达成销量）或维系顾客忠诚度（提升关系），返现能促使人们提高购买金额（达成销售额），等等。

营销活动也可以看作是各种营销工具（手段）的单独或组合运用，实现从工具到价值的转换。

5.社群转化

营销活动可以利用人们在消费过程中的情绪、情感体验，实现情感价值的转化。营销活动利用新媒体的社群功能，把吸引到的品牌关注者（"粉丝"）转化为社群成员，通过社群的经营创造更大的价值。

社群经营往往是先通过一些利益（"福利"）或活动的安排，让人们产生共同的目标，让松散的"粉丝"群体聚集到一起，完成从非正式群体到正式群体的转变；再通过一些价值共创活动，如团购活动、拼购活动或公益活动等，让社群成员通过共同的经历和体验形成情感联系，从而获得一种归属感，最终产生凝聚力。值得一提的是，社群的公益活动，不仅能获得更好的社群凝聚力，还能使企业获得更佳的声誉，同时也能创造一定的社会公共价值。

社群经营是一种基于"长尾"的考量，稳固的社群能够带来源源不断的价值贡献，从而实现可持续的价值转化。

四、营销活动的整合

整合的目的是向人们传达清晰一致的信息，构筑统一的品牌形象，实现持久的品牌关系，因此同一战略之下的各种活动之间需要进行整合。常见的整合形式有职能上的整合、时间上的整合和空间上的整合。

1.分众整合：职能上的整合

分众整合即营销活动在不同职能上的整合。不同的消费者群体需要设定不同的营销目标并设计不同的营销活动，不同的营销活动往往又具备不同的营销职能，这些不同职能能够互为补充、相互促进，满足不同的营销目标。如话题营销活动或事件营销活动能够针对普通大众产生曝光度或流量；公共关系活动则能够维护或改善品牌在公众中的形象；内容运营或口碑营销活动能带来新的品牌关注者或社群粉丝；促销活动或直播带货活动能够促进粉丝或既有用户的购买行为，带来成交量；情感互动活动能维护既有顾客或用户的忠诚度。

在活动的安排、布局上应该根据营销战略去整合不同的活动，使营销活动形式更加丰富，满足不同特征消费者的互动需要。

2.流程整合：时间上的整合

流程整合即营销活动在不同时间上的整合，指不同阶段或不同环节的营销活动在内在逻辑和外在形式上要实现整合，在流程上要遵循营销活动的规律。

首先是内在逻辑的整合，即后续活动应该建立在先期活动的基础上，进一步完成对先期活动的延续、完善或升华，如先期活动以"圈粉"为主，其后续活动则也应该在已获得粉丝的基础上开展，通过"促活"和"带货"等完成一个营销闭环。

其次是外在形式上的整合，一方面是不同阶段或不同环节的所有营销活动都需要基于同一个战略概念。每个营销活动的主题都可以看作是战略主题的子主题或分主题，在主题词或关键词层面应该与战略主题的关键词保持一致。另一方面是不同阶段或不同环节的所有营销活动都要保持话语风格、视觉风格和行事风格的一致性。

3.场景整合：空间上的整合

场景整合及营销活动在不同空间上的整合。分布于不同市场、不同场所或不同平台的活动需要建立某种内在的逻辑关系，以实现跨市场、跨区域、跨媒介的互动。场景整合的内在逻辑关系主要有并列式和递进式两种。

并列式：不同市场、不同场所或不同平台的活动之间是一种平等的并列关系，这些活动同时作用可以给人们一种"全面开花"和"铺天盖地"的感觉，也便于人们在不同的"情景-心境"下对活动进行认知、理解和参与。

递进式：把一系列活动或同一活动的不同环节置于不同市场、不同渠道或不同场景来开展，以便促成跨市场、跨区域、跨渠道的场景整合。

和流程整合一样，营销活动在场景上的整合也需要进行外在形式上的整合，保证各活动的主题关键词和活动风格统一。

五、营销活动的创意执行

1.主题鲜明醒目

营销活动的主题是营销活动的首要吸引力因素，每一个营销活动的主题都需要有一定的口号性，才能吸引人们的注意力；还需要具备清晰的利益诉求和行动导向，以产生行动号召力。另外，营销活动的主题还需要与战略主题整合，才能保证战略的整合性。

2.目标明确

营销活动切忌为活动而活动，即只强调投入而不强调产出，因此每一个营销活动要设定明确的、产出导向的和可评估的目标。在数字化条件下，目标通常用KPI（关键绩效指标）来表示，KPI可能包含行为目标和态度目标，也就是希望活动开展后人们采取什么样的行为,以及活动结束后人们的认知发生什么样的变化。

3.可操作性

营销活动不能纸上谈兵,需要具备可操作性。可操作性主要表现为如下四个方面。

第一,活动要有针对性,针对具体的场景和对象。

第二,活动流程要清晰,要有具体的操作步骤指示。

第三,活动细节要到位,比如物料的设计和制作都要简单易行,场地的布置、人员的安排以及设备的管理和维护都要落实到人,等等。

第四,活动应有较好的成本效率,能带来确切的价值增长,如用户数量、用户活跃度和产品成交量的增长。

4.安全可控

营销活动的每个步骤都应该是安全可控的,需要设定清晰的时空范围和确切的目标对象,以保证活动在可控制的范围内安全开展。通常可以通过活动预演及时发现和修补可能存在的漏洞;还需要在活动策划预案中设置备用的应急方案,以应变一些突发情况。

5.价值共创

营销活动不是简单地使己方获益的行为,而是一个价值共创的过程。因此,营销活动要与渠道(平台)、消费者三方形成利益共同体,要使渠道(平台)乐于推广,消费者乐于参与,最终都获得各自的价值。

六、影响活动的运营维护

1.活动运营

不同于传统的营销传播活动,新媒体的营销活动更注重一种长期的和持续的投入和运营,这就要求营销活动的开展必须是一种日常行为。在实践上,通常是基于"议程设置"理论,设定"营销活动日历",结合一些重要节日或事件进行营销活动安排。

2.活动数据运营

在大数据条件下,新媒体的营销活动更注重数据的运营。新媒体平台的数据是实时生成的,也是瞬息万变的,平台一般都会提供数据接口,以便进行实时的数据监视和数据操作,因此需要设置专人专岗来负责数据的运营和维护,及时处理有关信息,特别是异常的数据。此外,运营人员还需要周期性地(如每天、每周、每月)对数据进行复盘,提出针对性的解决措施或活动优化策略。

思 考

1. 传统的大众营销传播活动在今天是否依然有效？如果有效，它们是怎样运作的？
2. 如何保证人们对营销活动的参与热情？
3. 从品牌认知和活动影响的角度探讨"支付宝"的"蚂蚁森林"的活动成效如何？

第十章
营销渠道创意

> **导 读**
>
> 1. 新媒体营销使传统的销售渠道和传播渠道实现了融合,但各种层出不穷的新媒体渠道之间也需要进行整合。
> 2. 营销渠道的创意策略主要有把产品当作媒介、开发熟悉事物的新用途、进行社群营销、开发跨界新接触和跨媒介互动等。
> 3. 营销渠道创意的执行需要成立渠道运营组织、建立渠道矩阵、打造渠道业务场景、制订营销渠道计划。

第一节 对营销渠道的认知

一、认识营销渠道

1.营销渠道的概念

渠道的本义是指连通甲乙两地以提供水流的"沟渠",是水渠、通道的意思,引入工商领域之后成为流通领域的词汇,是指连接两端便于物资、资金和信息流动的通道,产品实物、产品或服务的所有权、销售资金、产品或服务信息以及促销信息等都是经由这个通道从一方向另一方转移。在传统的营销组合(4P's)策略中,渠道(place)是构成要素之一,通常指商品的流通路线,也就是产品或服务从原产地向售卖地运输、转移的各种通道,销售渠道除了输送产品或服务外,也是销售信息和销售资金的回流通道。

科特勒更强调渠道的组织属性,他认为"营销渠道(marketing channel)是促使产品或服务顺利地被使用或消费的一整套相互依存的组织。它们是产品或服务在生产环节之后所经历的一系列途径,终点是被最终使用者购买并消费。"[1]

企业的营销渠道可能是单一的,也可能是复杂的和复合的,复杂的或复合的渠道常常形成"营销网络"。营销渠道按照其功能可以分为销售渠道、运输渠道、服务渠道和传播渠道,也可简单分为销售渠道、流通渠道(运输和服务)和传播渠道。

销售渠道:也称"分销渠道",由各级中间商(批发商、零售商)和代理商组成,主要目的是帮助企业进行产品销售,他们是产品或服务的购买者,对企业来说是也是客户(costumer),同时也是产品或服务的受者。

流通渠道:也称"物流渠道",由为企业产品和服务提供运输、仓储、银行和保险等的服务机构组成,主要作用是把产品和服务向用户输送,即"运送价值"。

传播渠道:或称"沟通渠道",由为企业营销提供广告、公关、促销、直销等职能的机构所组成,主要的作用是帮助企业向消费者传递各种产品和服务的信息,即"传播价值"。

2.营销渠道的作用

销售渠道和流通渠道的主要作用是输送产品或服务,即把产品或服务从生产者输送给消费者,同时一些相关的销售信息也会伴随着产品一级一级地传递。此外,顾客的反馈意见和销售回笼资金也相应地逆产品流通渠道从消费者端返回生产者端。

作为传播渠道的媒介,其主要作用是职业化地传播信息,即通过一种中介的角度,把精心设计过的信息和专业美化过的品牌形象传递给大众。

从品牌资产的角度来看,不论是销售渠道还是传播渠道,都是维系客户关系的纽带。

3.渠道、媒介和平台

"渠道"和"媒介"两个概念具有高度的相似性。二者都有连通两个(或两个以上)主体的作用,都是沟通两个不同事物的中间通道,都具有中介属性。

营销渠道更多强调物资、资金或信息从主体甲方到主体乙方的流通通道;媒介作为信息渠道(或中介)则主要强调信息从主体甲方向主体乙方流动的流通渠道或中介,当媒介作为营销传播工具使用时(媒介还可以作为其他传播的工具,如政治、军事等),可以把它看作是一种营销传播的渠道(或中介)。

---

[1]菲利普·科特勒、凯文·莱恩·凯勒:《营销管理(第14版·全球版)》,中国人民大学出版社,2012,第452页。

传统广告业一般把营销传播渠道分为线上渠道（Above the Line, 简称 ATL）和线下渠道（Below the Line, 简称 BTL）两种。线上渠道是指在广告代理模式下，能收取 15% 代理佣金的传播媒介，如电视、广播、报纸、杂志和户外等媒介；线下渠道则指除线上渠道之外的其他传播媒介或沟通方式，如售点传播媒介、人际沟通途径（如会议、人员推销、电话、通信软件、电子邮件、短信）等。传统媒介渠道的分类如表 10-1 所示。

表 10-1 传统媒介渠道的分类

	电子媒介	平面媒介	人际媒介
线上媒介	广播、电视	报纸、杂志、户外（墙面、告示牌、楼体看板）	无
线下媒介	电影、录像、电话	书籍、交通（车体、道路看板）	销售会议、会展、人员推销

那么传统营销中的渠道和媒介（传播渠道）是一种什么关系呢？

第一，二者的内涵不同。渠道具有复合性和整合性，一个渠道常常可以跨越或经由不同属性的事物，如产品的流通渠道往往经由各级批发商、代理商、零售商、仓储和运输等；而媒介更多强调单一的中介事物，如电视是一种媒介。当然，一则信息的流通渠道也可能会经由多个媒介。

第二，二者的是一种包含与被包含的关系。从概念的大小来看，"渠道"所包含的意义比"媒介"大，渠道包含媒介；媒介是渠道的一种，可以看作是一种信息传递的渠道。媒介（传播渠道）和销售渠道都属于营销范畴内的渠道。

值得注意的是，在 PaaS（平台即服务）观念的影响下，如今基于大数据和云计算服务的信息化新媒介大都兼具营销渠道的各项功能，既是销售渠道也是传播渠道，甚至还是金融渠道。从营销的角度看，"媒体"或"平台"的说法已无法准确表达其内涵，故而统称为"渠道"。

二、新媒体时代的营销渠道

关于新媒体的概念，一直存在争议，一般认为新媒体指以互联网为基础诞生的各种媒介，但在互联网发展的不同时期，新媒介的概念也存在不同。故而可以把新媒体理解为一个动态的概念，如早期人们曾把数字化的传统媒体也曾被称作"新媒体"，如数字电视和数字户外媒体；而稍晚些又指相对于传统模拟媒体而言的新生媒介，如数字报刊、数字广播电视、手机短信、移动电视、互联网、数字电影、触摸媒体、移动网络等；当前的"新媒体"更多指基于信息技术创新而出现的媒体，具有交互性、即时性、海量性、共享性、多媒体、超文本、个性化与社群化等特点。为表述方便，以下将它们分为数字化新媒体（强调数字属性）和新媒体平台（强调平台属性）两类来阐述。

1.数字化新媒体

数字化指便于计算机处理，而把媒介信息转换成容易被计算机识别和处理的数字信号或数字符码的过程，如数码相机就是把摄影的照片从胶片变成 JPG 或 RAW 等格式的数字照片。

当传统媒体转向数字化之后，人们把数字化的传统媒体和当时出现的移动数字化媒体统称为数字化新媒体。数字化新媒介的类别，如表 10-2 所示。

表 10-2 数字化新媒介的类别

类别	类型
数字化传统媒体	数字广播、数字电视、数字报刊、数字户外显示屏、电子书、数字电影等
互联网媒体	门户网站、企业网站、博客、论坛、社区、电子公告牌、电子邮件、电商网站等
移动数字化媒体	车载电视、手机短信、WAP 网站等
场景数字化媒体	多媒体展台、数字户外屏、楼宇内（含电梯）数字广告牌、数字化交通显示屏（含车体内外、站点内外、交通路线沿线设置的屏幕）等

2.新媒体平台

新媒体具有媒介属性，但又不仅仅是媒介，更多是各种渠道汇集的一个平台，因此现在人们大多把它们称为"平台"——与传统的媒介相比，除了具备一般的信息沟通功能之外，新媒体平台还具有更多的新特性。

平台属性：平台就是基于某种功能或某个标准而建设的应用，各种数据和关系是在平台运营的过程中产生的，比如微信，本来只是提供了一种简便的即时通信功能，而一切人与人之间的内容（如朋友圈）和关系（如相互关注、群组等）都是在此基础上产生的。

信息化、对等化和互动化：作为信息化的产物，其本身就是为信息而生的，计算和网络通信是其本质属性，因此，新媒体平台一般具备基础的数字属性和网状结构，用户在平台上的使用"痕迹"会以数据的方式存在；同时，大多数的新媒体应用都会鼓励人们在平台上进行社交行为。基于互联网的连接属性，任何两个主体之间的信息是对等的，一般不存在自上而下的控制或干预，因此与传统媒体相比，每个用户可能都是传播的主体，都有可能是授者或受者，从传播的角度来说，他们的身份是平等的（当然，从社会学角度来看，社交媒体也会出现所谓的"圈层"）。基于这一平等关系，人们在新媒体上可以产生更多的对话和互动。

程序化、自动化和智能化：基于信息化的特征，每个新媒体平台都是一个场景应用——

> **旧媒介、新媒介和新新媒介**
>
> 旧媒介(old media)指互联网诞生之前的一切媒介，它们是空间和时间定位不变的媒介。如书籍、报刊、广播、电视、电话、电影等。旧媒介的突出特征是自上而下地控制、专业人士生产。
>
> 新媒介(new media)指互联网上的第一代媒介，滥觞于20世纪90年代中期，使用者在方便的时间去使用，想用就用，新媒介的例子有电子邮件、亚马逊网上书店、iTunes播放器、报刊的网络版、网上留言板、聊天室等。
>
> 新新媒介(new new media)指互联网上的第二代媒介，滥觞于20世纪末，兴盛于21世纪，例子有博客网、维基网、"第二人生"、聚友网、脸谱网、播客网、掘客网、优视网、推特网等。其界定性特征和原理是：①其消费者都是生产者；②其生产者多半是非专业人士；③个人能选择适合自己才能和兴趣的新新媒介去表达和出版；④新新媒介一般免费，付钱不是必需的；⑤新新媒介之间的关系既互相竞争，又互相促进；⑥新新媒介的服务功能胜过搜索引擎和电子邮件；⑦新新媒介没有自上而下的控制和守门人；⑧新新媒介使人人成为出版人、制作人和促销人。
>
> 资料来源：保罗·莱文森.新新媒介[M]. 何道宽,译.上海:复旦大学出版社,2011.

存在某种用户需求的利基，更本质地说，它们都是一个个程序。程序通常都已经设置好某些步骤和流程，比如大部分新媒体平台都能自动完成用户的数据收集和整理，自动给用户提供信息反馈等。如今在人工智能的加持下，大部分的新媒体平台都能智能地给用户提供更加人性化的服务，如根据用户的日常活动规律在适当的时间给用户作提醒，根据用户的阅读习惯给用户推荐他们感兴趣的阅读内容，根据用户的购买行为给用户推荐产品，等等。

用户身份明确：与传统媒介受众和早期PC互联网用户的"匿名性"相比，新媒体平台的用户大都具有明确的身份——某个注册用户（ID）或某个确定的设备（PC互联网时代可能有明确的设备IP地址，却未必有明确的用户身份）。在移动互联时代，新媒体平台一般都会要求用户先注册再使用，而且通常要求使用手机号码（而不是电子邮箱）作为注册身份凭证，而我国的手机号码是"实名认证"的，加上大数据的支持，每一个新媒体使用者都是明确的某个人（尽管他可能通过不同的终端设备登录平台）。

海量用户和大数据整合：一些影响力大的平台拥有数以亿计的用户，并沉淀了规模庞大的用户数据，如微信、支付宝、淘宝；部分平台之间还能把用户数据打通，形成数据整合，如微信和京东。这些数据为营销的各项决策提供了非常重要的依据。

多渠道属性：内容、社交、电商三位一体。大部分新媒体平台都有自己在某一方面的特长,在不断的进化过程中往往都会朝着内容、社交、电商三者功能均衡的方向发展。如微信本来是以社交见长,但在社交成熟之后,逐步产生了朋友圈、公众号(订阅号)、视频号等内容功能,而且还和京东商城打通,完善了电商功能;又如淘宝和京东,本身以电商见长,近年来也逐步发展内容和社交功能;再如抖音,主要以内容见长,但当内容有了一定的影响力之后,又开始让人们产生社交互动,并开始直播带货。内容、社交和电商是一个接近完美的商业模式闭合(加上金融之后会更完美,但出于对资金安全方面的考虑,国家对互联网金融的监管较为严格,能拿到互联网金融牌照的公司较为有限),内容可以吸引人们的注意力,社交可以把人们连接和聚集起来,电商则可以直接让人们购物,三者功能完善的意义在于,社交和内容终于可以直接实现其经济价值。

免费:大多数新媒体平台对使用者来说都是免费的(当然一些视频网站会收取会员费),营销者注册新媒体平台账号可以免费地发布营销信息。这也就是所谓"互联网红利"之一(另一个"红利"是用户数量多)。

实时、速度快:在光纤通信和不断进化的移动网络技术(5G也需要光纤传输支持)支持下,新媒体的用户信息都是实时的(尽管创作者发出信息的时间与受众的阅读时间可能不一致)。

3.新媒体营销渠道的分类

(1)依照功能划分:社交渠道、内容渠道和生活服务渠道

社交渠道:大众传播媒介威力不再之后,社交媒介渠道成为重要的营销渠道,营销者利用社交媒体连接人、聚集人的属性,来连接、聚集用户,因此社群营销成为效率较高的营销方式。

内容渠道:内容渠道的范畴较为广泛,如新闻、视频、游戏、知识和问答、音乐和音频等应用,内容渠道在营销上的运用,主要是产生吸引力。当传统的大众传播广告的效率(费效比)逐年下降后,内容营销逐渐成为新的营销传播方式。

生活服务渠道:是指那些为人们提供生活便利的渠道,常见的如电商渠道、金融理财渠道和LBS渠道等。

电商即电子商务,广义的电子商务其范畴具有一定的广泛性,但目前人们提到的电商主要集中在B2B、B2C或C2C的范畴。电商渠道一开始主要是作为传统销售渠道的补充,但后来以其便利性逐渐成为一些行业主流的销售和传播渠道。

随着互联网金融和移动支付的普遍化,电子金融和电商营销的结合给交易过程带来了极大的便利。如今一些金融理财渠道已经发展成为单独的平台,如支付宝、财付通和京东金融。

LBS(location-based service)即基于位置的服务,位置服务与营销的结合主要体现在交易的本地化、口碑、外卖、社区电商、共享交通工具等服务都有赖于LBS来实现。

（2）依照所有权划分：自有渠道、公共渠道和借用（租用）渠道

自有渠道是指企业在长期的经营过程中建立的渠道，包括企业自己创建的物流、仓储、各级分销机构（如销售分公司或销售部门）、电子商务平台以及企业官方网站（含WAP站点和mini-site）、官方App、企业内网和企业在其他社交媒体上建立的自媒体账号等。

公共渠道是指具有公共属性的新媒体渠道，通常具有很大的知名度和广泛的用户数量，可以通过付费或非付费形式获得展示或销售的机会，如数字化大众传媒、搜索引擎、网络社区、社交网站和内容聚合平台。

借用（租用）渠道是指企业借用或（租用）其他的组织机构建立好的渠道，如网络批发商平台、代理平台、分发零售平台、知名电商渠道以及媒介渠道等。

这几种形式各有所长，相对来说自有渠道的好处是可控性强、相关数据可以自己掌控；缺点是可能受众面比较狭窄。借用（租用）渠道一般都是面向大众的，因此用户数比较多；通常也是专业的，因而有较好的用户体验。

（3）依照效果划分：品牌类渠道和效果类渠道

如今，互联网广告和其他营销内容逐渐被分为品牌和效果两类。

所谓"品牌类内容"，其效果主要以影响人们的"态度"为主，主要的作用是传播品牌信息，建立、改善和提升品牌认知和品牌形象，如各种广告和"种草"内容。相应地，这些内容所对应的新媒体渠道也被称为"品牌类渠道"，如视频网站。

而"效果类内容"其效果主要以影响人们的"行为"为主，主要作用是激发人们在媒体平台的各种互动参与，如点赞、分享、打赏、关注、评论、预约、交易、玩小游戏等。与之相对应的新媒体渠道也被称为"效果类渠道"，大部分社交内容平台都属于这类渠道。

品效合一：一方面是由于营销对品牌形象和营销效果的同时重视，另一方面是由于新媒体平台的多渠道特征，新媒体营销活动的性质难以用"品牌类""效果类"这种简单的二元分类方法去精准界定，因此，"品效合一"成为对新媒体营销活动的基本要求。

（4）按照影响场域划分：公共领域和私有领域

公共领域：简称"公域"，指大众传播媒介以及开放的自媒体平台（如微博、今日头条和网易新闻等）形成的影响场域，公共领域的所有信息对所有人开放，用户不用特别关注信息源就能公开查询到相关的信息。

私有领域：简称"私域"，是指新媒体社交平台上的私有账号的影响领域（如微信私人账号、微信群、抖音粉丝群等），只有通过关注和加入群组才能接收到私域信息。

随着新媒体平台社群化功能的完善，一些个人和商家也在通过各种方式扩大自己的影响力，一些企业通过让员工经营自己的私有社交账号，化整为零，建立完整的网络账号矩阵，下沉力量以深耕网络社群。每个私有社交账号都可以保持与特定消费者的互动，维持、增加消费者的忠诚度，扩大成交量。相对于"公域"而言，私域营销拥有更多灵活性、便利性和亲民性。

此外，还可以根据渠道的可持续性，分为固定渠道和临时渠道等。固定渠道指一般常设的、具有稳定性的渠道，一般不会无故停止运营，如官方网站和线下体验店。临时渠道指为了实现阶段性目标而开通或运营的渠道，如为了宣传新品而临时购买或租借的渠道，如程序化广告渠道和KOL渠道（"网红直播间"）。

4.新媒体营销渠道的作用

由于新媒体渠道功能的复杂性和整合性，新媒体在营销中承担的作用远远大于传统的销售渠道和媒介。其主要的作用有以下几个方面。

连接用户：相对于传统媒介与消费者之间的松散关系，新媒介的"连接"是一种更为紧密的关系。新媒体平台往往都是基于某种用户需求，提供能满足用户的功能，形成与用户之间连接的一条通道。许多企业也试图建立这样一个平台，但由于技术原因用户体验不佳，或者由于用户对平台的需求不够旺盛，往往达不到想要的效果。如中国工商银行的"融e联"，一开始是为了给用户提供一个免费的资金变动信息通知（在此之前是靠自动短信，后来短信收费，推出的免费应用），但在实际的使用过程中，用户黏度并不高。

吸引和信息送达：通过精准推送和展示，传达顾客或潜在顾客感兴趣的内容，并通过内容把产品或服务的相关信息输送给他们。

凝聚用户群体：通过"渠道+活动"把用户凝聚在一起，形成有关产品和品牌的社群（包含兴趣小组、问答社区等）。

搜集用户数据（隐私）：通过渠道不断获取用户的活动数据，丰富的数据才能建构顾客的行为模型，才能更准确地洞察顾客的动机。

监视、操控用户行为：通过渠道能够接触到用户的活动轨迹和活动规律，才能根据用户活动规律去设计内容和活动，以操控和影响他们的行为。

达成交易：大部分的新媒体平台都能直接产生交易行为。需要注意的是，交易行为并不局限于购买商品和服务，而是一切基于"价值或意义的交换"，比如用户通过对营销内容的点赞、评论或帮助转发、拉新等行为获得优惠券或红包也在此范畴。

5.数字化新媒体渠道的发展趋势

社群化趋势：平台用户不是孤立存在的，而是常常以某种组织形式（如兴趣小组、粉丝专页、家族、话题、共同产品、社区等）聚集在一起的。

电商化趋势：在盈利的压力下，广告、导购、电商成为平台内容不可或缺的部分，因此几乎所有的新媒体平台都具备电商属性或与电商平台打通。广告依然是各平台主要的收入来源，开屏广告（闪屏广告）、搜索广告、流媒体广告、原生广告等各种形式层出不穷，这是因为厂商能通过在平台上做广告获得知名度，内容创作者能通过广告植入或广告插入获得创作补贴，平台则能通过广告获得收益。

智能化趋势：随着人工智能技术的发展，新媒体平台开始进入"智媒"时代，平台对商家、对用户的服务变得更加贴心，给商家匹配用户和对用户的信息推送变得更加精准，平台的响应更加迅捷，效率更高。

与金融融合：一些平台获得了金融牌照（如京东、微信、百度、360等），完成与金融的结合，更加方便了商务活动的开展。

PGC和UGC共存：大多数内容平台的内容生态都存在专业化的内容和自媒体内容共存的情况，一般来说，PGC在话语主导方面有较强的影响力，而UGC则是对这种影响力的补充和完善。

虚拟现实与元宇宙：随着虚拟现实技术的发展，许多大公司都倾向于打造一个与现实世界平行而又互联的虚拟世界——"元宇宙"，这会给人们的生活带来新的体验和无限的可能。互联网新媒介分类如表10-3所示。

表10-3 互联网新媒介分类

网络代际	平台	举例
PC互联网	官方网站	各企业的官方网站
	即时通信	QQ、MSN、Skype、Google talk等
	搜索引擎	百度、谷歌、必应、搜狗等
	门户网站（新闻资讯）	新华网、人民网、新浪网、网易、凤凰网、搜狐网、太平洋电脑网、中关村在线等
	电商网站	淘宝、阿里巴巴、京东、唯品会等
	视频网站	优酷、爱奇艺、腾讯视频、西瓜视频等
	社交网站	人人网、微博
	知识（问答）网站	维基百科、百度知道、知乎、新浪爱问
	游戏及周边网站	Steam、EPIC、游侠网、3DM、17173（网页游戏平台）等
	网络社区	天涯社区、虎扑、猫眼、豆瓣、汽车之家等
	资源下载	华军软件、CD2000、迅雷、百度网盘等

续表

网络代际	平台	举例
移动互联网	即时通信	微信、QQ以及其他各应用的消息功能
	内容聚合平台	今日头条、百度、一点资讯等
	新闻资讯平台	网易新闻、新浪新闻、搜狐新闻等
	生活资讯平台	墨迹天气、万年历等
	交通出行平台	12306、车来了、马蜂窝、携程、飞猪
	社交平台	微博、微信、陌陌、探探等
	电商平台	淘宝、天猫、京东、唯品会、拼多多、美团等
	导购平台	什么值得买、小红书等
	长视频平台	优酷、乐视、爱奇艺、腾讯视频、哔哩哔哩、西瓜视频等
	短视频平台	抖音、快手以及各自媒体平台的短视频频道
	直播平台	斗鱼、一直播、抖音直播、淘宝直播等
	手机游戏平台	王者荣耀、和平精英、欢乐斗地主等
	教育学习平台	学习强国、学习通、学而思网校、掌门人、百词斩、网易公开课、多邻国、印象笔记、有道云笔记等
	百科知识平台	知乎、百度知道等
	政务平台	交管12123
	小说阅读平台	豆瓣、起点读书、微信读书、番茄小说、得到等
	地图导航平台	百度导航、高德导航、奥维互动地图等
	AI对话平台	ChatGPT、文小言等
	音乐类平台	网易云音乐、腾讯音乐、酷狗、全民K歌、唱吧等
	娱乐搞笑平台	糗事百科、皮皮虾等
	云存储平台	百度云、阿里云、OneDrive等
	金融支付平台	支付宝、工银融e联、Apple Pay等
	安全平台	360手机卫士、腾讯手机管家等
物联网	儿童电话手表	小天才、米兔、巴迪龙等
	智能电视*	小米电视、乐视超级电视、华为智慧屏等
	智能音箱	小度（百度）、小爱（小米）、天猫魔盒（阿里巴巴）、叮咚（京东）等
	智能手表	苹果、华为、三星、小米等旗下的Swatch产品；
	VR眼镜	Meta Oculus Quest、Pico、HTC vive和Apple Vision Pro等
	智能车机系统*	各汽车厂商自己研发的系统，以及苹果CarPlay、谷歌AndroidAuto、百度CarLife等车联系统

说明：新媒体平台种类丰富，应用也较为多样化，且在不断发展进化中，表格中所列不代表所有。*智能电视、智能车机系统在很多功能上和智能手机是一致的，也包含众多的服务和应用。

三、媒介融合和营销渠道整合

近年来,随着"媒介融合"和"全媒体传播"的概念日益普及,不同介质属性的媒介和不同形态的媒体之间也开始进行整合,数字化新媒体正是媒介融合的产物。

1.媒介融合

属性融合:媒介介质层面的融合,不同属性的媒介之间的融合,如数字化传统媒介和新媒介的融合(如广播电视和网络视听平台的融合),社交媒体和内容平台的融合(如微信开始推广"视频号")。

组织融合:媒体组织机构的融合,如中央电视台和中央人民广播电台组成新的中国国家广播电视总台。除了形式上的组织机构融合,附属在组织机构上的资产、资本、资源(包含人力资源、用户资源以及技术资源等)层面也融合一体。

职能融合:"平台"本身就是新媒体各种职能融合的产物,新媒体平台大多集数据沉淀、社交互动、内容分发、电子商务等职能于一身。

内容融合:由媒介组织的"中央厨房"总体规划、制作一系列适应不同平台和不同终端的内容,减少信息冗余和冲突,以实现传播信息整合。

终端融合:不同的终端(如客厅大屏电视、手机、平板电脑、PC等)可以访问同一平台的资源、内容或服务。

数据融合:来自不同终端的多方反馈数据汇总融合到云端的数据库,形成多种来源、内容丰富、多种属性、支持多种应用的大数据。

金融融合:大多数网络交易场景都支持各种不同的支付渠道(如支付宝、微信支付、银行储蓄卡、信用卡、银联等)进行交易。

价值融合:媒介融合和渠道的相互渗透,最终要带来价值的整合,并能够创造新的价值,促进价值的增长。

2.营销渠道融合

信息化的不断深入,不仅促成了各种传播媒介之间的融合,也使得销售渠道和传播渠道的融合成为可能,新媒体平台大都已经或致力于集内容、社交、电商于一体,通过内容来传达信息和吸引人们关注,通过社交来建立和深化客户关系,通过电商来实现交易和变现,既可以作为产品信息的传播渠道,也可以作为产品的销售渠道(如图10-1所示)。同时,一些新媒体平台会给认证的(付费的)企业用户很大的权限,以便他们对用户有更多的掌控力,如企业的微信公众号和天猫旗舰店都是在平台的监管下有较大的自主性,这使得企业在这些平台的渠道在功能上贴近自有渠道。

由于新媒体平台的渠道融合性,不能再简单称之为媒体,统称"渠道"会更合理——

整合了消费者沟通、产品展示、产品交易、售后服务等功能的营销渠道。

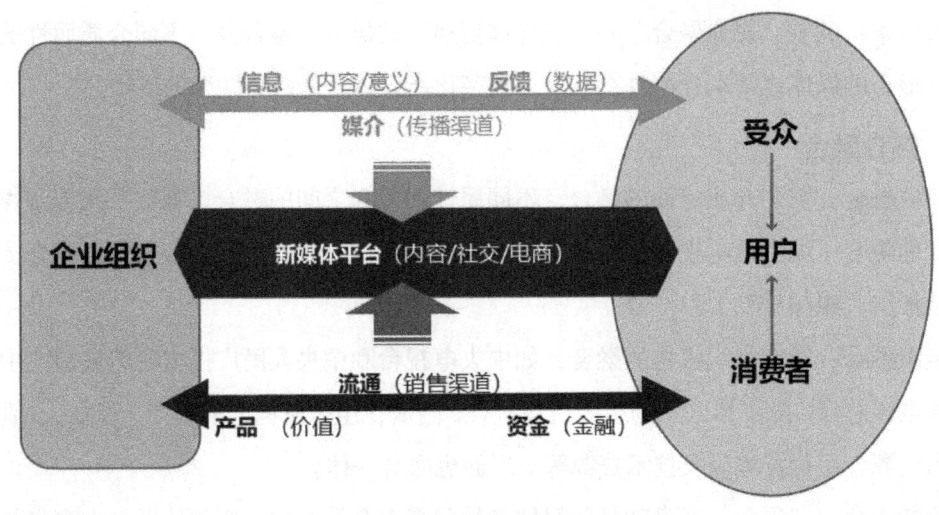

图 10-1　营销渠道融合示意图

3.营销渠道整合

作为营销渠道，新媒体融合了销售渠道、流通渠道和传播渠道，渠道融合也使得渠道整合变得更加容易，一些电商平台已经实现了整合各种营销职能和流程的高效闭合系统，如淘宝和京东，不仅仅是销售渠道，也是内容传播渠道、流通渠道和用户服务渠道。尽管如此，营销者还是希望通过更多的新媒体平台对人们产生不同情景（如出行、聚会、位置服务、寻找优惠等）下的影响，或通过不同的新媒体影响不同的人群（如通过"小红书"和"哔哩哔哩"影响特定人群），因此营销常常不会只使用某个单一的新媒体平台，而是会达成不同平台的整合。

渠道整合即各种不同功能的渠道形成一个整体，以更加协调、高效的方式实现营销目的。

"软""硬"整合：包括两个方面，一方面指实体和虚拟的整合，如线下渠道和线上渠道的整合；另一方面指硬内容和软内容的整合，如广告和软性营销内容的整合。

"新""旧"整合：在当前新媒体和传统渠道共存的情况下，营销需要把两类渠道进行整合。

"虚""实"整合：把线上展示、交易与线下体验进行整合。

"公""私"整合：把公共领域和私有领域的传播整合起来，形成公私联动的影响局面。

多渠道整合：多渠道网络（MCN）是指职业的内容生产者把专业化、垂直化的内容经由多种渠道或多个平台输出，不但可以增加内容的曝光度，还能整合不同平台的"粉丝"，整合不同平台的变现能力，实现内容价值的最大化。当前，为保证专业化、垂直化内容的持续输出，培育"网红"、打造 IP 已经成为 MCN 机构的主要任务，MCN 机构也成为"网红孵化器"的代名词。

智能化整合：在信息技术的辅助下，新媒体平台对内容和活动的送达也采用了程序化、智能化的策略，即根据用户的行为数据、用户画像和用户标签精准地推送内容，使内容、活动与用户的匹配实现最优。

第二节　渠道创意策略

一、大众营销传播时代的渠道策略

大众营销传播时代的渠道策略，主要包括销售渠道策略和媒介策略。

1.传统的销售渠道策略

销售渠道策略是指产品或服务交付的组织方式，通俗地说，就是关于如何把产品或服务运送给目标消费者的思考过程和内容。

（1）传统的销售渠道策略思考的问题

一般来说销售渠道的组织主要思考的策略性问题有市场覆盖率、经济性、可控性和便利性等几个方面。市场覆盖率是指销售渠道的建设要能够覆盖目标市场，要让消费者能够有充分的机会接触到产品或服务；经济性是指销售渠道的建设要尽量地减少成本以达到最大的市场覆盖率；可控性是指厂商要能够控制销售渠道，避免出现渠道商之间的恶性竞争；便利性是指要让消费者能便捷地接触到产品或服务。20 世纪 90 年代，《整合营销传播》一书的作者之一罗伯特·劳特朋所宣称的"4C's"策略中，传统的渠道"place"被替换成了"convenience"，也就是说销售渠道最主要的作用是让消费者能够方便地买到产品。

（2）常见的传统销售渠道策略

其一，从营销业务的重点来看，可以把渠道策略分为"推"（push）的策略和"拉"（pull）的策略两种。推的策略即把业务重点放在中间商和零售商层面，对他们进行促销或激励，让他们主动去向顾客推销产品；拉的策略则是把业务重点放在最终消费者层面，激励消费者促使他们反过来向中间商或零售商求购产品。

其二，基于中间商的规模和数量，可以把渠道策略分为"密集型""独家代理"和"混合渠道"等策略。密集型策略适用于销量大的日用品，是对各个环节、各层次的渠道商不予以限制，大量布局中间商或零售商，建立长宽形的销售渠道；独家代理策略是在特定的市场上只选择一家中间商或零售商，以便于控制和约束经销商行为，适用于价格敏感的产品；混合渠道（hybrid channels）或多渠道（multi-channel）策略则是采用上述两种策略结合或更多营销渠道接近不同的顾客群体。

2.大众营销传播的媒介策略

大众营销传播时代，由于媒介主要的功能是运送信息，因此媒介策略的主要思考问题是如何准确地把传播信息以高效的方式运送给更多的目标受众。因此，大众营销传播的媒介策略主要包括目标策略、媒介组合策略、媒介排期策略、成本策略以及媒介战术等内容。

（1）目标策略

目标策略包含媒介目标和媒介的目标受众两个因素，即要向谁传递信息以及达到什么样的状态。

媒介目标是指通过媒介策略要实现的状况，媒介目标通常会用一些定量的指标来设定，如到达率、频率、总印象、总收视率百分点（GRPs，也称"毛评点"）等。

媒介的目标受众通常和营销的目标受众是一致的，只不过在这里需要考虑目标受众的媒介使用情况，所以需要对目标消费者的媒介使用情况和具体媒介的用户进行调查，尽量使目标消费者和媒介的用户二者相匹配。

（2）媒介组合策略

媒介组合策略包括媒介种类选择及其权重，即要选择哪些媒介种类？以及这些媒介种类是通过什么样的方式组合的。

媒介种类选择是指在媒介目标确定的情况下，根据目标去选择适当的媒介种类。

权重即关于所选择的媒介种类在媒介组合当中各自占多少比重（通常用费用预算的权重表示）的说明，如电视占50%，报纸占15%，户外占15%，广播占5%，其他媒介和备用资金占15%。

媒介组合策略也包括具体媒体的选择，如电视媒介选择央视和湖南卫视。

（3）媒介排期策略

媒介排期策略是指在一定的时间周期内媒介信息（如广告）发布的数量安排，一般包括连续式、起伏式和脉冲式三种。

连续式即在战略周期内每个时间段内发布的媒介信息数量是一样的，如一年四季每个季度的媒介信息数量同样多。这种排期方式适用于销量和市场份额相对稳定的产品，如饮用水、奶制品、日化产品等日常消费品。

起伏式（含集中式）是指在战略周期内每个时段安排的媒介信息数量是不一样的，信息的数量随着时间的变化而变化，甚至在某些时间段内不安排任何的信息，而在某些时间段内又密集地安排。适用于那些节令性或者季节性的产品，如空调、冷饮、粽子等；也适用于那些相对于竞争对手来说资金比较有限的企业产品。

脉冲式也是战略周期内每个时间段内安排的信息数量不一样，但要保证不会出现"广告中断"的情况，也就是说，在每个时间段内都会安排一定数量的媒介信息发布。适用于那些销量容易随时间变化而变化的产品，如汽车、房地产和运动饮料。

以上三种为基础的媒介排期策略，在此基础上可以产生很多的变化方式。

（4）成本策略

成本是制约媒介计划的关键因素，成本策略的目的是尽量以最小的成本去获取最大的到达率，所以成本策略要思考的问题主要包括各种媒体的相对成本（花到每个人身上的成本）大约是多少，总的花费又是多少。主要的指标有：

○每点成本（CPP）：广播电视节目收视（听）率的每个百分比点数的成本；
○千人成本（CPM）：媒介组合到达每1000个人所需要花费的成本；
○千客成本（CPCM）：媒介组合到达每1000个目标受众所需要花费的成本。

（5）媒介战术

媒介战术主要包括确定具体的媒体时段、版面和规格等，购买媒体并形成排期表。

二、从传统渠道到数字化新渠道

1.应用即是媒体，媒体即是渠道

在高度发展的信息化社会，人们的生活高度依赖各种信息化设施——各种硬件、软件和数据信息，作为媒介的互联网越来越呈现出基础设施的属性，甚至一些日常的互联网应用软件也有基础设施的属性（如微信和支付宝），而人们生活的大部分和几乎所有的信息、娱乐乃至教育都要通过网络及网络应用来实现。从这个意义上来说，网络应用也是信息媒体，即所谓"网络新媒体"；另外，所有网络应用最后都需要成熟的商业模式来获得收益（许多应用在一开始会提供免费服务来获取用户），而成熟的商业模式往往是通过收费增值服务、广告经营和电商经营来实现盈利，一个网络应用能够提供服务、传播信息和达成交易，说明其具有营销渠道属性。

2.以人群覆盖流量导向

传统的大众传播媒介，由于无法精准确定每个用户，只能用一种"模糊"的方式尽可能精准地覆盖目标受众。其中，报纸、杂志和有线电视部分采用订阅制，用户是相对明确的，但也存在随机购买和传阅的读者（或观众，如饭店、宾馆的电视观众），再加上广播、户外等这些媒介的用户是不明确的，故而只能用一种较为粗略的方式去统计和计算其传播效果，因而传统广告效果的到达率、印象总数、收视（听）率等指标都不是精确的。

而数字化新媒体由于以信息技术为基础，每个用户都是以访问设备的 IP 地址或者 MAC 地址做记录的，注册用户甚至会以昵称、电子邮箱或手机号码为名称建立相应的数据库来记录其网络行为，经由大数据的整合，能更准确地洞悉每一位用户，故而其所记录的数据相对大众传媒来说是非常精确的。数字化新媒体每天 24 小时都可以通过智能设备收集用户的行为数据，甚至可以监视用户的一举一动。用户在各个新媒体平台上的活动数据通常是以信息的计量单位"字节"来衡量的，活跃用户产生的字节数高于非活跃用户，用户访问、驻留和使用数字媒体平台所形成的字节串就被称作"流量"。

流量导向："流量"本身是一个物理学的名词，通常用来指一个时间段内经过某个（河流、水渠、管道、道路）节点的水流、人流、车流等的数量。在互联网产生之后，流量被用来指代单位时间内某个网络节点、页面或某平台所产生的数据量。某个节点、平台或页面所产生的流量越多，就说明该节点、平台或页面的用户越活跃。因此，流量成为信息传播和活动运营成功与否的指标，营销活动也转而以流量作为效果导向。

常用的流量指标有：

○页面浏览数量（page views, PV）：单个网页被浏览的次数（包括重复访问的数量）；

○独立访问数量（unique visitors, UV）：单位时间内访问某网站或平台的 IP 地址和 MAC 地址的数量；

○重复访问数量（repeat visitors, RV）：单位时间内多次访问网站或平台的用户数量；

○展示数（impression）：社交媒体的内容被推送和展示的次数（不一定被阅读）；

○阅读量（click）：社交媒体或内容平台的用户点击并阅读某个内容的数量；

○下载次数（download count）：某个文档内容被下载的次数；

○活跃用户数（active users, AU）：日活跃用户数（DAU）、周活跃用户数（WAU）、月活跃用户数（MAU）。

此外，流量数据还包括用户在某新媒体平台上的行为或活动的数据，包括用户在网站的停留时间、用户来源网站（也叫"引导网站"）、用户所使用的搜索引擎和关键词，以及在不同时段的用户访问量情况等。

指数：通过对新媒体平台或网站所产生的大数据进行分析所形成的一些趋势性的数据。

国内常见的指数有百度指数、微信指数、微指数、巨量算数等。

　　○百度指数：是以百度网民行为数据为基础的数据分析平台，主要功能模块有：基于单个词的趋势研究（包含整体趋势、PC趋势和移动趋势）、需求图谱、舆情管家、人群画像；基于行业的整体趋势、地域分布、人群属性、搜索时间特征。

　　○微信指数：基于微信大数据的移动端指数产品，能反映关键词在微信内的热度变化。其所反映的热度变化来源于对微信搜索、公众号文章、视频号以及朋友圈公开转发内容形成的综合分析。

　　○微指数：新浪微博的数据分析工具，通过关键词的热议度，以及行业/类别的平均影响力，来反映微博舆情或账号的发展走势。此外，新浪微博还可以通过热搜、话题阅读量等指标来评估某件事的热度。

　　○巨量算数：字节跳动公司旗下"巨量引擎"的数据分析平台，依托公司旗下的今日头条、抖音、西瓜视频、懂车帝等内容社交平台，输出内容趋势、产业研究、广告策略等洞察与观点。同时，开放算数指数、算数榜单、抖音垂类等数据分析工具，满足品牌主、营销从业者、创作者等的数据洞察需求。[1]

3.从影响到连接、操控

传统大众传播媒介是以一种居高临下的方式试图去影响其受众和使用者；而新媒体平台则以平等对话为基础，试图构建一种平台与用户、商家与用户以及用户与用户之间的连接。一旦这种连接得以实现，就可以开展各种活动以引导、诱惑、培养、操控或重构用户的行为模式。

4.从媒介组合到渠道创新

在传统的媒介策略中，各种媒体的使用是通过组合的方式来形成的，"组合"是指选择哪些媒介种类和哪些具体的媒体，以及这些媒介种类和媒体的权重。

数字化新媒体平台相对来说比较封闭，又同时具备销售渠道和媒介的功能，因此重要的不是怎么组合各种媒介平台，而是如何创造性地利用新媒体平台的特性，以高效的方式达成营销的目的。

5.从公域到私域

私域是企业或品牌自己经营的领地，可以是自有媒体渠道，也可以是公共媒体平台上的自有领域；私域可能包含线上渠道和线下渠道，以及线上渠道和线下渠道的结合体，如某品牌的线下体验店，可以通过与该店铺关联的自媒体账号、小程序、线上店铺、社交媒体账号和社群组织来开展营销活动。

---

[1]以上各指数的简介源于各自官方网站：百度指数（https://index.baidu.com）；微信指数（https://wximg.qq.com/mmsearch/commerce/search_caution_page/index.html）；微指数（https://data.weibo.com/index）；巨量算数（https://trendinsight.oceanengine.com）。——作者注

近年来，随着数字营销的深入，公域的竞争已趋于稳定，营销的主要发力点逐渐转向私域。这一方面是因为私域流量相对成本较低，另一方面是因为私域更能贴近消费者的实际生活场景，更加"接地气"。如果说公域竞争是硬实力比拼的话，那么私域竞争则是软实力的比拼，如果用战争来做类比的话，公域像是空战和阵地战，私域则更像是游击战和巷战。

运营私域的前提是要有足够的"粉丝"或注册用户，通常的做法是"引流"，即通过公域的内容或活动把非紧密关系的用户逐渐引入私域来，通过在私域建立、经营社群以稳定"粉丝"数量，再通过私域社群的经营来实现产品的销售。

6.从受者、使用者到用户、"粉丝"的转变

"用户"并不是一个新词，在大众传播媒介时代就已经存在，报刊和有线电视的订阅者，都可以称为媒体的"用户"。但大众传播媒体的用户往往是被动地接受信息，面对媒体传送的节目或信息，只能选择接受或逃避两种方式，所以一般把他们称为"受者"或"受众"。

在互联网应用早期，随着信息洪流的到来，面对浩如烟海的信息，搜索引擎成为人们找到自己需要信息的较高效手段。但对于网站的经营者来说，内容信息的使用者大多数是匿名的（当然也有一些网站需要用户注册才能使用，但一般使用的是电子邮箱注册），无法对其进行准确描述。

随着智能手机的普及，互联网逐渐变成了基础设施，数字化新媒体平台则是基于信息或信息服务的"应用"而产生的，为了给人们提供更好的服务，大部分平台都会要求人们注册（而且是通过手机号码注册，非匿名），平台可以不断累积、分析注册用户的行为数据，以便给他们提供个性化的服务。这个时期可以经由大数据的分析描摹形成较为清晰的"用户画像"。

在社交自媒体平台上，把用户转变为"粉丝"是最重要的工作之一。"粉丝"数量也成为衡量一个社交账号运营成功与否的指标，如在"抖音"短视频平台，"粉丝"数量超过1000才能获得流量变现、挂链接、挂"小黄车"（可以"带货"）等平台特权，才能实现创作收益。由"粉丝"构成的社群，也成为重要的自媒体收益来源。

三、渠道创新策略

在数字化新媒体成为营销的主战场之后，由于新媒体的多样性和偶得性，营销者在渠道选择的时候有了更多的可能性，同时，一些触发的、偶得的渠道资源也能带来新的营销机会。因此，相对于大众营销，新媒体营销的渠道创新显得尤为重要和必要。

渠道创新的方法没有定式，每个品牌都在充分的消费者洞察的基础上，要结合品牌自

己的状况，以高效率的方式去连接、影响消费者。以下是一些既有的可参考的创新策略。

1. 产品即是媒介

产品本身和产品包装就是一个包含大量信息的载体，本身就是良好的信息传递渠道。从可口可乐的昵称瓶、歌词瓶开始，产品包装日益成为重要的传播渠道，厂商们开始在产品包装上玩各种各样的花样，如"江小白"利用酒瓶本身去传达年轻人的生活态度，取得了很好的效果。除了传达信息，产品包装还能成为和消费者之间互动活动的入口，例如在瓶身上设置营销活动的二维码，消费者购买产品后用手机扫描该二维码，就可以成为注册用户或直接参加营销活动。

2. 熟悉事物的新用途

除我们熟知的"新旧"媒体之外，只要能承载信息，不论是人物、事物还是事件，都可以看作是媒介；只要能够产生高关注度、产生"吸睛"效果的，就是好的媒介，所以人、人际关系、事件和事物都可以成为媒介。名人、明星和网红本身就能产生高关注度，所以他们和他们的人际关系可以成为人们关注的热点，发生在他们身上或与他们相关联的事情往往也能成为热点事件，能够直接带来关注度和流量，"吃瓜"往往也能成为所谓"流量密码"。

此外，还可以对人们日常生活中高频次接触的事物进行改造，把它变成新型的信息渠道，如鸡蛋是很普通的事物，但是在鸡蛋壳表面印上文字或图案之后，它就变成了信息传递的渠道。

3. 深潜社群

社群即社会群体，是个体联系宏观社会的一种方式。社会群体有正式群体和非正式群体之分，正式群体一般指政党、机构、公司、学校、班级等有正式组织形式和组织架构的社会团体；非正式群体一般没有明确的组织架构，也没有明确的边界。需要注意的是，在社交媒体的助力下，看似松散的非正式群体逐渐通过各种兴趣、社会关系（如亲友、邻里等）等形式得以组织起来，形成营销新的阵地。

社群营销以化整为零的方式，让营销人员通过自建品牌社群或深入一些既有的社区或社群，以群主、社区成员或社群成员的身份，完成从"公域"到"私域"的布局。不论是群主还是成员身份，都可以适时发布一些"让利"或"独家"（内部成员身份方可获得）的营销信息或营销活动，以这种方式深耕社区或社群，打造和维系私域社群关系，实现对私域流量和私域销量的经营。

4. 开发跨界新接触

从消费者的生活场景出发，找到消费者生活中接触频率较高、关注度较高、与产品或品牌有潜在关联的接触方式,把它转化成品牌的接触渠道。如利用一些艺术展览、音乐会通过赞助、现场展示和互动锁定汽车高端消费者,创建与消费者之间的联系;品牌跨界联名也是一种方式,如快时尚品牌H&M就不断尝试与一些奢侈品品牌进行联名设计。

5.跨媒体互动

在营销活动开展过程中,不再拘泥于某个平台,而是充分利用各个新媒体平台的优势,实现跨媒体的互动。如新产品上市时可利用直播平台进行产品发布,同时在电商平台展开限时抢购活动,线下渠道(如体验店或超市)则进行产品展示,社群平台则可以进行体验预约登记。

四、渠道整合策略

1.渠道整合策略的观念

不论采取多少种渠道,营销信息都应该保持高度的整合,保证信息的一致性。因此渠道整合策略主要从如下三个方面进行思考。

一是信息控制。渠道整合能使不同的渠道所传递的信息保持一致,减少信息混淆和干扰。

二是协同作用。不同的渠道能构建不同的消费场景,多场景的协同在一定程度上能增强与消费者各种接触的频次和强度,同时也有助于通过不同渠道来实现战略目标的统一。

三是降本增效。渠道整合是根据目标对象的渠道接触习惯,合理布局渠道(而不是以全部渠道)以形成对目标对象的"信息包围",用较低成本给目标对象以品牌信息"无处不在"的错觉。

2.渠道整合的基本策略

(1)功能整合,优势互补

虽然各新媒体平台都在强调各种功能的聚合,但从用户体验的角度看,不同的平台还是以其核心的、优势的功能为区隔的,如微信的社交功能、京东的购物体验、淘宝的"万能"、小红书的"种草"体验都是它们各自平台不可替代的优势。在渠道整合过程中,应该把不同功能的各个渠道整合起来,以实现不同渠道的优势互补,如可以把微信作为私域运营工具或销售服务渠道,把京东作为数码类、家电类的新品首发渠道,把"万能的淘宝"[1](含支付宝)用来作为日用品购买和生活服务渠道,把小红书作为关键意见消费者的"种草"渠道。

---

[1]"万能的淘宝"是淘宝使用多年的广告语(slogan),2021年8月30起更换为"太好逛了吧"。——作者注

（2）流程整合，有机互动

营销战略流程的各个不同阶段需要通过不同的渠道来进行整合，如新产品上市宣传、试销和节庆促销等阶段可以分别在不同的渠道或平台开展；同样，品牌与消费者关系流程的不同环节如文宣、种草、圈粉、促活、带货等也可以分别放在不同的平台进行。

各不同环节在不同渠道的应用不是简单的组合，而是应该"有机地"整合在一起，强调各个渠道的联动机制。比如，从用户体验的角度，某用户想要通过参与某品牌的营销活动获得某种"福利"，需要分别在各个不同渠道完成相应的任务才能实现，这样的联动机制既可以实现活动在各个渠道的整合和互动，还可以让用户在各个不同渠道的身份、数据得到整合。

（3）关系整合，实现裂变

舒尔茨的整合营销传播理论特别强调不同利害关系者的整合，即营销活动要通过不同的渠道实现对不同利害关系者的整合，使他们接收到相同的信息，即尽管不同的渠道对不同的人群有不同的说辞，但所传达的核心信息应该是一致的。

在新媒体营销层，由于新媒体普遍具有社交属性，除利害关系者的整合之外，更应重视用户之间的关系整合，重视品牌社群或品牌圈层的建设，如营销活动通过激励人们以社会关系（家庭、好友、兴趣小组、邻里、同事等）"抱团"参与互动游戏或参与"团购"，来实现用户数量的裂变。

（4）价值整合，多效合一

这一系列整合策略的应用，其意义是实现"五增长"——用户规模的增长、用户之间互动的增长、用户与品牌互动的增长和销售业绩的增长，最终实现品牌价值的增长。

第三节 渠道创意执行

一、渠道运营组织

信息化条件下，企业组织的运作更加高效。各种运营都高度依赖数据，渠道运营也一样，货运、仓储、内容、活动、销售等环节的情况都可以直接通过信息网络进行查询和调控。因此，企业应该设置专门的机构或部门来负责渠道的运营。从观念上来讲，渠道运营组织应该成为新媒体运营机构的重要组成部分，或者说新媒体运营机构或部门可以根据其不同规模按所涉及渠道数量来设置若干个下级渠道运营机构、部门或小组。也可以借助渠道的整合，设置类似 MCN 的机构来进行渠道的运营。

从渠道创意的角度来说，还应该设置专门的渠道创新研究小组（或非常设机构的定期会议），来发现、创造新的营销渠道。图 10-2 所示为典型的新媒体运营部门组织架构。

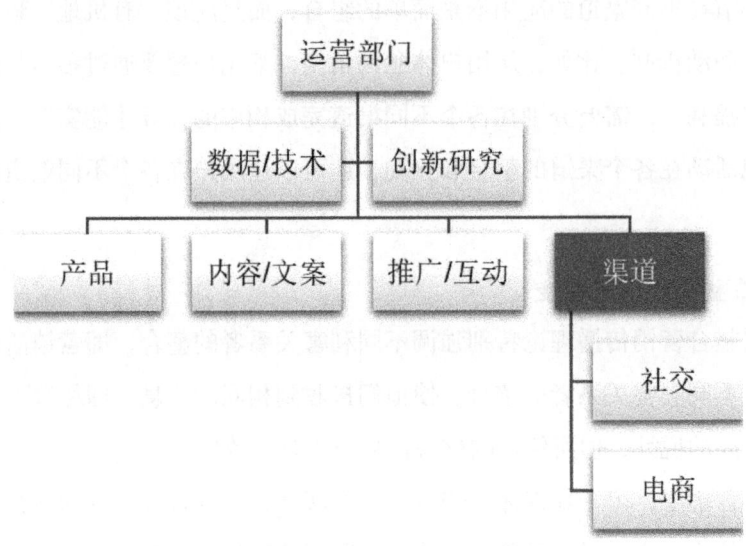

图 10-2　典型的新媒体运营部门组织架构

二、建立渠道矩阵

在"销售-传播"渠道融合的背景下，渠道之间的整合可以通过建立媒介矩阵的方式来实现。

1.渠道矩阵的层次

从厂商（或其营销传播代理商）到最终消费者，营销渠道基本上可以分为两个层级，第一层是平台渠道层，包括传统线下销售渠道、大众传播渠道、互联网 Web 渠道和移动互联新兴渠道；第二层是人际传播渠道层，主要包括"重要他人""关键意见领袖（KOL）"和"关键意见消费者（KOC）"三类，其中"重要他人"是指对消费者的消费观念和消费行为有直接影响的另一个人，如消费者的父母、好友、室友、同学等；"关键意见领袖"则是指在某个领域有能够左右舆论的人，如名人、明星、专家、网红等；"关键意见消费者"是近年来兴起的概念，是指那些在内容平台、电商平台或社交平台上较有影响力的用户，他们通过对产品的深入体验，对产品或品牌拥有一定的话语权，如淘宝、京东、Bilibili、小红书、抖音等平台上的美妆、美食或健身方面的博主。图 10-3 所示为营销渠道矩阵示意图。

值得注意的是，在社交媒体较为发达的今天，人际传播渠道被看作是极为重要的价值增长来源,不仅是新增用户的主要来源,也是重要的成交量来源,如风靡一时的"微商"和"网红带货"都是通过人际渠道实现产品或货物的销售,所以建立渠道矩阵不能少了这一环。

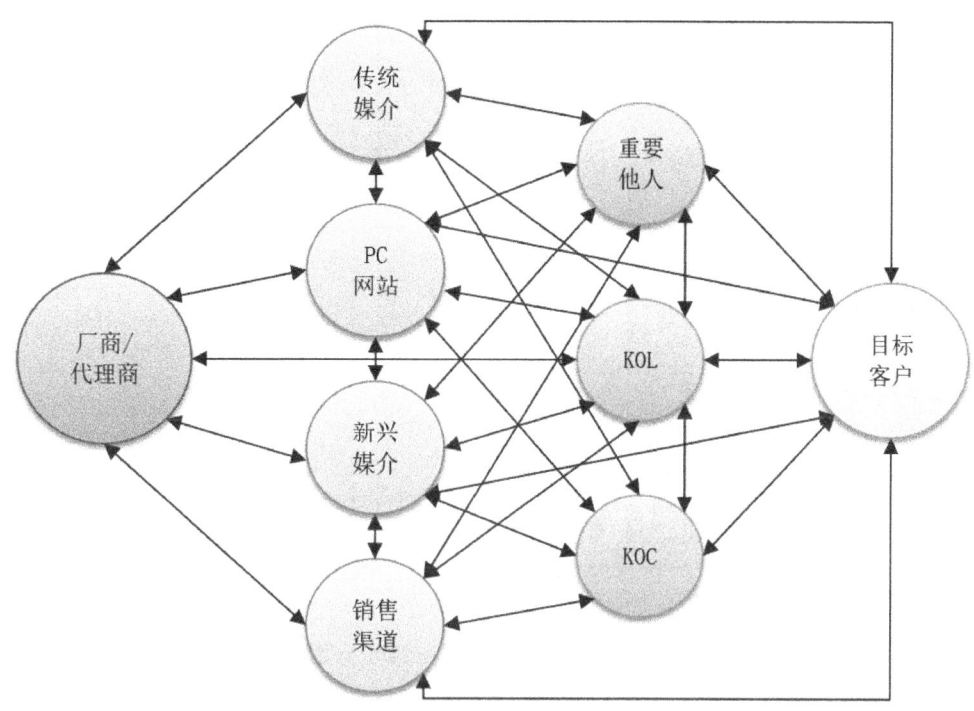

图 10-3　营销渠道矩阵示意图

2.渠道矩阵的维度

渠道矩阵主要可以从两个维度来建立,一是渠道所有权的维度,即"自有—租赁—公共"的维度,是指在原有营销网络的基础上,充分利用各种、各级自有渠道、租赁渠道和公共渠道,发展并建立渠道矩阵;二是渠道功能的维度,即"社交—内容—交易"的维度,是指通过社交媒体渠道连接消费者,通过内容渠道获取认同,再通过交易渠道(含电商和生活服务)获得成交,把这三种功能的渠道组织在一起形成矩阵,就基本可以实现营销全链路的影响力。

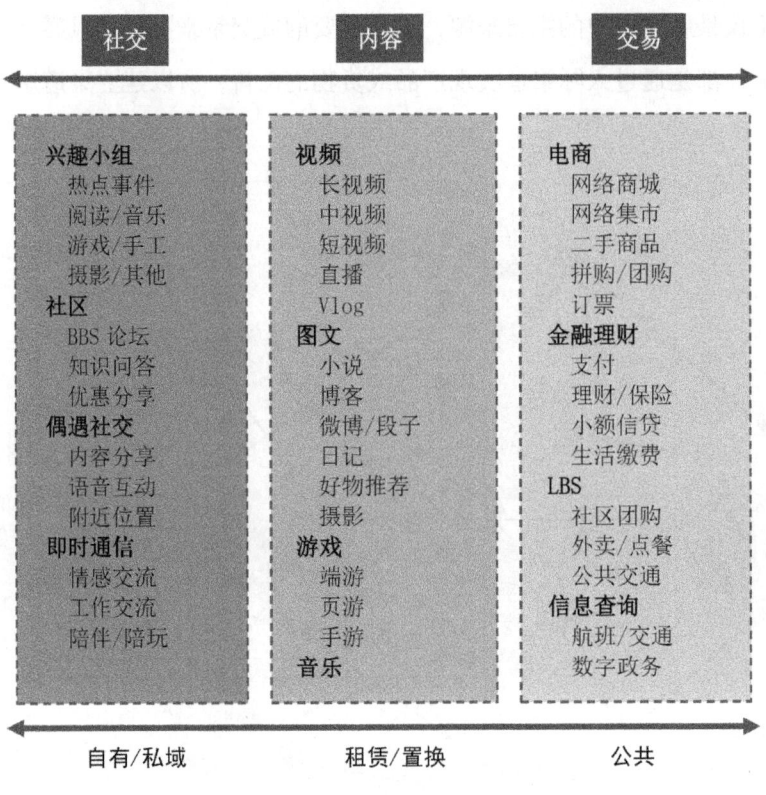

图 10-4　新媒体渠道矩阵示意图

3.渠道矩阵的构成要素

（1）公共渠道

数字化大众传播媒介：包括各种电视、广播频道，户外媒体、交通媒体。

移动互联网超级应用：超级应用是指基础性平台应用，通常具有规模庞大的用户群体，包含众多场景和功能的网络应用程序，如 QQ、微信、支付宝、淘宝、抖音、今日头条等。

公共自媒体平台：指企业在各个自媒体平台上开通的官方公众账号、品牌公众账号、产品公众账号、IP 公众号和店铺等，主流的自媒体平台包括腾讯系的微信公众号、微信视频号、腾讯视频公众号、QQ 公众号等；阿里系的天猫店、淘宝店、支付宝小程序、微博公众号、优酷公众号和大鱼号等；字节跳动系的头条号、抖音公众号、西瓜公众号等；百度的百家号等。

（2）自有渠道

官方网络平台：包括企业官方网站、官方购物平台、官方手机应用（App）、官方工具应用 App、官方小网站（方便手机访问的 H5 站点）、小程序等和官方智慧短信平台。

自有线下平台：包括各销售渠道网点及其传播渠道（如店头滚动 LED、工作人员、店内海报、易拉宝、展示机、宣传单、电视屏幕等）。

公共自媒体平台公域侧翼号：企业建立一些专业的账号，在日常发布各种专业的信息，在重要的时间节点（如节事）或周期性发布企业、品牌或产品的相关信息。如某家从事地产的企业，可建立一个地产行业专业分析的账号。

自媒体平台私域账号：包括企业负责人、高管、各级经理以及各种工作人员在一些社交渠道和内容渠道平台的账号。

（3）租赁、置换渠道

包括企业通过渠道或版面购买、租赁获得渠道，以及通过与其他企业的渠道资源进行交换后获得的渠道，也包括通过雇佣关系获得的关键意见领袖（KOL）和关键意见消费者（KOC）。

三、打造渠道业务场景

1.场景的概念

"场景"原本是指戏剧、小说或电影等文艺作品中故事或情节发生的直接背景（微观时空背景），电影中的场景常常和"事件"相关，而事件则是构成"情节"的主要因素。

在日常生活领域，"场景"通常用来表达一个应用或服务发生的时空环境，有别于宏观的社会文化环境，场景是由特定的时空、人物、事物和行为（或事件）构成的有机的、立体的"物理－心理"生活空间。

在移动互联网和新媒体背景下，传统的广告和营销模式影响力大有"强弩之末，势不能穿鲁缟"之感，融合各种渠道打造营销场景显得尤为重要，这是因为营销场景有别于传统营销单向、平面的体验，通过联动的、丰富的、立体的媒介体验，打通"产品、渠道、传播、交易"等各营销环节之间的藩篱，给营销带来了更多的可能。

从技术层面看，新媒体的场景是由大数据、移动设备、社交媒体、传感器和定位系统这"技术五力"构成的[1]。从对消费者的影响层面看，场景需要通过可得即用、客户许可、个性化、真诚同理和价值观明确等五个方面（如图10-5所示）来构建消费者的用户体验[2]。从运营机制层面看，新媒体"内容＋社交＋电商"构建的闭合内环本身就是一个完善的消费场景，通过内容把具有相同价值观或相同兴趣爱好的人吸引到一起，通过社交使人们产生相互影响乃至情感联结，通过电商和内容、社交的深度交融实现从认知、情感、需求到消费的全链路转化。

---

[1] 罗伯特·斯考伯、谢尔·伊斯雷尔：《即将到来的场景时代：大数据、移动设备、社交媒体、传感器、定位系统如何改变商业和生活》，赵乾坤、周宝曜译，北京联合出版公司，2014。

[2] 马修·施维茨：《场景营销：在无限媒体时代激励消费者购买》，王瑜玲、古嘉莹译，中信出版社，2023，第62页。

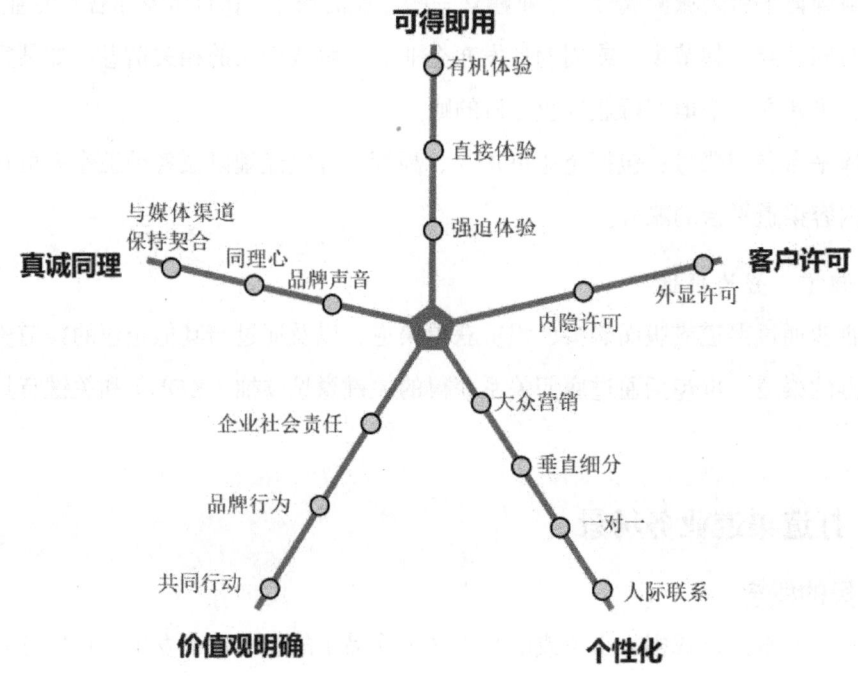

资料来源：马修施维茨.场景营销：在无限媒体时代激励消费者购买[M].王瑜玲,古嘉莹,译.北京：中信出版社,2023:66.

图 10-5　场景架构图

2.场景和渠道的关系

场景的构建离不开渠道，可以把场景看作是渠道融合的产物。渠道融合把不同的渠道功能整合在了一起，大部分新媒体平台"内容+社交+电商"的融合方式集展示、沟通、互动和交易等功能于一身，构筑了新的消费场景，这与传统的销售渠道有很大的相似性。

但新媒体背景下的场景又有别于传统销售渠道，第一是它没有传统销售渠道的时空限制，指尖轻点，即可在不同的场景中穿越；第二是它相对于传统销售渠道更"自由"，一方面是各种功能的组合和互通更加便捷，另一方面用户在新媒体场景中的干扰和束缚感更低；第三是其成本更低，新媒体平台上的产品陈列、优惠券乃至服务人员都是虚拟的，可以快速、低成本地不断随需求而改变或构建新的场景。

新媒体场景和传统销售渠道可以结合起来形成新的场景。当前，众多的互联网企业也日益意识到线下渠道的重要性，很多应用都开始注重线上和线下的互动体验，重视把虚拟和现实融合起来。通常的做法是通过用户的地理位置数据，在用户集中度和需求集中度较高的地方设置线下展示、沟通和交易的"体验店"，用户可以在线上浏览、下单，然后在线下门店进行体验、沟通和提货，实现线上线下场景的融合。

3.营销业务场景的分类

（1）按照产品或服务的消费程序：需求场景、沟通/互动场景、购买场景、使用场景、服务场景

按照产品或服务的消费程序，一般可以分为需求场景、沟通/互动场景、购买场景、使用场景和服务场景。

需求场景：人们现实的生活环境与期望的或理想的生活环境之间存在差异就会产生需求，那么产生需求的场景就是需求场景。

沟通/互动场景：以内容或活动为主的，能与消费者或潜在消费者产生一定的连接、沟通和互动的场景，多以社交渠道和内容渠道为主。

购买场景（交易场景）：在有需求场景的前提下，某些变量（如优惠促销）会使人们去购买产品或服务的场景。

使用场景（消费场景）：是指购得产品或服务后进行产品使用或消费的场景，有些商品（包括产品或服务）的购买场景和消费场景是一致的，如到饭店用餐；有的却不一致，如旅行，通常是在网络上订购交通工具的和旅行景点的票，再到实际的交通工具线路和景点进行消费。

服务场景：这里的服务场景更多地是指和销售或消费相关的场景，一般包括售前场景、售中场景和售后场景。服务场景通常与沟通或互动场景有更多的融合性。

（2）按照事件（服务/应用）发生的环境：现实生活场景、数字化场景和O2O场景

现实生活场景：是指在人们现实生活环境中的某个时空环境。从营销的角度更多指需求场景或消费场景。比如，城市越来越大，在公共交通不能满足的时空，就产生对便捷交通的需求场景，"共享单车"和"滴滴打车"就是其产物；又如，电影院是一个消费场景，这里除了有对文化产品（电影）的消费之外，也是饮料和爆米花的消费场景。

数字化场景：是指在人们的"数字化生存空间"形成的各种虚拟场景。人们在互联网上阅读、娱乐（音乐、视频、游戏等）、交友、购物以及各种数字消费，也形成了一个个需求场景或消费场景。

O2O场景：即线上和线下融合的场景。在当前新媒体背景下，"线上下单，线下体验"已经成为很普遍的消费模式。

应用即场景。在移动互联网背景下，每一个应用都是基于某个或某些场景构成的独特的生活空间，不同的应用构成了人们数字化生活的立体接触空间。一般来说，大多数应用都只强调一个场景，比如社交场景或购物场景，超级应用则通常包含多个场景。

（3）按照场景的使用频率：低频场景、中频场景和高频场景

低频场景：存在某种产品或服务需求，但不会经常发生产品交易或产品使用的场景，如缴费（水费、电费等），行为周期可能达到一个月甚至更长时间。

中频场景：介于低频和高频之间的场景，如超市，一般家庭大概是一个星期左右去进行一次采购。

高频场景：周期内或单位时间内需求和各种行为发生比较多的场景，如社交和即时通信。

4.场景的打造策略

（1）发掘需求场景，盘活沟通互动场景，激发交易场景

通过对调查研究、数据分析或技术开发，发掘新的需求场景。

对已建立的场景通过创意内容的散布和创意活动的执行，盘活、增加场景的活跃度。

利用促销和现场沟通激励，把用户活跃的场景转化成能够完成销售的交易场景。

（2）由低频向高频渗透

通过促销引导把低频场景逐渐转化成高频场景，如"每日签到领金币"。同时，通过积累的用户数据进行消费者行为分析和洞察，挖掘新的消费需求。

（3）场景融合和场景联动

把不同功能的场景融合，为用户提供便捷的使用体验，比如同一个场景可以实现沟通和售前服务；同时也可以通过流程设计，把不同的场景进行关联，如把内容和促销活动的场景做联动，常见的做法是在内容中植入优惠信息和优惠链接，把内容产生的流量引导到营销活动场景。

四、制订渠道计划

渠道计划就是把渠道所有的策略和执行，通过图文形式呈现出来的文本。其内容通常包括渠道目标、渠道选择、渠道整合、渠道矩阵、渠道排期和预算等。

1.渠道目标

所有的营销目标，最后都是要通过渠道去实现的，所以渠道目标是营销目标的有机组成部分，渠道目标和营销目标也具有较高的重合度，因此可以把渠道目标看成是营销目标在不同渠道的任务分解。

（1）目标的内容

在渠道融合的背景下，新媒体营销的目标通常包含传统营销的传播目标和销售渠道目标。

传统媒介渠道的效果指标有到达率、频率、总印象、总收视（听）率或总阅读率等。

○销售目标：通常与销量（成交量）、销售额、利润有关；
○流通目标：通常与产品或品牌的覆盖率、市场份额有关；
○传播目标：通常与消费者的态度或行为有关。

新媒体渠道的效果指标有流量目标、互动目标和销售目标等。

○流量目标：独立访问数量（UV）、页面访问数量（PV）、重复访问数量（RV）等；
○互动目标：参与量（参与数量、参与程度）、转化率（粉丝量、粉丝购买率、复购率）等；
○销售目标：成交量、销售额等。

（2）目标的构成要素

○时间框架：目标实现过程的起始时间；
○对象：目标针对的对象；
○实现效果：最终要实现的状态。

（3）目标的表达

目标表达的基本样式为"在何时，通过何种（哪些）渠道（或渠道组合、矩阵），针对谁，达到什么效果"。如：

"在2025年第一季度，通过内容平台、社交平台和电商平台的组合，对一线和二线城市18~25岁大学生，实现90%以上的覆盖和60%以上的连接。"

（4）目标注意事项

○要把渠道目标和营销目标关联起来，营销目标的实现有赖于渠道目标；
○总的渠道目标和不同渠道各自的目标要保持一致。

2.渠道选择

渠道种类的选择需要思考的问题有：

○选择哪些种类渠道作为营销渠道？
○这些渠道承担哪些功能？
○如何实现目标？
○选择的理由是什么？

可以用一个表格来说明（如表10-4所示）。

表 10-4　渠道种类选择示例

所选渠道种类	属性/功能	渠道目标	选择理由
电视	租赁/大众传媒	信息告知/形象	高性价比
电商平台	自有/新媒介渠道	展示、活动、交易	已建立店铺
内容平台	自有/新媒介渠道	圈粉、种草、展示	已设置官方公众号
线下体验店	自有/私域/O2O	展示、互动、交易	自有
……	……	……	……

3.渠道整合和渠道矩阵

渠道整合和渠道矩阵需要思考的问题有：

○选择哪些具体的渠道？

○所选择的这些渠道通过何种方式组合在一起？

○功能上如何互补？

○各自权重如何？

○形成什么样的渠道矩阵？

通常需要用图形或图表的形式把渠道矩阵表示出来。如通过二维坐标，纵向维度为"公共—租赁—私域"，横向维度为"社交—内容—服务"；用圆形的大小来表示其权重。

4.渠道排期和预算

渠道排期和预算需要思考的问题有：

○本战略周期可以分为几个阶段？

○各阶段内各渠道的产品、营销内容和营销活动如何安排？

○各渠道可能产生的费用预算如何？

○可能会碰到哪些突发情况，有没有可替代的方案？

可以建立一个标准操作流程（Standard Operating Procedure, SOP）列表，把各种渠道在流程中的作用、顺序、数量和费用作统一说明。

思 考

1. 从渠道融合的角度说明为什么新媒体营销过程中"营销即传播"?

2. 如何从新媒介融合的角度理解信息化的"LaaS""SaaS""PaaS"和"RaaS"等概念?

第四部分

创意营销执行

第十一章 战略执行、整合与评估

第十二章 创意营销策划方案撰写

4

第十一章
战略执行、整合与评估

导 读

1. 本章的重点是再次从宏观的层面来对整个战略进行梳理，保证战略的制定和执行的一致性。

2. 战略和执行是相对的概念，战略执行是战略目标和战略价值得以实现的必由之路。

3. 战略执行过程中应注意各种战略要素的整合，整合的主要表现形式为各要素所构建的矩阵以及各要素在矩阵中的权重。

4. 战略执行过程中或执行后需要对战略进行评估，战略评估在流程上可以分为事前评估、事中评估和事后评估。

第一节 战略执行

一、执行与战略执行

1. "执行"的概念

广义的"执行"（execute/execution）也称作"实施"，是把一切抽象的事物变成具象事物的过程或方法，如对战略、法律法规、命令以及创意执行等。在工商管理领域，执行通常是相对于各种战略、战术而言的，也就是战略执行或战术执行。

(1) "执行"的内涵

从抽象到具象。在思维层面，执行是把抽象的概念、想法或文本转化成具体事物、事件的行为或行为过程，既包括从头脑中的抽象概念转化成现实中看得见、摸得着的有形物的过程，也包括从抽象的文字或文本变成具体行动的过程。

从决策到事物。在行为层面，执行是把决策的内容变成实际的事物，是决策后的行动阶段或过程。决策包括个人决策和群体决策，因此执行也包括个体行为层面和社会（群体）行为层面。在个体行为层面，个人决策指在头脑中形成想法、创意等；个体执行行为是指从想法到行动，把想法变成现实的过程。在社会（群体）行为层面，群体决策指群体通过研讨所做出的决定性结果，如政策、战略、命令、法律、判决等；群体执行行为是指从计划到实施，有条不紊地推进项目的过程（如图11-1所示）。

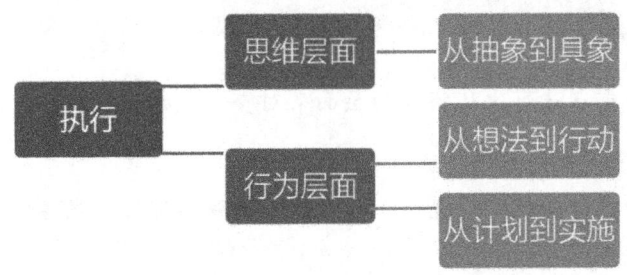

图 11-1　执行的内涵

(2) "执行"的外延

执行广泛存在于各行业和日常生活的各领域，如军事、政治、经济等，常见的执行有战略/战术执行、命令执行、政策执行、法律/法规执行和创意执行等。

战略/战术执行：对军事、政治、经济等战略（战略计划）和战术的实施和变现，以实现战略、战术目标的过程。

命令执行：对领导、上级发出的指令的实施过程。相对来说，个人或团队对命令的执行通常不带有目的性或主观意愿。

政策执行：政党或各级政府的各种观念或政策措施在社会生活各领域的实施和推行。

法律/法规执行：法律/法规方面的执行包括两个方面，一是把法律/规定的具体条目在现实中实施的过程；二是把各级人民法院的判决意见针对被执行人加以实施，通常带有一定的强制性。

创意执行：把创新想法（创意概念）变成实物、事件或活动的过程。如经济活动中，把技术创新转化成产品，把营销创意转化为营销活动；在文化领域，把创意变成文艺作品、文化活动或文化产品等。

（3）"执行"的特征

主体性：执行的主体包括团队和个人，但最终的行动还是落在个人身上，执行是人类对自然和社会（包含他人）的改造行为。

过程性：不论有没有事先设定的计划或脚本，执行通常都带有一定的计划性或步骤性，是由一系列的行为所构成。

操作性：执行通常由一系列的行为（动作或操作）组成。

目标性：执行通常都带有一定目标，是为了实现某种状态的结果或愿景。

价值性：执行最终都以实现某种（工具的、物质的或精神的）价值为终结。

2.战略与执行的关系

任何想法、言语、文本要想成为现实中的某种事物，都需要经历执行的过程。战略也一样。战略执行是人类执行行为中最广泛的一种，一般泛指对政治、军事和经济领域的战略的实施，此处主要强调在经济（工商业）领域的战略执行。

首先，执行是战略的有机组成部分，战略的实现有赖于战术。在战略进程中，执行是普遍存在的，可以理解为战略的每一个步骤都是对其前面步骤的执行，如战略内容是对战略目标的执行，战略战术是对战略内容的执行，通过战略战术的执行，取得战略成效，最终实现战略目标（如图11-2所示）。

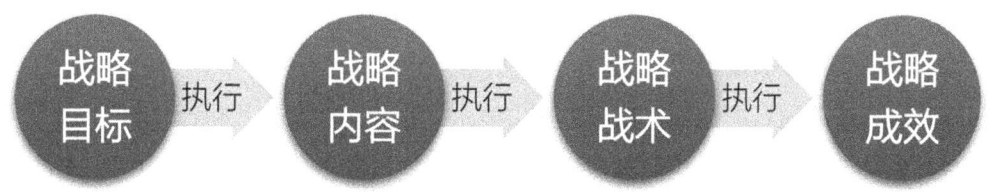

图 11-2 战略进程中执行的普遍性

其次，战略和执行的关系类似于"知"和"行"的关系。战略是对环境、环境中各因素及其关系的认知，是对协调环境中各因素关系的认知；而执行则是在这些认知的基础上的行动。进一步说，战略为执行指明了方向、提供了行动指导；执行则是战略目标得以实现的必由之路和保障。

战略战术与执行的区别。战略中战术部分通常被称作"战略战术"。相对于战略内容来说，战略战术本身就是对战略内容的执行，但作为一种方法论（行动思路或行动方式），战术本身也是需要被执行的。

3.战略执行及其范畴

（1）战略执行

作为一个概念，从字面意思来理解，战略执行就是指战略制定和实施过程中涉及的执行问题，是战略的一部分。

广义的战略执行是战略推进过程中各种可操作要素的总称，既包括战略制定过程中的执行问题，如从战略想法到战略概念的过程、从战略概念到战略计划的演进等，也包括战略制定之后的实施；狭义的战略执行则是指对战略计划的实施。在大多数情况下，如果没有特别说明，战略执行通常指狭义的概念，为便于阐述，以下主要以狭义的概念为主。

（2）战略执行的范畴

狭义的战略执行的主要内容有以下几个方面。

其一，对战略内容的执行。是对战略的文化层面的执行，包括战略思想、战略概念和战略主题等方面的贯彻执行。战略思想或战略概念，到最后要表达为确切的战略主题或战略口号，该主题或口号在战略实施过程中应该贯穿始终，使战略成为一个整体。

其二，对战略资源的执行。是对战略物资层面的执行，主要包括对战略涉及的人事、事情、物资和资金的分配和安排。

其三，对战略战术的执行。是对战略行动方法的执行，即关于如何以更有效率的方法实现战略目标的思考，是对战略有效性的保证。

其四，对战略流程的执行。是对战略推进程序的执行，即通过哪些具体的阶段或步骤一步步地实现战略目标的过程。

也就是说，战略执行应该从这四个方面去要求和强化，在制订战略计划的时候，应该把这四个方面的关系理顺，把它们各自的部署和要求交代清楚。

4.执行者和执行力

执行者即对战略或战略计划进行实施的人，包括团队执行者和个体执行者。企业的战略通常是由一个团队共同执行并完成的，但是这些工作最终是通过任务分解、落实由不同的个体来完成的。

执行力是指执行者把想法、计划变成现实的能力，是衡量一个团队或个体能力的重要指标之一。在企业管理层面，执行力对个人而言，是对公司或上司指令、意图的变现能力，通俗说就是能否以某种程度完成自己工作的能力；对团队而言，则是完成战术任务的能力，通俗说就是实现某个战术目标的能力；对企业而言，执行力是战略推进的能力，是企业经营管理能力的外在表现。

执行力往往取决于执行者的动机、能力和执行情境这三个要素。

执行者的动机是首要的执行力构成要素，如果没有良好的执行动机，即便具备优秀的执行能力和良好的执行情境，也不一定能有较好的执行力。执行者的动机取决于如下几个因素：

○目标的理解和明确程度：目标越清晰、越容易理解，越容易激发执行者的动机；

○执行任务的难易程度：有难度的任务往往可以激发执行者的挑战欲，但过难的任务也有可能造成挫败心理；

○执行者的个性：积极的个性（如喜欢挑战、有责任意识、勤快等）容易产生正向的行动倾向，反之，消极的个性则会阻碍动机的生成；

○团队的氛围：一个有鼓励成功和行动氛围作业团队的容易使人产生正向的执行动机，反之则不会。

执行者的能力：对个体执行者而言，其执行能力往往与其掌握的相关知识、经验、方法和技能有关；对于团队执行者，则与团队的工作部署、团队中个人执行能力、团队的凝聚力等因素有关。

执行情境是指战略执行的具体时空环境，环境中各要素的启发性、激励性或干扰性是影响执行力的主要因素。启发性即一些可借鉴、参考的要素带来的结果，如以前的成功案例给予的启发；激励性是指情境中的氛围（包括公司、团队的文化氛围）给执行者带来的正向鼓励，如鼓励成功的制度和积极向上的文化；干扰性则是情境中的不利因素给执行力造成的影响，如公司或团队中的消极员工的行为、缺乏公平的分配或奖励制度等。

战略执行力就是把战略目标变成战略成效的能力。对企业而言，战略执行力是企业各层级、各部门和各个员工的执行力的总和。表现为对战略环境和战略任务的理解力、实现战略目标或战略愿景的操作能力。

5.执行与运营

运营（operation）英语本义是"运作""活动""操作"或"行动"，是指"有组织的活动"（organized activity），现在通常用来指在数字化或信息化条件下的企业运作。

执行和运营有很多相似性和共同性。首先，相对于战略或战略计划来说，二者都是微观层面的概念。在表述上，往往是"执行"与"战略"对举，"运营"与"计划"对举，二者都是从属于更高层面的概念。其次，二者都强调操作性，都是对计划或规划的操作。执行本身也有"操作""行动"的意义，二者在意义上有共同的地方。

不同的方面，其一，运营是提升效率的工具，而执行是"奉命行事"，前者需要对效率负责，需要评估绩效；后者则是强调按部就班，严格按照计划行事。其二，运营强调日常的经营管理；执行则是按照计划日程开展。其三，从概念的新颖性来说，运营是数字时代的产物，更"新"一些，更流行一些；执行相对来说是"旧"一些的概念了。

二、创意营销战略的执行

1. 创意营销战略执行的内容

在工商管理领域，"执行"是对战略、战术的具体操作，创意营销的战术是指创意在营销各要素中实施，是把战略创意概念中的有关决定变成可操作内容的过程，因此创意营销的执行主要包括战略执行、创意（战术）执行和方案执行三种。

战略执行是对营销战略计划的执行，是逐步推进和实现营销战略目标的过程，也是营销价值逐步实现的过程，也就是创意营销战略模型中由内而外第一层到第二层的演变过程（如图 3-10 或图 6-8 所示）。

创意执行属于战术执行的范畴，是对各个不同层面创意的执行，是把不同层面的创意由想法变成具体可操作性的、实物性的过程，也就是创意营销战略模型中由内而外第二层到第三层的演变过程（如图 3-10 或图 6-8 所示）。

由于创意营销战略的核心是创意，因此战略执行的过程包含创意执行的过程，二者的关系可以理解为战略和战术的关系。

方案执行则是根据营销策划方案或企划书所规划的内容进行营销活动的过程。由于本书重点是策划过程，故而以下重点阐述战略执行和创意执行。

2. 创意营销的战略执行

这个步骤的重点是把创意的核心概念变成营销各要素创意，也就是把创意概念转变为实际的产品创意、内容创意、活动创意和渠道创意四个方面（详见第六章第三节"战略架构：战术"）。需要注意的是，这四个方面在创意执行的过程中应该是一种整合的关系，通过相互的协作来使战略的效力最大化。

3. 创意营销的创意执行

创意营销的创意执行主要包括产品创意的执行、内容创意的执行、活动创意的执行以及渠道创意的执行四个方面。

（1）产品创意的执行

产品创意的执行包括产品主体设计、产品包装设计和产品促销设计等方面。

产品主体设计主要指产品的类别、材质、形态、工艺等物质层面的创新表现，也就是从产品概念到实际产品的转变过程；也包括产品定位、产品定价、产品的沟通概念（文化属性）等这些附属的精神层面的因素。

产品包装设计是通过一种外在的方式赋予产品更多价值的过程。产品包装本身就是一个媒介，可以通过它来传达品牌名称、产品名称、产品信息（包含材质、成分、工艺、产地、执行标准等）、出品厂商等各种相关信息；产品包装设计也能体现出产品的定位、产品的沟通概念等文化属性；好的产品设计还能体现出物与人的交互关系（如环保的材质和可回收利用的设计），具备丰富的人文属性，如"味全瓶身＋尖叫瓶盖＝完美油壶"就是很好的案例。

产品促销设计是把产品和促销进行组合的一种创新设计方式，如通过附赠额外的分量、附赠奖品以及进行 IP 角色的联名设计等。

（2）内容创意的执行

营销内容从功能上来划分，包括各种广告、原生内容、植入性内容和促销内容等；从形态上来划分，包括文字类内容、图文类内容、视听类内容、互动类内容等不同的形态。内容创意的执行主要就是创作和运营各种功能、各种形态的内容作品。

好的内容运营应该是基于核心创意（IP 故事）的一种多形态、长线操作，内容的创作可以和产品、活动、渠道相结合。在策划阶段，不一定要把所有的内容都创作好，但至少要完成一些前期的作品，以便在战略执行开始时可以迅速地投放到各个渠道。

在策划方案中，IP 故事可以通过 IP 角色设计和故事梗概来表现；平面作品一般用样图的形式来呈现；视听类往往通过脚本或故事板的方式来呈现；互动类则可以创作好之后生成二维码放在策划方案中，便于读者通过手机扫描之后来做体验。

在内容运营阶段，作品的发布可以采用多平台同步的方式，但也要注意内容发布的时机以及需要熟悉各平台对内容的推送机制，才能让内容取得较好的效果。

（3）活动创意的执行

营销活动按照其功能一般可分为促销活动、公关活动、公益活动、节事活动、媒介活动以及这几种活动的结合体（可笼统称为"营销活动"）等形式。

在策划阶段需要依照营销计划分阶段制定好各个营销活动的执行方案，每个活动都应该罗列出其活动主题、活动原理（含活动目标）、活动流程和活动支持（人员、场地、物料、资金和媒体宣传等）等几个方面。但这只是一个大概的方案，在每项活动开展前，还需要根据策划的内容制定更加详细的活动执行方案（或活动手册），如场地规划、物料摆放、观众座席、设备调试等都要具体到有专人负责；活动流程安排中人员出场顺序、活动环节安排都需要精确地控制。

营销活动的执行主要是按照已经制定好的营销活动执行方案去推广，细节决定成败，任何细微之处都不能被忽视。

（4）渠道创意的执行

渠道按功能分可以分为内容渠道、导购渠道、销售渠道和社群渠道等，但当前大部分新媒体平台可能都已形成"内容-社交-电商"的闭环，很容易实现渠道与内容、产品、活动的有机结合，所以融合性、创新性地使用各种媒体渠道显得非常重要。

在策划阶段，需要制定详细的渠道或媒介计划，还需要制定详细的媒介矩阵（包括社交媒体账号矩阵）。

营销渠道创意的执行，主要的工作就是在已经规划好的各个渠道平台去注册和开设各种（如品牌账号、员工账号）、各级账号，或者把已经有的账号进行整合；管理好品牌在各个渠道平台的社群和用户，运营好各个渠道平台的内容和活动。

创意执行与策划方案内容在对应关系如表11-1所示。

表11-1 创意执行与策划方案内容的对应关系

创意执行项目	创意执行的内容	对应的策划方案内容
产品创意的执行	产品主体设计 产品包装设计 产品促销设计	创意设计
内容创意的执行	主视觉设计 平面广告（含各种宣传海报） 原生内容（含微电影） 植入性内容（含软文） IP故事	创意设计
活动创意的执行	促销活动 公关活动 公益活动 节事活动 媒介活动 其他营销活动	活动执行方案
渠道创意的执行	分销渠道创新 媒介互动创新 品牌社群经营 渠道融合和渠道矩阵	媒介计划或渠道计划

三、创意营销战略执行的意义

1.价值创造和价值实现

不论是战略还是创意，在我们的头脑中或者写在纸上，都只是空想或空谈的东西，只有经过实施过程，才能变成有价值的存在。因此，创意营销战略执行过程，也就是营销价值的价值创造和价值实现过程。从历史和社会的角度看，人类正是不断通过这种价值创造和价值实现，才会有不断积累的社会财富和不断进步、丰裕的社会文明。

2.创意战略和战术的呈现

创意营销战略的执行过程也是营销创意通过战略和战术呈现的过程，营销人员的聪明才智和各种巧思妙想，通过这个过程呈现在世人面前。同时，营销创意所衍生出来的产品、营销内容和营销活动以及它们的结合体，也丰富了人们的物质生活和文化生活。

3.日常管理和运营

营销战略的执行贯彻到营销活动的点点滴滴，构成了营销人员的日常工作。从另一个角度来说，营销人员的日常工作就是进行营销战略和营销创意的管理和执行。近年来，随着数字化营销的日渐深入，这种日常的管理和执行也被称为"运营"。运营人员除了对战略和创意的执行，还要查看每天的反馈数据，及时调整和优化执行的细节和思路，以保证战略战术的最佳效果。

第二节 战略整合

由于战略的全面性和战略执行的多样性，特别是在新媒体信息的零碎化背景下，在战略执行的过程中，战略任务往往被分配给不同的机构、部门、团队或个人，这些相对独立的机构、部门、团队或个人在执行指令的过程中容易出现"各自为战"的局面，可能会出现偏离战略主题的情况，因此必须对战略执行进行整合。

一、战略整合的背景

1.新媒体信息的碎片化

主要体现在两个方面，一是用来作为营销的新媒体平台的多样化，各种不同性质的服务、平台和应用层出不穷；二是作为传播主体的各平台的各种自媒体账号、注册用户以及他们创作的各种内容浩如烟海。在这样的背景下，信息传播想要达成像传统媒体一样"一呼天下应"的状况是比较困难的，因此需要把各种不同的营销和沟通的资源（包括各种可利用的媒介平台和自媒体账号和沟通内容）整合起来。

2.流量的指挥棒

信息化条件下，通过各种网络平台传递的信息是以数据的形式（以"bit"为基础单位）进行统计和计算的，也就是说，所有的营销传播效果是以流量为导向进行评价的。具体来说，就是以各种展示量、访问量、互动量（点赞、转发、评论、打赏、发弹幕等）和成交量来衡量传播和营销的效果。此外,信息化条件下,往往通过程序化的设置使营销效果往效率更佳的方向优化。在这样的情况下,某些营销传播的行为会产生量化效果更好、效率更高的趋向,从而可能会出现与战略目标相背离的情况。比如,在一个战略进程中,规划了信息内容和促销等各种活动,而其中内容或促销的某一方面的流量效果相对较好,就会产生不均衡的状况,这时候就需要对整体的营销效果进行整合,而不是单独强调某个或某些方面。

3.战略执行的偏差

在实际的营销过程中,战略规划和战略执行的主体往往不是同一个群体,也就是说,战略的制定者和战略的执行者可能是不同的团队或个人。比如,制定营销战略的是企业内部的营销企划部门,而进行战略执行的则可能是企业的销售团队、营销代理商或传播代理商等不同的团队或个人。这个过程中容易出现两种执行偏差的情况,一是执行团队对战略的理解不够透彻导致的偏差,二是在战略执行过程中由于执行团队文化、团队能力导致的偏差。因此在执行规划中,一方面需要对执行的目标、步骤和流程进行尽可能详细的整合规划,另一方面需要把战略目标、任务和不同的团队的特征结合起来进行战术任务的分配。

4.长期效果和短期效果的博弈

战略要追求的效果往往是长期的,而战术执行则是追求相对短期的和具体的阶段性效果。战略规划就是要把不同的短期的、阶段的和具体的效果整合起来,形成更大的战略效果。

二、对战略整合的理解

1.战略整合的概念

"整合"(integrate)与"统一"(unify)意义较为相近,都是使不同事物或同一事物的各个要素或各个部分达到"融合"(convergence)的状态,成为一个不可分割的整体。

战略的意义之一就是整合,就是以一种统一的号令、全局的资源调度、整体的战略布局和流程安排来实现长期的目标。战略内容已经包含了这些要素,但在战略执行中由于渠道的多样性和内容、活动的丰富性,容易形成碎片,所以需要进行整合。

战略整合是指战略执行的各个要素形成一个整体,通过协作来产生合力、产生综合效果的过程。创意营销战略的整合是全方位的,涉及战略概念和战略资源、产品、内容、活动和渠道以及他们的结合体,在战略执行过程中,要让这些要素产生合力来实现最终的价值整合。

2.对战略整合的理解

(1) 营销各要素

创意营销的要素包括营销资源、产品、内容、渠道和活动等营销活动常常用来支配和操作的部分，战略整合就是要站在战略的高度来统筹规划这些要素。

(2) 全局资源调度

从经济学的角度看，企业的营销战略就是开发和利用资源以实现资源增值的过程，因此，对资源的整合开发和利用也是战略整合的一部分。这里说的资源包括硬的和软的两种，"硬资源"主要包括资金、场地、设备等各种直观的物质资源；"软资源"则包括品牌影响力、管理、人力、技术和数据等非直观的资源（详见第六章第四节）。

(3) 横向整合

横向整合指营销战略的整体布局，即营销各要素在空间或地域上的整合，如不同的市场、不同的新媒体平台以及不同的消费场景等。

(4) 纵向整合

纵向整合指营销活动在时间上或流程上安排，如不同的阶段或不同的环节。

(5) 价值整合

这是战略整合的目的，整合的目的就是通过融合化、一体化的战略执行，来实现企业、品牌的资产增值，最终实现企业的使命和社会价值。

3.战略整合的意义

(1) 保证信息清晰一致

战略的整合能够使营销活动在不同市场、不同渠道、不同场景、不同流程保持信息的一致性。信息一致才能增进人们对品牌、产品的正确认知，才能保证品牌形象的清晰一致，有利于品牌定位的深化。

(2) 协调营销各要素的关系

营销的各种要素包括各种不同形式的资源、产品、内容、渠道或营销工具等，它们都有各自的优势和不足，如软性植入内容对于增进品牌或产品的认知有较好的效果，但对产品的促销效果则较弱，相反，促销活动对产品的销售有较好的效果，但品牌或产品信息的说服性较弱；同理，内容平台、社交平台、电商平台也都有各自的优势和不足。因此，各要素之间应该是相互配合、互为补充的关系，通过它们之间的相互作用来促进营销活动的协调发展，防止出现某种要素"过于出风头"或"拖后腿"的情况。

（3）合理安排营销进程

战略整合还体现在营销活动在时间或流程上的安排，把一个战略周期内的营销活动通过不同的阶段或不同的环节来开展。如新产品的营销一般遵循"曝光—互动—促销"三个阶段的基本流程；在消费者态度层面遵循"知晓—理解—形象—信赖—行动"的影响流程；在营销工具应用层面则通过"新品发布会—广告—话题互动—产品体验—产品试用—优惠促销"的进程安排来实现营销效果的逐步推进。

（4）价值的增长和转化

营销各要素之间的整合是实现营销资源增值的关键，任何两种要素的整合都要实现"1+1＞2"的效果，各种要素通过有机的协调和整合来产生更大的合力，从而实现价值的增长。此外，营销终究是一种经济活动，因此在营销活动的决策中，不能只停留在注意力价值阶段，需要通过战略的整合实现注意力价值向行为价值转化，再把行为价值转化成经济价值（如图11-3所示为营销的流程整合和价值转化）。

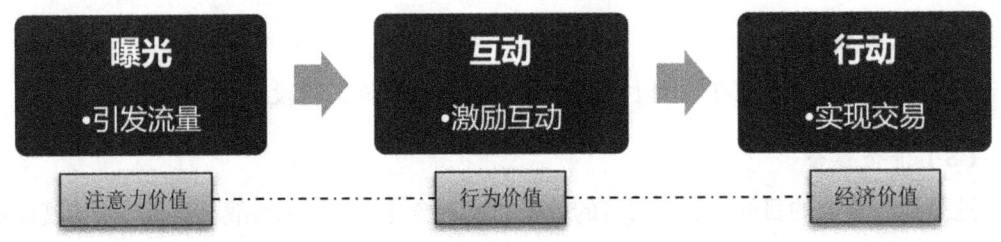

图11-3　营销的流程整合和价值转化

三、战略整合的执行

1.战略整合的效果追求：合一

战略整合最主要的目的就是要实现各个营销要素的组合或融合，形成一体化或一致化的整体状态，以提升资源利用的效率；同时，各营销要素的协作产生合力，提升战略和战术效果。从消费者或用户的角度来看，战略的整合执行要给他们带来品牌在各个市场、各个场景、各种渠道的营销活动整体感和一致感受。因此，战略整合的效果可以从资源、信息、工具和价值四个方面的整合来进行理解。

（1）战略基础层面：资源整合

合理分配资源，特别是财务资源。在具体执行中，把财务资源分配到不同的产品、不同的渠道以及不同的营销活动中去，通常用权重或饼形图来表示某个要素的重要程度。

（2）战略核心层面：信息整合

在营销的不同阶段或不同流程，在不同市场、不同场景，营销所提供的品牌和产品信息（诉求）、品牌形象应该保持一致；同一个战略主题下的营销活动应该保持营销概念的一致性。

（3）战略战术层面：工具整合

各种营销传播工具（手段）、各种营销激励措施以及各种营销渠道，应该协同作用，在功能上互为补充、互相支持，使营销效果最大化。

（4）战略效果层面：价值整合

正如流量最终要转化为销量一样，营销活动所产生的意义（精神价值或文化价值）最终都需要转化为经济价值，通过经济价值的计算（如投资回报率）来评估各个营销环节、各种营销内容或活动的效率。这也是新媒体营销"短、平、快"特征的要求。

2.战略整合的原则

战略整合的原则主要有高低搭配、软硬结合、公私兼顾、协力互补、亦庄亦谐和融合增值等。

（1）高低搭配

高低搭配主要用于产品组合和社交账号矩阵的搭配上。产品层面要把高端（或高价格）产品和低端（或低价格）产品进行组合，满足不同层次消费者的需要；社交账号矩阵要把企业高层或管理人员的账号和普通员工的账号进行搭配，既满足人们对"权威性信息"的需求，也满足人们对偶尔"小道消息"的需求。

（2）软硬结合（虚实整合）

软硬结合主要表现在资源和信息层面。在企业资源层面，主要强调硬资源与软资源的整合（详见第六章第四节"战略支持：资源"），通过虚实、软硬的整合来提升战略执行的效率；内容或信息层面的软硬整合，主要是强调硬信息（广告和促销信息）和软信息（原生内容或植入性信息）的整合（详见第八章第二节"内容创意策略"）。

（3）公私兼顾

公私兼顾是指在渠道整合层面，应该把公共领域的渠道和私下的社群渠道相结合，重视公共领域的影响力，兼顾私域社群关系的维护。

（4）协力互补

协力互补是指营销工具的整合，各种营销工具进行优势互补，让创意的效力发挥到最大。如产品和内容的整合可以产生故事化产品、IP化产品或品牌化产品；产品和活动的整合可以产生互动式的产品或促销式的包装；产品和渠道的整合可以产生特供产品或限量产品；内容和渠道整合则可产生原生内容或场景式内容；内容和活动的整合可以产生互动式话题或交互式内容；内容、活动和渠道的整合则可产生体验式销售或场景式销售；等等。不一而足。

（5）亦庄亦谐

亦庄亦谐主要强调内容风格层面的整合，既要有正式的、庄重的、严肃的内容，也要有活泼的、轻松的、娱乐的内容，适应不同风格的渠道或平台，也便于消费者在不同的心境下接受信息。

（6）融合增值

整合的最高层次是实现各种营销要素的有机融合，以实现各种价值的交汇和融合，产生价值增益，最终实现企业价值乃至社会价值的增长。

3.战略整合的形式：矩阵和权重

从形式上来说,战略整合主要表现为参与整合的各要素构成的矩阵,如品牌/产品矩阵、营销工具矩阵、内容矩阵、渠道矩阵和社交媒体账号矩阵等，矩阵中各要素并非平均分配，其整合形式取决于各要素在矩阵中的权重。

（1）品牌/产品矩阵

品牌/产品的矩阵可以根据价格、功能、文化风格和营销策略等几个方面来进行规划。

如根据价格把产品分为高端产品、中端产品和低端产品的矩阵来组合；根据功能的"简单—中等—繁复"可以把产品分为基础款、升级款和旗舰款来组合；根据文化风格则可以把产品分为流行（潮流款）和经典（复古款）等来组合，也可以通过地域文化把产品分为国风（国潮）版和欧美（北欧）版等；此外还可以根据营销策略把产品分为阻击性产品、主打产品和限量产品等来进行组合。阻击性产品主要为了应对竞争对手的降价、促销等恶性竞争策略而设定；主打产品则主要是为了保证销量；限量产品一般不追求销量，而是追求高的产品溢价。

产品矩阵的这些基本建构方法（如表 11-2 所示）也可以用于品牌矩阵的建构。

表 11-2 产品矩阵的方法举例

维度	产品矩阵
价格"高—中—低"	高端产品、中端产品和低端产品
功能"简—中—繁"	基础款、升级款和旗舰款等

续表

维度	产品矩阵
风格"流行—经典"	潮流款和复古款等
地域文化风格	国潮款、北欧版、北美版等
营销策略	阻击性产品、主打产品、限量产品等

（2）营销工具矩阵

主要是各种营销工具（手段）构成的"认知—情感—行动—关系"或"种草—圈粉—带货—促活"矩阵，以实现全功能的营销手段整合。营销工具的整合，最终以营销活动矩阵的方式来呈现（如图11-4所示）。

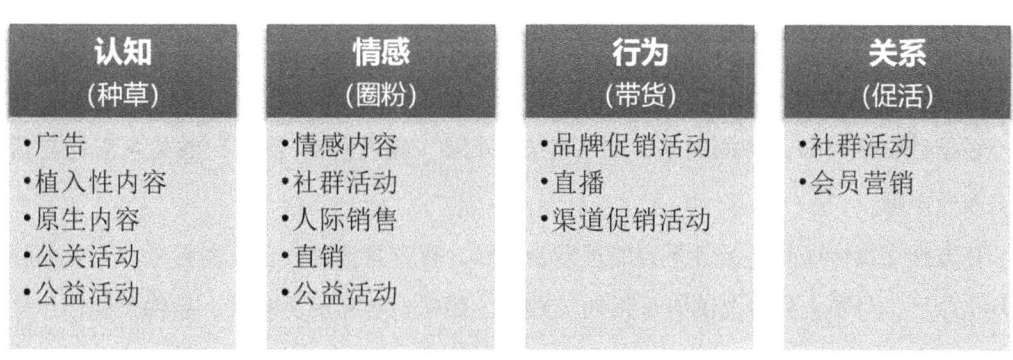

图11-4 营销工具矩阵示例

（3）内容矩阵

内容矩阵的搭建可以根据内容的形态、功能、风格和故事线来建构不同的内容组合。从形态上可以把内容分为图文类内容、视听类内容和互动类内容等；从功能上可以把内容分为圈粉类、出圈类、情感类和带货类等；从风格上则可以根据内容的软硬程度来划分，也就是把按照功利性或促销性的明确程度来组织内容；还可以根据内容的话语风格分为严肃内容、活泼内容和娱乐内容等来组织；此外，还可以根据内容的故事线来组织不同内容，如主线故事、支线故事、背景类故事、开端类故事、高潮故事、结尾故事等。

（4）渠道矩阵

渠道矩阵建构，往往通过各种渠道擅长的功能来划分，如导购类、内容类、线下或VR类、电商类、社群类等几种渠道（如表11-1所示）；此外，还可以根据"自有—租赁—合作—购买"的维度（详见第十章第三节"渠道创意执行"）以及渠道主要用户群体的不同来建立矩阵。

表 11-3　根据功能组建渠道矩阵举例

渠道功能	种草	圈粉	体验	带货	关系
渠道属性	导购	内容	线下或 VR	电商	社群
渠道举例	小红书 什么值得买	微博 今日头条 抖音 快手 哔哩哔哩 知乎 优酷 西瓜视频	线下直销店 线下体验店 元宇宙空间	淘宝 京东 唯品会 直播电商 线下渠道 携程 美团 拼多多	微信群 小程序 公众号 抖音粉丝群 百度贴吧 官方网络社区

需要注意的是，同样是电商渠道，其功能可能会因为所售品类不同而有所侧重，比如天猫或唯品会的服装类产品成交量比较高，重视形象；京东商城一般以3C或电器产品为主，重视服务；淘宝或拼多多则主要是日用品销售，重视销量。

（5）社交媒体账号矩阵

根据社交账号与品牌的关系，如"官方-外围"或"主要-次要"的关系来建立营销社交账号矩阵。

官方社交媒体账号包括各平台的官方公众号、官方营销号、企业高管号、企业品牌号以及企业员工号等；外围关键意见领袖（KOL）账号包含品牌关联号、品牌长期合作号和品牌短期合作号等；外围关键意见消费者（KOC）号一般与官方账号关系不是非常紧密，根据影响力和贡献的不同，可以采用临时雇佣或长期合作的方式进行合作。

第三节　战略评估

一、战略评估的概念

1.战略评估的定义

战略评估是对战略执行效果进行的评价性活动。具体来说，就是在战略制定和执行过程中以及战略执行结束时分别对战略执行的各方面情况进行的系统性评价。

可以从如下方面对战略评估进行理解：

战略评估的重点是战略效果，是与战略目标相对应的，用来检验战略目标是否实现。

战略评估是系统性的，是对战略的概念、战略执行要素和战略效果的全方位、全流程的评估。

战略评估的流程涵盖战略制定和战略执行的全过程。

2.战略评估的界定

在数字化背景下，数据成为企业重要的生产资源和经营管理资产，数据分析和数据复盘在营销活动中有举足轻重的作用，大有取代战略评估的趋势。但需要说明的是，数据分析和数据复盘并不能完全取代战略评估，因为三者不是同一层次的概念。

（1）战略评估和数据分析

战略评估和数据分析既有区别又有联系。

首先是二者的目的不同。数据分析的主要目的是发现消费者的行为模式和以此带来的商机；战略评估的主要目的是检验战略的效果和战略目标的实现情况。

其次是二者的侧重点不同。数据分析的对象主要是各种来源的营销数据；战略评估的对象则是战略执行的各种要素和战略的效果。

再次是二者的属性和范畴不同。数据分析是微观层面的，是数据运营的日常工作，所面对的数据是普遍的和通用的；而战略评估既包括宏观层面的战略概念和战略效果，也涵盖微观层面的执行要素和执行效果，评估工作的开展是周期性的，评估的内容通常具有针对性。

最后是二者的方法不同。数据分析一般采用数据分析工具，并使用数据可视化工具来呈现结果，结果往往是量化的；战略评估则往往是把定量分析和定性研究结合起来，以获得系统性的认知。

进一步说，战略评估和数据分析是宏观和微观的关系，在战略的准备阶段和对战略执行的日常评估，都需要进行数据分析；战略评估的过程包含数据分析的环节，战略评估的结果包含数据分析的结果。

（2）战略评估和数据复盘

"复盘"即"重新盘点"的意思，是指当一件事情结束之后，回过头去从头到尾重新梳理盘点一遍，以发现问题，并提出改进措施等。复盘与评估在意义上是相等的，战略评估也可以称作战略复盘。

普遍意义的数据复盘相对来说更强调战术执行层面，如对某个营销活动的复盘，相对于数据分析来说，其概念层次更高一些，具有一定的阶段性和系统性。

3.战略评估的必要性

从前面的分析可以得知,在数字营销条件下,战略评估还是要照常进行,因为战略评估可以用来系统性地发现问题、对比方案、修正战略以及提升运营的效率。

(1) 发现问题

从一种宏观的角度评价营销战略和战术,系统地发现营销存在的问题,进而可以提出能从根源性解决问题的策略。

(2) 对比方案

战略评估可以通过方案的对比来获得对可选择方案的较为客观的认知,提高决策的效率。

(3) 修正战略

战略评估通过系统的评测和日常的数据分析来发现营销的战略性或战术性问题,为进一步优化或修正战略方案提供依据。

(4) 提升运营效率

战略评估通过系统性的发现,找出影响执行效率的有利因素和不利因素,筛选能带来较佳效果的营销手段及其组合,进一步简化流程,降低成本,提升运营效率。

二、战略评估的流程

按照战略推进的流程,战略评估的流程可以分为事前评估、事中评估和事后评估(如图11-5所示)。

1.事前评估

事前评估是在战略发布以前或战略筹备期,特别是战略制定的过程中,对营销战略所涉及的各种创意概念和执行要素进行的评估,目的是确保战略所推出的各种概念是最佳的方案。

战略的事前评估可以分为两类。一类是概念评估,主要是对营销战略所涉及的各种创意概念进行评估,包括对战略概念、产品概念、传播概念、内容故事、营销模式等的评估;另一类是执行要素评估,主要是对战略制定过程中所涉及到的执行要素的评估,包括对战略主题(含子战略主题和营销活动主题)的文字表达,以及对主视觉、故事叙事的艺术手段和风格等的评估。

2.事中评估

事中评估也叫同步评估,是在战略执行过程中对战略执行的即时效果进行的评估。事中评估有两种,一种是日常性评估,常常和数据分析结合在一起,主要内容包括日常内容运营数据、活动运营数据、渠道数据（用户数据和销售数据）的复盘；另一种是阶段性评估，是战略进行到一定阶段所进行的评估，可能是全方位的、广泛的，既包含各种来源数据的分析，也包含定性的调查研究。

3.事后评估

事后评估是指在战略结束后对战略所涉及的方方面面进行的评估，评估是广泛的，可能包括定量的，也可能包括定性的。事后评估主要以战略目标为基准，检验战略是否实现了预先制定的目标，并分析其原因；还包括对目标之外的其他战略因素的评估。事后评估的内容和方法与事中评估是一致的，只是事后评估的时间跨度应该包含整个战略执行期间。事后评估的结果可以作为下一轮战略制定的依据。

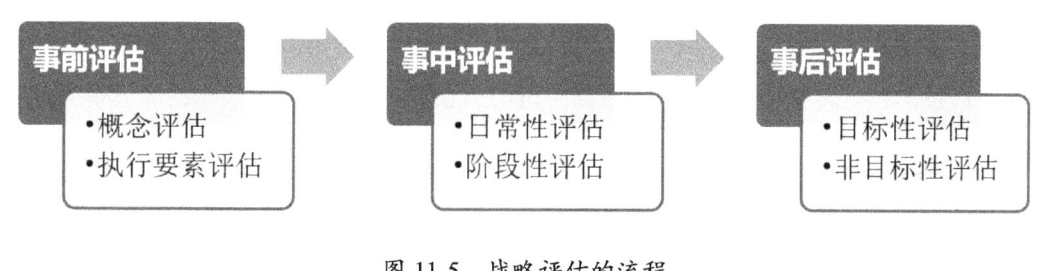

图 11-5　战略评估的流程

三、战略评估的内容

1.概念评估

概念评估是对战略概念所进行的评估。概念评估的内容可能包括产品名称、广告语、战略主题、营销模式、产品的销售主张或品牌承诺、基本的产品定位（或产品的概念定义）、营销活动主题等，评估这些创新概念对于消费者的意义，也可以用来评估替代性的概念（当有若干个概念难以取舍的时候，可以通过评估来选择最佳方案）。

概念评估一般采用焦点小组或随机访问的形式，通过对比测试、词汇联想、喜好度量表等评估手段来完成（调查方法详见第五章"表 5-5"）。

2.执行评估

执行评估是对战略执行的各种具体元素的评估，包括对各种内容文本、营销活动、营销渠道以及与消费者的互动方式等的评估。

内容文本：对内容文本的评估通常是定性的，评估构成内容的文字、视频、影像、音乐、艺术手法、风格流派等要素及其组合的应用是否合理，以及消费者对内容文本的态度。

营销活动：营销活动的评估通常是定量的，通过评估人们参与数量、参与程度和行为数据来衡量营销活动的主题和激励方式的效力。

营销渠道：评估营销渠道的效率，包括用户覆盖率、展示效率、获客效率和成交效率等，也包括某个具体渠道与其他渠道、产品、内容或活动的融合效果的评估。

互动方式：评估产品、营销内容和营销活动与消费者或用户的交互方式是否友好，参与者是否能获得较好的品牌体验，对品牌或产品的认知是否改善等。

3.数据复盘

数据复盘主要用于新媒体平台，包括战术的和战略的两个层面。战术的数据复盘是在战略执行中对某个营销活动进行的数据分析；战略的数据复盘则是在战略执行结束后对战略效果数据进行的评估。复盘的数据主要包括流量数据、销量数据和关系数据三种。

（1）流量数据

用于评估营销内容或营销活动的效力，包括营销内容或营销活动页面的展现（到达）量、浏览（阅读）量、转发（分享）量、参与（讨论、点赞、打赏、收藏、预约、下单等）量。

（2）销量数据

用于评估营销战略和战术的直接销售效果，主要是周期性（日、周、月、季）或单项营销活动（如某场直播带货）的销量和销售额数据。

（3）关系数据

用于评估企业或品牌在社交媒体上的影响力，包括企业或品牌在全网、各渠道、各个社交账号的"粉丝"或用户数量；根据关系的紧密程度，还可分为新增"粉丝"数、活跃"粉丝"数和"铁杆粉丝"数等。

四、战略评估的方法

1.按照评估的性质

（1）定性评估

定性评估的结果是语言评述性的，主要用于对品牌、产品或营销内容的态度（包括认知、情感和动机）的评估，主要的评估指标有知名、喜好、识别、回忆、社会评价等。

（2）定量评估

定量评估的结果主要通过量化的数据呈现，主要用于消费者行为效果和销售效果评估。行为效果包括战略或战术执行所产生的查询、点赞、收藏、评论、转发、加购、下单、抽奖或者领券等消费者行为层面的反应；销售效果则是战略执行期内总的或阶段性的销量或销售额。定量评估也可以用于对各种营销因素效率的评价，如对促销活动、内容带货、渠道活动效率的评估。

2.按照数据来源

（1）大数据分析法

大数据分析法是数字化背景下采用最多的方法，面对浩如烟海的数据，直接通过数据挖掘工具对各种来源的数据进行整合分析，以发现消费者的行为模式和潜在的营销机会。大数据分析的前提是企业已经建立了数据的收集、整理和分析的流程，并且已经有一定存量规模的用户。

（2）访谈法

访谈法是一种人际的调查方法，通过调查人员和被访者之间的互动，发现人们对某件事情（如某个品牌、某个内容或某个活动）的潜在动机、立场或看法。访谈法包括一对一访谈、焦点小组、（街头或店内）随机访谈或入户访谈等。

（3）问卷法

问卷法更倾向于与被访者进行一种书面的互动，相对口头的访谈，问卷法使用各种态度量表，使得到的结论更加精确。

（3）仪器法

仪器法是依赖各种传感器或精密仪器，测量人们对各种营销内容或营销活动的生理反应，获得真实的数据。主要用于对内容的评估，使用运动传感、眼动仪、动作捕捉以及面部识别等仪器来评估人们对营销内容或其他营销刺激的真实反应。

3.按照评估的频率

（1）日常性评估

即日常运营数据的分析，每天或每周对营销内容、活动的数据进行评估，以发现日常运营问题。

（2）活动性评估

即营销活动复盘，每当执行完一个营销活动后，对整个活动的执行过程和效果进行的梳理、分析和评估。

（3）阶段性评估

在战略执行到一定阶段后进行评估，通过数据的环比（与上一阶段的数据比较）和同比（与上一战略周期内的同一阶段）来发现问题。

（4）战略性评估

在战略整体执行结束时进行评估，对战略的总体的效果进行评估。战略性评估应该与战略目标相关联，检验战略目标是否已经实现。

五、战略循环

战略评估既是一个战略的结束，又是新一轮战略的开始。每一轮战略评估的数据或结果都可以产生新的营销洞察，都可以作为下一轮营销战略制定的基础，以此形成良性的战略循环（如图11-6所示）。

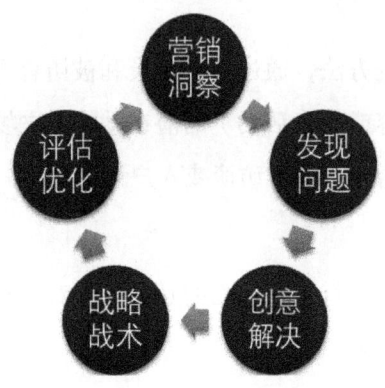

图 11-6　创意营销的战略循环

思 考

1. 在以"运营"为主要手段的背景下，强调战略执行是否还有意义？

2. 在数字化营销存在"刷单""水军""刷好评"等乱象下，如何保证战略评估数据的真实有效？

第十二章
创意营销策划方案撰写

> **导　读**
>
> 1. 营销策划方案包含提案、计划书和报告三种文本形式；营销策划方案的主要内容包括营销洞察、营销战略、营销战术和战略评估四个部分。
> 2. 创意营销策划方案有其显著的特点，营销策划方案的每个部分的写作都有一些侧重点和注意事项。
> 3. 营销策划方案的撰写技巧，主要包含篇章结构和内容写作两种。

第一节　认识策划方案

一、营销策划的文本

营销策划方案即策划活动的文本方案，是经由策划活动最后形成的书面文本。

从策划的过程和结果来看，营销策划方案一般需要写作的文本主要有三种，分别是营销策划提案、营销策划计划书和营销策划报告。这三种策划的文本大同小异，主要区别在于目的、对象、侧重点以及呈现方式。

1.营销策划提案

所谓"提案"，字面意思就是指"提交的方案"，策划提案是营销策划机构或企业营销策划部门完成的向营销活动决策者和执行者提供的意向性策划文本，是营销策划人员在完成基础的战略思考之后形成营销战略思路的反映,是营销计划的基础。

提案重在阐述策略。提案的策略是意向性的,不是最终用来执行营销策略的蓝本,因此需要具有说服营销决策者接受策略(包含创意)的目的。

提案是视觉化的文本。提案文本可以看作是口头说服的补充,即把口语难以解释说明的,或者需要重点强调的内容(如主线、概念、数字、图表、视觉设计等等),通过视觉形象展示出来给营销活动的决策者看,所以通常需要用视觉化的文本形式(如 MS PowerPoint 文件)呈现。

对于营销传播代理机构来说,提案有内部版本和客户版本。内部版本一般是营销传播机构内部提供策略讨论的版本,是非正式的策划文本;外部版本是营销传播机构针对客户(企业)的版本,是正式的策划文本。

2.营销策划计划书

营销策划计划书也常常被称作"策划书",是在提案完成之后用来作为营销传播执行的"蓝本",是营销人员的操作指南。

营销计划书重视执行。要把后期策略计划实施相关的方方面面的内容事无巨细地全进行规划,因此,营销计划书应该阐述策略与执行的关系,以保证执行不偏离策略。营销计划书更应该把营销策略指导下的战术做详尽的安排,如产品的设计、营销内容如何布置、营销活动如何开展等。

需要注意的是,重视计划并不是说就不需要策略,好的执行应该是围绕策略展开的。计划书是"白纸黑字"的执行蓝本,一般用图文并茂的形式(如 MS Word 文件)呈现。

3.营销策划报告

营销策划报告是营销活动结束之后对营销活动的总结、评估和展示,重视策略过程和营销效果,以及二者之间的因果关系,目的在于使读者认识到策划的背景、过程和结果。

策划报告常常用于企业内部经验分享或营销传播代理机构用以说服目标客户以获取新的业务。策划报告一般用图文式文本(如 MS Word 文件)来呈现。如表 12-1 所示为策划提案、计划书和报告的区别。

表 12-1 策划提案、计划书和报告的区别

策划文本	目的	对象	撰写时机	内容侧重	呈现形式
提案	说服决策者	营销决策者	战略和战术形成之后	战略和战术	口语和视觉文本
计划书	执行参考	营销人员	战略和战术被采纳之后	战略执行	图文文本
报告	经验分享展示实力	内部员工或目标客户	战略和战术执行完成之后	战略与效果的关系	图文文本

营销策划方案的三种文本虽然在目的、对象、侧重点和呈现形式等方面不尽相同，但大部分内容是共同的。其中以营销计划书的内容最为完备，形式也较为正式；营销策划提案可以看作是营销计划书的简约视觉版；营销策划报告则可以看作是"营销计划书+效果验证"的版本。为便于阐述，下面还是笼统称为"营销策划方案"。

二、营销策划方案的内容和结构

1.营销策划方案的内容

从逻辑上讲，营销策划方案的内容应该包含营销战略和战术的方方面面，但从行文上来讲，则主要包括如下几个方面。

营销洞察：对营销环境或形势的认知，并从中找出营销活动存在的问题和机遇。一般包括宏观环境分析、微观环境分析和问题聚焦。

营销目标：营销的努力方向。一般包括营销目标和目标市场，也就是要实现什么以及在哪里努力。也可以把目标看作是营销战略的一个部分。

营销战略：抓住机遇或解决问题的方法。通常包括营销概念（产品概念和沟通概念）、战略整合架构（战略由哪些因素、如何构成）、战略执行思路（战略执行的框架和流程）和战略支持（人力、物力、财力等资源如何分配）。

战略执行：战略如何组织和实施。营销的战略通常包括产品（价值）如何沟通和交付、与顾客的交流和互动如何被激发等，因此战略执行的范围相对来说是较为广泛的，如产品的设计和包装、营销内容的开发、营销渠道的规划和消费者培育、激励计划。

战略评估：评估战略的成效。依照时间顺序，通常包括事前评估、事中评估和事后评估（或复盘）三个步骤。

预算：营销活动的预计资金花费。一般包括创意设计费用、渠道费用、活动费用和备用资金等方面。

以上内容构成了营销策划内容的主体。

附件：作为一个完整的文本，除了策划内容的主体外，还应该包含封面、目录、前言、后记和附录等附件内容。

2.策划方案的内容模块

"内容模块化"就是把常用的内容作为一种"组装模块"常备，按需要组织成适当的文本方式，策划者也可以根据自己的习惯或风格调整各模块的顺序。营销策划方案常用的内容模块如图12-1所示。

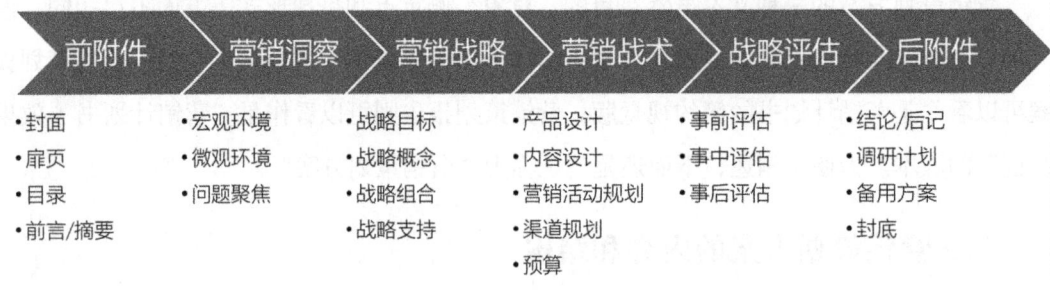

图 12-1 营销策划方案的模块

（1）模块一：营销洞察（营销环境分析）

子模块：宏观环境分析、微观环境分析和问题聚焦（结论）。

（2）模块二：营销战略

子模块：战略目标决策、战略概念、战略组合（战略执行架构）和战略支持（战略预算及其他）。

（3）模块三：营销战术

子模块：产品设计（产品创意执行）、内容设计（内容创意执行）、营销活动规划（执行）、渠道规划和预算。

（4）模块四：战略评估

子模块：事前评估、事中评估和事后评估。

（5）模块五：附件

子模块：前附件（封面、扉页、目录、前言/摘要）和后附件（结论/后记、调研计划、备用方案和封底）。

3.策划方案的结构

一份完整的策划方案由方案正文和附件组成。方案正文也称方案的主体，是策划方案的主要内容，包括营销洞察（也称营销环境分析或形势分析）、目标决策、战略构想、执行方案、效果评估和预算等几个方面；附件虽然不是很重要，但却是方案不可或缺的部分，包括封面、前言或摘要、目录、附录等方面（如图 12-2 所示）。

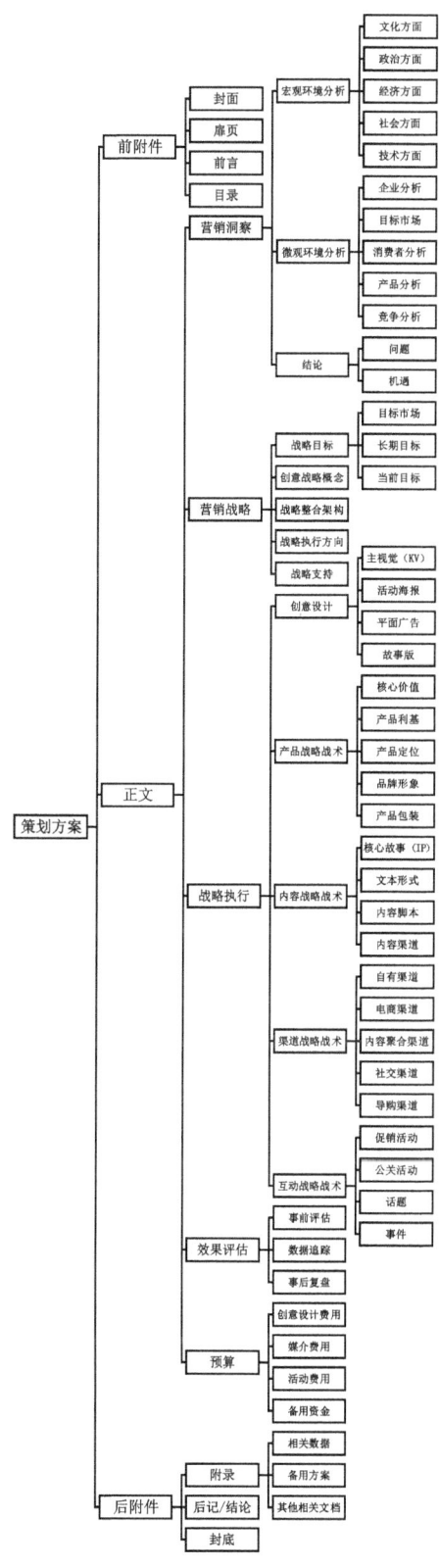

图 12-2 营销策划方案的结构

4.营销策划方案的内容取舍原则

在此主要是对三种基本文本的取舍。营销策划提案是辅助口头演讲的提示性视觉演示文本，因此一般无须把策划内容全部都详细罗列，只要简练、醒目的视觉材料，但基本的内容逻辑结构还是要完善。营销计划书不只需要阐述战略和战术的来源，还应尽量把战略和战术执行所涉及的方方面面都作详细的部署和规划。营销策划报告重在说明营销活动的"前因后果"，所以应该针对报告的对象和作用作相应取舍，如营销洞察的详细数据和战略执行的细节往往不需要具体呈现；有些涉及商业机密的信息可以省略或作涉密处理。

因为对营销计划书的内容的完整程度和详细程度要求是最高的，所以下面的阐述主要以营销计划书为主。

（1）不需要进行取舍的情形

战略性营销策划、学生竞赛和新产品或新品牌市场导入的策划需要全面、完整地撰写营销策划方案。

战略性营销策划：主要包括企业内部的长期营销战略规划或营销代理商、传播代理商的年度战略策划。这类方案具有一定的长期性，因此更注重战略的全面性、周期性和延续性。

在校学生课堂作业或竞赛：学生在学习理论的过程中，应该建立完整的战略观念和逻辑思路，严谨、完整、全面地制订整个营销计划。由于可能缺少实战经验，创意和严谨的战略推导成为重要的价值评判指标，故而应该注重策略、创意的呈现和形式的独特性。

新产品/品牌导入活动：由于一切都是新的，方案所需要涉及的范围应该比一般的营销战略策划还要广，如可能还会涉及产品或品牌命名、商标注册、专利申请等工作。此外，还要注意营销战略的延续性。

（2）需要对详略进行取舍的情形

意向性提案只是为了"投石问路"，没必要把所有内容都详细涉及；中小企业的营销策划或区域性的营销策划，由于其所面对的市场有限，可以把部分内容适当精简。

意向性提案：意向性提案相对于一般的战略性提案是非正式的，其内容更加精简。由于只是意向性的，双方合作关系尚未建立，所提交方案重在建立共识或评估能力，故而一方面需要展现策划者的实力，另一方面出于知识产权保护又不能把方案细节作更多袒露。因此可以先以营销调查和策略思路为重点，战略概念和执行方案可以简要陈述，甚至不陈述。

中小企业营销：面向中小企业的营销策划，应考虑企业的资金实力和资源局限性，甚至一些企业可能没有完善的营销数据库。因此，营销调研或战略评估应该尽量以简洁的方式进行或只做一些定性研究，营销洞察的内容可以简约一些。另外，在战略和战术方面，应该尽量少使用或不使用大众传播媒介,以节约费用,更应该强调创意带来的自传播效力。

区域性营销活动:地域性品牌或一些做试点营销的新上市品牌,这两种情形其产品和营销都集中在一定的地理区域内,都应该完整地提供营销策划战略和战术,但营销调研和战略执行仅限于其所涉及地域范围,也就是说,营销调研、营销洞察和战略战术执行的内容应该更有地域针对性,没必要写成"大而全"的方案。

(3) 需要进行战略组合取舍的情形

房地产、文创和金融行业的产品或营销渠道具有特殊性,在战略制定过程中可能需要战略组合取舍以适应行业营销需求。

房地产营销:房地产营销的特殊性主要有三个方面。一是营销受地域因素影响较大,目标消费群体的选择和营销活动的执行都受到严格的地域因素限制;二是产品营销有一定的周期和数量限制(并非楼盘不耐久,而是作为商品的房子卖完了,该楼盘就不需要再进行营销活动了);其三,与日常消费品受品牌的影响超过受企业信誉的影响不同,房地产项目产品受地产商的企业信誉的影响超过受项目品牌的影响,也就是说,人们在买房的时候更看中地产商的信誉,而非楼盘名称。因此,在战略制定和方案撰写过程中,要注意对项目时空范围以及品牌信誉的取舍。

文创产品营销:文创产品的营销也有其特殊性,其一是文化产品的生产具有一次性、易复制的特点,因此文化创意才是其核心价值所在;其二是虽然存在实体的衍生品,但文化产品还是以精神消费为主;其三是文化产品的营销渠道具有特殊性,大部分属于场景式消费(如文化旅游)和体验式消费(如音乐、表演)。因此,文化产品的营销战略与普通日常消费品不同,重点是IP形象和IP故事的开发,而产品的生产规模和自有渠道建设显得没那么重要。

金融产品营销:银行、保险以及其他金融理财产品与人们的切身利益相关,诉求主要以收益为主,但需要强有力的品牌信誉保证、收益保证和资金安全保证;另外,金融产品销售渠道几乎都以私域(App或小程序)为主,需要重视从公域到私域的转换流程。

(4) 需要进行战略和战术取舍的情形

战术性的营销策划由于前期已经完成战略规划,无须再花大量篇幅去重复阐述战略,重点是战术执行的细节。

阶段性营销活动:阶段性营销活动是指在营销总战略的指导下,为完成战略目标而实施的阶段性营销活动,受既有的战略概念以及时间、预算的限制,营销洞察可能不需要再次大规模或深入地进行,甚至可以不进行。方案写作过程中应参考既有的战略策划,重视执行细节的安排,按照战略规划有计划、有步骤地完成详细的执行规划。

单项营销传播活动：单项营销传播活动是指由于战略或战术需要而开展的某种营销传播活动，如会展、促销活动、赞助、公关活动、话题营销或事件营销等。这种方案的写作需要有较好执行创意为引导，以执行细节为重点。创意决定效果，细节决定成败。有时也需要考虑活动的战略延续性。

中间商或下游厂商营销：作为利害关系者，中间商或下游厂商在利益诉求、传播渠道和传播方式等方面与普通消费者的有所不同，他们更看重能"轻松、稳健地赚取利润"，渠道方面会更留意展销会和行业内部信息，促销方式上更喜欢各种商业补贴。故而在策划过程中应注意战略整合以及与消费者营销策划有所区别。

第二节　创意营销策划方案的内容写作

一、创意营销策划方案的特点

创意营销的策划方案与通用的营销策划方案在内容结构和写作要求上基本是一致的，不过创意营销策划方案有一些独特点需要注意。相较于通用的营销策划方案，创意营销策划方案具有如下特点。

1.更加注重创意和战略的整合

创意营销策划方案更加强调创意战略的核心地位，强调核心创意与营销战略的内在关系，在写作过程中，注重创意战略的价值表达，以及其在营销执行中的整合。也就是说，创意营销策划方案更加注重营销创意或战略概念的提出，及其在营销战术中的贯彻。

2."1-4-4"的战略和战术结构

"1-4-4"是指创意营销的策划方案由1个战略创意，4个总战略结构要素，即战略目标、战略核心、战略架构和战略支持，以及战术结构要素（产品、内容、渠道和互动）构成。"1-4-4"的战略和战术结构明显区别于通用的营销策划方案。

3.矩阵助力战略融合

融合就意味着多个要素的相互作用，矩阵是能够帮助多个要素实现较好整合的工具。在实现战略整合的过程中，品牌/产品矩阵、内容矩阵、营销工具矩阵、渠道矩阵和社交媒体矩阵的运用能助力战略和战术的融合。

二、创意营销策划方案的写作原则

1.量体裁衣

虽然创意营销策划方案有相对固定的战略思考框架，但在具体的策划作业过程中，没必要拘泥于框架规范，需要针对具体的情形，具体问题具体分析和具体解决（详见本章第一节"4.营销策划方案的内容取舍原则"）。

2.无招胜有招

战略和战术框架是策划方案的指导思想，但不是万能公式，重要的是逻辑、说服力和可行性。作为策划人员，在熟悉之后可以在此基础上进行变化，甚至可以抛开固有的战略和战术框架，采用创新的、适合具体问题的框架来表达。

3.明辨是非

尽管更多时候，策划者和决策者都是专业人士，但策划者应该站在一个更为客观的角度，从专业的角度用策划方案告诉客户什么是对的，什么是错的。用数据说话，做到有理有据。

4.建立信任

如果是在企业内部，策划方案最终要说服上司首肯或采纳，才能使其发挥作用。如果是营销代理机构为客户撰写的方案，应该站在客户的角度思考问题，而不是卖弄自己的专业知识。所提出的战略和战术应该能真正帮助客户解决问题，资金预算应更强调成本效率，而不是一味追求"高大上"的营销效果。

5.战略比创意重要

虽然营销创意代表营销战略的创造性，是创意营销策划方案的核心，但绝非决定性因素，正确的营销战略是营销创意的前提，因此在行文过程中，战略系统性、可行性和艺术性比战略创造性更加重要。

6.以问题为中心

营销策划既是一个缜密的推理过程，又是一个价值创造的过程，营销策划方案的思考、创作、讨论和写作需要耗费策划人员的大量心血，但只有被"卖掉"（被营销决策者采纳）才能实现其价值，只有被执行才具有生命力。所以在写作过程中需要洞悉客户或营销决策者的所需，帮助他们去解决实际的营销问题。

7.避开协作陷阱

由于营销策划方案有一定的篇幅，常常需要一个团队来分工协作完成。但需要注意的是，团队合作未必会高效，因为多人合作反而会产生术语不统一、结构和内容重复以及详略不当等问题。所以采用团队协作完成策划方案时要留有一定的时间周期来进行统稿，使术语使用和文章框架体例前后一致、内容结构合理、详略得当。

8.明确主次先后

写作顺序应该是先写正文、后写附件，因为只有在正文完成之后才能针对正文提炼出摘要和总结，前附件和后附件中关于策划过程的内容也只能等正文完成之后才能形成完整的认知。

版面设计或视觉美化等"美工"作业也应该在正文内容完成之后再来开展，特别是封面上的主视觉图案和版面设计的装修性元素，要在创意设计部分完成之后，从中提取具有代表性的视觉元素来完成。因此，不宜在开始和中间就花工夫写附件或进行排版，这样才能提高写作效率。

三、正文的写作方法

1.营销环境分析

营销环境分析是营销洞察的结论，也称形势分析，是对营销战略的基础性信息的概括，通过调查和数据研究来对当前的营销环境进行分析，以了解企业、品牌或产品当前面临的形势，通过聚焦的方式找出当前营销存在的问题和机遇。通常包括宏观环境分析、微观环境分析和结论三个部分（如图 12-3 所示）。

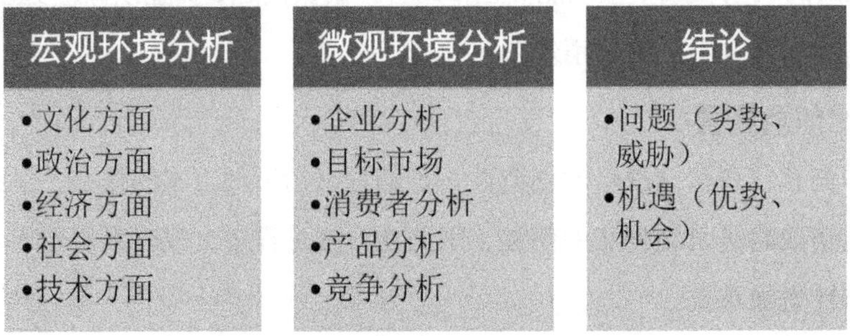

宏观环境分析	微观环境分析	结论
•文化方面 •政治方面 •经济方面 •社会方面 •技术方面	•企业分析 •目标市场 •消费者分析 •产品分析 •竞争分析	•问题（劣势、威胁） •机遇（优势、机会）

图 12-3 营销环境分析的内容结构

宏观环境包括文化、政治、经济、社会、地理、市场和技术等方面，宏观环境分析的目的是帮助策划者认知宏观社会背景对营销的影响。在方案写作过程中，除非有特别重大的政治、经济、文化、社会或技术的事件发生，否则这个部分不宜详写。微观环境则聚焦于市场、企业经营管理、消费者、产品和竞争等与企业营销活动直接相关的层面，找出影响问题解决的根本因素（详见第五章第二节"营销调查及其方法"）。由于微观环境是营销的直接发生环境，所以这个部分是形势分析的重点，应详写，但要注意形式的条理性和数据的简明性，重在提出关于具体品牌或产品营销的看法或观点。结论是对宏观环境分析和微观环境分析进行的总结和聚焦,得出营销洞察的结果,一般用"问题和机遇"或"SWOT"(如表12-2所示)进行总结。"问题和机遇"与"SWOT"本质上是一致的,只是"SWOT"需要分内部和外部,而"问题和机遇"相对简单一些。

表 12-2　SWOT 分析法的具体内容

SWOT	内容
Strength 优势	企业内部营销、财务、生产和组织能力的有利方面
Weakness 劣势	企业内部营销、财务、生产和组织能力的不利方面
Opportunity 机会	企业外部环境(如政策、竞争等)中可能带来营利的因素
Threaten 威胁	企业外部环境(如政策、竞争等)中可能会阻碍营利的因素

写作注意事项:

○这个部分不是罗列资料,而是希望通过对调查资料或数据的分析,明确问题和发现机遇,为后续的方案内容打好基础,所以应该重视观点与其论据的呈现。

○小标题最好能够表明观点,正文则通过数据来证明观点。

○内容要全面。一般来说宏观材料可以简略一些,微观材料要详细一些(但要有条理)。

○结论应该简洁,但所有的结论都应该来自前面的分析。

2.营销战略

依照创意营销的"1-4-4"架构,营销战略的内容包括战略目标、战略核心、战略架构和战略支持四个部分,以及这四个部分的关系(即战略流程)。

(1)战略目标

依据营销洞察的结论,制定营销战略的目标。需要注意的是,战略目标与SWOT或问题和机遇相关,战略目标是理想中的抓住机遇或解决问题后的状态(如图12-4所示)。

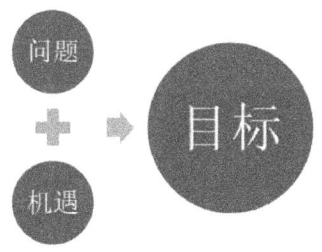

图 12-4　"问题和机遇"与目标的关系

与通常的营销策划方案一样,创意营销策划方案中的目标部分通常包括目标市场、营销战略目标和阶段性的目标。

目标市场是营销决策要面对或努力的方向。目标市场的描述可以采用"人口统计数据"或"概念性描述"。

营销的总目标是长远的或由一系列子目标构成的，可根据不同的时间阶段和不同的任务进行分解（如图12-5所示）。

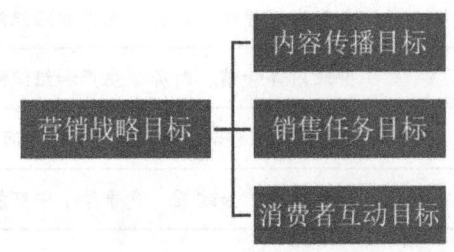

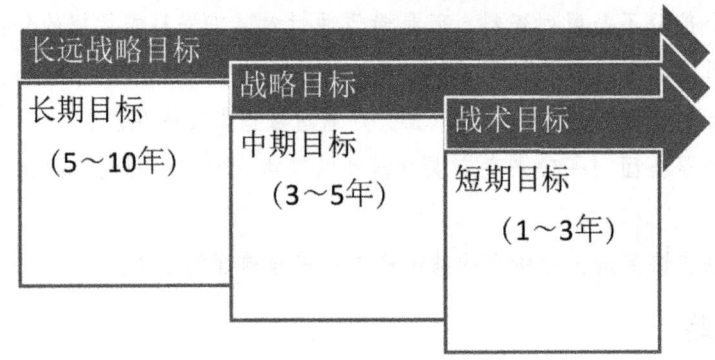

图12-5 战略目标的分解

写作注意事项：

　　○战略目标应该简单些，但要条理清楚。

　　○对营销目标的要求有：具体、量化、可评估、合理（不高不低）、单一、时间限制。

　　○战略目标可以作为营销战略内容的一部分，也可以作为单独一个部分放在营销环境分析之后。

（2）战略核心

战略核心也称核心战略、战略概念或战略创意，是创造性地解决营销问题的原始想法，来源于品牌或者产品对于消费者的意义与价值，与消费者使用产品的物质价值或心理价值相关，是产品或者品牌相对于竞争对手的差异性价值，是策划方案当中最有价值的部分。

战略核心的写作内容主要包括战略创意（概念）及其表现形式，遵循由抽象到具象的逻辑关系。其表现形式为战略主题、主题阐释和主视觉设计。

○战略概念：是解决营销问题的关键创造性思维，或创造性解决营销问题的原始想法。

○战略主题：是战略概念的外在表达，即把战略概念表达为一句统括性、口号性的语句。战略主题要与品牌或产品关联，采用一种与消费者对话的形式，要具备对消费者的行动号召。

○主题阐释：对战略主题本身所包含的意义进行解释说明，并对战略概念和战略主题的关系进行说明，即说明战略主题提出的原因。

○主视觉设计：由能够传达战略概念的独特性视觉符号和战略主题的字体设计图案组合在一起，形成"图+文"的互文方式。主视觉设计可以运用在策划方案的封面、版面背景以及诸如产品包装、周边衍生品等其他创意设计中来实现视觉上的战略整合。

写作注意事项：

○战略核心应该简明醒目，体现出其在策划方案中的核心、统帅地位；

○主题阐释可从问题解决、修辞技巧、文化审美和社会影响等角度来进行。

（3）战略架构

战略架构是关于如何实现战略目标的观念性构想，主要阐述战略的理论框架，即营销战略由哪些因素构成，它们是以何种方式整合在一起的。战略架构应该是某种营销观念的反映，如"4P's"代表大众营销的战略观念，"4R's"代表数字化营销的战略观念。创意营销的战略架构主要由产品、内容、活动和渠道四个方面整合而成，即 PCAC（Product, Content, Activities, Channel）模式。主要内容包括：

○产品创意：是营销价值的基础。重点说明产品围绕战略核心做了哪些创新或改进，如产品的成分、外观和包装，并说明这些创新或改进的好处是什么。

○内容创意：是传播营销价值的关键。主要是展示战略概念衍生出来的"故事"，以及故事演变出来的各种形态的营销内容，如各种广告、话题、图片、文章、短视频、微电影等；还要说明它们各自承担什么样的功能，以及与其他营销要素是如何配合的。

○活动创意：是营销价值的激励机制，体现为厂商与消费者的互动方式。重点是说明战略概念如何演变成阶段性的营销活动或具体的社会性、体能性活动；并说明它们的实质、目的、作用是什么，以及是如何与其他营销要素相结合的。

○渠道创意：是营销价值的实现来源。渠道是产品、内容和活动与消费者或用户的连结通道，渠道创意既包含既有的渠道的创新应用（如跨渠道），也可以是渠道的完全创新。

○战略整合：产品、内容、活动和渠道四个方面的创意是如何有机地整合在一起的。

写作注意事项：

○战略概念是承上启下的；
○战略架构应该简明扼要地阐述各种战术创意对战略概念的支持；
○战略架构也要预示各种营销战术的执行方式。

（4）战略支持

战略支持是企业资源对营销战略的支持，强调企业资源在战略中的配置方式。企业资源主要包括人力资源、物质资源、财务资源、智慧资源和管理资源等方面，但在企业经营过程中财务资源通常是最重要的，在意向式的策划方案中往往主要强调财务资源，因此战略支持也称为战略预算，也就是实现战略目标要花费的费用，通常表现为构成营销战略的各要素所花费资金的权重配置。完整的战略支持应该包含如下方面：

○财务支持：企业在营销战略上的总预算，以及总预算在各个营销要素上的大致配置。
○人事安排：在营销战略执行过程中企业及其代理商的人事配置。
○物料支持：企业现有的或潜在的可用于支持营销战略的物料。
○数据/技术支持：企业现有的或潜在的数据、技术和算力对营销战略的支持。

写作注意事项：

○尽可能在营销策划方案中将各种可利用资源都交代清楚；
○战略性的预算是宏观的资金配置，而不是具体的营销活动花费预算，应与后文的"费用预算"相区别。

（5）战略流程

战略流程是对战略的四个主要内容的关系进行的说明，主要展现营销战略的实现途径和实现方式，即战略目标、战略核心、战略架构和战略支持如何相互作用，以及在程序上的先后关系（如图12-6所示）。

图12-6 基本营销战略流程

战略流程图：把营销战略的流程用图形化的方式展示出来，便于读者理解整个战略的结构和流程。图 12-6 是基本营销战略流程图，但在具体的策划实践中，还需要结合具体的战略内容去绘制。

写作注意事项：

○营销战略流程部分基本写作要求是"简明"，即简洁但逻辑关系明晰；
○建议使用"战略流程图"来展示战略的逻辑关系；
○要把核心战略的"来龙去脉"讲清楚，即战略主题是"怎么来的"以及"将怎么用"才能实现战略目标。

3.执行方案

所有的战略或战术的创意构想，最终都得通过具体内容、事物或活动来实现。作为战略概念和战略架构的延续，创意营销战略的执行方案就是把战略概念的实现过程展示出来。具体来说，主要包括"创意设计""活动方案"和"渠道规划"三个方面。

（1）创意设计

创意设计是指创意营销方案中呈现产品创意和内容创意的各种文本，包含语言的、视觉的、影像的内容以及它们的组合体，如产品设计、平面广告、软文（含社交媒体文章）、故事板以及其他的沟通内容文稿。内容文稿的形式，通常与拟使用媒介形态相关，如使用视频网站，则应该呈现视频广告、微电影、短视频或者其他视频内容。

○主视觉：是创意设计的核心，是战略概念的视觉呈现。主视觉是一切视觉设计的基础和核心。产品及产品包装设计、广告设计、活动海报、微电影、视觉形象乃至策划方案的封面、版式都应该基于主视觉。

○平面稿：一般用于图文内容的展示，包括产品主体设计、产品包装设计、IP 角色设计、海报、各种平面广告、漫画等，图文内容最好以效果图的方式在策划方案中出现。

○视听脚本和故事板：由于视听媒介的特性，在书面策划方案中无法直接呈现声音或影像，一般采用脚本或故事板的方式来呈现；当然如果是提案（如 PPT 文档），则可以以 Demo 的形式来呈现。

○其他形式的内容：如内容平台和社交平台文章、H5 文件、小程序、小游戏等，可以以效果图的方式或链接、二维码的方式呈现。

写作注意事项：

○这个部分的内容也可以以媒介种类来划分，如分为产品设计、社交媒体内容设计、大众传播广告设计和电商内容设计等；
○应注意主视觉和各种应用设计的关系。

(2) 活动方案

营销活动方案的写作主要是把每个活动在整个战略和战术过程的地位、作用以及活动的目的、任务、流程交代清楚,一方面便于与其他活动进行整合,另一方面便于活动执行时作为参考。所以重点是活动之间的整合关系和每个活动的具体内容。

活动的整合关系:一份策划方案中的营销活动可能有一个或多个,如有两个或两个以上的活动则需要进行整合。常见的整合关系有浅层次整合和深层次整合两种。浅层次整合的活动之间表现为一种并列、平等的关系,不同的活动在不同的渠道或不同地域进行,活动的内容和形式大致相同。深层次整合的活动之间表现为一种递进关系,活动顺序有先后,上一个活动完成之后才能进行下一个活动,比如"海选—晋级—决赛"。(详见第九章第二节"四、整合策略")

活动的内容:作为营销活动执行的蓝本,活动的内容应该尽量详细一些,包括活动主题、活动原理、活动流程和活动支持等。如:

活动一

○活动主题:"××××××××"
○活动原理:通过……,提高……,达到……
○活动时间:×年×月×日—×月×日
○活动流程:
- 1.×年×月×日,在……,举办……
- 2.×年×月×日,通过……,开展……
- ……

○媒体宣传:电视广告、手机开屏广告、官方网站、社交官方自媒体矩阵等;
○人事配备:包括企业工作和代理商、供应商的人员在各活动地点的安排;
○场地、物料支持:包括场地、宣传品、器材、耗材、促销品等的准备;
○活动预算:活动的预计花费情况。

写作注意事项:

○可以在各个活动展开前用"活动导图"的方式展示各个活动之间的整合关系;
○营销活动的主题是直接激励人们参与活动的首要因素,要求具备利益性、对话性、号召性,在视觉表达上也要醒目一些;
○各个活动的主题与营销的战略主题是一种"总—分"关系。

(3) 渠道规划

渠道规划是产品、内容和活动以及他们的结合体通过营销渠道与消费者(用户、受众)

的接触或连结规划。相对于传统的媒介计划，渠道规划更能反映出各营销要素和营销渠道的融合性，其内容包括渠道目标、渠道选择、渠道矩阵和渠道排期等。

- 渠道目标：在战略总目标的指引下，营销渠道要达成的销售、互动或流量目标。
- 渠道选择：根据不同的目标和功能选择适当的营销渠道。
- 渠道矩阵：是渠道规划视觉化的呈现，把各种营销渠道融合性地运用图形或表格的形式呈现出来，用以清晰地展示每种渠道所承担的功能及其在渠道组合中的比重。
- 渠道排期：制定产品、内容和活动在各渠道上的供给时间和供给量。

写作注意事项：

- 应设定总的渠道目标和各渠道的分目标；
- 各渠道的目标和功能是对应的，即承担何种功能则实现何种目标；
- 各渠道的权重也可以通过渠道的费用预算予以展示；
- 渠道排期可以采用甘特图（Gantt chart）来制定。

4.效果评估

效果评估的作用是说明战略和战术应该如何被评估，评估的指标和内容通常与战略目标或阶段性目标相关，即评估是否实现了目标。常见的效果评估包含事前评估、事中评估和事后评估三个阶段。

- 事前评估：主要是针对战略概念、策划主题、内容文稿、活动创意的评估，目的是在方案实施之前，确保创意和主题的有效性。常用的评估方法有焦点小组和试点法。
- 事中评估：也称跟踪评估，是指在方案实施过程当中，对某一些目标受众进行追踪性的评估，以期发现营销活动对他们的影响。
- 事后评估：也称作复盘，是指在整个方案实施结束之后，对营销活动的效果进行全盘的梳理和评估，看是否实现了目标，以及是否有其他未曾发现的机遇。在信息化媒体条件下，追踪评估和事后评估的效果是直观显示的，例如访问量、转化率、成交量等。

写作注意事项：

- 效果评估方案应该尽量简练；
- 事前评估在撰写策划方案的时候应该是完成了的，故而只需把评估结果作简要陈述；
- 事中评估和事后评估主要写评估时机、评估内容和评估方法。

5.费用预算

与战略预算不同,费用预算是指各营销活动的投入费用,是战略预算的精细化呈现。费用预算是用来评估投资回报率的基础,因为高成本效率是创意营销的要求之一。因此,费用预算应该明确列出营销策划方案拟使用的成本和支出,如人力资源的成本、数据的成本、营销物料的成本、渠道的使用成本以及活动的成本等等,通常是用表格把各种拟支出项目一一罗列出来。

写作注意事项:

○费用预算的总额应与战略预算中的金额一致;
○营销计划书的费用预算应尽量详尽。

四、附件的写作

1.前附件

(1)封面

封面是展示策划方案的首要之处,不论是提案还是计划书,读者或视听众第一眼看到的就是封面,所以封面要具有吸引力,而且能够准确传达信息。封面的主要元素包含策划方案主题、主视觉、客户和营销机构的名称和标识。

(2)扉页

扉页是翻开封面之后的页面,在策划方案中扉页通常用来展示策划项目团队。可以简单介绍一下团队的构成和成员的经历和荣誉,以增强营销决策者、读者或提案视听众对策划项目团队的信心。

如果是营销代理机构的团队,还可以把代理机构的理念、口号放上去。

(3)前言/摘要/简介

前言是在方案正式开始前对方案的创作背景、策划过程和主要内容进行简单化介绍的部分;摘要是对策划方案内容的要点进行的简单阐述,比前言要更简单一些,无须交代创作背景和策划过程,只需对内容进行串讲即可;简介的内容则介于前言和摘要之间,相对灵活一些。

需要注意的是,这三者的目的都是在正式开展方案之前让读者大致了解正文内容,因此只需选择其中一种形式即可,切忌重复出现,也不需要长篇大论。

(4)目录

目录的作用是帮助读者或听众了解策划方案的结构,所以重点是结构清楚、层次清晰,营销策划方案的目录一般不需要太多，到二级目录即可。

2.后附件

（1）后记/总结

这二者的作用是在方案结尾再次强调方案重点，以加强印象。二者也是只需要选择一种就可以了，如果前面用的是"前言"或"简介"，则与之相对应的是"后记"；如果前面用的是"摘要"，则对应的是"总结"。它们的不同之处是，"总结"是再次对策划方案的要点进行简单的总结陈述；而"后记"则可以在总结的基础上增加一些对策划活动或策划方案的感想和期许。

（2）附录

附录的作用是"实证"，即证明策划方案中的观点、数据的真实性和可靠性，因此可以放入附录的内容应该包括：

○参考文献：方案中引用的资料和数据的出处，以证实引用数据、资料的真实、可靠；

○概念阐释：进一步延伸解释方案中涉及的困难概念；

○备用方案：在附录中放置稍微激进或稍微保守一些的创意方案，可用来衬托主推方案；同时还可以证明项目策划团队的努力付出。

（3）封底

封底通常是用来展示项目团队所在机构的标识和项目策划团队的联系方式，也可以加入关于策划方案相关的知识产品或版权的申明。

五、版面设计

1.版面美化

如果说方案的内容相当于是一个人的内涵的话，那么版面设计就是一个人的外观，一个人只有内外兼修、表里一致才能给别人形成良好的印象和品质认知；同样，对于策划方案来说，形式与内容的统一是优秀策划案的基本要求，因此，除战略和战术的内容外，"颜值"也是方案"写作"的一部分，排版则是方案写作过程中重要的一个环节。

2.Layout

版面设计本来是指图文材料在页面中的编排，英文对应的词汇是"Layout"，指一个有全局观的设计动作或者产出。在广告和营销行业中，一般指平面类创意对于整体视觉表达的规划及编排，通过手绘或软件设计等方式向观看者呈现整体的视觉效果，属于平面设计的范畴，一般由平面设计人员完成。

策划方案在文字内容完成之后也应该有整体的视觉设计，通常以方案中最具创造性的主视觉（KV）为核心，来设计策划方案的封面、版式、背景和整体的视觉风格。

版面设计注意事项：

○即便策划小组中没有专门的平面设计人员，也要尽量保证视觉整洁、美观和风格一致；

○注意主视觉在方案整体视觉中的应用；

○不同内容模块的视觉设计可以有一些差别（如采用同一色系中的不同色彩），以便读者查阅；

○封面可以直接使用主视觉图案和战略标题的结合体，页面背景可以采用主视觉的变形、局部或淡化处理图案。

第三节　营销策划方案的写作技巧

一、篇章结构技巧

这里强调的重点是策划方案的谋篇布局，篇章结构的技巧重在策划方案结构的合理性、逻辑性和整合性，及其所产生的形式上的整体感。主要的篇章结构技巧方法有沙漏法、问题法、整合法和概念封装法。

1.沙漏法

沙漏法是营销策划方案的详略技巧。

整个策划方案的结构应该像一个沙漏，沙漏的上半部分是营销洞察或分析的内容，沙漏的下半部分则是战略执行的部分；中间细腰的部分是问题聚焦和战略概念（如图12-7所示）。也就是说，上下两个大的部分（营销洞察和战略执行）需要详写，而问题聚焦和战略概念部分需要略写。这是因为，详写的部分是要交代清问题或部署。营销洞察是战略的来源，而战略的产生是一个逻辑严密的推理过程，战略需要对所面对的形势作全盘考虑，所涉及的因素是多方面的，所以需要详细撰写以保证全面性和逻辑性；同样，战略执行也是因为所涉及的方面、层次较多，需要把各种关系交代清楚，所以需要详写。略写的部分则是强调重点或表明结构。战略是一个简单、高效的解决方案，越简洁的方案越容易被理解和被贯彻执行，所以要简明。字越少，越显重要。

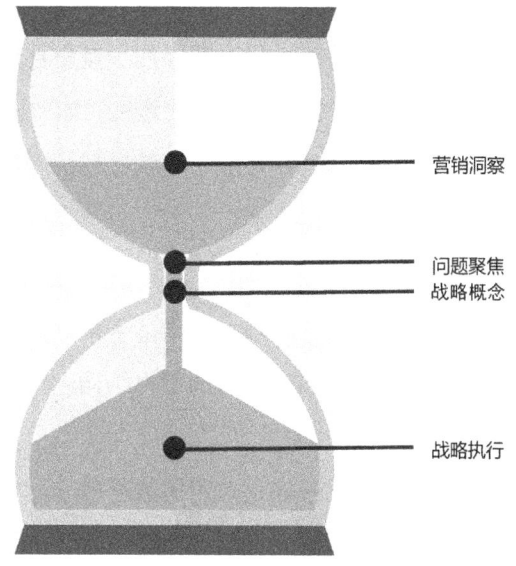

图 12-7　沙漏法示意图

2.问题法

问题法是营销策划方案的逻辑技巧。

战略作为一种思维方式，可以看作是一种"解决问题"的思维方式，在问题解决的逻辑思维中，有一个知名的逻辑结构是"提出问题—分析问题—解决问题"。不过在一般的策划方案中，这个结构得稍微变化一下，变成"分析问题—界定问题—解决问题"。

除此之外，一路留下问题，然后不断地解决问题，也是一种行文的逻辑方式，姑且称作"问题—答案"模式。如"品牌问题—战略创意—产品问题—产品创意—传播问题—传播内容和渠道—消费者问题—互动战略"。这种方法的意义在于可以使整个方案像一部悬疑剧一样，始终吸引读者或视听对象的注意，但在设计问题的时候，应该注意始终有一条主线，并保持方案整体的逻辑框架。

3.整合法

整合法是指策划方案要给人整体的统一感，方案的每一个部分都是构成整个方案不可分割的内容。所以应该注意以下四个方面。

第一，概念要统一。战略的创意概念应该贯穿始终，不论是营销洞察中的消费者画像，还是产品设计的概念或传播内容、营销活动的主题，都应该与战略主题概念保持一致性。

第二，结构要统一。谋篇布局要均衡，相同等级内容的篇幅要大致相等，如产品创意、内容创意、活动创意和渠道创意，这四个方面在逻辑或认知上的层次是一样的，所以写这四个部分的时候要使它们的篇幅大致相当。

第三，术语和说法要统一。在行文中涉及的术语要统一，不要出现前后不一致的状况。如果有些高频词汇需要简写，可以在前面进行说明，如"竞争性产品"简称为"竞品"。行业性的英文缩写要在第一次出现的时候标明其中文意义，如"IMC（整合营销传播）"。

第四，视觉形象要统一。策划方案的"外观"应该保持统一的形象。如整体色调、整体的字体和字号、版面设计等应该一致。

4.概念封装法

概念封装法也是策划方案的逻辑结构技巧，是指整个策划方案应该通过某种概念之间的联系来形成统一而又变化的主线，比如最常用的逻辑结构主线：分析问题—明确问题—解决问题。

创意营销策划方案的逻辑结构主线最好是与营销战略概念紧密相关的，可以把整个策划方案看作是创意概念与概念阐述的关系。如创意概念中包含的关键词是"航行"，则可以把策划方案的主线表达为"整装"（营销洞察）—"扬帆"（战略阐述）—"起航""破浪""彼岸"（战略执行的三个阶段），各个不同的词汇对应不同的策划板块。

二、内容写作技巧

内容写作的重点是在策划方案内容的呈现层面，也就是撰写人与读者之间的交流，其写作技巧主要是让策划方案的各部分内容以一种清晰、明白的形式展现出来，便于读者接受。内容写作的技巧方法主要有对话法、层次法、小结法和视觉法。

1.对话法

对话法是指在行文上始终保持一种在与读者或试听对象对话的方式，不仅仅是在客观阐述。对话法不是一种结构技巧或逻辑方式，而是一种吸引和保持注意力的叙事技巧。

所以首先在方案构思阶段应该明确方案的目标对象，即应思考"方案是写给谁看的"，明确目标对象之后，一切的思考和写作都应该是假想与目标对象在交流。

在行文过程中，应该始终保持一种对话的语态，即应该使用"你""我""贵方""我方""咱们"等人称代词，还应该设计一些互动话题，以带入对话交流的状态。

应注意考虑实际的读者或试听对象的接受水平，不要写一些自以为是的概念或专业术语，因为不是所有人都熟悉某些概念或专业术语。

2.层次法

层次法是指在谋篇布局上要讲究层次。从模块到各部分的内容层次要清晰，清晰的层次可以使读者对策划方案的结构一目了然，也可以降低较长篇幅给读者的阅读压力。

策划方案的层次还可以反映出方案应用的营销理论框架，如应用了"4C's"理论，则可以把营销战略部分的内容分为四个部分。

层次法应该注意不同层级标题的应用，通过各级标题的不同样式来使策划方案看起来整洁有序。同级标题使用相同的序号、字体、字号或其他强调方式，通常来说，次级标题的字号要比上级标题的小一些。

3.小结法

策划方案中内容较为翔实的部分（如数据分析部分和战略执行部分）在行文过程中要注意时常总结，在一段较长的阐述文字之后进行适当的小结。

小结既可以加深读者对内容的记忆或印象，也可以节约那些需要快速阅读场景下读者的时间，提高阅读效率，从而使方案的说服力得以强化。

4.视觉法

视觉法是指在方案写作后期应该强调方案的视觉效果，能用视觉呈现的内容就不必再多费文字去一一说明，使版面变得整洁且形式更为丰富。

首先，需要把文字转化为可视化的元素。如数据可以用直方图、饼图、曲线图等方式来呈现；数据对比则可以用直方图或表格的形式来呈现；结构方面的说明可以用表格、结构图、流程图或思维导图来呈现；重要的概念可以通过类比的图片说明；等等。

版面设计需要借助视觉的原理来处理，如艺术字体可以增强主题的表现力，色块和底纹可以增加文字的美感；需要用视觉元素来点缀和强调相关的内容，如不同的板块可能需要不同的视觉元素来强调。

总之，营销策划方案是广告和营销从业者的聪明才智和创新能力的外在证明，是营销机构实力的体现，写好营销策划方案才能获得营销决策者的支持，这是创意价值实现的第一步。

思 考

1. 战略营销策划与战术营销策划在文本结构和侧重点上有何不同？

2. 营销策划方案既要保证说服力，又需要展示策划机构或策划者的个性，如何平衡这两个要求？

参考书目

[1] 布鲁斯·本丁格尔.广告文案训练手册[M].谢千帆,译.北京:中国传媒大学出版社,2008.

[2] 唐纳德·帕伦特.广告战略:营销传播策划指南[M].王俭,译.北京:中信出版社,2004.

[3] 唐·E.舒尔茨,斯坦利·I.坦纳鲍姆,罗伯特·F.劳特伯恩.整合营销沟通[M].孙斌艺,张丽君,译.上海:上海人民出版社,2006.

[4] 詹姆斯·韦伯·扬.创意的生成[M].祝士伟,译.北京:中国人民大学出版社,2014.

[5] 马歇尔·麦克卢汉.机器新娘[M].何道宽,译.北京:中国人民大学出版社,2004.

[6] 阿尔文·托夫勒.第三次浪潮[M].朱志焱,潘琪,译.北京:生活·读书·新知三联书店,1983.

[7] 保罗·莱文森.软利器:信息革命的自然历史与未来[M].何道宽,译.上海:复旦大学出版社,2011.

[8] 罗钢,王中忱.消费文化读本[M].北京:中国社会科学出版社,2003.

[9] 迈克·费瑟斯通.消费文化与后现代主义[M].刘精明,译.南京:译林出版社,2000.

[10] 尼尔·波兹曼.娱乐至死[M].章艳,译.桂林:广西师范大学出版社,2004.

[11] 大前研一.低智商社会[M].千太阳,译.北京:中信出版社,2010.

[12] 让·波德里亚.消费社会[M].刘成富,全志刚,译.南京:南京大学出版社,2000.

[13] 卡尔·马克思.1844年经济学—哲学手稿[M].刘丕坤,译.北京:人民出版社,1979.

[14] 马克斯·霍克海默,西奥多·阿道尔诺.启蒙辩证法—哲学断片[M].渠敬东,曹卫东,译.上海:上海人民出版社,2006.

[15] 约翰·霍金斯.新创意经济3.0[M].王瑞军,王立群,译.北京:北京理工大学出版社,2018.

[16] 约翰·哈特利.创意产业读本[M].曹书乐,包建女,李慧,译.北京:清华大学出

版社,2007.

[17] 艾·里斯,杰克·特劳特.22条商规[M].寿雯,译.太原:山西人民出版社,2009.

[18] 理查德·佛罗里达.创意阶层的崛起[M].司徒爱勤,译.北京:中信出版社,2010.

[19] 戴维·阿克.管理品牌资产[M].吴进操,常小虹,译.北京:机械工业出版社,2012.

[20] 钮先钟.战略研究[M].桂林:广西师范大学出版社,2003.

[21] 约翰·刘易斯·加迪斯.论大战略[M].臧博,崔传刚,译.北京:中信出版集团,2019.

[22] 杰克·特劳特.什么是战略[M].火华强,译.北京:机械工业出版社,2011.

[23] 亨利·明茨伯格,布鲁斯·阿尔斯特兰德,约瑟夫·兰佩尔.战略历程[M].魏江,译.北京:机械工业出版社,2006.

[24] 彼得·德鲁克.管理的实践(中英文双语珍藏版)[M].齐若兰,译.北京:机械工业出版社,2006.

[25] 迈克尔·波特.竞争战略[M].陈小悦,译.北京:华夏出版社,2005.

[26] 艾·里斯,杰克·特劳特.定位[M].王恩冕,于少蔚,译.北京:中国财政经济出版社,2002.

[27] 毛泽东.毛泽东选集·第一卷[M].北京:人民出版社,1991.

[28] 肖恩·埃利斯,摩根布朗.增长黑客[M].张溪梦,译.北京:中信出版社,2018.

[29] 艾尔·巴比.社会研究方法(第11版)[M].邱泽奇,译.北京:华夏出版社,2009.

[30] 菲利普·科特勒,凯文·莱恩·凯勒.营销管理(第14版·全球版)[M].王永贵,译.北京:中国人民大学出版社,2012.

[31] 维克托·迈尔-舍恩伯格,肯尼思·库克耶.大数据时代:生活,工作与思维的大变革[M].盛杨燕,周涛,译.杭州:浙江人民出版社,2013.

[32] 程杰.大话数据结构[M].北京:清华大学出版社,2011.

[33] 科恩·保韦尔斯.数据化营销[M].李文远,译.北京:当代中国出版社,2016.

[34] 格雷厄姆·沃勒斯.思维的艺术(英文版)[M].伦敦:C.A.WATTS有限公司出版,1945.

[35] 约翰·杜威.我们如何思维[M].伍中友,译.北京:新华出版社,2010.

[36] 亚历山大·奥斯本.应用想象:创造性思考的原则和程序(英文版)[M].美国:Charles Scribner's Sons出版社,1953.

[37] 唐·E.舒尔茨等.整合行销传播 21世纪企业决胜关键[M].吴怡国,等译.北京:中国物价出版社,2002.

[38] 曹虎,王赛,艾拉·考夫曼.数字时代的营销战略[M].北京:机械工业出版社,2019.

[39] 沈磊. 复盘 [M]. 杭州：浙江教育出版社, 2023.

[40] 雷军, 徐洁云. 小米创业思考 [M]. 北京：中信出版集团, 2022.

[41] 乔·普立兹. 自营销互联网方法：内容营销之父手册 [M]. 张晓青, 王冬梅, 译. 北京：机械工业出版社, 2015.

[42] 金定海, 徐进. 原生营销：再造生活场景 [M]. 北京：中国传媒大学出版社, 2016.

[43] 马克思, 恩格斯.《政治经济学批判》导言 [M].《马克思恩格斯选集》第二卷. 北京：人民出版社, 1962.

[44] 罗兰·巴特. 神话：大众文化诠释 [M]. 许蔷蔷, 许绮玲, 译. 上海：上海人民出版社, 1999.

[45] 罗伯特·麦基, 托马斯·格雷斯. 故事经济学 [M]. 陶曚, 译. 天津：天津人民出版社, 2018.

[46] 罗伯特·麦基. 故事：材质、结构、风格和银幕剧作的原理 [M]. 周铁东, 译. 天津：天津人民出版社, 2014.

[47] 马克·休斯. 口碑营销 [M]. 李芳龄, 译. 北京：中国人民大学出版社, 2006.

[48] 亚伯拉罕·马斯洛. 动机与人格 [M]. 许金声, 程朝翔, 译. 北京：华夏出版社, 1987.

[49] 弗兰克·戈布尔. 第三思潮：马斯洛心理学 [M]. 吕明, 陈红雯, 译. 上海：上海译文出版社, 1987.

[50] 马克斯·韦伯. 社会学的基本概念 [M]. 顾忠华, 译. 桂林：广西师范大学出版社, 2005.

[51] 戴维·斯沃茨. 文化与权力：布尔迪厄的社会学 [M]. 陶东风, 译. 上海：上海译文出版社, 2012.

[52] 奇普·希思, 丹·希思. 行为设计学：打造峰值体验 [M]. 靳婷婷, 译. 北京：中信出版社, 2018.

[53] 诺蒂·科恩. 参与游戏：顶级品牌如何运用互动营销引爆裂变传播 [M]. 周舒颖, 译. 杭州：浙江大学出版社, 2019.

[54] 保罗·莱文森. 新新媒介 [M]. 何道宽, 译. 上海：复旦大学出版社, 2011.

[55] 罗伯特·斯考伯, 谢尔·伊斯雷尔. 即将到来的场景时代：大数据、移动设备、社交媒体、传感器、定位系统如何改变商业和生活 [M]. 赵乾坤, 周宝曜, 译. 北京：北京联合出版公司, 2014.

[56] 马修·施维茨. 场景营销：在无限媒体时代激励消费者购买 [M]. 王瑜玲, 古嘉莹, 译. 北京：中信出版社. 2023.

术语界定

1.创意营销的主体

【厂商】【企业】或【公司】corporation/company，指从事产品生产或营销的组织实体。

【广告主】advertiser，指出资在各种媒体上做广告的企业，或指某个广告活动或营销行为背后的企业。

【品牌方】brand company/brand side，指出资为自己品牌做宣传的企业。

【甲方】party A，一般指出资方或投资方，在广告和营销行业，往往指广告主或品牌方。

【广告公司】advertising inc.，泛指从事广告代理、广告策划、广告创意、广告设计、媒介代理、广告制作的各类公司。

【广告代理公司】advertising agency，指实施广告代理制度的公司，以加入美国广告代理商协会（4A）的公司为代表。

【广告业】advertising，泛指从事广告代理、策划、设计、公关、咨询、制作的各类机构所构成的行业，也称广告传播业或营销传播业。

【营销业】marketing，从事商品或服务提供、交易、交付的行业。

【广告和营销业】advertising & marketing，从创意产业的角度，包括广告和市场营销行业，在数字化营销条件下，广告和营销两个行业已经难分彼此。

【营销代理】marketing agency，指专门从事品牌管理、运营或帮助生产厂商销售产品的组织。

【MCN】multi-channel network，直译是"多渠道网络"，通常指能够整合各种网络资源帮助内容创作者更有效率地实现内容变现的组织机构。

2.创意营销的客体

【公众】public，泛指社会上的各色人等。

【大众】mass，较为广泛的人群，与"公众"概念相近。

【消费者】consumer，最终消费产品的个人、组织或群体。

【顾客】customer，光顾品牌、店铺的个人或群体（不一定购买）。

【用户】user，特指产品或服务的使用者。

【客户】client，一般指下游厂商或产品、服务的购买者（不一定是消费者），也特指金融、保险等服务性行业的顾客。

【受者】receiver，相对于"传者"或"授者"而言，指传播信息的接收者；群体的受者称为"受众"（receivers）。

【目标受众】target receivers，指传播资源指向的群体。

【目标市场】target market，指市场营销资源集中指向的地域性市场。

【用户群】user group，使用（或消费）产品的群体。

【客户群】customer group，购买产品（并议定消费）的群体。

【品牌社群】brand community，在社交媒体上建构的品牌方和消费者的虚拟互动社区。